グローバル資本主義の現局面Ⅱ

# グローバル資本主義と新興経済

**SGCIME**【編】

河村哲二　李 捷生　王 東明
呉 暁林　水上啓吾　芹田浩司
日臺健雄　梶川 誠　長田華子
土肥 誠　佐藤公俊
グエン ハイ ドァン ティエン ドゥック

日本経済評論社

# 目　次

序章　グローバル資本主義の展開と新興経済 …………… 河村哲二　1
　　はじめに　1
　1　新興経済地域の出現とグローバル資本主義化　3
　　(1)　戦後現代資本主義の転換としてのグローバル資本主義化　3
　　(2)　「グローバル成長連関」の出現と新興経済　5
　2　「グローバル成長連関」の危機とグローバル資本主義の現局面　10
　　(1)　グローバル金融危機・経済危機と「グローバル成長連関」　10
　　(2)　現代資本主義の政府機能とその限界　11
　3　グローバル資本主義の現局面と新興経済　14
　　本書の課題と構成　17

## Ⅰ　中国経済の現状と課題

第1章　中国経済の構造変化と雇用改革 ……………………… 李　捷生　27
　　はじめに　27
　1　輸出志向型工業化の展開と労働移動　28
　　(1)　グローバリゼーションと「改革開放」　28
　　(2)　発展プロセスと大規模な労働移動　30
　2　雇用改革の骨格と労働条件の劣悪化　36
　　(1)　雇用規制の緩和と農民工の存在形態　36
　　(2)　国有企業の有期契約工制度とリストラ　39
　3　雇用政策の新展開と発展方式の転換　41
　　(1)　「労働者保護」立法と社会保障の整備　41
　　(2)　「第12次5カ年規画」と「就業優先」目標　47
　　むすびにかえて　新しい発展戦略の課題　49

第2章　中国株式市場における「移行経済型市場」の形成
　　　　——株式市場の形成要因を中心に——………………… 王　東明　57
　　はじめに　57
　1　株式市場の基本状況　59
　2　株式市場の特徴　64
　3　株式市場の形成要因　67
　　(1)　国有企業改革と株式市場　68
　　(2)　個人投資家と株式市場　71
　　(3)　国際的インパクトと株式市場　73
　　むすびにかえて　81

第3章　中国電力産業の発展と地域開発——貴州省を中心に——
　　　　…………………………………………………………… 呉　暁林　95
　　はじめに　95
　1　資源賦存状況と電力産業の地域的特性　95
　　(1)　キャッチアップ型の発展　96
　　(2)　貴州省における国家電力の支配的な地位　97
　　(3)　多様な電源構成　98
　2　地域内需要の創出と需給関係　99
　　(1)　地域内の構造的需要不足　99
　　(2)　電力先行と重工業依存　99
　　(3)　三線建設と貴州省の大規模な電源開発　101
　3　需給構造の変化と電力体制改革　102
　　(1)　貴州省電力供給の相対的過剰　102
　　(2)　電力不足の発生と投資資金源の変化　104
　4　広域電力産業と越省送電の形成　107
　　(1)　近隣省との連携（横向き連携）　107
　　(2)　天生橋水力発電所と越省送電　108
　　(3)　西電東送と二回目の電力体制改革　109
　　むすび——電力産業の発展が貴州省にもたらしている影響　113

## Ⅱ　ブラジル・メキシコ・ロシア経済の現状と課題

### 第4章　ブラジルにおける世界経済危機の影響 ……………水上啓吾　119
　　はじめに　119
　1　経済成長の要因　120
　2　ブラジル中央銀行の独立性の低さと債務管理　125
　　（1）　金融政策の体系と推移　125
　　（2）　債務管理と民営化　131
　　（3）　公企業会計との関係　133
　　（4）　財政責任法の影響　136
　3　過剰消費とインフレへのアレルギーの相克　137
　　おわりに　140

### 第5章　経済グローバル化時代における"保護主義"政策のあり方
　　　　　――ブラジルとメキシコにおける二つの開発戦略の比較分析を通じて――
　　…………………………………………………………… 芹田浩司　145
　　はじめに　145
　1　ブラジル、メキシコにおける戦後の工業化過程（第二次輸入代替）
　　　――両国の自動車産業政策を中心に　147
　　（1）　ブラジル　147
　　（2）　メキシコ　149
　2　開発戦略の二つの型：「FTA型（グローバル型）」と「地域統合型
　　（保護主義型）」　150
　　（1）　FTA大国―メキシコ　151
　　（2）　自由化から再保護化へ（地域統合型）―ブラジル　153
　3　メキシコ自動車産業の発展パフォーマンスとその課題　156
　　（1）　パフォーマンスの変化：輸出成長と新クラスター（中・北部クラスター）の形成　156
　　（2）　自由化・輸出志向戦略の帰結：SIの脆弱化問題　161
　4　ブラジル自動車産業の発展パフォーマンスとその課題　165
　　（1）　ブラジル自動車産業の急成長とその要因：メキシコと対照的な発展パターン　165
　　（2）　経済グローバル化時代における"保護主義"のあり方―メキシコと共通

　　　　する課題　168
　　　おわりに　174

第6章　現代ロシアにおける中間層の形成──資源依存型経済における経
　　　　済成長と階層分化の動向──……………………………日臺健雄　179
　　　はじめに　179
　　1　政治的主体としての中間層の顕在化　181
　　2　移行経済の下での階層分化と中間層の形成　184
　　3　ロシア中間層の特徴と主観的な階層認識　191
　　4　現代ロシアの経済成長メカニズムと中間層　197
　　　むすびにかえて　199

### Ⅲ　アジアの周辺新興経済の諸相

第7章　日本・フィリピンEPA（経済連携協定）の論点
　　　　──サービス労働力の国際移動をめぐる視座──…………梶川　誠　205
　　　はじめに　205
　　1　原理的考察　206
　　　（1）労働力の論理的前提　206
　　　（2）労働力の国際移動をめぐる抽象　208
　　2　類型的考察　211
　　　（1）東アジアにおける多様化の分析手法　211
　　　（2）フィリピン経済の負の遺産　218
　　　（3）東アジアの一類型としてのフィリピン型　220
　　3　現状考察　224
　　　（1）日比EPA協定の背景と影響　224
　　　（2）看護市場の現状　226
　　　（3）グローバルな労働移動の問題点　227

第8章　日系縫製企業の第二次移転としてのバングラデシュ
　　　　──国際資本移転のジェンダー分析──………………長田華子　233
　　　はじめに　233
　　1　日系縫製企業のバングラデシュ移転の実態とその要因　236

（1）対内直接投資と衣料品輸出　236
　　（2）日系縫製企業のバングラデシュ移転の要因　239
　2　日系縫製企業による国際移転——マツオカコーポレーションの事例　242
　　（1）調査対象企業の概要と調査方法　242
　　（2）第一次移転：日本から中国への移転　244
　　（3）第二次移転：中国からバングラデシュへの移転　246
　3　バングラデシュ工場における生産・労働過程　250
　　（1）日本向け低価格帯ショートパンツの生産過程　250
　　（2）日本向け低価格帯ショートパンツの労働過程　252
　むすびにかえて　259

第9章　ベトナムの経済発展と情報技術政策——ベトナムにおけるIT化の意味——
　　　　　………… 土肥誠・佐藤公俊・グエン ハイ・ドァン ティエン ドゥック　265
　はじめに　265
　1　グローバリゼーションとベトナム——経済、政策、対日関係を中心に——　266
　　（1）ナショナル・イノベーションシステムとグローバル・シティ形成策　267
　　（2）ベトナムの経済発展と日本からのODA　268
　　（3）ベトナムの物価と金融の動向　277
　2　ベトナムの情報通信技術産業——その市場の発展——　278
　　（1）政策的背景　278
　　（2）情報技術産業（Information Technology Industry）　280
　　（3）IT市場　282
　　（4）ITインフラ（電話通信とインターネット）　283
　　（5）ITの利用　286
　　（6）IT発展の制約　287
　　（7）IT発展の可能性の検討　289
　3　ベトナムのハイテクパーク政策とソフトウェア産業の集積——Hoa Lac Hi-Tech ParkとMy Dinh Valley——　290
　　（1）はじめに　290

（2）ベトナム政府の近年のハイテク政策　291
　　（3）ホアラックハイテクパーク（HHTP）への日本政府の関わり　297
　　（4）ハノイ市西方ハイテク回廊　299
　　（5）ホアラックハイテクパークの完成予想図と現状の機関・企業　301
　　（6）My Dinh Valley へのソフトウェア企業の集積　304
　　（7）まとめ　307
　4　ベトナムの E-commerce market——特徴と課題——　308
　　（1）ベトナムのインターネット市場の状況　309
　　（2）ベトナムの EC 市場の状況　313
　　（3）ベトナムの EC 市場の特徴　316
　　（4）ベトナムの EC 市場の課題　318
　5　情報と日越関係——「e-Japan 戦略」の視点から——　319
　　（1）e-Japan 戦略の対アジア政策　320
　　（2）e-Asia 構想とベトナム支援　323
　　（3）ベトナムの IT 戦略—受入国の実態　325
　　（4）e-Asia 戦略の日越関係　331
　　　むすび　332

あとがき　341
索引　345
執筆者紹介　351

## 序章
# グローバル資本主義の展開と新興経済

河村哲二

### はじめに

　本書は、SGCIME の『グローバル資本主義の現局面』シリーズの第 2 冊目に当たる。1 冊目の『グローバル資本主義の変容と中心部経済』は、とりわけ2000年代末の「百年に一度」のグローバル金融危機を通じた「グローバル資本主義」の変容の主要側面と、主としてアメリカ、ヨーロッパ、日本というこれまでの資本主義の中心部経済の諸相について、重点を絞って解明するものである。これを受けて本書は、とりわけ著しい経済発展を通じて、「パワーシフト」論[1]といった形で、この間のグローバル資本主義による現代資本主義の世界編成の転換の焦点を占めるものととらえられてきた新興経済地域（emerging economies）、とりわけ BRICs および「世界の成長センター」アジアに焦点を当て、この間のグローバル資本主義の進展のダイナミズムのもとで展開されてきた経済発展とそれに伴う諸問題の主な側面を取り上げて論じ、中心部経済に対し、グローバル資本主義の展開のもう一つの重要な主役として登場してきた新興経済地域の側面から、グローバル資本主義の展開とその変容を解明しようとするものである。

　すでに第 1 冊の序章で述べているので繰り返しとなるが、これまで全 9 巻10冊の刊行を重ねてきた SGCIME「グローバル資本主義シリーズ」は、全体として、この間「グローバル資本主義」化を最大の特徴として展開してきた資本主義の現実がわれわれにつきつけている理論的・実証的課題に対し、

マルクス経済学系の宇野理論や経済学諸理論の理論フレームワークそのものの基本認識にまでさかのぼって再検討を加え、理論的・実証的に総合的に応えてゆこうとする試みである。シリーズの最終巻（第Ⅱ集第2巻）は、当初、シリーズ全体の総括的な位置づけで、この間の「グローバル資本主義」の宇野理論の特徴である「段階論」との関係を軸に、資本主義としての歴史的位相を各視角から論じるものとして企画された。しかし、とりわけ2008年秋から非常に深刻化し、さらに、2010年からEU・ユーロ圏の財政金融危機で「第二幕」を迎えたグローバル金融危機は、この間のグローバル資本主義化の進行のプロセスの一つの帰結であり、これまでのグローバル資本主義化の趨勢の大きな転機となる可能性が高い事態である。そうした認識から、新たに『グローバル資本主義の現局面』Ⅰ、Ⅱとして、この間のグローバル資本主義化の展開とグローバル金融危機・経済危機を通じたその変容の問題を焦点として、グローバル資本主義の現局面を実態的に解明することとした。

　むろん実際には、問題は多岐，多面にわたり、この2冊だけで、問題のすべてを解明尽くすことはとうていできないが、この間の、SGCIMEのこの間のグローバル資本主義に関する研究蓄積と、その成果である刊行企画「シリーズ・グローバル資本主義」によるこれまでの多面的な解明を踏まえながら、Ⅰ『グローバル資本主義の変容と中心部経済』において、金融危機・経済危機に揺れるグローバル資本主義の現局面の焦点となる諸側面を、国際金融などグローバル・レベル、およびこれまでの資本主義の中心部経済であるアメリカ、ヨーロッパ、日本を中心に重点を絞って解明し、それを受けながら、本書Ⅱ『グローバル資本主義と新興経済』では、この間のグローバル資本主義の展開の中で、著しい工業化・経済発展を遂げてきた新興経済を中心に主要な点に絞って解明する。「グローバル資本主義の現局面」について全体として明らかにしておくべき点については、Ⅰの序章ですでに立ち入って論じた。繰り返しを避けて、ここではその要点のみにとどめ、本書が全体として問題とすべき点に絞って明らかにしておこう。

## 1　新興経済地域の出現とグローバル資本主義化

### （1）　戦後現代資本主義の転換としてのグローバル資本主義化

　まず第1点は、本書の基本視点の問題である。この間の資本主義世界編成の変容として、BRICsや「成長するアジア」など「新興経済地域」の出現が、大きく注目されてきた[2]。そうした新興経済の登場をもたらした、グローバルな枠組みの問題である。こうした、これまでの先進諸国・地域に止まらず、新たな資本主義経済地域として登場してきた新興経済の発展は、各国・各地域においてもっぱらその内発的条件によって展開された先進経済に対する「キャッチアップ」の実現という事態に止まらないダイナミズムをもつものであった。むしろ、それは、この間のグローバル資本主義の展開のインパクトと、そうした諸国・地域のそれぞれの内発的諸条件の相互作用のダイナミズムとして有機的にとらえられるべきものである。これが、本書の基本的な視点である。

　この間のグローバル資本主義化の展開は、新たな世界的規模の資本蓄積体制の基軸的な構造とメカニズムとして、アメリカを軸とする「グローバル成長連関」を出現させた。「グローバル資本主義」の展開は、すでにSGCIME「グローバル資本主義シリーズ」やその他の各所で論じたように、1970年代を大きな転機として進行した戦後パックス・アメリカーナの衰退と転換に対応したアメリカの資本蓄積体制（つまり資本蓄積の構造とメカニズム）の転換を最大の震源として進行した資本主義世界編成の大きな再編プロセスであったといってよい。詳しくは、Ⅰの序論で論じているが、1970年代半ばを境にした戦後の「持続的成長」の終焉後、世界経済でとくに目立った現象が、アメリカの動向を最大の震源とする「グローバル資本主義化」であった。

　一般に広く言われる「グローバル化」（Globalization）は、企業、金融、情報、その他、経済・社会・政治のあらゆる活動が、ますます国境を超えて拡がり、一国・一地域の事象が国境を超えて互いに影響しあう関係が、飛躍的に高まる現象である（Giddens [1990]: 84-86, Sassen [1999], Steger

［2005］など）。その中心的なダイナミズムは、①企業・金融・情報グローバル化と、②現代資本主義国家の政府機能の新自由主義的転換を主要な経路とする経済グローバル化であり、各国・各地域の政治・経済・社会関係、さらに思想・文化や学問潮流にも大きな変容圧力を加えるものとして、世界的に大きく作用してきた。そうしたグローバル資本主義化のダイナミズムは、グローバル・レベルでも、また、ナショナル、サブ・ナショナルなレベルでも、相互促進的な関係で大きく作用しながら、既存のシステムの転換や制度変容が促されてきた（Sassen［2006］など）。

　それは実にさまざまな面で見て取れるが、主な点として、とりわけ目立つ点として、ナショナル、サブナショナルなレベルでは、①企業システムや経営組織、会計制度、金融制度・金融市場、さらには労使関係・労働市場などの面や、また、②財政・税制、「福祉国家」・社会保障制度、経済開発戦略や産業政策などの政府機能面、③消費行動やライフスタイル、ローカル・コミュニティや地域経済など、社会経済全般、さらには思想、文学、芸術などの文化的側面にもその影響が及んでいる。

　他方、グローバル・レベルでは、とりわけ、①国際通貨・金融システムの大きな変容圧力の高まりがある。それは、新興経済の登場と工業化・経済発展の進行を含んだ世界的な産業集積・国際分業関係の変化が促進され、それを構造的ベースとする国際的な資金循環構造の変容が進行していることが大きな構造的な要因である。また、経済面だけに限らず、②新たなグローバル・ガバナンスの問題が浮上していることも注目される。それは、グローバル化の進展に伴って、地球環境問題の深刻化や地域紛争や民族間紛争の拡大、さらには崩壊国家の問題など、まさにグローバルなレベルの諸問題が国家主権を至上とする近代国民国家や国民経済の枠組みを超えて頻発するようになり、そうした動向は、IMF、WTOなど国際機関や、また各国・各地域の「競争戦略」と絡んで、地域経済統合（FTAやEPAを含む）その他の国際協定の複雑な動向を引き起こし、いわゆる国際秩序の変貌の大きな動因を与えている。

こうしたグローバル資本主義化に伴う制度的・実態的な変容圧力は、かつての資本主義世界編成の中心部である「先進経済」に止まらず、周辺部・途上国経済にも大きく作用してきたものである。新たな資本主義的発展の領域として、中国、インドなどBRICsやアジアなど新興経済地域を幅広く登場させ、世界的な政治経済的な重心のシフトという意味での「パワーシフト」として、資本主義世界編成の大きな変貌を生じてきたダイナミズムは、個々の諸国・地域を越えて作用したそうしたグローバルな枠組みを抜きにしては、十分な解明ができないと考えられる。そうしたダイナミズムの基軸的な関係を、本書は「グローバル成長連関」の出現として集約的にとらえている。その意味で、「グローバル成長連関」という分析フレームワークは、まさに、戦後現代資本主義そのものの変容を集約的に捉える視点といってよい。それは、大きく言えば、戦後パックス・アメリカーナの衰退と転換、その結果進行したグローバル資本主義化というアメリカを軸とする戦後現代資本主義の展開のプロセスとして、現状を捉える基本視角にほかならない。

## (2) 「グローバル成長連関」の出現と新興経済

　この間のグローバル資本主義化のプロセスで出現した「グローバル成長連関」については、本シリーズⅠの序論、およびその最大の震源となったアメリカに即して第1章、またすでにSGCIME編「グローバル資本主義」シリーズの別の巻（とくに第4巻SGCIME編［2008］、簡略版としては同［2011］、［2013］）などで論じた。重複となるのでここで詳しくは再論しないが、その基本点を簡略にまとめておけば、まず第1に、「グローバル成長連関」とは、1970年代を境にして、戦後パックス・アメリカーナの「持続的成長」の資本蓄積体制）が大きく衰退したことに対応した、アメリカの企業・金融・情報のグローバル化と新自由主義的政府機能の転換を主要なダイナミズムとするグローバル資本主義化のプロセスが、EUや日本などの先進国や韓国や台湾、さらには中国や、インド、ロシア、ブラジルといった新興経済諸国も巻き込んで進んだことの帰結として出現した、グローバルな広がりを

図序-1 アメリカを軸とする「グローバル成長連関」の構図

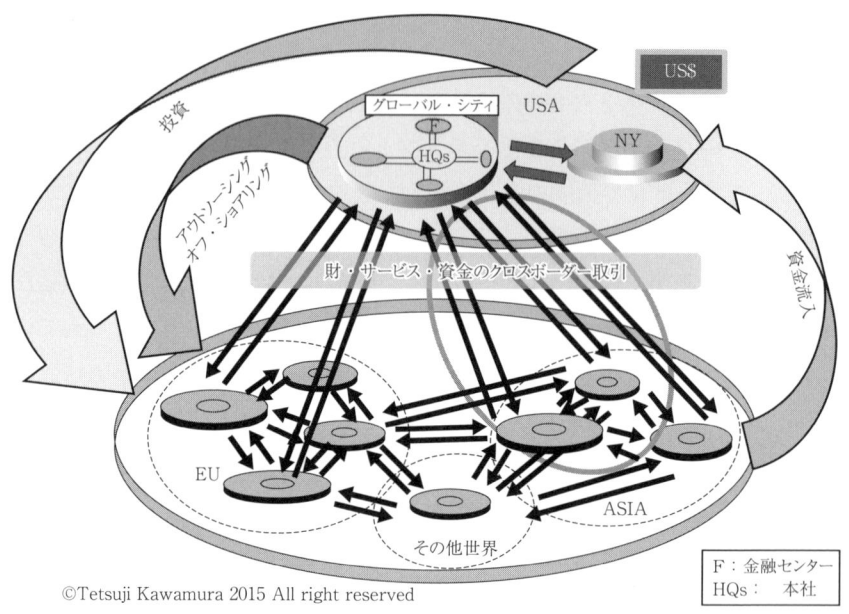

©Tetsuji Kawamura 2015 All right reserved

持った資本蓄積の構造とメカニズムであった。

　第2に、それの基軸的関係をごく単純化してとらえれば、①「グローバル・シティ」とその重層的なネットワークの発展と、②「新帝国循環」とも呼ばれるアメリカを中心とするグローバルな資金循環の構造が結びついた、世界的な経済拡張の構造とメカニズムであった。その基本構図は、図序-1のようになる――すでに各所で何度も提示しているが、ここでも理解の助けとして再録する。

　コンセプチュアルにとらえれば、「グローバル成長連関」の軸心となっているのは、主要グローバル企業の事業活動とそれに付随する諸機能のグローバルなネットワークであり、とりわけ実体経済的レベルでみると、いわゆる「グローバル・サプライチェーン」ないしは「グローバル・バリューチェーン」がクロスボーダーに複雑に形成、発展してきたことである。それは、狭

義の意味では、製造企業の部品・資材・設備調達関係として現れる国際的な生産過程のクロスボーダーな相互連関のネットワークであるが、それに止まらず、製品販売網、Ｒ＆Ｄ機能、本社機能とそれを支える専門サービス——主にグローバル・シティに集積する中心的な機能である——、あるいは資金調達・運用の金融仲介や金融市場ファシリティなど、グローバル企業の事業活動に関連した諸機能の総体のグローバル・ネットワークである。それは、資本の現実態としての企業として、原理的にとらえれば、資本の三循環形式のあらゆる局面に関連する物的、人的諸機能が、グローバルな規模で複雑に形成、発展し、グローバル・サプライチェーン／バリューチェーンのネットワークを構成していることを意味する。さらに、資本蓄積の進行にしたがって形成され、かつ遊離と拘束を繰り返す資金形成をベースとした、金融市場とそれを担う金融ファシリティとそのグローバルな連関とネットワークも大きく発展する。そうした総体的な諸機能とプロセスが複雑に連動しながら、それぞれの地域・領域で経済拡大をもたらす。これが、実体経済レベルの「グローバル成長連関」の最も軸心を形成する。

とりわけ、この間の「新興経済地域」に注目すると、1970年代を境に中心部経済諸国の高コスト（インフレの進行によるエネルギー価格高騰・賃金高騰や硬直的労使関係など）の不利な条件が発展したことによって、とりわけその内発的条件から製造拠点が移転される対象となった諸国・地域では、地場企業の発展を伴いながら、工業化が促進され、また地域拠点となる都市領域におけるサブグローバル・シティ機能の発展を核に、雇用と所得形成を伴いながら経済成長の場が形成され、地域的な資本蓄積の進展とともに国民経済的な経済成長が実現されていった。これが、一般的にみた「グローバル資本主義化」のプロセスの進行と「グローバル成長連関」の形成のダイナミズムの実体経済的な作用であるといえよう。

そうしたグローバル資本主義化の最大の震源となったアメリカでは、グローバル金融センターとして決済・運用市場と各種金融ファシリティを備え「グローバル成長連関」の中心的な結節点の機能を担うニューヨークを筆頭

に、ロサンゼルス地域やサンフランシスコ・シリコンバレーなど、全米各地に重層的に出現した「グローバル・シティ」とそのネットワークが、アメリカに世界的な富を集中し、所得形成と内需の拡大を導く中心的な「場」として機能し[3]、アメリカ経済自体が「グローバル成長連関」による経済拡張の構造に大きくシフトしたことが、非常に重要な側面であった。

　むろん、それは、アメリカ国内のグローバル・シティのサブセンターに止まらず、グローバルな規模で、各地域に「メガコンペティション」を繰り広げる各国・各地域系のグローバル企業の多種多様な本社機能や物流・流通、情報、R&D、金融などの国際的ないしは地域・国内的連関などの機能の集積を軸に、ロンドンや、東京、上海、その他、さまざまな程度で「グローバル・シティ」とそのネットワークが重層的に形成され、グローバルな経済発展の連関を形作っている。こうした「グローバル成長連関」の構造とメカニズムが、中国や「成長するアジア」としてのアジアNIEs、アセアン諸国だけでなく、とりわけ1990年代以降、インド、ブラジル、ロシアなどの他のBRICs諸国の経済成長を加速するグローバル資本主義としての資本蓄積の基本フレームワークとなった点が強調されてよい。そうしたダイナミズムが共通に作用するのなかで、その内発的諸条件や開発戦略を通じて、とりわけ目立った発展を見せたのが、新興経済地域であったといってよい。これこそが、とりわけ1990年代以降、新興経済地域が、新たな資本主義発展の領域として登場するグローバルな規模の基本ダイナミズムであったとみることができるのである。

　その最も顕著なケースが「世界の成長センター」として出現したアジアであった。戦後パックス・アメリカーナの衰退と転換に対応した日米経済摩擦・円高に対応した日本企業の対応が生み出した、「グローバル成長連関」の実体経済的な初期的形態である「太平洋トライアングル構造」の発展と、その後のグローバル資本主義化の顕著な進行・「グローバル成長連関」が出現するなかで、輸出指向工業化戦略のもとでそれぞれの内発的諸条件と結合して急速な工業化と資本主義化を達成したアジアNIES、アセアン、さらに

沿海部を軸として経済発展と新興経済地域としての登場を実現してきた中国に、そうしたダイナミズムの作用を典型的にみることができる[4]。また、とりわけ資源輸出を通じて「グローバル成長連関」に大きく関与したロシア、ブラジル、あるいは、主にアメリカ市場依存で発展したメキシコ、チリなどの中南米諸国など、それぞれの地理的・歴史的な基盤の相違を含む内発的な諸条件を異にするが、全体的に作用してきたグローバル資本主義化による経済発展の基本的なダイナミズムであったといってよい。

他方、こうした発展の主要な震源となり、「グローバル成長連関」の基軸を占めたアメリカについてみると、「グローバル成長連関」の拡大のもう一つの重要な特質が現れてくる。そこには、「グローバル成長連関」を通じた資本蓄積の世界的な拡大をもたらす起動的メカニズムが形成されていたことが非常に重要である。とりわけ、2000年代末に発生した今回のグローバル金融危機・経済危機のインパクトと、その後の回復過程との関連で、本書が問題としている新興経済の発展とその世界経済的フレームワークを考察するには、不可欠の視点となるものである。それは、いわゆる「シャドウ・バンキング」システムの発展として論じられているアメリカを軸とする金融膨張のメカニズムである。それは「グローバル成長連関」をグローバルに拡大するいわば「エンジン」として機能した。

この点は、すでに本シリーズⅠの序論でも論じたが、簡単に言えば、アメリカ経済のグローバル資本主義化を通じて出現した膨大な経常収支赤字構造——2000年代後半にかけては「グローバル・インバランス論」が強調するように、対中国貿易赤字が最大比重を占める——をベースとし、国際基軸通貨ドルによる国際決済機能の集中とニューヨークの金融ファシリティ・金融市場を通じて、アメリカを軸とするグローバルな資金循環構造（「新帝国循環」）が出現したわけであるが、この連関のなかで、グローバル金融センター・ニューヨークに集積するドルをマネタリーベース拡大の原資として、アメリカの銀行システムは膨大な信用創造が可能となる関係が大きく拡大した。そこにゴールドマン・サックスなど投資銀行、さらには各種機関投資

家・ファンド、さらにヘッジファンドが関与し、レバレジッド・ファイナンスを膨張させ、デリバティブと金融工学を駆使した投機操作を含む「シャドウ・バンキング」システムが大規模に発展し、金融膨張を拡大した。その結果、「ファイナンシャライゼーション」と金融操作の投機的拡大（「カジノ化」）とを伴って、ニューヨークを中心とする金融膨張メカニズムが発展し、「グローバル成長連関」を全体にいわば「水増し」的に拡大する「エンジン」となり、グローバルな規模で投資が拡大しながら、新興経済を含めてグローバルに経済成長を加速する関係が展開されたのである[5]。

## 2　「グローバル成長連関」の危機とグローバル資本主義の現局面

### （1）　グローバル金融危機・経済危機と「グローバル成長連関」

　こうした視点から見ると、2000年代末に発生したグローバル金融危機・経済危機は、「グローバル成長連関」として現れた世界的な経済拡張の構造とメカニズムの危機であり、それはグローバルな枠組みの転換をもたらす、大きなインパクトを与えるものあった。したがってそれは、中心部経済だけでなく、新興経済地域にも大きな影響を与えるものであった。

　第1に、今回のグローバル金融危機は、「グローバル成長連関」を通じた世界的な経済拡張の起動的メカニズムそのもの崩壊の危機であった。すでに各所で論じてきたように、今回のグローバル金融危機・経済危機は、いわゆる「シャドウ・バンキング」システムが内包した制度不備とシステム欠陥——とりわけ「証券化メカニズム」——を直接の原因として、投機的金融膨張を含む投機的発展が破綻し、世界的な金融危機・経済危機に発展したものであった[6]。それは、本シリーズⅠの序章、第1章で論じているように、アメリカの住宅金融におけるサブプライム・ローン危機に端を発しながら、その範囲を大きく超え、「百年に一度」あるいは1930年代「世界大恐慌以来最悪」（Greenspan [2008] など）とされるグローバルな規模の深刻な金融危機・経済危機に発展した。アメリカを中心に、ヨーロッパ、日本などの中心

部経済だけでなく、とりわけ新興経済地域の経済発展を大きく促進する「グローバル」なフレームワークを与えてきた「グローバル成長連関」が、その拡大の「エンジン」となっていた金融部門そのもの破綻と機能麻痺によって大きく逆回転し、そうした連関をグローバルな規模で逆にたどって大きく実体経済にまで縮小圧力を産んだことによるものであった。それは、各種の指標や事態を総合すれば、金融システムをグローバルな規模で崩壊させ、「グローバル成長連関」そのものを破壊しかねない1930年代世界大恐慌とも共通する「構造的恐慌」の実質を備えていたのである。

　実際に、アメリカのサブプライム・ローン危機に端を発したアメリカを中心とした危機の「第一幕」は、さらにユーロゾーンを中心とする危機の「第二幕」に発展し、恐慌史的な観点からみて、資本主義世界編成の中心部を直撃した深刻な恐慌現象であった。それは、グローバルな規模で出現した資本蓄積の構造とメカニズムである「グローバル成長連関」そのもの危機であった。そうした構造とメカニズムとの関連抜きには生じ得ない「グローバル恐慌現象」であったといってよい。そのため、アメリカ、ヨーロッパ、日本等の中心部経済だけでなく、「グローバル成長連関」をフレームワークとしながら顕著な経済成長を実現してきた――むろんそれぞれの内発条件で実態はさまざまに異なるが――新興経済地域にも深刻な影響を生じるのは当然であったといってよい。

### （2）　現代資本主義の政府機能とその限界

　しかし、第2の特徴として現れたのは、「政府機能」の大規模な発現という現代資本主義に特有の展開であった。戦後現代資本主義という視点から見ると、今回のグローバル金融危機・経済危機における最大の特徴は、主として財政・金融機能を通じて量的・質的に異例の大規模な恐慌対策が発動されたことである。同時にそれが大きな限界を示していることもあわせて、「グローバル成長連関」と関連してとらえたグローバル資本主義の現局面に特有の状況を生じている。この点も強調しておく必要がある。

まず、第1に、いわゆるリーマン・ショック直後から開始された危機の「第一幕」に対する緊急恐慌対策としての財政・金融措置の発動があった。アメリカの連邦準備制度、EUのECB、イングランド銀行、日銀など主要中央銀行によるMMF、CP市場の買い取り措置、極端な低金利（ゼロ金利）政策や量的緩和など大規模な流動性供給など、平時には通常は行われない「非伝統的」な異例の金融破綻防止措置が取られた。また、中央政府による公的資金の投入による銀行その他の救済や国有化、救済合併など、直接、間接の緊急対策が打たれ、全体的な金融崩壊はかろうじて食い止められた。また、内需の急激な縮小を補い有効需要を創出して経済拡大を図るために、アメリカの経済回復・再投資法（2009年2月、7800億ドル以上）や中国の財政措置（4兆元規模）を筆頭に、やはり戦時期以来の異例に大規模な財政出動が行われた。こうした各国政府の緊急財政措置は、アメリカで、GDPの4.9％、中国で6.3％にも上った[7]。

　こうして、2008年11月のG20声明で確認された、「非伝統的」手法を含むほとんど「あらゆる手段」（2008年11月のG20の声明、G20［2008］）が、国際協調を伴いつつ実行されたことで、2009年4-6月期を境に、急速な経済の下降は一段落し、2010年初めには回復が展望されるに到った。

　こうした「非伝統的」な手段を含む政府・中央銀行の緊急措置は、一方では、中央銀行による無制限の流動性供給によって民間金融部門を肩代わりして支え、深刻な金融危機とそれによる民間金融の機能麻痺とシステム崩壊を食い止め、同時に金融麻痺のインパクトによる急激な経済下降圧力を、中央政府による財政出動による需要創出とを組み合わせて防止しようとする恐慌対策であった。それは、大規模で深刻な金融危機による「グローバル成長連関」の逆回転に金融・財政的手段を総動員して歯止めをかけるものであり、1930年代世界大恐慌と第二次大戦戦時経済を経て戦後現代資本主義に組み込まれた現代資本主義の「政府」機能が大規模に発揮されたものであった。その意味で、この間のグローバル資本主義化のイデオロギー的表現といってよい「新自由主義」は、政策思想的にいって、そうした現代資本主義の政府機

能の特質を潜在化させていたに過ぎず、古典的自由主義とは異なるまさに「新」自由主義であったといってよい。

　こうした現代資本主義の政府機能による緊急の恐慌対策によって、世界経済が「グローバル成長連関」の破綻によって1930年代の「大恐慌」型の世界恐慌に陥ることはかろうじて回避された。それは、実体経済的にみれば、「グローバル成長連関」の基本的部分は崩壊することなく、維持されたことを意味する。しかし同時に、各国とも財政赤字が急速に拡大し、アメリカ、日本を始め、大幅な財政赤字と政府債務の累積を招き、主要国の財政機能の限界を大きく露呈させた。とりわけ、ギリシャを筆頭に、EU・ユーロゾーン（ユーロ導入諸国）の「弱い諸国」（ギリシャの他、スペイン、ポルトガル、アイルランド、イタリアなど）の財政破綻への危惧が拡大し、ユーロゾーンにおけるグローバル金融危機の「第二幕」に展開するに至って、その限界を大きく顕在化させた。

　アメリカにおいては、グローバル金融危機・経済危機の直後から自動車需要と生産の急減（直前ピークの1700万台から1000万台を割る水準へ）、その他耐久消費財や、住宅建築も急減したまま低迷し、急上昇した失業率はその後も高止まりし、経済回復が進まないまま、2009年度以降、連邦制の財政赤字は連続して史上最大の1兆ドルを超え、連邦政府債務は2011年には法定上限に達した。グローバル資本主義化のプロセスで進んだ大きな所得格差の拡大を背景として、財政再建を巡る富裕層と中低所得者層の間の亀裂は非常に大きく、国論は二分され、いわゆる「ティーパーティ」・共和党保守派と民主党の間の対立を通じて、政治的なアポリア状態に陥り、先延ばしを繰り返した。結果的には、むしろ財政赤字が縮小する効果を生じているが、大規模な財政支出は大きな困難に直面している。結局、連邦準備制度による三次に亘る金融の「量的緩和」措置（大規模な債権買取スキーム）が、アメリカ経済の成長の構造とメカニズムの軸となった「グローバル成長連関」を金融的に支え続ける状況となっている（詳しくは本シリーズⅠ第1章をみよ）。

　EUにおいても、ユーロゾーンの財政・金融危機（いわゆるソブリン危

機）に対し、EFSM（欧州金融安定メカニズム）、ESM（欧州安定メカニズム）などによるEU諸国の共同した救済と支援を通じた危機対応が模索されたが、ドイツやその他主要EU構成諸国の国内的反対を大きな原因として対応が進まず、結局、ECBによる国債買い取りスキームにより危機はひとまず沈静化した（田中［2013］）。しかし、こうした諸国の金融機能の低迷と財政再建に向けた財政緊縮問題は続き、全体にも大きな財政制約の下でEU経済の早期の回復は遅滞している。

日本は、すでに「バブル」経済崩壊後の金融不振のため、グローバル金融危機そのものの影響は相対的に軽微であったものの、グローバルな金融麻痺による輸出急減や海外市場の急減の影響は大きく、さらに緊急景気対策と税収減にさらに、「3.11」震災・原発危機に対する対策・復興支出による財政支出増が加わり、バブル経済崩壊後の「失われた20年」で累積した政府債務はさらに累増し、対GDP比としても中央政府債務は第二次大戦期を超える史上最悪の1000兆円以上に達した。安倍政権の登場により、アメリカの量的緩和のフレームワークの枠内で、日銀の「異次元の金融緩和」に大きく依存した金融的な展開となっている。財政再建を棚上げした財政支出と組み合わせた「アベノミクス」は円安・株高を演出してはいるが、大きな財政制約の下での公共投資は大きな限界があり、その「第三の矢」とされる「新成長戦略」は、「国家戦略特区」の設置や、TPP戦略などに代表されるように、グローバル金融危機・経済危機で大きな限界を示している、本章でいう「グローバル成長連関」に依拠した「グローバル資本主義化」戦略に過ぎず、それ以外の有効な「新成長戦略」は打ち出せていない[8]。

## 3　グローバル資本主義の現局面と新興経済

こうして、戦後現代資本主義の政府機能による財政・金融的な緊急恐慌対策によって、「グローバル成長連関」そのものの崩壊は回避されたが、大きな財政機能の限界が露呈するなかで、結局のところ、最終的には、連銀を中

心に、日銀、ECBなどの主要中央銀行による金融の異例の量的緩和措置が、実質上、機能不全となった民間金融部門を、大幅な中央銀行信用拡張で肩代わりして支えているのが実態である。しかし、そうした中央政府債券やその他の民間証券の大規模な買入操作を中心とする、中央銀行信用の大幅な拡大は、本来の銀行機能を旧に復させるというよりは、投機性をもってグローバルに累増した流動資金を維持することに帰着している。そのため、そうした資金の流入を通じて、資源・食料価格の高騰や中国沿海部などの不動産バブルの発展とその崩壊の危惧を拡大する一方で[9]、実体経済的な成長戦略としては「流動性の罠」に陥っている。

いずれにせよ、中央銀行信用の大幅拡大が、「グローバル成長連関」そのものの基本部分を下支えしていることは、重要である。しかし、さらにそうした異例の金融の「量的緩和」から脱却を図る「出口戦略」はかなり困難を伴うものであり、とりわけ民間金融部門の機能不全が継続する中では、脱却の道筋は大きな不確実性を伴うものである。実際にも、2013年12月からのアメリカの連銀の量的緩和の縮小（tapering）の開始[10]が、中国経済を含め、新興経済諸国の経済破綻への危惧を拡大する事態を招いている。また、早期に脱却できたとしても、「グローバル成長連関」の拡大の起動的メカニズムとなっていた「シャドウ・バンキング」システムが旧に復することは非常に考えにくい。「出口戦略」の発動を通じて、早晩、異例の金融緩和措置を解消して金融システムの平常化が図られるのは確実であるが、それは、その制度欠陥および金融当局の規制不備を伴うシステム欠陥の是正と投機的発展の防止を目的としてすでに模索されている各種規制――ヨーロッパの金融取引税導入問題や、棚上げになっているアメリカの「ボルカールール」の問題を含むドッド＝フランク法の実施、あるいはBISの「バーゼル3」など――の実施を伴うものであり、グローバル金融危機以前のような、「グローバル成長連関」をいわば野放図に拡大する金融膨張の機能は、大きく制約されると考えられよう。

こうした事態は、新興経済にそくしてみると、「グローバル成長連関」を

通じたグローバルな経済拡張に依存する経済成長戦略は、中長期的にみても大きな限界があることを意味している。第1に、これまでの輸出志向工業化・成長戦略の限界という問題がある。現状でも、また中長期的にも、アメリカ、日本の経済回復の遅滞と、ヨーロッパ経済の不況圧力が高まるにつれ、「グローバル成長連関」の作用によって1990年代以降とみに成長を加速してきた中国を筆頭に、アセアン地域諸国等の「成長するアジア」諸国にもそうした転換の圧力が現れている。第2に、ロシア、ブラジル、その他資源輸出依存の大きい諸国は、資源需要の減退と価格の下落圧力によってその成長モデルの限界が現れている。

　こうした事態に対応して、「新興経済」地域の成長戦略にも、分岐が現れているといえよう。第1に、中国、ブラジル、さらにインドネシアなど人口規模が大きく成長の潜在力の大きな地域大国では、内需連関の形成による内需型成長への転換を模索している。中国では「第12次五ヵ年計画」で、そうした方向が打ち出されている[11]。他方、個別諸国としてはそうした内需型の成長連関の形成に限界があるアセアン（東南アジア諸国連合）など「成長するアジア」諸国やメキシコ、チリなど南米周辺諸国は、FTA、EPA網の拡大や、AFTA（アジア自由貿易圏）や「ASEAN＋6」によるRCEP（東アジアの地域包括的経済連携）、メルコスール（南米南部経済同盟）その他のより包括的な枠組みを通じて、地域経済統合をより強化する方向を志向している。アメリカ、日本、EUなど先進地域も、そうした地域統合との連携強化に活路を見出す方向にあり、中国、インド、ブラジル、インドネシアなど地域大国もそうした地域経済統合との連携を強める方向が現れている。こうした方向の成否いかんでは、長期・歴史的にみて、すでにグローバル金融危機・経済危機への対応で登場した「G20」（世界主要20カ国首脳会議）にもみてとれるが、米・欧・日本などこれまでの先進地域から、新興経済地域に重心が移る資本主義世界編成における「パワーシフト」が進んでゆく趨勢を見て取ることも、依然可能であるともいえる。しかし、そうした新興経済の戦略の成否については、さらに立ち入った分析を要する。

全体的にみれば、グローバル資本主義の現局面として現れている新興経済地域の動向が、パックス・アメリカーナ体制の再編となるのか、あるいは、資本主義の新たな発展段階に帰結するのか、それがグローバルな規模で一定の資本蓄積の構造とメカニズムを確立できるのか、現状では、そうした展望は、明確には与えられていない。それが、戦後パックス・アメリカーナの衰退と転換によって、1970年代を大きな画期として進行してきたこの間のグローバル資本主義化の現局面の本質であるといってよいであろう。

## 本書の課題と構成

　本書は、SGCIME の「グローバル資本主義の現局面」シリーズの第 2 冊目として、グローバル資本主義の現局面の特徴と関連させながら、新興経済地域の解明を試みるものである。「現局面」シリーズは、戦後パックス・アメリカーナの衰退と転換という現代資本主義の歴史的プロセスにおいて、グローバル金融危機・経済危機インパクトによるグローバル資本主義の転換の現状を、その主要な側面から探ろうとする試みである。

　新たな資本主義の発展領域として登場してきた新興経済の問題は、グローベルレベルの諸制度・システムの転換や中心部経済の変容の問題と並んで、資本主義世界編成の変容と転換の重要な焦点なすものとして議論されてきた。その意味で、その実態的な解明は、グローバル資本主義化という現代資本主義の現局面の歴史的位相を解明する重要な方法的フレームワークである「段階論」アプローチの理論的・方法論的な省察と再検討を行う上でも、大きな前提となる分析作業である。むろん、新興経済の問題について、本書のみで全面的に解明することはできないことはいうまでもない。実際には、グローバル資本主義の変容と転換も、また新興経済そのものも、実にさまざまな動きを含んでいる。主にアメリカ、EU・ヨーロッパ、日本の資本主義世界編成の中心部経済の主要な側面に絞って分析する第 1 冊目の『グローバル資本主義の変容と中心部経済』に対して、本書では、グローバル資本主義の

展開と関連した新興経済の現局面の重要な側面を取り上げて分析を試みている。

まず、序論に続くⅠ「中国経済の現状と課題」では、この間のグローバル資本主義化の中で、「グローバル成長連関」に組み込まれながら、社会主義計画経済から市場経済化・資本主義化を通じて、著しい工業化と経済成長を実現し、世界的な「パワーシフト」の焦点となっている中国経済の問題を、労働政策、証券市場、電力産業と地域開発の視点から論じる。

続くⅡ「ブラジル・メキシコ・ロシア経済の現状と課題」では、まず、ラテンアメリカの「地域大国」・「準地域大国」であるブラジル、メキシコの産業動向の一つの焦点である自動車産業を軸に、開発戦略の対比を通じて、両国の工業化・経済開発戦略の相違を明らかにする。それに続いて、移行経済を代表するロシア経済の展開における「中間層」の形成の問題を中心に分析する。そうした他の「地域大国」との対比を通じて、中国が直面する変容と転換の課題とその歴史的意義もよりはっきりすることになる。

Ⅲ「アジアの周辺新興経済の諸相」では、「成長するアジア」の中心的な存在であるアセアン主要国のなかやあるいはシンガポール、韓国、台湾などのアジアNIEsに対して立ち後れが目立つフィリピン、またその周辺で新興経済として登場してきたベトナム、バングラデシュに焦点を当てて論じる。とくにフィリピンについてはEPAと国際労働力移動の問題、バングラデシュについては、経済発展モデルの変容に直面している中国などからの新たな移転先としての側面を生産現場に立ち入って、とりわけグローバル資本主義の展開でも重要な特質を示しているジェンダー的側面も含めて分析する。アセアンのなかでは後発国であるベトナムについては、その開発戦略の重要な側面である情報技術政策に焦点を当てて論じる。

なお、本書では、とくにアジア周辺諸国について特徴的な断面に焦点を絞って論じているが、韓国、台湾や、アセアンそのもの、またインドなどにもより立ち入った分析と議論が必要であることは言うまでもない。それは、本シリーズに続く新たな研究として今後の課題である。いずれにしても、本シ

序章　グローバル資本主義の展開と新興経済　19

リーズのⅠ『グローバル資本主義の変容と中心部経済』および本書Ⅱ『グローバル資本主義と新興経済』の2冊は、この間の現代資本主義の展開の大きな特徴であるグローバル資本主義の展開と、グローバル金融危機・経済危機のインパクトについて、主な断層に焦点を当てて解明することを通じて、グローバル資本主義それぞれの経済的変容と今後の展開を解明する上でより包括的な議論の手がかりを得る重要な意義を担うものといってよい。その意味で、本書は、本シリーズⅠの中心部経済の分析とともに、グローバル資本主義の現局面の歴史的位相の解明の理論的検討の重要な前提となるものといってよい。

**注**
1)「パワーシフト」ないしは「パワートランジション」については、各種論じられているが、さしあたり TNI[2014]、Cox[2012]、Eichengreen[2011]などをみよ、また、グローバル・ガバナンスと関連した包括的な議論としては、日本国際問題研究所[2013]をみよ。
2) BRICs は、とくに地域大国であるブラジル、ロシア、インド、中国に注目した用語である。BRICs の最初の用例については、O'Niel[2001]をみよ。新興経済地域（emerging economies）については、新興市場地域（emerging markets）という用語も幅広く使われており、一般的には、かつての開発途上地域のうち、工業化、経済発展がとくに著しい地域を総称する用語といってよい。しかし、どの国・地域を含めるかは、論者によってかなり異なる。本書では、BRICs と、「成長するアジア」のもう一つの中心地域であるアジア NIEs およびアセアン諸国や中南米のメキシコやチリなどを含めて、新興経済地域としてとらえている。
3) アメリカ経済分析局（BEA）のデータによる分析では、アメリカのグローバル企業は、国内的には R&A やグローバル・サプライチェーンの強化のための国内投資の比重を高めてきている。これも、アメリカ経済の成長構造が「グローバル成長連関」にシフトしていることを示す重要な一面である。Slaughter[2013]をみよ。
4)「太平洋トライアングル構造」の発展からさらに「グローバル成長連関」との関連で見た、アジア NIEs、アセアン、沿海部を中心とする中国の経済発展と「成長するアジア」としての登場のプロセスについては、詳しくは、河村[2009]、さらに河村[2013a]をみよ。
5) ここでは立ち入らないが、その意味で、たとえば、マクロ成長モデルを適用した一国的な成長モデル分析として中国経済の顕著な発展をとらえ、またさらにその限界を「ルイス転換点」としてとらえようとする議論、あるいは、沿海部における局地的市場圏の拡大と連携によってとらえようとする方法は、事態の一面を強調したものに過ぎず、中国沿海部の著しい経済発展とグローバル・シティ的連関の発展と深化を含む、「グロー

バル成長連関」の作用の問題を看過している議論といわなければならない。また、この間の「新興経済」の登場は、各国国民経済単位で順次資本主義の発展段階を経過するという議論ではとらえきれない資本主義発展のダイナミズムを示す可能性の高い事態とみるべきである。この点に関しての資本主義の発展段階論の理論的再検討については、改めて別稿で論じる予定である。

6）本シリーズⅠの序論でもみたように、今回のアメリカ発のグローバル金融危機の原因としては、2008年のいわゆる「リーマン・ショック」後に始めて開催された「G20（世界主要20カ国首脳会議）」の声明（G20［2008］）に典型的に示されているように、直接には、この間の金融部門の膨張（「ファイナンシャライゼーション」＝資本蓄積の金融化」）と金融グルーバル化の趨勢の上に、制度不備を含む「証券化メカニズム」を中心とする投機的信用膨張が、サブプライム・ローン危機と住宅バブルの崩壊をきっかけに破綻したものととらえる見解が一般的である。さらに、グローバルな規模で発展した金融の投機的膨張を伴う「シャドウ・バンキング」システムを中心とする金融システムのシステム的欠陥を原因とする議論がとりわけ2011年ごろから有力視されている。それは言い換えれば、グローバル資本主義化のプロセスの一部として、戦後現代資本主義の特徴とされた「管理通貨制」による銀行・通貨システムの「国家」管理を大きく超えるグローバルな金融的展開があり、それが、今回のグローバル金融危機の原因として論じる議論である。しかし、そうした金融危機が、単なる金融面を超えて、グローバルな規模の経済危機にまで発展したかという点では、恐慌論的視点から見ると、今回のグローバル金融危機・経済危機は、この間大きく進展してきたグローバル資本主義化のプロセスによるグローバルな規模での資本蓄積の構造とメカニズムの転換の総合的な帰結である「グローバル成長連関」そのものの危機として具体的に明らかにされる必要がある。河村［2015a］および同［2015b］もみよ。

7）より詳しくは、河村［2015b］の4（1）をみよ。各国の主要な緊急対策については、同序論の図序－2で、対GDP比を含め、要約的に示されている。

8）いわゆる「アベノミクス」の「第3の矢」と呼ばれる「新成長戦略」の中心となる「国家戦略特区」とその概要については、さしあたり、日本経済新聞［2013］、日本経済再生本部［2013］、新藤［2013］などをみよ。なお、グローバル金融危機と東日本大震災・原発危機という「二重の危機」に対する日本の経済社会再生の方途に関しては、別稿で、「衣・食・住・食・文化」が一体となった、基礎的ローカル・コミュニティのレベルからの再生が必要な点を提起している。河村［2013b］の序論を参照されたい。

9）食料価格の高騰が、エジプト、中東などの暴動の大きな背景となっているといわれる。その意味では、これもグローバル金融危機・経済危機の影響の一環としてとらえることができるであろう。こうした側面については、Brown［2011］、および、The Fund for Peace［2011］のとくにp.4をみよ。

10）アメリカの連銀の「量的緩和」の縮小（Tapering）の開始については、とりあえず、Board of Governors of the Federal Reserve System［2013］、およびFederal Reserve Bank of New York［2014］をみよ。

11）中国の「第12次五カ年計画」のこうした側面については、三井物産戦略研究所［2011］をみよ。同計画の全文については、Britsh Chamber of Commerce in China［2011］を参照。

\* 本稿は、文部科学省科学研究費補助金基礎研究（A）、海外学術調査研究「金融危機の衝撃による経済グローバル化の変容と転換の研究—米国・新興経済を中心に」（平成21〜24年度、課題番号21252004）（研究代表者：河村哲二）の研究成果と知見を利用している。また同基盤研究（C）「グローバル金融危機・経済危機からのアメリカ経済の回復過程の特質と問題点の実態研究」（平成26〜28年度、課題番号26380327）（研究代表者：河村哲二）による研究成果の一部である。

## 参考文献

河村哲二［2003a］、『現代アメリカ経済』有斐閣。
河村哲二［2003b］、「インパクトの源泉としてのアメリカ」（SGCIME編『グローバル資本主義と世界編成・国民国家システム Ⅰ世界経済の構造と動態』、第Ⅰ集第1巻Ⅰ、御茶の水書房、2003年、序章）。
河村哲二［2006］、「アメリカ企業と蓄積体制」（SGCIME編『グローバル資本主義と企業システムの変容』、第Ⅰ集第3巻、御茶の水書房、第1章）。
河村哲二［2008a］「アメリカの1990年代長期好況とニューエコノミー—戦後パックス・アメリカーナの衰退と『グローバル資本主義』下の景気循環」（SGCIME編『グローバル資本主義と景気循環』第Ⅰ集第4巻、御茶の水書房、第1章）。
河村哲二［2008b］、「段階論」構成の方法と資本主義の諸カテゴリーの現実態」宇野没後30年記念集会コメント要旨（http://www.gssm.musashi.ac.jp/uno）。
河村哲二［2009］、「グローバル金融危機と現代資本主義の「グローバル資本主義」化」『生活経済政策』2009年1月号（No.144）。
河村哲二「グローバル経済化の進展と中国経済の課題」（菅原陽心編『中国社会主義市場経済の現在—中国における市場経済化の進展に関する理論的実証的分析』、御茶の水書房、2011年、第6章）。
河村哲二［2013a］「アジア工業化・経済発展の世界経済的フレームワークとその転換」（馬場敏幸編著『アジアの経済発展と産業技術』、ナカニシヤ出版、2013年、第二章）。
河村哲二、岡本哲志、吉野馨子編著［2013b］『［3.11］からの再生－三陸の港町・漁村の価値と可能性』、御茶の水書房、2013年）。
河村哲二［2015a］「グローバル資本主義の転換と中心部経済」（SGCIME編『グローバル資本主義の変容と中心部経済』日本経済評論社、2015年，序章）。
河村哲二［2015b］「アメリカ発のグローバル金融危機・経済危機とグローバル資本主義の不安定性」（SGCIME編『グローバル資本主義の変容と中心部経済』日本経済評論社、2015年，第1章）。
経済理論学会［2009］第57回大会共通論題「2008年世界恐慌と資本主義のゆくえ」2009年11月22日・23日、東京大学経済学部（http://georg.e.u-tokyo.ac.jp/57taikai/program/program-kaijo.pdf）。
新藤義孝（地域活性化担当大臣）［2013］、「国家戦略特区コンセプト」（http://www.kantei.go.jp/jp/singi/tiiki/kokusentoc_wg/pdf/concept.pdf）。
田中素香［2013］「ユーロ危機の沈静化と今後の課題」*Chuo Online*（http://www.yomiuri.co.jp/adv/chuo/research/20130207.html）。
日本経済再生本部［2013］、「国家戦略特区における規制改革事項等の検討方針」（http://

www.kantei.go.jp/jp/singi/tiiki/kokusentoc_wg/pdf/kettei.pdf)。

日本経済新聞［2013］、「戦略特区の概要決定」（2013年10月18日）（http://www.nikkei.com/article/DGXNASFS1800G_Y3A011C1MM0000/）。

日本国際問題研究所［2012］、『新興国の台頭とグローバル・ガバナンスの将来』（http://www2.jiia.or.jp/pdf/resarch/H23_GlobalGovernance/13_AllReports.pdf.）。

Board of Governors of the Federal Reserve System [2013], *Press Release*, December 18, 2013 (http://www. federalreserve. gov/newsevents/press/monetary/20131218a.htm).

Brown, Lester R. [2011], "The New Geopolitics of Food: From the Middle East to Madagascar, high prices are spawning land grabs and ousting dictators," *Foreign Policy*, May/June 2011 (http://www.foreignpolicy. com/articles/ 2011/04/25/).

Cox, Michael [2012], "Power Shifts, Economic Change and the Decline of the West?," London School of Economics, *International Relations*, vol.26, no.4 (http://ire.sagepub.com/content/26/ 4 /369.short?rss= 1 &ssource =mfr).

Eichengreen, Barry [2011], *Global Shifts*, the Bank of Finland's 200th anniversary symposium, Helsinki, May 5-6, 2011 (http://eml.berkeley.edu/~eichengr/Global_shifts_5 -17-11.pdf.).

Epstein, Gerald A., ed. [2006], *Financialization and the World Economy*, Edward Elgar Pub.

Federal Reserve Bank of New York [2014], *Statement Regarding Purchases of Treasury Securities and Agency Mortgage-Backed Securities*, January 29, 2014 (http://www. newyorkfed.org/markets/opolicy/ operating_policy_ 140129a.html).

Freedman, Thomas L. [2005], *The World Is Flat: A Brief History of the Twenty-first Century*, Farrar, Straus and Giroux（伏見威蕃訳『フラット化する世界』（上）、（下）日本経済新聞社、2006年、2008年）。

G20 [2008], *Declaration of the Summit on Financial Markets and the World Economy* (November 15, 2008) Ministry of Foreign Affairs of Japan (http://www.mofa.go.jp/policy/economy/g20_summit/index.html).

George Soros [1998], *The Crisis Of Global Capitalism: Open Society Endangered*, Public Affairs（大原進訳『グローバル資本主義の危機』日本経済新聞社、1999年）。

Giddens, Anthony [1990], *The Consequences of Modernity*, Polity Press（松尾精文・小幡正敏訳『近代とはいかなる時代か？』而立書房、1993年）。

Gilpin, Robert [2000], *The Challenge of Global Capitalism: The World Economy in the 21st Century*（古城佳子訳『グローバル資本主義—危機か繁栄か』東洋経済新報社、2001年）。

Greenspan, Alan [2008], *Remarks in "This Week with George Stephanopoulos" interview*, September 14, 2008, (http://blogs.abcnews.com/politicalradar/2008/09/greenspan-to-st.html).

Hardt, Michael and Antonio Negri [2000], *Empire*, Harvard University Press（水嶋一憲・酒井隆史・浜邦彦・吉田俊実訳『＜帝国＞— グローバル化の世界秩序とマルチチュードの可能性』以文社、2003年）。

Mittelman, James H. [2000], The Globalization Syndrome, Princeton University Press

（田口富久治・柳原克行・松下洌・中谷義和訳『グローバル化シンドローム』法政大学出版局、2002年）．
O'Niel, Jim [2001],"Building Better Global Economic BRICs," Goldman Sachs, Global Economics Paper No.66, November 30, 2001.
Sassen, Saskia [1996], *Losing Conrol? : Sovereignity in An Age of Globalization*, Columbia University Press（伊豫谷登士翁訳『グローバリゼーションの時代』平凡社、1999年）．
Sassen, Saskia [2006], *Territory, Authority, Rights*, Princeton Unversity Press（伊豫谷登士翁監修、伊藤茂役訳『領土・権威・諸権利』明石書店、2011年）．
Slaughter, Matthew J. [2013], "American Companies and Global Supply Networks: Driving U.S. Economic Growth and Jobs by Connecting with the World," Business Roundtable, the United States Council for International Business and the United States Council Foundation（http://uscib.org/docs/2013_american_companies_and_ global_supply_networks.pdf）．
Steger, Manfred B. [2003], Globalization: *A Very Short Introduction*, Oxford University Press（櫻井公人・櫻井純理・高嶋正晴訳『グローバリゼーション』岩波書店、2005年）．
Stiglitz, Joseph [2002], *The Globalization and Its Discontents*, W.W. Norton & Company（鈴木主税訳『世界を不幸にしたグローバリズムの正体』徳間書店、2002年）．
Strange, Susan [1986], *Casino Capitalism*, Basil Blackwell（小林襄治訳『カジノ資本主義—国際金融恐慌の政治経済学』岩波書店、1988年）．
The Transnational Institute [2014], "*Shifting Power: Critical perspectives on emerging economies*," TNI Working Papers, Sepmber2014（http://www.tni.org/sites/ www.tni.org/files/download/shifting_power.pdf）．

# I　中国経済の現状と課題

## 第1章
# 中国経済の構造変化と雇用改革

李　捷生

## はじめに

　中国の経済構造は、2008年から世界金融危機による国際市場の低迷・輸出産業の衰退と労働者の保護を目指す新しい雇用改革、それとかかわる一連の立法（「労働契約法」「社会保険法」など）の確立による労働コストの上昇という両側面から影響をうけて、大きな転換期に差し掛かっている。一方では、需要サイドにおいて輸出産業の不振にともなって企業倒産・外資撤退が続発し、大量解雇が一時深刻な問題として現れた。他方、供給サイドにおいて最低賃金や間接給付の基準や労働基準が大幅に引き上げられ、人件費が急激に上昇した。新しい雇用改革の時期は世界金融危機の広がりに伴う輸出依存型経済が動揺した時期と重なったのである。経済構造の変容と雇用改革との関連付けをどう捉えればよいのであろうか。

　労働市場における労働力需給関係の変動から、賃金高騰・人件費上昇の要因を取り上げつつ中国経済の構造変化の在り方を分析する議論が多い。問題関心の焦点は当面中国経済の構造変化がルイス・モデルでいう「転換点」にあたるかどうかということであった[1]。確かに労働力需給関係と賃金変動とは労働市場における相互規定な関係にあるが、しかし労働力の需要構造が工業化の在り方に規定され、労働力の供給構造が制度・政策によって規定されるという側面が大きい[2]。とりわけ2008年以降、「労働契約法」（2008年発効）、「社会保険法」（2011年発効）の導入を中心とする雇用改革によって、

全労働者を対象に雇用の入り口と出口を規制するシステムが作り上げられた。政策・制度の変化によって賃金高騰が引き起こされる一方、世界金融危機の広がりによって一時で輸出産業における大量失業の現象が起きた。賃金高騰と大量失業とは同時に発生したことについて、単に労働力需給関係の在り様からうまく説明できない。2008年以来の雇用改革の要因と特質を把握するには、1980年代「改革開放」の展開に伴って推し進められた前段階の雇用改革の意義と限界を取り上げる必要がある。

　以上のような問題意識を踏まえて、本章では、まず1980年代グローバリゼーション影響のもと、輸出志向型工業化戦略の導入にともなって、労働力の流動化を促進するための雇用改革がどのような特質と限界をもつかということを検討し、それを通じて2008年以降新しい雇用改革の歴史的前提を明らかにする（1～2節）。つぎに世界金融危機の広がりと重ねつつ実施された現段階の雇用改革に焦点をあて、雇用の入り口と出口の両面から規制を強化するために導入された「労働契約法」と「社会保険法」を分析しつつ「第12次５カ年規画」（2011-2015年）で打ち出された「就業優先」目標を検討する（3節）。最後に新しい発展戦略について若干の展望を述べる。

## 1　輸出志向型工業化の展開と労働移動

### （1）　グローバリゼーションと「改革開放」

　中国の「改革開放」は、概ね二つの側面において展開されてきた。すなわち、経済体制の面では「市場メカニズム」が導入され、発展方式の面では輸出指向型工業化戦略が採用されたということであった。これら二つの側面の「改革開放」は、いずれもグローバリゼーションから影響を受けていた。一つは冷戦構造の崩壊にともなう旧ソ連型計画経済の破綻およびイギリスのサッチャー、アメリカのレーガンの「規制緩和」に示された新自由主義的政策からの影響であった[3]。この流れにおいて、1992年の旧ソ連の「ショック療法」と呼ばれた急進的市場化が注目された[4]。中国の改革は漸進的な方式を

とったものの、「市場化」の面ではグローバリゼーションに応じる格好であった。

今ひとつはOECDが発展途上国に推奨する「輸出志向型工業化」戦略が採用されたということであった[5]。国内的背景として従来の重工業優先の発展方式は資金形成と技術形成の面において限界に逢着し、消費財不足と雇用不振を招き、社会的不満を招いてしまった（李［2003］）。国際的背景として、パックス・アメリカーナ影響の下で「輸出志向型工業化」はアジアNIESにおいて急成長し、発展方式の有効性が広く認知された（河村［1995］）。

いわゆる「アジア新工業化」とは、工業化の推進主体である国家が「周辺性利益」（安価な労働力の存在）を梃子にして外資導入と加工型輸出産業の育成輸出に取り込みつつ、「アジア太平洋トライアングル貿易」と呼ばれる国際分業体制へ主体的に参与していくプロセスを指す（中川［1997］）。安価な労働力の集積をどう確保するかということは中国の経済改革の重要課題であった。

「市場メカニズム」の導入と「輸出志向型工業化」の推進は相互規定的な関係にある。「市場メカニズム」の導入は「輸出志向型工業化」の推進を経済体制面からサポートする形で漸進的に進められてきた。「工業化」に対する「市場化」のサポート機能は労働移動の規制緩和の在り方からよく示される。一方、規制緩和は農村過剰労働力の輸出部門への集積を促した。「市場による労働力配置」という政府の方針（1993年共産党14期大会）が達成したかにみえる。他方、農村労働者を対象とする労働基準の整備が立ち遅れ、賃金と労働条件が低位に抑制され、低賃金労働を競争力の源泉とする輸出産業が迅速に拡張しえた。

市場化の大波は、1990年代後半から内需中心の重工業部門を担ってきた国有企業にも広がった。よく知られているように、国有企業の改革問題は「計画経済」時代と接点をもっている中国固有のものである。経済効率の低下をもたらした元凶とみなされた従業員生涯雇用制度（「固定工」制度）の見直

しや有期契約工制度の導入を通じて企業から労働市場への労働移動が促された。大規模なリストラが進むなか、国有企業の経済効率が回復し、重工業部門が急成長した。輸出産業の拡張に必要不可欠なインフラ建設（港湾、道路、工業団地など）や原材料生産（鉄鋼・セメントなど）が国有企業によって担われてきた。かくて市場化と工業化との関連性は輸出部門と内需部門の両方においてみられたのである。しかしその過程で深刻な矛盾や不安定性も生まれ、雇用・分配政策を転換させる歴史的要因となった。

### （2） 発展プロセスと大規模な労働移動

#### A. 発展プロセス

輸出産業部門の創出と伝統的重工業の再編プロセスについて、これまで筆者の分析を簡単にまとめるとつぎのようになる（李［2003］など）。まず「改革開放」の第1期（1980年代前半）において、繊維、衣料と雑貨などの軽工業部門では重工業部門に先立って、価格規制の緩和と投資制限の廃止を含む市場化がいち早く進められたということであった。「計画経済」期（1950～70年代）に形成された農村工業の基盤の上に立ち、自主経営権を獲得した農村部郷鎮企業、また外資として進出しはじめた香港系などの華人企業は軽工業の急速な発展を担った[6]。衣料や雑貨など軽工業の輸出はこの時期からスタートした。

つぎに第2期（1980年代後半～1992年）では沿海地域の全面的対外開放と外資導入が行われると同時に、耐久消費財生産部門の創出が推進されていた。すなわち、軽工業部門の市場化に続いて耐久消費財部門への投資規制の緩和が進められた。投資権を獲得した地方政府とその管轄下の地方国有企業、なお生産拠点を求めて進出しはじめた外資系家電メーカーは耐久消費財部門の急速な発展を担う存在となった。1990年代から家電製品や関連部品の輸出は急速に増大し、やがて90年代後半に衣料など繊維製品を凌駕した。

第3期（1993～2007年）において「社会主義市場経済」の確立を目指す改革路線の提起（1993年共産党14期大会）に伴って市場化と対外開放は全面的

に展開した。伝統的重工業の規制緩和と国際競争力強化、また情報産業と自動車産業など新興産業の創出と外資導入は産業政策の中心となり、対外開放は沿海部から全国へと広がった。外資系企業による直接投資の急増や国内市場への大規模な参入は情報産業と自動車産業の急速な発展を支えたと同時に、市場化の全面的展開ともに各産業分野における価格競争とコスト競争の激化を促した。重工業部門における国有企業は市場化の波にさらされて、競争力強化をはかるために、大規模なリストラを推し進め始めた。

　第4期（2008〜2015年現在）は世界金融危機の広がりにともなって輸出産業が低迷する一方、労働者の保護を目指す新しい雇用改革（「労働契約法」「社会保険法」など）の展開によって労働コストが急激に上昇するなか、従来の輸出指向型工業化が行き詰まったため、消費促進と内需拡大に向けて発展方式の転換が模索され始めた。雇用改革と内需拡大との関連について後述する。

　全体からみて、第1期に創出された労働集約型輸出産業（衣料・雑貨など）の輸出拡大は「繊維・雑貨の輸出⇔機械・技術の輸入」という交換体制を維持させるための重要な環節として、第2期と第3期に伸びた新興産業と重工業の技術導入を支えてきた。そして、鉄鋼、セメントなど重工業の発展は新興産業の資本形成に安価な原材料を提供しインフラの整備に寄与した。そして主要な輸出品目は90年代後半から衣料・雑貨から電子・家電製品へと変わりつつあった。なお産業形成や輸出拡大における外資の役割はますます大きくなった。かくて輸出志向型工業化は順当に展開したかにみえた。

### B. 労働移動

　以上でとりあげた輸出産業部門の創出や伝統的重工業の再編を根底から支えた要因の一つは大規模な労働移動および労働者形成であった。労働移動の中心は農村から都市への移動と国有企業のリストラによる移動であった。重要な出来事として注目すべきは農民工の登場と国有企業の人員削減であった。

　まず農民工の登場について、表1−1によれば1980〜2010年の30余年間で都

## 表1-1 都市農村所属別就業者の推移

単位：万人、％

| 年次 | 総就業者数 | 都市就業者数 | 国有・集団所有制企業(1) 国有 人数 | 比率 | 集団所有 人数 | 比率 | 株式会社、有限会社、外資、私営その他 株式会社 人数 | 比率 | 外資系(2) 人数 | 比率 | 私営+個人 人数 | 比率 | 非正規雇用(3) 人数 | 比率 | 農村就業者数 | 郷鎮企業(4) 人数 | 比率 | 私営+個人 人数 | 比率 |
|---|---|---|---|---|---|---|---|---|---|---|---|---|---|---|---|---|---|---|---|
| | | | | 都市就業者数=100(3) | | | | | | | | | | | | | 農村就業者数=100 | | |
| 1978 | 40,152 | 9,514 | 7,451 | 73.3 | 2,048 | 21.5 | 15 | 0.2 | — | — | 15 | 0.2 | — | — | 30,638 | 2,827 | 9.2 | — | — |
| 1980 | 42,361 | 10,525 | 8,019 | 76.2 | 2,425 | 23.0 | 81 | 0.8 | — | — | 81 | 0.8 | — | — | 31,836 | 3,000 | 9.4 | — | — |
| 1985 | 49,873 | 12,808 | 8,990 | 70.2 | 3,324 | 25.9 | 127 | 1.0 | 7 | 0.5 | 450 | 3.5 | 367 | 2.9 | 37,065 | 6,979 | 18.8 | — | — |
| 1990 | 64,749 | 17,041 | 10,346 | 60.7 | 3,549 | 20.8 | 835 | 4.9 | 66 | 0.4 | 671 | 3.9 | 2,311 | 13.6 | 47,708 | 9,265 | 19.6 | 1,604 | 3.4 |
| 1995 | 68,065 | 19,040 | 11,261 | 59.1 | 3,147 | 16.5 | 2,939 | 15.4 | 513 | 2.7 | 2,045 | 10.7 | 1,693 | 8.9 | 49,025 | 12,861 | 26.3 | 3,525 | 7.2 |
| 2000 | 72,085 | 23,151 | 8,102 | 35.0 | 1,499 | 6.5 | 5,387 | 23.3 | 642 | 2.8 | 3,404 | 14.7 | 8,163 | 35.3 | 48,934 | 12,820 | 25.7 | 4,073 | 8.2 |
| 2005 | 75,825 | 27,331 | 6,488 | 23.7 | 810 | 3.0 | 10,163 | 37.2 | 1,245 | 4.6 | 6,236 | 22.8 | 9,870 | 36.1 | 48,494 | 14,272 | 29.4 | 4,489 | 9.3 |
| 2010 | 76,105 | 34,687 | 6,516 | 18.8 | 597 | 1.7 | 16,190 | 46.7 | 1,823 | 5.2 | 10,538 | 30.4 | 11,384 | 32.8 | 41,418 | 15,893 | 33.3 | 5,404 | 11.5 |
| 2011 | 76,420 | 35,914 | 6,704 | 18.6 | 603 | 1.7 | 18,926 | 53.0 | 2,149 | 6.0 | 12,139 | 33.8 | 9,681 | 26.9 | 40,506 | — | — | 6,160 | 11.5 |

注：(1) 集団所有制企業は未満地方政府が投資して作った企業か、協同組合型企業であるが、そのほとんどは国有企業とほぼ同様の経営形態をとってきた。
(2) 外資には台湾系、香港系が含まれる。
(3)『中国統計年鑑』(2012年版) まで、都市系とマカオ系企業が合まれる。
(3)『中国統計年鑑』(2012年版) まで、都市の総就業者数の数値に対して、その内訳の国有企業以下個人経営までの項目の合計は不足した。その不足分は企業内失業者(中国語では「下崗」人員) や臨時工、パート・タイマーなど非正規労働者数と推測された。
(4) 郷鎮企業とは農村の集団経済組織あるいは農民による投資(村を合む)により起業され、郷鎮(村を合む)就業者数を主とし、農業支援の義務を有する各種企業を指す(『郷鎮企業法』1996年)。『中国統計年鑑』(2012年) に「郷鎮企業」就業者数が掲載されなかった。

出所：『中国統計年鑑』2012年版。

市就業者数は1億525万人から3億4687万人に増えたが、都市に進出する農民工の増加がその背景にはあった。農民工とは、地元から都市など他地域へと出稼ぎにいく「外出農民工」とよばれる出稼ぎ労働者と地元企業（郷鎮企業）で働く「在地農民工」から成る。

図1-1に示したように、出稼ぎ労働者（外出農民工）数は2000～10年の間でほぼ倍増の1億5335万人となり、都市就業者数の44.2％に達した。そして出稼ぎ労働者の大半は東部地域に集中した点が注目される。表1-2は2009年と2011年の数字であるが、1990年代に東部地域に進出する農民工の割合がより大きかったと推測される。これは沿海部輸出産業の発展によるものであった。

それと同時に、出稼ぎ労働者の登場は輸出志向型工業化の発展を支える原動力の一つであった。とりわけ女子出稼ぎ労働者は国際競争力を持つに至った労働集約的輸出産業の担い手として「繊維・雑貨の輸出⇔機械・技術の輸入」という交換体制の一翼を担う存在であった。他方では道路・土木などインフラ建設の急速な拡張は出稼ぎ男子労働者の大量採用によってこそはじめて可能であった。さらに彼ら（また彼女ら）は流動性が高く、臨時工の給源として都市部大企業（国有・外資）における労働編成、ひいては労働市場の供給構造を「活性化」させていくのに、不可欠な要素とされていた。

他方、農村周辺に立地する郷鎮企業で働く就業者の多くは「在地農民工」であり、その数は2010年1億5893万人に達し、農村就業者数の33.9％となった[7]。

つぎに国有企業のリストラに伴う労働移動である。1997年にアジア通貨危機が発生し経済成長が減速するなか、国有企業では大規模な雇用調整が実施された。表1-1に明らかなように、国有企業労働者は1995年から2005年にかけて約5000万人減少した。企業内失業者の数も1998～2002年の5年間に年平均500万人以上にも達し、国有企業内失業率は全国の失業率を大幅に上回った（図1-2）。国有企業を離れた労働者の多くは私営企業へと移動した。私営企業を大きく分けて、ローカル私営企業と外資系企業（台湾・香港とマカ

**図1-1 外出農民工の推移**

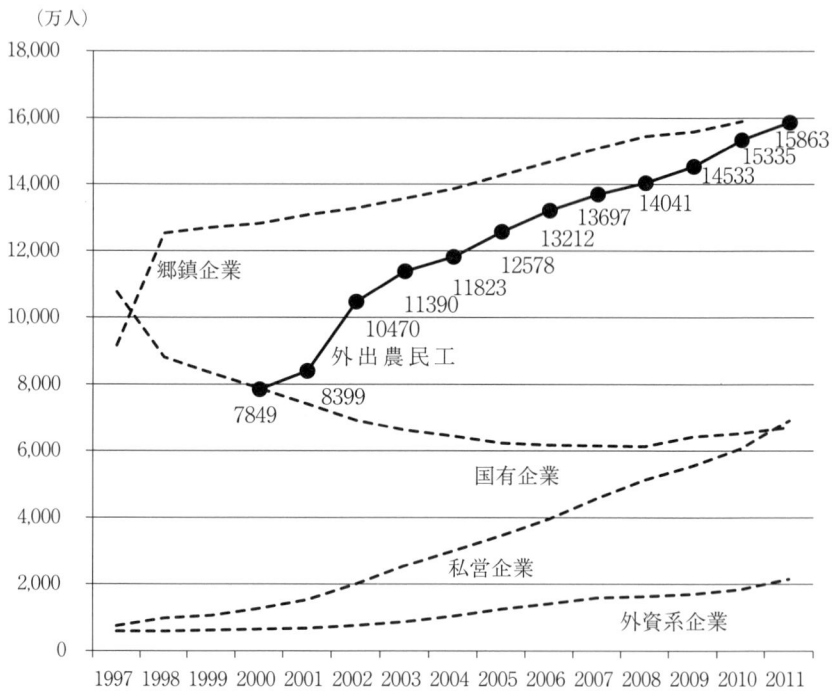

| 年 | 都市就業者数に占める<br>外出農民工の比率 | 農村就業者数に占める<br>郷鎮企業労働者数 |
|---|---|---|
| 2000 | 33.9 | 26.2 |
| 2010 | 44.2 | 33.9 |

注：(1) 農民工は「外出農民工」（出稼労働者）の値であり、地元で働く農民工を含まない。
　　(2) 郷鎮企業従業員は他地域からくる出稼ぎ労働者を含む。
　　(3) 私営企業従業員は都市部のみで農村私営企業を含まない。
　　(4) 外資系企業従業員は香港・マカオと台湾系企業を含む。
出所：外出農村工の数字について『中国農村住戸調査年鑑』各年版、「2010年度人力資源・社会保障事業発展公報」を参照。その他は『中国統計年鑑』各年版、を参照。

表1-2 農民工の移動形態

単位：万人、％

| 項　目 | 2011年 人数 | 2011年 比率 | 2009年 人数 | 2009年 比率 |
|---|---|---|---|---|
| 農民工 | 25,278 | 100 | 22,978 | 100 |
| 　①在地農民工 | 9,415 | 37.2 | 8,445 | 36.8 |
| 　②外出農民工 | 15,863 | 63.0 | 14,533 | 63.2 |
|  |  | (100) |  | (100) |
| 　　　単身離村 | 12,584 | (79.6) | 11,567 | (79.6) |
| 　　　挙家離村 | 3,279 | (20.4) | 2,966 | (20.4) |
| 農民工の分布* |  |  |  |  |
| 　　　東部地域 | 10,790 | 42.7 | 10,017 | 43.6 |
| 　　　中部地域 | 7,942 | 31.4 | 7,146 | 31.1 |
| 　　　西部地域 | 6,546 | 25.9 | 5,815 | 25.3 |
| 外出農民工移動範囲 |  |  |  |  |
| 　　　省内地域 | 8,390 | (52.9) | 7,092 | (48.8) |
| 　　　省外地域 | 7,473 | (47.1) | 7,441 | (51.2) |

注：東部地域は北京、天津、河北、遼寧、上海、江蘇、浙江、福建、山東、広東、広西、海南を、中部地域は山西、内モンゴル、吉林、黒竜江、安徽、江西、河南、湖北、湖南を、西部地域は重慶、四川、貴州、雲南、チベット、甘粛、青海、寧夏、新疆をそれぞれ含む。
出所：『中国住戸調査年鑑』2012年版より作成。

オ系）企業を含む）が含まれる[8]。改革以来、国有企業の失業者および新規就業者数の増加を背景に、私営企業従業員数は国有企業従業員数に近づいているほど増加した（表1-1）。経済成長との関連において、外資系大企業は自動車・電気・IT産業など新興産業を担って産業構造の高度化を牽引する役割を果たしたのであり、私営中小企業は労働集約型輸出部門の主役として中国対外輸出の一極を担ってきたのである。

では農民工の沿海部への移動、国有企業のリストラに伴う労働移動がどのようなメカニズムのもとで行われ、移動に伴う雇用・分配条件の形成にどのような問題があるのかについて、次節でみよう。

36　I　中国経済の現状と課題

**図1-2　失業者数と失業率の推移**

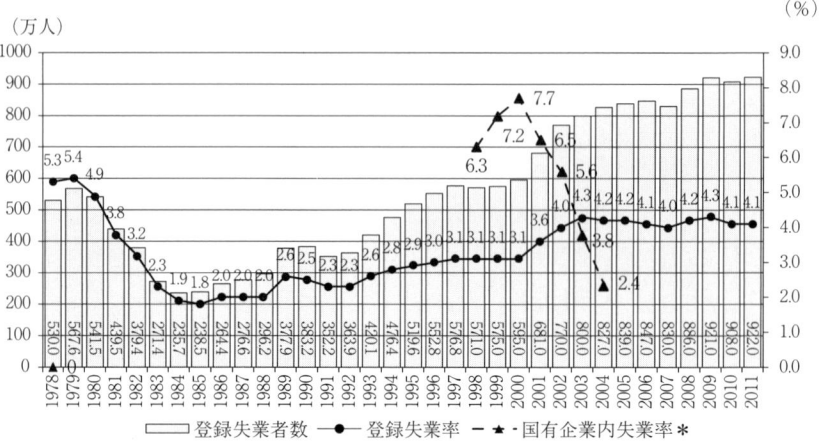

注：国有企業内失業率は国有企業従業員数に占める企業内失業者の比率。企業内失業者（中国語、「下崗」人員）は企業との雇用関係を維持するが、職務か持ち場から外されたものを指す。その場合は社宅などの福利待遇を享受できるが、賃金が生活給しか支給されない。
出所：失業率については『中国統計年鑑』2011年版、国有企業内失業率については「中国労働・社会保障事業発展統計公報」各年版を引用。

## 2　雇用改革の骨格と労働条件の劣悪化

### (1)　雇用規制の緩和と農民工の存在形態

　1980年代に始まった雇用改革は農民工への雇用規制の緩和や国有企業における有期雇用契約制度の導入という二つの側面において行われたのであった。これらの改革は労働力供給サイドから輸出志向型工業化の順当な遂行を支えてきたと同時に、雇用の流動化と階層化を促しつつ不安定雇用と経済格差拡大の深刻化を招いた要因でもあった（後述）。

　ではまず農民工への雇用規制の緩和についてみよう。「計画経済」期（1950-70年代）に都市部では企業が農民工を雇うことができなかったが、1980年代に入ると、農民工への雇用規制の緩和が行われ、内陸農村部から沿海部への大規模な労働移動が始まったことが前文で紹介したとおりである。

外出農民工の移動形態として注目すべきは、農民工の多くが農村経済との結びつきを維持しつつ都市に進出する半農半工の労働者であるという点である。表1-2によれば、親族を農村に残して出稼ぎに行く者が多いのに対して、家族を挙げて離村するケースは2割しかなかった。労働者として定着しない理由について、つぎの点が挙げられる。

すなわち、①出稼ぎ労働者が出身地である農村経済とどのような関係を維持しているか、②労働移動への規制緩和に伴って農村から沿海地域へと移動する場合、農民工と移動先地域とはどのような関係をもっているのか、③雇用・分配条件がどのように決定されたのか、などである。

第1に出稼ぎ労働者の農村経済との関連では、以下の3点が重要である。①戸籍制度の拘束である。中国では社会生活の諸条件（住居、教育、医療など）が地域別に異なるが、それらは出身戸籍に基づいている。出身地の農村戸籍を移動先の都市戸籍に切り替えることが難しく、移動先での定住が制度的に制限される[9]。②農地所有制度による結びつきである。農地は法的に村落集団所有の形態をとる。出稼ぎ労働者を含めて農村戸籍をもつものは農地を占有する権利をもっており、農業収入が収入源の一部をなす[10]。農地占有権は出稼ぎ労働者を農村に拘束するものとなっている。③国家の食料買付制度との関連である。1980年代初期に従来の集団労働体制（人民公社）が解体し、農業生産を農家に請け負わせるようになった。農家の生産意欲が向上するが、生産性上昇に伴う人員過剰も生じた。他方、国家による主要農産物の買付制度が依然続けられ、買付価格が低く抑えられ、農業生産だけで所得拡大の道が狭まれた。農民が絶えず出稼ぎに赴いていく理由の一つはここにあった。以上のような拘束からみて、出稼ぎ労働者は農村と分離せず、「半工・半農」の性格をもつものであった。

第2に移動先地域との関係について、つぎの2点が重要である。①1980年代から沿海地域における輸出産業の集積が進むにつれ、移動制限が徐々に緩和された[11]。②戸籍制度の切り換えが依然として難しく、定住制限が存在する。規制緩和は限定的で条件付きのものであり、「定住禁止」、「仕事完了時

の帰村」などの条項が盛り込まれていた。この定住制限は、出稼ぎ労働者が地域間を転々と移動せざるをえない要因である[12]。出稼ぎ労働者の大半は若手女子労働者である。彼女らは農村で義務教育を修了すると、結婚前の数年間を出稼ぎにいく。定住制限の下で彼女らの多くは2〜3年で帰郷するか他地域へ移動する。その後に新たな出稼ぎ労働者が入ってくる。高い流動性は若年女子労働力を絶えずに労働市場に供給させてきた。

　第3に、雇用・分配条件については、労働基準と賃金決定がポイントである。①労働基準と社会保険について、2008年「労働契約法」が発効するまで、真に機能する「皆国民的」労働法制は存在しなかった[13]。労働基準、医療制度と労働保険制度が都市部労働者にだけ適用され、他地域からの農村出稼ぎ労働者は基本的に適用の対象から外された。この意味において「非正規雇用」の性格が強かった[14]。都市部における差別的処遇は出稼ぎ労働者が都市に定着しえない要因であった。②賃金決定について、低賃金の規定要因を多面的に理解することが重要である。まず労働力の供給源である内陸部農村の貧しさ、また農村出稼ぎ労働者が賃金以外に農業収入を持つ点があげられる。つぎに労働市場は流動性が高く「買手市場」である場合、雇用をめぐる労働者間競争が激しくなり、賃金を低位に抑制する圧力となる。なお労働者の組織率（労働組合）が低く、賃金決定が主に企業の専権により委ねられる場合、賃金・分配条件の改善が困難である。

　事実として沿海部では雇用の流動化に伴う「競争的賃金」の形成およびそれに通ずる人件費の低位抑制のメカニズムが作り上げられていた。華南沿海地域（広東・福建）は1980年代当初から労働集約的輸出産業（繊維・雑貨など）を地域発展の重点に据え、外資誘致に取り組むと同時に、出稼ぎ労働者の雇用規制をいち早く緩和した。出稼ぎ労働者の大量流入が労働力の需給関係において「買い手市場」の形成を促した。そして雇用条件の決定には地方政府が介入せず、賃金決定が労働力の需給関係や使用者の裁量に委ねられていた。人件費が低位に抑制しえた根拠はこれらの事情によるものであった。かくて華南沿海部では労働集約的輸出産業の集積と出稼ぎ労働者の流入とを

結合させ、輸出競争力の増強と経済成長を成し遂げたものの、労働者の雇用条件の面において大きな改善を伴うことがなかった[15]。

### （2） 国有企業の有期契約工制度とリストラ

国有企業における大規模リストラを可能としたのは民営化の遂行と有期契約工制度の導入であった。1980年代後半から政府は国有中小企業に対して民営化を押し進めながら人員整理を推進した。他方、国有大企業に対して、有期雇用契約制（3年以下の契約）を全従業員（職員と労働者）に適用させ、契約の更新止めを通じて雇用調整を行った。1980年代半ばまで国有企業の雇用制度では従来の「固定工」制度が維持されていた。「固定工」制度は、就業が政府の計画に従って行われると同時に、雇用も生涯にわたり政府により保障されるというものであった[16]。1980年代後半になると、「固定工」制度は職業選択の自由と労働移動の自由を妨げるものとして見直されるとともに、要員肥大化をもたらす要因とも見なされるようになった。それにともなって「契約工」制度が試行し始まった。「契約工」制度は、労働者が企業と期限付きの「労働契約」（＝雇用契約）を結んで就職する制度である[17]。契約終了時に契約の更新が行わなければ、雇用関係が中止となる。

1993年共産党14期大会が「社会主義市場経済」の確立を目指す改革路線を提起し、「市場による労働力配置」のメカニズムを作り上げる方針を打ち出した。労働市場の仕組みを制度化させるために、1994年に「労働法」が導入され、雇用契約と労働基準の大枠が決められた。無期限雇用契約が一部の古参従業員に適用される場合を除けば、大多数の従業員は3年以下の中短期契約となった[18]。しかし「固定工」制度を廃止し、契約を中止して人員整理を行うことが一般労働者の激しい反発を招いた[19]。企業はできるかぎり解雇による人員整理を避けるかわりに、「職務契約」制度の導入を通じて人員整理を円滑にしようとする動きが広がった。「職務契約」制の骨格は次のとおりである。

「職務契約」制度は労働契約を結んだあと、従業員が職場の上司と期限付

きの仕事契約を結び、それを通じて個々人の職務への配置を行う制度である。職務に就くと、職務給が支払われる。職務給は職務内容に基づいて格差が付けられ、一般的に賃金全体の1/3～1/2を占めた。「職務契約」の決定については、上司が大きな裁量権をもつ。すなわち、上司はどの部下と職務契約を結ぶかを選択する権限をもっており、部下が労働規律に違反したと判断すれば、契約を中止する権限も有する。部下にも上司を選ぶ権限が与えられたが、立場上、上司より弱い。「職務契約」制の下で従業員個々人は上司により選ばれ、上司との職務契約が成立した時点においてはじめて仕事につき、正常の勤務をはたす。上司に選ばれなかった者は職務からはずされ、ひいては職場から離脱し、「一時帰休者」に転落する。

「一時帰休者」はいったん「人材交流サービスセンター」と呼ばれる企業内労働力プールに移される。同センターは企業内失業者を受け入れると同時に、技能再訓練、配置転換、出向・転籍を組織する機構である。ここに移される者は企業との雇用関係を維持し、生活費が支給される[20]。6ヶ月程度の技能訓練を経て新たな職務契約を結ぶ者もいれば、企業と雇用関係の打ち切りを迫られるものもいる[21]。労働者にとってもっとも不利益な移動は雇用関係の中止に伴う移動であり、早期退職はそれであった。定年までの残りの勤続年数分の一定の補償金を払って労働契約を打ち切るというものであった。早期退職は「固定工」出身の中高年従業員を対象とする場合が多かったが、補償金の支給をめぐって労働者が反発し、大規模の労働争議が招かれる場合もあった[22]。

労働者に不利益をもたらす今ひとつの移動は企業内プールから、地方政府管轄下の再訓練施設に移され、企業との雇用関係が打ち切られるということである。欠損企業または倒産企業でよくみられるケースである。地域の再訓練施設に入る労働者は身分的に「一時帰休者」として3年間生活給が支給されるが、その間政府の仲介を受けて新たな仕事に就くか、自らが職を探すかである。3年後に再訓練施設から離れ、身分は「一時帰休者」から「失業者」に変わる。政府からの生活給の支給もストップされ、失業保険を受ける

ことになる。

「労働契約」から「職務契約」へ、そしてまた在職から失業にいたるプロセスが重層的に設けられ、労働者移動の形態（配置転換、出向、転勤、転籍など）も多様化したことで、人員削減に伴う労働者の反発が緩和されたかにみえる。しかし1997年アジア通貨危機の発生と経済成長の減速に伴って国内市場が低迷し、価格競争が激化する過程において、斜陽産業・国有企業では、大規模な雇用調整が実施され、深刻な雇用不安が広がった。1997年から2002年にかけて人員整理の規模が大きく、労働契約が中止され、職務契約が頻繁に解除されるという事態が起きた。図1－1に明らかなように、国有企業労働者は1996年から2006にかけて5千万人以上急減した。

大規模の人員整理は労使関係のアンバランスの上で遂行し得たものであった。すなわち、経営者サイドでは工場閉鎖、倒産時の大量解雇を含める権限が経営権の一部として認められるのに対し、労働者サイドでは労働組合の独自性と権利拡大が制限されたということであった[23]。契約の解除・中止をめぐって労働組合は有効にチェックし規制する機能をほとんど果たさなかった。

## 3　雇用政策の新展開と発展方式の転換

### （1）「労働者保護」立法と社会保障の整備

#### A.「労働契約法」の成立

1980年代から雇用の活性化と労働力の流動化の促進を目指した雇用改革が展開された。それ以来、農村から都市への労働移動が進み、雇用創出の効果が大きくみられる一方、「農民工」の低劣な労働条件の問題も悪化し、雇用の入り口とプロセスをカバーする雇用契約制度と労働基準法の不備、また雇用の出口をカバーする社会保障制度の不備が浮き彫りにされた。他方、前文で紹介したように、国有企業では大規模なリストラが行われ、有期契約工制度の導入に伴って一時帰休および失業問題が深刻化した。そして失業者をカ

バースル失業保険制度も整備しておらず、欠落者や失業者の窮乏化は社会問題として顕在化した。

総じていえば、長時間労働・低賃金問題とならび雇用契約の短期化や雇用の流動化を含む不安定雇用の問題、さらに農村・都市間、階層間における経済格差の拡大も「改革開放」のマイナス面として露呈された。労働争議が多発し社会的批判が増幅する中、労使関係の緊張が政治的危機に広がる懸念が深まった。図1-3は1990年代後半から2008年「労働契約法」が発効するまで労働争議の急増を示したものであるが、労使関係の緊張を物語っている。

1990年代から2007年にかけて、労使関係の矛盾拡大を背景に、「労働契約法」立案者は「労働者と使用者との間に力と地位の極端な差が存在することは中国の労働関係に現れた矛盾の本質であり、ただ労使双方による自主的調

図1-3 中国労働争議件数の推移と参加人数

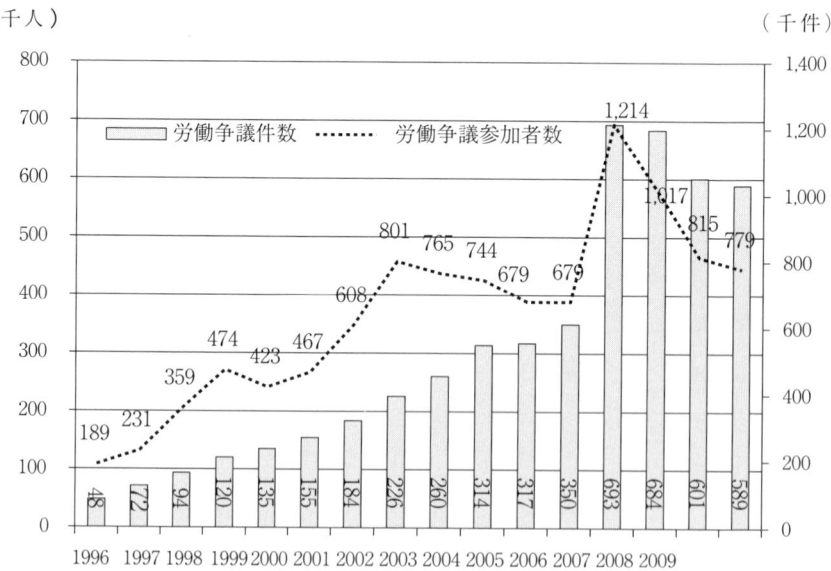

注：労働争議件数は、仲裁機構で立案・受理される件数の数値である。
出所　『中国労働統計年鑑』2010年版より作成。

整に委ねるだけでは事態が悪化する一方である」との認識を示した（「労働契約法」起案チーム［2007］：168頁）。ここに明らかなように、「労働契約法」を導入する狙いは、法律と公権力をもって労働基準と雇用契約の不備による雇用関係の乱れを一括して改善しようとすることにあった[24]。ここで、同法の骨格を整理すればつぎのようになる。

　第1は、雇用規制の面において、まず①「契約なくしては雇用なし」という原則を基本的な社会規範として取り入れ、違反時の罰則も厳しくした。すなわち「労働契約」締結の義務化、仕事内容・労働条件・社会保険などの明文化、監督機関の設置、罰則の明確化が業種や企業規模を問わずに一律に適用された。1年以上労働契約を結ばなければ、無期限の雇用契約を締結したものとみなされる（14条）。つぎに②雇用契約の長期化、ひいては長期雇用制度の導入が求められた。原則としては期限付き労働契約の更新は2回までに限定し、3回目から従業員が要求すれば無期限の労働契約で更新するということである（第14条）。

　また③解雇規制について、従業員に対する解雇行為、また古参従業員、労災適用者、出産・母乳時の女子労働者などの契約解除に厳しい規制（補償金給付など）がかけられた。さらに④非正規雇用への規制について、派遣労働者の組合加入権および「同一職務・同一賃金」原則の適用が認められた（第63、第64条）。パートタイマーの雇用について、時間制限（1日4時間、週24時間以下）がかけられた（第68条）。

　第2は、賃金規制についてである。まず①賃金制度や分配方法の作成・改訂は企業が工会か従業員代表大会と「平等に協議して確定すべき」と定められている（第4条）。賃金分配に対し工会か従業員代表大会が実質的に否決権を持つようになった。つぎに②間接給付の面において、退職金制度の導入が促された。関連規定（第47条）では、退職時に勤続年数は1年であれば、1ヶ月分の基本給に当たる退職金を支給する義務が生じる。勤続年数は2年であれば2ヶ月、3年であれば3ヶ月という形になる。また労働契約を締結する際、社会保障費の交付が求められる（第17条）。

第3に能率規制について、まずノルマ管理方式の決定は企業が工会か従業員代表大会と「平等に協議して確定すべき」と定められている（第4条）。つぎに配置転換、応援などが制約される。仕事内容と報酬が契約において具体的に明文化され、業務内容の変更に伴う配転や応援などは労働強度と賃金の変化と絡む以上、当事者の納得が必要とされた（第29、35条）。

　以上みてきたように、「労働契約法」は一方において雇用契約の規範化、労働基準の引き上げを通じて雇用関係のルールを整序しようとした。他方、雇用と賃金と能率という三つの側面から経営に対する社会的規制を強化しようとしたと思われる。

　「労働契約法」の導入にともなって、労働者保護政策として注目されるのは「労働争議調整仲裁法」の成立（08年5月より実施）と「企業労働組合議長決定方法（試行）」（総工会、08年7月25日公表）である。前者については、労働争議の適用範囲が拡大され、争議手続きとスケジュールの明確化が行われ、争議の認定・解決方式が労働者側に有利な方向へと改善された。後者については「幹部兼任制」（経営管理者が工会の幹部を兼任する制度）が撤廃され、工会責任者が従業員選挙により選出されることになり、工会の「使用者化」の防止が強化された。これら新労働法は「契約なくして雇用なし」という規範の確立、労働基準の高度化、対等な労使関係の成立を目指そうとするものとして、中国における第2段階の雇用改革が新たな段階に踏み出したということを示した。

### B.「社会保険法」の導入

　雇用の入り口とプロセスを規制するうえで重要である「労働契約法」の導入に伴って、全就業者を対象に雇用の出口を規制する「社会保険法」も2010年に導入された。これまで農民工を対象とする全国統一的な社会保障制度が存在しなかった。2007年末以降3年間を経て審議されてきた「社会保険法」は2011年7月より発効することになった。同法は中国初の全国的かつ包括的な社会保障制度の「基本法」であり、「基本養老（年金）保険」、「基本医療保険」、「労災保険」、「失業保険」と「出産保険」など5つの項目からなる。

これまで各種の社会保険制度がつくられていたが、そこには、①各保険の根拠、対象範囲、適用条件、保険料徴収方法などがそれぞれ異なり、これらを包括的に規定する全国的な法律が存在しない、②保険の適用条件と根拠が地域ごとに異なり、勤務地域が変わると保険の引き継ぎが困難である、③都市で働く農民工は都市部社会保険の加入対象者から排除され、都市に定着することが難しい、などの問題があった[25]。「社会保険法」の規定によって、新しい社会保障制度はつぎのような特徴を有する。

第1は、各種社会保険に関する全国的かつ包括的な枠組みが構築されたということである。すなわち、社会保険に関する統一的な原則から、対象範囲、適用条件、取扱機関・監督機関、保険料の徴収・受取方法にいたるまで、統一法の形で明文化され、すべての人が養老、疾病、労災、出産の面で社会保険を享受する権利を保障すべきとされた。

第2に、保険料の負担は保険の性格に応じて、雇主と従業員の共同負担、雇主負担、個人納付と政府補助など複数のタイプに分けられた。「基本養老保険」、「従業員基本医療保険」と「失業保険」は雇主と従業員の共同負担となる（10条、23条、44条）。「労災保険」と「出産保険」は雇主納付となり、従業員は納付の必要がないことを定めた（35条、53条）。そのほか、自営業または無職の都市住民を対象とする「都市住民基本医療保険」の保険料は基本的に個人納付と政府補助で賄うとしている（25条）。

第3に、新制度の適用に困難をともなう中高年者などには特別な配慮が払われた。とりわけ基本年金制度の場合、年金を受給する条件は法定退職年齢の到来時に納付期間が満15年であるとしているが、給付期間が15年に満たない中高年者も多く存在する。それに対し、満15年の保険料を納付した後に受給できるほか、「新型農村社会養老保険」もしくは「都市住民社会養老保険」に切り替えたうえで保険給付を受ける、という規定を定めた（16条）。また、「都市住民基本医療保険」の場合、保険料の納付能力を持たない最低生活保障対象者、労働能力を喪失した身体障害者、低所得家庭の高齢者（満60歳以上）および未成年者の個人納付には政府が補助金を支給するとした（25

条)。

　第4に、保険基準の設定と運営にあたり地域差が大きく存在するが、それにともなうトラブルをいかに解消するかが課題である。地域を跨って就職する場合、養老保険や医療保険などこれまでかけてきた社会保険は本人と共に移管し、納付年数は累計計算するとしている（19条、32条など）。また、地域間経済格差が大きく開かれたことを理由に、保険の給付水準は地域別に異なっているが、たとえば失業保険の場合、給付水準は省・自治区・直轄市が決定するものの、都市住民の最低生活保障を下回らないことを定めた（47条）。養老年金は、給付の基準を従業員の平均賃金と物価水準に基づいて調整するとしている（18条）。要するに賃金水準が給付基準を左右する。最低賃金の基準額は地域格差があり、保険給付の基準も地域別に異なるわけである。地域格差は地域間の転職や労働移動にどう影響するかが今後注目される。

　第5に、社会保険の運営に地方政府が裁量権をもつが、労働者や保険加入者の権利を損なうことを防ぐために、各種団体からなる「社会保険監督委員会」の設置が定められた。同委員会は雇主側代表、工会（労働組合）代表、保険加入者代表、専門家等から構成され、社会保険基金の収支、投資、管理の状況を把握し、社会保険業務の運営に意見を提出し、監督を行うものとしている。

　最後に、保険制度の運営において農村住民の扱いが依然として明確でないことは大きな問題である。都市で働く農民工は都市住民と同様に各種保険に加入できるようなったが、農村住民に適用される保険制度が「社会保険法」では具体的に定められていない。「新型農村社会養老保険」（20条）、「新型農村合作医療」（24条）の構築と整備は国が行うと明記されたが、具体的な内容は決まっていない。農村地域の社会保険制度の確立は農地公有制の在り方とかかわる問題でもあり、中国社会保障の全体系を考える上で重要である。

## (2) 「第12次5カ年規画」と「就業優先」目標

　「労働契約法」の導入は実体経済とどう関連付けられるであろうか。確かに長期的にみれば、雇用安定・賃金上昇→格差是正・内需拡大→産業構造の改善→生産・消費の好循環にいたる可能性が存在する。表1－4は2008年以降、国有企業と私営企業の就業者名目賃金の急増を示すものである。しかし法律の成立、またそれに伴う賃金高騰の時期は経済環境の変化に伴う雇用事情が悪化した時期とも重なった。2008年後半世界金融危機との関連において、コストアップ・販路低迷→輸出衰退・企業倒産→大量失業・経済危機につながる可能性も存在した[26]。政府は経済成長の維持および雇用の安定を図るために緊急景気対策を出しており、長期的に大きな効果が出るとみられる。当面では経営不振を背景に雇用契約を中止する企業が増え、それに伴う労働争議が急増した。2008年労働争議の案件について、上海は前年比119％増の6万4580件、天津は同260％倍増の約1万6912件、広東は同157％増の7万6733件にそれぞれ達した。労働争議の多くは沿海都市で発生し、企業による雇用契約の中止・解約が原因であると伝えられている[27]（図1－3）。

　特筆すべきことは2010年後半に「第12次5カ年規画」（2011-2015年）の基本方針が公表され、「就業優先」を初めて国民経済の第1位の目標として長期発展計画に明記されたということであった。「就業優先」の目標を具体化させるために、2011年12月に人材資源・社会保障部は「就業促進規画（2011～15年）」（以下は「就業規画」と略す）を発表した。そこでは雇用創出の目標（新規就業者数）と高度技能者・専門的人材の数値目標が高く設定されるのみではなく、失業率指標、最低賃金水準、年金（養老）・医療・失業保険加入者など安定雇用・社会保障の度合を示す目標も掲げられた。さらに「労働契約締結率、」と「団体契約締結率」および労働争議仲裁率」など労使関係の安定を示す指標が組み入れられたのである（表1－5）。安定雇用・人材形成・労使関係の協調を政府の中長期計画にまとめて公表したことは建国以来はじめてのことであった。

　その背景として、2008年の世界金融危機が広がるなか、国内産業は大きな

48　Ｉ　中国経済の現状と課題

表1-3　主要都市項目別求人倍率

| 年次 | 求人倍率[1] | 学歴別求人倍率 | | | | 職種別求人倍率 | | | | 技能・技術ランク別求人倍率[3] | | | |
|---|---|---|---|---|---|---|---|---|---|---|---|---|---|
| | | 中卒及び中卒以下 | 高卒 | 技術、専門学校[2] | 大学[3] | 専門職技術者 | 事務関連 | 商業・サービス | 生産・輸送作業 | 一般技能職 | 高級技能職 | 一般技術職 | 高級技術職[3] |
| 2007 | 0.98 | 1.05 | 0.99 | 0.98 | 0.91 | 0.96 | 0.73 | 1.05 | 1.04 | 2.33 | 2.54 | 1.65 | 1.93 |
| 2008 | 0.95 | 0.98 | 0.96 | 1.11 | 0.87 | 1.01 | 0.70 | 1.03 | 1.01 | 2.01 | 1.93 | 1.57 | 2.05 |
| 2009 | 0.91 | 0.99 | 0.95 | 1.12 | 0.75 | 0.83 | 0.67 | 0.98 | 1.01 | 1.84 | 1.86 | 1.44 | 1.90 |
| 2010 | 1.01 | 1.10 | 1.09 | 1.30 | 0.79 | 0.91 | 0.66 | 1.10 | 1.15 | 1.87 | 1.89 | 1.53 | 1.87 |
| 2011 | 1.06 | 1.12 | 1.14 | 1.36 | 0.85 | 1.05 | 0.73 | 1.21 | 1.12 | 1.88 | 1.76 | 1.60 | 2.34 |
| 2012 | 1.07 | 1.08 | 1.11 | 1.32 | 0.98 | 1.09 | 0.72 | 1.19 | 1.11 | 2.38 | 2.45 | 1.64 | 2.46 |

注：(1)求人倍率とは求職者に対する求人の比率を指し、労働の需給を示す重要な指標。1より高い場合、求職者より求人のほうが多いということとである。
　　(2)ここでは「技術学校」、「職業高校」と「中等専門学校」が含まれる。
　　(3)ここでは、「大専」（3年制短期大学）「中等専門大学」が含まれる。
　　(4)一般技能職、高級技能職、一般技術職と高級技術職について、引用資料の掲載について、「技師」、「高級技師」、「工程師」と「高級工程師」が対応される。

出所「中国就業」サイト（http://www.chinajob.gov.cn/index.htm）に掲載される「部分城市労働力市場供求分析」（各年）により作成、2012年のデータについて、各四半期の資料に依拠して作成。

影響を受け、雇用状況が一時悪化し、社会不安が引き起こされたという事情があった。2008年から内需拡大中心の成長方式が提起されてきたのも、雇用の確保を図ることが主要な目的であった。08年末に大規模緊急景気対策や内需拡大政策が打ち出され、国務院は2009-2010年の２年間で道路・鉄道・農用機械など10項目にわたる内需拡大分野へ４兆元（約60兆円）投資することを決定した。その実施により、内需関連産業（高速鉄道、建築材料、輸送機器、インフラ建設など）が急速に拡張し、関連分野の作業職、技能・技術職の人材需要が大幅に増加した。インフラや資本財のほか、内需拡大の促進政策は家電、自動車など耐久消費財産業にも広がり、内陸部・農村部での販売を奨励する政策が政府によって導入された。

　表１-３は世界金融危機前後における労働市場の需給関係（求人倍率）の変化を示すものである。それによれば、08年と09年の求人倍率は07年に比べ低下傾向にあり、09年に0.91まで下がり、労働需要の不振が表れた。しかし、同年緊急景気対策が実施され、2012年の求人倍率は1.07まで上昇し、需要の回復がみられた。一方、項目別求人倍率は、学歴別では中卒・高卒と技術学校卒、業種別では生産・輸送業と商業、職種別では技能職と技術職などの求人倍率が上昇し、需要が供給を上回った。特に技術学校卒と技能・技術職の人材不足は深刻化した。内需に牽引された製造業は好況に転じたことを示した。

　以上、中央政府は「就業優先」を中長期発展計画における第一位の目標とし、そのために発展方式を輸出依存から内需中心へと転換させようとした。政府の景気対策によるインフラ投資の増加、新労働法の導入に伴う賃金上昇＝購買力増大は内需拡大を促す原動力であり、内需拡大に牽引された経済成長は雇用の回復を支える要因となった。

## むすびにかえて　新しい発展戦略の課題

　内需拡大をベースに持続的な経済成長を維持しつつ、「就業優先」の目標

を実現することは「第12次5カ年規画」が目指しているが、深刻な所得格差問題の存在は大きな不安定要因である。1980-90年代輸出志向型工業化を導入する際に、労働力流動化を促し賃金水準を低位に抑制するために、規制緩和やリストラを中心とする雇用改革がおこなわれた。それにともなって雇用の階層化と経済格差の拡大問題も深刻化した。図1-4は所得格差の度合を反映するジニ係数の推移を示すものである。ジニ係数は2004年より08年にかけて大幅に上昇し、所得格差が急速に開いたことがわかる。国際的にみても経済格差は大きく開かれた。2008年に中国のジニ係数は0.491であったのに対し、メキシコ0.48（08年）、ロシア0.40（09年）、アルゼンチン0.46（09年）、ブラジル0.55（09年）、インド0.33（05年）であった（国家統計局）2008年以降、最低賃金の引き上げ、社会保障制度の普及などにより、ジニ係数は徐々に低下傾向に転じたものの[28]、依然として高い水準にある。

2012年11月に開かれた中国共産党第18回大会では、GDPと国民1人当た

**図1-4 ジニ係数の年次別推移**

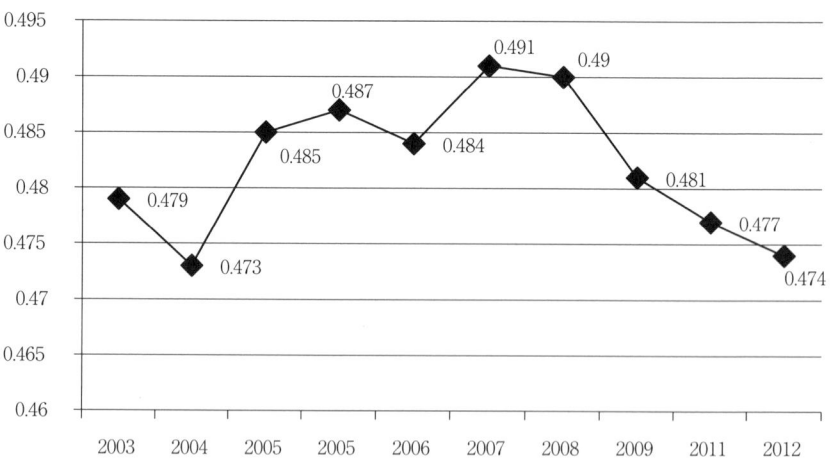

注 所得格差を示す指標。係数は0と1の間の値をとり、値が1に近づくほど不平等度が高くなる。
出所 国家統計局（http://www.stats.gov.cn/was40/gjtjj_nodate_detail.jsp?channelid=75004&record=43）

りの所得を2020年までに2倍にすることを目標とし、公平の実現と所得格差の調整を重要課題とした。2013年2月、国務院により承認された「所得分配制度の改革深化に関する若干意見」(以下「意見」と略す) は格差是正の基本構想を打ち出した。すなわち、所得倍増の目標を達成するとともに、所得格差を縮小して中所得者層 (「中間層」) を拡大し、「オリーブ型の分配構造」(高所得者層と低所得者層が薄く、中所得者層が厚い階層構造を指す) を作り上げるというものである。以上のような、「オリーブ型の分配構造」の形成ひいては所得格差の緩和と公平の実現を伴う発展方式を進めるために、所得分配システムの改革が不可欠とされた。具体的には賃金などを含む第1次分配の改善、社会保障と税金などを含む第2次分配の健全化、農民所得の持続的増加の促進、公正かつ透明な分配秩序の形成、分配改革の組織体制の強化などである。

　2008年以降、都市就業者の平均年収が2007年の2万4721元から2011年の4万1799元に上昇した (表1-4)。賃金上昇をもたらした要因は主に底上げである。すなわち、2008年に「労働契約法」が発効して以来、労働者の権利意識が高まり、各地が相次いで最低賃金を大幅に引き上げてきたということにあった。2010年には30の省・直轄市・自治区が前年に続いて最低賃金を引き上げ、上昇幅は24％であった。2006～10年の5年間に最低賃金は年平均12.5％の伸び率で上昇した。11年に25の省・直轄市・自治区は再度最低賃金をア

表1-4　都市正規就業者の平均名目賃金

| 年次 | 都市平均 | 国有企業 | 外資、私営 |
|---|---|---|---|
| 2005 | 18,200 | 18,978 | 19,546 |
| 2006 | 20,856 | 21,706 | 22,060 |
| 2007 | 24,721 | 26,100 | 25,183 |
| 2008 | 28,898 | 30,287 | 29,360 |
| 2009 | 32,244 | 34,130 | 31,973 |
| 2010 | 36,539 | 38,359 | 35,594 |
| 2011 | 41,799 | 43,483 | 42,487 |

出所：『中国統計年鑑』2012年版。

表1-5 「12・5規画」期(2011-15年)の雇用関連目標

| 項目 | 2010年時点 | 2015年目標 |
| --- | --- | --- |
| 都市部新規就業者数(万人) | [5771][1] | [4500] |
| 農業労働力の非農部門への移動 | | |
| 高度技能者数(万人) | 2863 | 3400 |
| 専門・技術職人材(万人) | 4686[2] | 6800 |
| 都市部失業率(%) | 4.1 | 5以下 |
| 養老保険加入者数(億人) | 2.57 | 3.57 |
| 医療保険加入者数(億人) | 12.6 | 13.2 |
| 失業保険加入者数(億人) | 1.34 | 1.6 |
| 最低賃金の年平均上昇率(%) | 12.5 | 13以上 |
| 労働契約締結率(%) | 65 | 90 |
| 団体契約締結率(%) | 50 | 80 |
| 労働争議仲裁率(%) | 80 | 90 |

出所　2011年11月人的資源社会保障部
注1　(　)内は5年累積数値
注2　2008年の数値

ップし、上昇幅は22%であった。また前掲「就業規画」は11〜15年に最低賃金を年平均13%引き上げるとの目標値を提起した。

続いて2012年分配改革の基本構想に関する「意見」(前掲)が公表され、今後の雇用・分配条件改善のガイドラインが打ち出されたのである。趣旨は次のようになる。第1に中下位所得労働者の賃金上昇を促進する。そのために2015年までに最低賃金基準を労働者平均賃金の40%以上(現行は35%)に引き上げる。また非公有制企業を対象に、産業レベルや地域レベルの団体交渉制度を作り上げ、団体契約の締結率を80%までアップする。さらに派遣労働制度への規制を強化し「同一労働・同一賃金」を保障する。

第2に国有企業を対象に、賃金総額と賃金水準への規制を強化し、産業別賃金の格差を徐々に緩和させる。国有企業幹部の報酬を厳しく抑制し、企業内部に開かれた賃金格差を縮小させる。その他、都市化の推進を通して、戸

籍制度と公共サービス制度の改革を進め、農村転出労働者の「市民化」を促進する、などである[29]。「意見」は分配改革に関する基本構想を提起しているが、それをいかに具体化するかが注目される。

　目標通り推移すれば、最低賃金の大幅な伸びおよび底辺労働者の賃金上昇が当分続き、また大規模な底上げを通じて「オリーブ型の分配構造」を実現する可能性がある。しかし、所得格差の緩和と公平の実現、いわば「オリーブ型の分配構造」の形成を伴う発展方式は輸出志向型工業化との対比においてどのように構築されるのかということが大きな課題である。人件費の大幅な上昇が続き、輸出競争力の低下、インフレと物価上昇の懸念も増え、経済成長が減速する傾向がすでに出始めている。経済成長の減速によって雇用の低迷をもたらし、「就業優先」戦略の動揺を招く可能性も大きくなる。輸出志向型工業化戦略から脱皮するなか、生産と市場の両面において、資本形成と賃金分配、生産者と消費者、また工業と商業と農業との間を結びつける新たな内需連関の仕組みを作り上げなければ、また低賃金に依存しない輸出増進の回路を構築しなければ、持続的な発展が望めないと思われる。この問題について別の機会で述べたい。

注
1）「転換点」論争について、丸川［2010］が詳しく紹介している。
2）開発経済学は工業化の初期段階における農村過剰労働力の「無制限供給」という供給サイドの特質を低賃金の形成要因とし、それをもって途上国工業化の成長誘因を説明してきた。そして工業化が順調に進展するにつれて、農業部門の余剰労働力は底をつき、労働市場における賃金率の上昇が起きる（転換点）というのである（W.A. Lwis,［1954］）。しかし、つぎのような問題はほとんど分析対象とされなかった。低賃金構造がどのような雇用制度の下で生み出されたのか、それに伴う労働条件の劣悪化問題が労働力供給にどう影響するか。また労働力移動が出稼ぎの形で行われ、都市部に進出した農村労働力の定着率が低いという問題をどう説明するかということである。工業化の初期段階における労働移動と労働者形成に関して李［2011a］を参照されたい。
3）「新自由主義」について、政府の経済介入を批判し自由競争と市場原理を重視する考え。「大きな政府」を認める古典的な自由主義に対して「小さな政府」を支持する立場において用いられた。
4）「ワシントン・コンセンサス」は、1989年に米政府、IMF、世界銀行などの間で成立した「合意」を指す。合意内容のうち、貿易自由化、直接投資の受け入れ、民営化、規

制緩和、所有権法の確立などの条項が広く伝えられ、IMFや世銀から融資を受ける際の条件ともされた。これを背景にソ連・東欧諸国では急進的な市場自由化が行われた。「ショック療法」とは法律・政策転換で私有化・自由化を推進し、短期間に計画経済から市場経済への移行を図るとのことである（大野［1996］：第1章）。

5) OECD［1979］では「新興工業国」（NICs）の基準について①工業生産と工業製品の輸出シェアの拡大、②国内工業部門の雇用比率の増大、③高度成長と先進国との格差の縮小、④輸出志向型工業成長パターンの採用が挙げられた。

6) 華人資本や郷鎮企業の軽工業部門への参入は軽工業の利潤率の異常な高さによっていた。李［2003］表2-2（主要産業の資本利潤率の推移）によれば、繊維と衣料は1980年の時点でそれぞれ69％と46％であったのに対して、機電・電子と輸送機械と鉄鋼はそれぞれ19.9％と10.5％と22.9％にとどまった。郷鎮企業とは郷鎮企業とは「農村集団経済組織あるいは農民による投資を主とし、郷鎮（村を含む）により起業され、農業支援の義務を有する各種企業」を指す（「郷鎮企業法」1996）。いわば「三農」（農業・農村・農民）と結びながら、工業・サービス部門に進出する企業といってよい。

7) 工業化の発展における郷鎮企業の位置づけについて、第2次産業（鉱業・製造業・建築業など）就業者に占める郷鎮企業就業者の割合は1980年28.9％の2227万人から2000年55.8％の9048万人および07年48.7％の1億0042万人となった。郷鎮企業で働く農民出身の労働者は第2次産業労働者の半数を占めるほど工業生産の重要な担い手となった（李［2011b］）。

8) 私営企業の分類について、張ほか［2001年］を参照。

9) 戸籍制度は分断的階層構造を制度化させた意味で社会的身分制度の側面が強い（上原［2009］）。

10) 農地のほかに宅地と墓地の占有権も認められる。

11) 国務院［1984.06.30］「国営建築企業招用農民合同制工人和使用農村建築隊暫行弁法」、同「鉱山企業実行農民輪換工制度試行条例」

12) 定住制限について、90年代初期に華南沿海地域では滞在期間が3年までと限定されていた（関［2006］247頁）。他地域からの出稼ぎ労働者に「一時滞在証明」（中国語では「暫住証明」、半年更新）を発行し、滞在管理費および更新手数料を徴収した（同上：71頁）。また地域の教育制度、医療制度、労働保険などの面において他地域からの出稼ぎ労働者が適用の対象とされなかた。これらのことは出稼ぎ労働者が定着しえない要因であった。

13) 1994年に中国初の「労働法」が誕生したが、労働基準の面で農民工を十分にカバーすることができなかった。

14) 労働基準法規から守られていない意味において、農村出身労働者は中国の「非正規雇用」セクターを構成する主役である（李［2003］）。

15) 関［2006］：72～74頁）によれば、広東省では1988年～2001年の10年間で賃金上がらなかった。手取額は1988年6210円（135元）から2001年4500円（300元）へと下がった。また、就業時間は月100時間（法定最大36時間）に達したということであった。

16)「固定工」制度は1950年代建国初期に失業対策の一環として導入されたと同時に、工業化の要請に応じて供給不足の熟練労働者を確保するための雇用制度でもあった。この制度の下では、労働者が生涯雇用保障の権利を獲得した。この権利と引きかえに、労働

者に政府の計画的配分に従う義務を課すという雇用関係が確立された（李［2000］：第1章）。
17）「契約工」制度の導入過程について、張小建［2008］が詳しい。
18）雇用契約の短期化を取り上げる調査研究が多く存在する。たとえば、中国企業経営者連合会［2005］周［2008］などを参照。
19）解雇や人員整理をめぐって経営者を殺傷する事件が相次いで発生し、解雇に対する従業員、とくに古参従業員の反発が激しかった（中国企業経営者連合会［2005］）。
20）しかし基本生活給が支給されない事例も存在する（労働・社会保障部と国家統計局「労働和社会保障事業発展統計公報」、1997、98、99年版を参照）。
21）企業内労働移動は垂直的移動と水平的移動にわかれ、前者は雇用条件の切り下げを伴う移動（出向・転籍）であるのに対して、後者は雇用条件の切り下げを伴わない移動（配置転換）であった。
22）たとえば、大慶石油コンビナートでは5万人の労働者は早期退職（買断工齢）の補償金をめぐって抗議デモを行ったと伝えられた（BBC Chinese.com.2002.3.21）。なお遼陽鋳造工場でも5000人規模の争議が発生した（同上）。
23）中国の労働組合は労働者の利益を代表して雇用分配条件の決定に独自な役割を果たすことができない原因について、Bill W.K. Taylor, Chang Kai, Qi Li ［2003］が詳しい。
24）この点は近年先進国で成立した「労働契約法」と異なる（日本では2007年に導入）。その場合の「労働契約法」が集団的労使関係でカバーできない「個別的労使関係」（零細企業・非正規雇用）の「公正」を守るために導入された。先進国の「労働契約法」について岩瀬孝［2006］と野川忍［2006］を参照。中国と先進国の比較について、Brown, Ronald C［2009］を参照。
25）「社会保険法」が成立するまでは各種社会保険の制度が存在しており、2010年6月末現在、都市における従業員養老保険制度の適用者は2億4500万人、農村部も含めた医療保険は12億5000万人、労災保険は1億5300万人、試行され始めた「新型農村医療保険」は6000万人近くに達した（李［2012］の数字）。
26）各種報道を網羅してみると、情況は厳しいものであった。すなわち、労働集約型輸出産業におけるローカル企業、外資系企業は相次いで倒産。2000万人以上の労働者を雇用している繊維・アパレル産業は三分の二の企業が経営危機に陥った。製靴産業が集中する広東省では、5千余社の製靴メーカーのうち、1000社以上は倒産した。2300万人の農民工はレイオフされ農村に戻った。雑貨生産が集中する浙江省温州地域では中小零細企業の多くは生産停止。山東省では個別外資系企業の経営者が現地企業を放置したまま撤退したという極端な例も発生した。
27）労働争議の動向について「董保華労働法律ネット」を参照。(http://www.eastlaborlaw.com/view/detail.asp?newsid=77)
28）李［2012］の数字を引用。
29）2014年に入ると「就業優先」方針の一環として「新型都市化」の推進が提起された。詳しくは別の機会で紹介するが、その要点をあげれば、つぎのとおりである。すなわち、国務院は、2014年3月16日に「国家新型都市化計画（2014～2020年）」を公表し、大都市と中小都市との協調的発展による都市化率のアップを目標として掲げた。それによると、戸籍登録者による都市化率は12年の35.3％から20年に45％前後に、常住人口の

都市化率は12年の52.6％から20年までに60％前後にそれぞれ引き上げる。目標が達成すれば、約1億人に都市戸籍が付与されることになる。都市化計画の遂行は今後、農村から都市への労働力移動の在り方、農村出身労働者の収入増加に大きな影響を与えると見られる。

**参考文献**
岩瀬孝［2007］、「労働契約法制の機能とその意義」-（『世界の労働』第56巻第1号）
上原一慶［2009］、『民衆にとっての社会主義—失業問題からみた中国の過去、現在、そして行方』青木書店.
大野健一［1996］、『市場移行戦略』有斐閣.
河村哲二［1998］、「『パックス・アメリカーナ』の経済システム」河村哲二・柴田徳太郎編『現代世界経済システム』東洋経済新報社、第3刷、所収（序章）.
周徳生［2008］、「企業労働用工現状与応対思考」（『市場経済縦横』、2008.3）
関満広［2006］、『世界の工場／中国華南と日本企業』新評論、第6刷（初刷は2002年）
中国企業経営者連合会［2005］、「要切実保護企業経営者人身安全」
張厚義ほか［2001］、『中国私営企業発展報告』社会科学文献出版社.
中川信義［1997］、『イントラ・アジア貿易と新工業化』東京大学出版会、I章.
野川忍［2006］、「先進主要国の労働契約法制の概要」（『世界の労働』、第56巻第1号）
丸川知雄［2010］、「中国経済は転換点を迎えたのか」（大原社会問題研究所雑誌、No.616／2012.2
李捷生［2003］、「第9章 中国における『開発体制』の転換」（SGCIME編『国民国家システムの再編（第1巻の2）』御茶の水書房、2003.9、313-336頁、所収）
李捷生［2011a］、「第2章 日本的労使関係の原型論」（玉井金五、佐口和郎編著『講座 現代の社会政策第1巻 —戦後社会政策論』明石書店、2011年11月、43〜63頁、所収）
李捷生［2011b］、「第10章 市場化の展開と労使関係」（菅原杏心編著『中国社会主義経済の現在』お茶の水書房、285〜326頁、所収）.
李捷生［2012］、「経済動向：労働」（毎日新聞社、社団法人中国研究所編『中国年鑑2012』、178-180頁、所収）.
労働契約法」起案チーム［2007］「労働合同法」起草小組編著『労働契約法釈義』中国市場出版社.
Bill W.K. Taylor, Chang Kai, Qi Li [2003], *Industrial Relations in China*, Edward Elgar Publishing Limited Glensanda House.
Brown, Ronald C [2009] *Understanding Labor and Employment Law in China*, Cambridge University Press.
OECD [1979], *The Impact of the Newly Industrializing Countries on Product and Trade in Manufactures*.
W.A. Lwis, [1954], *Economic development with unlimited supplies of labor*, Manchester School of Economics and Social Studies 22, 1954, pp.139-41

## 第 2 章
# 中国株式市場における「移行経済型市場」の形成
―――株式市場の形成要因を中心に―――

王　東明

## はじめに

　冷戦終結後、旧社会主義の国々は計画経済を放棄して市場経済を導入したため、地球規模のグローバリゼーションが進展した[1]。それによりヒト、モノ、カネの移動がさらに自由になり、世界経済の一体化あるいは様々なレベルの連携が一層強まってきている。このように、経済のグローバル化が大きく前進するなか、世界最大の発展途上国である中国は、いち早くグローバル化の波に乗り、70年代後半に改革・開放政策を開始した。それ以来30数年間、中国経済は年平均10％前後の高成長を実現し、「経済の奇跡」[2]と称され、移行経済国の優等生として注目されている。

　周知のように、1978年に中国は改革・開放政策を実施し、計画経済から市場経済への転換を始めた。この市場経済化の改革は、まず農村改革からスタートした。その後、外資の導入や私営企業の成長と同時に、国有企業改革にも着手し、金融制度改革や社会保障制度改革などを含む市場経済システムの構築も始まった。この一連の市場経済化改革の目玉は、やはり中国経済の主役である国有企業の改革である。国有企業改革は、当初の経営自主権の拡大や経営請負制の導入などの実験的な改革のプロセスを経て、最終的に先進国で普及している株式会社制度の導入を推進する形で進められてきた。この企業制度改革と関連する市場経済システムを構築するなかで、特に注目されているのは、株式会社制度の導入によって形成された株式市場である。

改革・開放以降、実験的に導入した株式会社制度および株式発行は、中小企業の資金調達方法の変化によりスタートした。経済改革が始まった80年代の初頭、一部中小の国有企業や集団所有制企業は、設備投資などの資金需要が増えた。しかし、残された旧計画経済の枠組みにおいては、これらの中小企業が財政資金や銀行融資を利用することが難しかったため、「資金難」に陥った。それを解決するために、これらの中小企業は、外国の株式会社制度を学び、株式を発行して従業員や市民から資金を調達するようになった。

　企業は株式を発行すると、当然ながら株式売買の市場が必要になってくる。80年代の後半には、上海、深圳などの店頭市場が創設され、90年代の初頭には、上海と深圳の証券取引所もそれぞれ開設された。当時、政府が認定したこの二つの証券取引所の他に、「紅廟子市場」（四川省成都市）のような民間の株式市場も存在していた[3]。それ以来20数年間、中国の株式市場は、様々な紆余曲折を経験しながら今日まで発展してきた。2014年末現在の中国の株式市場は、上場企業がすでに2613社を数え、有効な投資家口座数が1億4,000万口座を突破し、時価総額も37兆元に達し、世界第2位の市場規模となった[4]。

　なぜ、わずか20数年間に中国の株式市場が形成され急成長を遂げたのか、その原因は何か。また、資本主義のシンボルともいえる株式市場がなぜ社会主義の中国で形成されたのか、中国の株式市場は、どのような特徴を持っているのか。現在、「社会主義市場経済」を掲げている中国において、その株式市場は資本主義先進国の株式市場と比べ、どこが違うのか。この一連の問いかけに対して答えなければならない。

　本稿は、市場経済化と経済のグローバル化という二つの視点から、改革・開放以降に形成された中国の株式市場を考察し、株式市場形成のロジックを考える。具体的には、中国株式市場の基本状況を考察しながら、株式市場の構造的特徴を明らかにし、市場形成の国内外の要因を分析する。そのうえで、中国株式市場の形成のプロセスを通して、現在目指している社会主義市場経済の中国モデルの意義を考える。

## 1　株式市場の基本状況

　上海と深圳の証券取引所は1990年代に設立され、すでに25年の歳月を経た。もし80年代初頭の株式発行と80年代後半の店頭市場の形成の時期を合わせると、株式市場はすでに30年以上の歴史を持つ。改革・開放以降に形成された中国の株式市場は、中小企業の株式発行による資金調達からスタートした。その後、90年代の半ばから株式会社制度の導入という企業制度改革が本格的にスタートし、国有大企業の株式発行による資金調達が増え、株式市場はこの企業制度改革の流れの中で拡大し発展してきたと考えられる。

　表2-1が示すように、2013年末現在の上場企業は2,400社を超え、各10年間に、上場企業が1000社のスピードで増えた。特に、95年から株式会社制度の導入を中心とする「現代企業制度」の実験[5]が開始された後、新規上場が増え、96年と97年の新規上場数は、それぞれ200社を超えた。しかし、2005年の非流通株改革の影響により、新規上場が減ったが、近年は再び増えている。その他に、中小企業やハイテク関連企業の資金調達を促進するため、近年創設した中小企業ボードおよび創業ボードは、民営企業を中心に新規上場が増えている。このように、上場企業が増えるなか、市場規模を示す時価総額も増えている。2014年末現在の時価総額は37兆元となり、92年より350倍以上増え、世界2位の市場規模となった。

　中国の株式市場は、個人投資家を中心に構成されている市場であるが、2013年末現在の投資家登録口座数は1.84億口座に達し、そのうち、個人投資家の登録口座数は1.83億口座になる。また、2014年末までの国内外市場からの資金調達の累計は8兆元にものぼった[6]。しかし、株式市場全体としては、短期売買の傾向が強く、売買回転率を見ると、市場の投機性が強いことが一目瞭然である。中国の株式市場は「賭博場のような市場だ」という学者もいる[7]。

　また、株価の変動をみると、この20数年間の株価は中国の経済成長と乖離し、政府の政策と密接に関連するいわゆる「政策市」（政策的な相場）とい

表2-1 中国株式市場の概要

| 年度 | 1992 | 1993 | 1994 | 1995 | 1996 | 1997 | 1998 | 1999 | 2000 | 2001 | 2002 | 2003 | 2004 | 2005 | 2006 | 2007 | 2008 | 2009 | 2010 | 2011 | 2012 | 2013 |
|---|---|---|---|---|---|---|---|---|---|---|---|---|---|---|---|---|---|---|---|---|---|---|
| 1. 上場企業数 (社) | 53 | 183 | 291 | 323 | 530 | 745 | 851 | 949 | 1088 | 1160 | 1224 | 1287 | 1377 | 1381 | 1434 | 1550 | 1625 | 1718 | 2063 | 2342 | 2494 | 2489 |
| A株 (社) | 54 | 177 | 287 | 311 | 514 | 720 | 825 | 922 | 1060 | 1140 | 1213 | 1277 | 1363 | 1358 | 1411 | 1527 | 1602 | 1696 | 2051 | 2320 | 2472 | 2468 |
| B株 (社) | 18 | 41 | 58 | 70 | 85 | 101 | 106 | 108 | 114 | 112 | 111 | 111 | 110 | 109 | 109 | 109 | 109 | 108 | 108 | 108 | 107 | 106 |
| 中小企業ボード (社) | | | | | | | | | | | | | | 50 | 102 | 202 | 273 | 327 | 531 | 646 | 701 | 701 |
| 創業ボード (社) | | | | | | | | | | | | | | | | | | 36 | 153 | 281 | 355 | 355 |
| 2. 発行済株数 (億株) | 73.22 | 328.68 | 639.47 | 765.63 | 1110.36 | 1771.23 | 2145.35 | 2908.85 | 3613.49 | 4838.36 | 5462.99 | 5907.94 | 6714.73 | 7163.54 | 12683.99 | 17000.45 | 18900.13 | 20696.26 | 26984.48 | 29745.11 | 31833.62 | 33822.04 |
| 3. 時価総額 (A株、B株、億元) | 1048.15 | 3541.52 | 3690.62 | 3474.28 | 9842.39 | 17529.24 | 19821.81 | 26471.18 | 48090.94 | 43522.20 | 38329.13 | 42457.72 | 37055.57 | 32430.28 | 89403.89 | 327140.89 | 123066.44 | 243699.12 | 265422.59 | 214738.10 | 230357.62 | 239077.19 |
| A株 (億元) | 978.09 | 3327.66 | 3516.03 | 3310.58 | 9448.36 | 17154.19 | 19299.30 | 26167.63 | 47455.75 | 42245.56 | 37526.56 | 41520.50 | 36309.35 | 33810.55 | 88113.96 | 326897.84 | 120666.36 | 242127.01 | 263220.54 | 213309.84 | 228675.33 | 237403.27 |
| B株 (億元) | 70.06 | 213.86 | 174.58 | 163.70 | 393.83 | 375.04 | 206.36 | 303.35 | 635.19 | 1276.63 | 802.57 | 937.23 | 746.22 | 619.73 | 1289.93 | 2533.15 | 799.88 | 1812.11 | 2202.05 | 1448.26 | 1382.29 | 1673.92 |
| 中小企業ボード (億元) | | | | | | | | | | | | | 413.40 | 483.55 | 2015.30 | 10646.84 | 6269.68 | 16672.55 | 33364.61 | 27429.32 | 28904.03 | 37163.74 |
| 創業ボード (億元) | | | | | | | | | | | | | | | | | | 1610.08 | 7065.22 | 7433.79 | 8731.21 | 15091.98 |
| 流通株 (億元) | 861.63 | 968.90 | 968.22 | 2967.04 | 3204.42 | 5745.38 | 8213.96 | 16087.52 | 14463.17 | 12894.56 | 13178.52 | 11688.64 | 10630.51 | 25003.64 | 93064.35 | 45213.90 | 151258.66 | 193110.41 | 164921.30 | 181659.35 | 195079.54 |
| 4. 株式売買高 (億株) | 36.90 | 226.56 | 1013.34 | 705.31 | 2533.14 | 2560.02 | 2152.46 | 2932.39 | 4758.38 | 3152.29 | 3016.19 | 4163.08 | 3827.73 | 6623.73 | 16145.23 | 36403.76 | 24131.39 | 51107.00 | 42151.98 | 33857.53 | 32601.54 | 48072.68 |
| 5. 株式売買代金 (億元) | 683.04 | 3627.20 | 8127.63 | 4036.45 | 21332.17 | 30721.83 | 23827.31 | 33139.60 | 60826.63 | 38305.18 | 27990.46 | 32115.27 | 42333.95 | 31664.78 | 94468.89 | 469356.22 | 267112.66 | 535846.76 | 545620.54 | 421649.73 | 314560.27 | 468726.60 |
| 6. 上海市場売買回転率 (%) | | 1134.56 | 528.72 | 913.43 | 701.81 | 453.63 | 471.46 | 492.87 | 269.33 | 214.00 | 250.75 | 288.71 | 274.37 | 541.12 | 927.19 | 392.32 | 504.37 | 198.47 | 124.80 | 129.19 | 169.22 |
| 深圳市場売買回転率 (%) | | 303.83 | 254.32 | 1350.35 | 817.43 | 466.56 | 424.32 | 309.10 | 227.89 | 198.79 | 214.18 | 288.29 | 316.43 | 609.38 | 967.42 | 469.11 | 773.48 | 557.44 | 340.49 | 325.84 | 423.79 |
| 中小企業ボード売買回転率 (%) | | | | | | | | | | | | | 617.75 | 999.70 | 997.12 | 1048.83 | 625.36 | 1084.83 | 775.06 | 412.95 | 394.46 | 467.71 |
| 創業ボード売買回転率 (%) | | | | | | | | | | | | | | | | | | 777.39 | 1762.22 | 739.95 | 782.21 | 655.08 |
| 7. 上海市場株価収益率 (PER) | 42.48 | 23.45 | 15.70 | 31.32 | 39.86 | 34.38 | 38.13 | 58.22 | 37.71 | 34.43 | 36.54 | 24.23 | 16.33 | 33.30 | 59.24 | 14.85 | 28.73 | 21.61 | 13.40 | 12.59 | 10.99 |
| 深圳市場株価収益率 (PER) | 42.69 | 10.37 | 9.35 | 35.42 | 39.86 | 30.59 | 36.30 | 56.04 | 39.79 | 36.97 | 36.19 | 24.63 | 16.36 | 32.72 | 69.74 | 16.72 | 46.01 | 44.69 | 23.11 | 22.02 | 27.76 |

第2章　中国株式市場における「移行経済型市場」の形成　61

|  |  |
|---|---|
| 中小企業ボード株価収益率 (PER) | 31.33, 24.49, 42.03, 24.96, 51.01, 36.93, 28.26, 25.42, 34.07 |
| 創業ボード (PER) | 105.38, 78.53, 37.62, 32.01, 55.21 |
| 8. 投資家登録口座数 (A株、B株、万口座) | 207.00, 1107.76, 1294.19, 2422.08, 3980.26, 4045.07, 4594.71, 5935.38, 6746.08, 6981.34, 7122.10, 7206.56, 7363.38, 7675.24, 11504.61, 12941.23, 14674.00, 16168.25, 17316.13, 17822.35, 18067.27 |
| 9. 国内株式資金調達額 (A株、B株、億元) | 94.19, 835.17, 314.34, 138.05, 118.86, 341.32, 923.82, 803.57, 897.39, 1541.02, 1182.13, 779.75, 823.10, 328.13, 882.67, 2463.70, 7722.99, 3534.95, 3051.51, 9611.77, 8355.10, 4542.40, 4293.69 |
| 10. 海外株式資金調達額 (H株のみ、億元) | 60.93, 188.73, 31.46, 83.36, 360.00, 37.95, 47.14, 562.21, 70.21, 181.99, 334.60, 648.08, 15544.38, 3330.59, 957.18, 317.26, 1073.18, 2365.62, 741.12, 997.82, 1063.89 |

(注1) 2004年のA株時価総額は訂正した数字である。
(出所) 中国証券監督管理委員会編『中国証券期貨統計年鑑』各年版、中国証券登記結算公司『中国証券登記結算統計年鑑』各年版、深圳証券取引所のホームページより作成。

図2-1 上海総合指数

（出所）天風証券の投資資料による。

われている（図2-1）。例えば、2005年の後半からスタートした株価の急上昇は、非流通株改革と関連している[8]。非流通株改革は、非流通株という株式市場の構造的問題を解決するために、政府が主導した市場改革であるが、今回の改革は、株式市場の投資ブームを引き起こした。結局、非流通株改革が終了した2007年に、経済成長が継続しているにもかかわらず、株価は急落し、2008年のアメリカ発金融危機の前に、株式市場のバブルがすでに発生した。今回の非流通株改革を通してみれば、政府の政策が株価に与える影響がいかに大きいということを垣間見ることができる。

また、2015年からの株価の急上昇は、恐らく近年の国有企業改革と関連し、その象徴的な出来事は、鉄道車両を生産する中国南車と中国北車の合併による株価の変動である。つまり、近年の企業改革の狙いは、中国企業の国際競争力を如何にアップさせるかにある。その方法としては、混合所有制の下で、株式市場を通じての大企業の吸収・合併や上場を促進し、企業の効率や国際競争力を高めることである[9]。今回の中国南車と中国北車の合併は、

その最初の実験ケースになる。元々両社の前身は、同じ企業である中国鉄道機車車両工業総公司であるが、2000年に、国内市場を競争させるため、両社は中国鉄道機車車両工業総公司から分社してなった企業である。その後、両社は、上海と香港の株式市場に上場を果たし、外国の高速鉄道の技術を導入して、企業規模を拡大しながら国際的に有力な鉄道車両メーカーに成長した。しかし、海外入札に巡っては、両社は激しい価格競争が展開し、中国企業同士の利益を損なうことになっていると指摘されている[10]。このような海外における中国企業同士の過度な競争を防ぎ、中国全体の国際競争力を強化するために、政府は両社の合併に踏み切った。2014年12月に、両社の合併が正式に発表し、半年の合併手続きを経て、2015年6月に、両社の合併が成立し、中国中車股份有限公司（中国中車と略称）が誕生した。合併が発表してからの半年間は、両社の株価が急上昇し、合併完了直後の株価は、合併発表の時より6倍にも昇り、今年の株式市場の投資ブームを引き起こした（図2－2）。しかし、合併成立後の中国中車の株価は、ストップ高で急上昇してから、急落に転じ、今年6月以降の中国株式市場の暴落の引き金となったといわれている。近年の中国経済は、その成長率が10％前後から7％前後まで

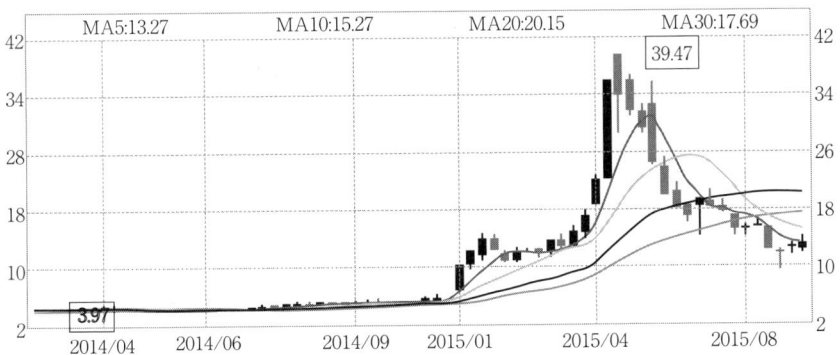

図2－2　中国中車の株価（601766）

（出所）新浪財経のホームページによる（http://finance.sina.com.cn/realstock/company/sh601766/nc.shtml）。

に鈍化している。それにもかかわらず、株式市場は、今年から急上昇し、株価が経済成長と乖離しているもう一つの典型例になっていると考えられる。

その他に、中国の株式市場は、インサイダー取引や株価操作も横行し、会計不信などが深刻な問題となっている[11]。その意味では、現段階の中国の株式市場は成熟しておらず、依然として新興国市場の特徴を持ち、一種の「発展途上国型市場」であると考えられる。

## 2　株式市場の特徴

中国の株式市場は、様々な紆余曲折を経験しながら今日まで発展してきた。市場創設の初期段階では、株式市場は「資本主義か、社会主義か」という論争もあった。結局は、92年に鄧小平の「南巡講話」が発表され、株式市場に対する反対派の意見を抑え込む形となった[12]。その後、中国は「社会主義市場経済」の目標が掲げられ、企業改革も株式会社化を中心に展開し、株式市場は株式会社制度を導入する流れの中で発展の軌道に乗り出した。このような状況の中で、90年代後半から、企業改革が様々な困難な時期を乗り越えて、経済成長の中で、上場企業が増え、株式市場も拡大したのである。この20数年の中国株式市場の形成と発展のプロセスを振り返ってみると、少なくとも、株式市場は、次の幾つかの特徴を持っていると考えられる。

まず第1に、中国株式市場の最大の特徴は、上場企業の半数前後が旧国有企業であり、こうした企業では、国有株の比重が高く、政府部門が経営支配権を握っている（表2-2）。政府が企業の支配権を維持することは、外国資本の支配を排除し、また、国内の利己的な利益を優先する個人投資家による企業支配を抑制するという点で正当化されている。このような国有株を中心とする株式市場の構造的な特徴の形成は、現在中国が実験している「社会主義市場経済」という社会経済の枠組みと深く関わっており、また株式会社化するプロセスの中で、全人民の財産としての国有企業を守り、そこから得られる利益を最大化するという狙いもあると考えられる。

第2章　中国株式市場における「移行経済型市場」の形成　65

表2-2　中国上場企業の株式分布状況（割合：％）

| 年度 | 1992 | 1993 | 1994 | 1995 | 1996 | 1997 | 1998 | 1999 | 2000 | 2001 | 2002 | 2003 | 2004 | 2005 | 2006 | 2007 | 2008 | 2009 | 2010 | 2011 |
|---|---|---|---|---|---|---|---|---|---|---|---|---|---|---|---|---|---|---|---|---|
| 1．非流通株 | 69.25 | 72.18 | 66.98 | 64.47 | 64.75 | 65.44 | 65.89 | 65.02 | 64.28 | 65.25 | 65.33 | 64.72 | 63.95 | 61.95 | 62.28 | 54.02 | 0.55 | 0.52 | 0.36 | 0.30 |
| 国家株 | 41.38 | 49.06 | 43.31 | 38.74 | 35.42 | 31.52 | 34.25 | 36.16 | 38.90 | 46.20 | 47.20 | 47.39 | 46.78 | 44.82 | 30.70 | 26.85 | 0.04 | 0.01 | 0.01 | 0.00 |
| 法人株（a+b+c） | 26.63 | 20.66 | 22.33 | 24.63 | 27.18 | 30.70 | 28.34 | 26.60 | 23.81 | 18.29 | 17.32 | 16.63 | 16.40 | 13.33 | 5.03 | 3.83 | 0.51 | 0.51 | 0.35 | 0.29 |
| a．発起人法人株 | 13.14 | 9.02 | 10.79 | 15.93 | 18.42 | 22.64 | 20.90 | 19.13 | 16.95 | 12.71 | 11.31 | 10.89 | 10.59 | 7.21 | 3.79 | 3.22 | 0.27 | 0.29 | 0.22 | 0.19 |
| b．外資法人株 | 4.07 | 1.05 | 1.10 | 1.40 | 1.23 | 1.34 | 1.42 | 1.31 | 1.22 | 0.88 | 0.91 | 0.92 | 0.98 | 2.95 | 0.46 | 0.39 | 0.20 | 0.05 | 0.04 | 0.03 |
| c．応募人法人株 | 9.42 | 10.59 | 10.64 | 7.30 | 7.53 | 6.72 | 6.03 | 6.16 | 5.65 | 4.70 | 5.10 | 4.82 | 4.83 | 3.17 | 0.77 | 0.22 | 0.04 | 0.17 | 0.09 | 0.07 |
| 従業員持株 | 1.23 | 2.40 | 0.98 | 0.36 | 1.20 | 2.04 | 2.05 | 1.19 | 0.64 | 0.46 | 0.27 | 0.17 | 0.13 | 0.05 | 0.02 | 0.00 | 0.00 | 0.00 | 0.00 | 0.00 |
| その他 | 0.00 | 0.05 | 0.16 | 0.74 | 0.95 | 1.18 | 1.25 | 1.08 | 0.92 | 0.31 | 0.54 | 0.53 | 0.65 | 3.74 | 26.54 | 23.33 | 0.00 | 0.00 | 0.00 | 0.00 |
| 2．流通株 | 30.75 | 27.82 | 33.02 | 35.53 | 35.25 | 34.56 | 34.11 | 34.98 | 35.72 | 34.75 | 34.67 | 35.28 | 36.05 | 38.05 | 37.72 | 45.98 | 99.45 | 99.48 | 99.64 | 99.70 |
| A株 | 15.87 | 15.82 | 21.00 | 21.21 | 21.92 | 22.79 | 24.06 | 26.34 | 28.43 | 25.26 | 25.69 | 26.67 | 27.87 | 29.78 | 22.08 | 21.53 | 27.69 | 67.62 | 71.59 | 75.14 |
| B株 | 14.88 | 6.37 | 6.06 | 6.66 | 6.45 | 6.04 | 5.30 | 4.60 | 4.00 | 3.13 | 2.85 | 2.73 | 2.76 | 2.85 | 1.53 | 1.12 | 1.10 | 1.32 | 1.04 | 0.99 |
| H株 | 0.00 | 5.63 | 5.96 | 7.66 | 6.88 | 5.74 | 4.75 | 4.03 | 3.28 | 6.36 | 6.13 | 5.87 | 5.42 | 5.42 | 14.10 | 23.33 | 22.22 | | | |
| 流通解禁待ち株式 | | | | | | | | | | | | | | | | | 48.44 | 30.54 | 27.01 | 23.57 |
| 3．合計（1+2） | 100.00 | 100.00 | 100.00 | 100.00 | 100.00 | 100.00 | 100.00 | 100.00 | 100.00 | 100.00 | 100.00 | 100.00 | 100.00 | 100.00 | 100.00 | 100.00 | 100.00 | 100.00 | 100.00 | 100.00 |

（注1）その他は、非流通株の応じない増資に対して、流通解禁待ち株式主以外の個人、法人、証券投資ファンドおよび戦略的投資家が購入した部分を指す。2005年～2007年の数字は、流通解禁待ち株式を含む。

（注2）A株は国内投資家向けの株式であり、人民元で売買されている。B株は海外投資家向けの株式であり、上海市場では米ドルで買われ、深圳市場では香港ドルで売買されている。B株市場は、2001年6月から外貨を持つ国内投資家にも開放された。H株は中国国内で会社登記し、香港などの海外市場に上場している企業の株式を指す。

（注3）2009年以降の数字は、H株を除いた。

（出所）中国証券監督管理委員会編『中国証券先期貨統計年鑑』各年版より作成。

第2の特徴は、これも株式を上場した旧国有企業に言えることであるが、株式発行の目的が企業の支配権を奪われるリスクのない外部資金調達だということである。株式発行を通して資金調達すればその分の支配権が株の買い手に移る。これを進めていけば、企業経営の支配権を奪われるリスクが生じる。政府部門は発行済株式の多数を持っていれば、経営支配権が脅かされることなく、株式発行を外部資金調達の手段として利用できる。中国では、政府部門が発行済株式の多数を占める国有株を保有しながら、他方で、可能な限りの割合で株式を新規発行して資金調達するという方式が取られている。これは一種の民間資本の「動員」である。

　第3の特徴として実際に株式市場に資金を提供しているのは、主に個人投資家であり、個人投資家が株式投資の主役である。中国の経済発展に伴って、急増した個人投資家は、一方で、企業の資金調達に応じて株式を取得するが、他方で、個人の利己的利益優先の短期的で投機的な動機が極めて根強く、その意味でも第1、第2の構造的な特徴を必要としている。

　第4の特徴は、株式市場を通して外国資本が導入されていることである。それは、外国投資家はB株（外国投資家向け株式）、H株（香港上場の中国企業株）およびQFII制度（適格外国機関投資家）などを通じて中国企業に投資することができるが、その投資比率は厳しく制限されている。その狙いは、できる限り大量の外国資本を導入しつつも、外国資本による経営支配を排除することにある。これは外国資本の「動員」でもある。

　以上のような中国の株式市場の特徴を考慮すると、外部による経営支配を排除する理由は、個人投資家や外国資本が株式所有を通して企業の経営権を握ることへの懸念が大きいといえよう。つまり個人投資家や外国資本は、企業の経営権を握ると何をするかわからないからである。全人民の財産である企業や社会の利益を守るために、政府が国有株を保有して経営支配権も保持することは、この点で正当化されている。これは現在の中国株式市場の構造的特徴である。

　以上の中国株式市場の構造的特徴を理解するために、また株式市場の形成

要因を考察する際に、少なくとも次の3点を把握する必要があると考える。

　第1に、改革・開放以降の計画経済から市場経済への移行過程において、中国は様々な国際的インパクトを受けながら、自国の条件に合わせて社会主義市場経済を構築しようとしてきた。この市場経済化のプロセスの中で、中国の民営化・株式会社化は、ロシアや東欧などの旧社会主義の国々の民営化とどこが違うのか。また、「漸進的な手法」を採った中国の体制移行は、国有企業改革や株式市場の形成にどのような影響を与えているかを把握する必要がある。

　第2に、中国の国民は、改革・開放以降の経済成長に伴って、その収入が増え、全体として生活レベルもアップしてきた。この状況の中で、一部の余裕のある国民は、株式投資もできるようになった。中国の株式市場は、特に流通市場において、個人投資家を中心に構成されている市場であるといわれている。つまり、個人投資家は、株式市場形成の最も重要な条件の一つである資金を提供し、投資の主役となっている。この点は、先進国市場の機関投資家を中心とする市場構造と異なる。その意味では、中国の個人投資家の構成や投資行動などを考察する必要がある。

　第3に、戦後の「豊かな社会」を築いたアメリカの経済社会システムは、冷戦終結後の社会主義陣営の崩壊によってその優位性を示すと同時に、その核となる民主主義と市場経済の仕組みを「普遍的なシステムとして世界に広める」というグローバリゼーションの現象が起こっている[13]。このグローバリゼーションの流れとアメリカを代表する先進国の市場モデルは、国際的要素として中国の経済改革や株式市場の形成と発展に、どのようなインパクトを与えたかを考察しなければならない。

　以下、節を改めて中国株式市場の形成要因および市場形成の背景を述べる。

## 3　株式市場の形成要因

　この30年余りの中国経済成長の原因は、改革・開放政策の一言に尽きると

思う。「改革」とは、計画経済の体制から市場経済への転換である。この改革の中身は、市場の競争原理を導入し、市場経済システムを確立することである。そこで、市場経済化の核心は、恐らく市場経済に合わせる企業制度改革や市場経済体制の構築ということになるであろう。また、「開放」とは、計画経済の時代に閉鎖されていた社会から、改革・開放以降の開かれた社会へと変化することである。中国は対外開放のプロセスを通じて、海外の資金や技術を利用し、市場経済と関連する外国の諸制度も導入してより開かれた社会へと変化してきた。中国経済の高成長は、このような改革・開放政策の下で実現したものであり、株式市場も同じように改革・開放のプロセスに沿って形成されたものであると考えられる。次に、株式市場形成の幾つかの要因を考察する。

### （1） 国有企業改革と株式市場

　20世紀末の社会主義体制の崩壊・縮小の最大原因は、計画経済の失敗によるものだと一般的に認識されている。中国は、1950年代に旧ソ連の中央集権的な計画経済体制を導入し、国有企業[14]および集団所有制企業[15]の体制をつくり上げた。約30年間の中央集権的な計画経済を運営した結果、中国は競争のない社会を築き上げたものの、慢性的な「不足経済」に陥った。文化大革命が終息した70年代末期には、小売などのサービス業にわずかに個人経営が残るだけで、他の業種はすべて国有企業と集団所有制企業が占めるようになった。当時の中国経済は、「崩壊の危機に立つ」[16]と評された。この混迷の状況が改革・開放の出発点であり、初期条件でもあった。

　計画経済の問題点は、計画（生産）と需要（消費）の間に常にずれが生じ、そのうえ、価格調整のメカニズムが効かず、また「ソフトな予算制約」の問題などの弊害が存在していると見られている[17]。さらに、計画経済体制下の国有企業の最大の問題は、企業に経営の自主権がないということに集約できる。すなわち、国有企業は産（生産計画）、供（原材料・機械などの調達）、銷（販売）、人（人事）、財（財務）、物（資産・投資）などの生産・経

営の重要な側面において、自主決定権を持たず[18]、極めて限られた範囲の中でしか自由に活動できなかったのである。そのため、中国には「企業は存在しない」と言い切った学者もいる[19]。また、国有企業は終身雇用を守りながら、従業員の住宅、病院、年金および学校などの福利厚生部門も抱え込み、生活共同体的な「単位社会」をつくり上げた[20]。つまり、西側先進国の社会保障に当たる部分は、企業が担わされていた。そのうえ、国有企業には悪平等の分配体制、企業効率の低さ、技術革新のインセンティブ欠如などの問題も存在している[21]。そのため、計画経済から市場経済への転換は、企業改革だけではなく、社会保障制度を含む総合的な社会経済システムの改革が必要不可欠だと認識されている。

　この30年間の国有企業改革のプロセスを見ると、大きく四つの段階に時期区分することができる。まず第一段階は、企業の経営自主権が拡大した時期（1978年〜86年）である。この時期には、企業改革は「放権譲利」（国家が経営権を次第に企業に手放し、利益を企業に譲る）を中心に展開され、国有企業の生産・販売などの経営自主権が拡大され、利益の内部留保を増やす措置が実施された。また、80年代半ば頃から、利益上納制から納税制（「利改税」）へと変更され、企業の資金調達も計画経済の時代に継続していた財政投資制度から銀行融資（「撥改貸」）へと切り換わった。

　第二段階は、経営請負制の時期（1987年〜91年）である。この時期には、農村の生産請負制の成功経験を参考に、国有企業改革にも経営請負制が導入された。その狙いは所有権と経営権を分離し、より効率的な企業経営を求めることにある。経営請負制の導入は、企業の活性化や経営メカニズムの転換に一定の役割を果たしたが、国有企業は依然として投資計画、財産処分、利益配分およびトップ人事などの重大な意思決定権を持ってなかった。また、請負の期間については、一般的に2年、3年という短い期間が多かった。こうした場合、特に経営不振に落ちた際に、その責任の所在が不明瞭のまま終わるケースが多く、いわゆる「包盈不包虧」（経営者は、利益が出たときに、請負の利益をもらうが、赤字が出たときに、その責任を負わない）とな

り、経営者が短期的な視点で企業経営に走り、長期的な視点に立った経営（設備投資などを伴う）は期待できない。さらに、請負の協議については、経営者と政府の間で個別交渉を行なうため、請負条件は様々であり、公平な競争を保証する統一基準が存在しないなどの問題点が露呈した[22]。

90年代に入ると、上海と深圳の証券取引所が創設されたため、企業改革の関心は、次第に先進国で普及している株式会社制度という近代的な企業制度の構築に移るようになった。この時期の株式会社制度の導入は、まだ実験段階にあるが、上場企業は、主に地方の中小国有企業や集団所有制企業による上場であった。

第三段階は、株式会社化を中心とする「現代企業制度」を導入する時期（1992年～2002）である。この時期では、鄧小平の「南巡講話」の影響を受けて、株式会社制度の導入や証券市場の創設を巡っての「資本主義か、社会主義か」というイデオロギー的な論争を止め、より大胆な制度改革が必要になるという時代背景があった。そこで、政府は社会主義市場経済の方針を決め、93年に「会社法」が施行され、企業改革の重点は、次第に株式会社化へとシフトするようになった。株式会社制度を導入する目的は、直接金融による資金調達のほかに、有限責任制の下で、所有と経営を分離させて企業効率を図り、企業ガバナンスの変革を求めて市場経済にふさわしい近代的な企業制度を確立することにある。具体的には、「大を掴んで小を放す」（「抓大放小」）の方針で、国有大企業をしっかり経営管理して株式会社化させ、中小の国有企業は売却やリースおよび経営請負制などの方法で民営化させる方策を採った。さらに、企業改革と合わせて、財政、金融、社会保障制度および行政などの一連の総合的な改革も行なわれた[23]。

2001年のWTO加盟以降、政府は公平な市場競争環境を整備し、中国企業の国際競争力をアップさせるため、株式会社化に合わせて国有資産管理体制の構築に力を入れるようになった。この時期には、上場企業が増えると同時に、中央レベルの大企業の上場も増えた。

第四段階は、国有資産管理体制を確立する時期（2003年～2015年）であ

る。2003年4月に、国務院国有資産監督管理委員会（以下、国資委と略称）が設立された。同委員会は中央企業（中央政府が管轄する企業）を管理対象とし、企業の経営活動に直接干渉しないが、国有資産の出資者として株主の立場から企業経営をチェックし、国有資産を監督・管理することになっている[24]。それに合わせて、各地方政府も国資委を設立し、地方の国有企業の再編や上場促進などの方策を採っている。

さらに、2015年9月13日に、政府は「国有企業改革を深化することに関する指導意見」を発表した。この指導意見の趣旨は、社会主義市場経済の下で、株式会社化という企業改革の方針を再確認し、国有資産管理体制を強化しながら、中国企業の国際競争力を高めることである。今後は、特に大企業の国際競争力を向上させるため、国有企業の上場がさらに増え、株式市場を通しての企業再編も増えると予測される。

以上のように、この30数年間の企業改革の流れを見ると、前半の15年間では、市場経済導入の初期段階であり、企業の経営自主権の拡大や経営請負制の導入などの経営メカニズムの転換を模索する時期であった。後半の20年間では、市場経済化が進むなか、「現代企業制度」の確立と合わせて株式会社制度を導入し、それに関連する国有資産管理体制を構築する時期である。

株式会社制度の導入は、株式市場を形成する前提条件となるが、中国の株式市場は、株式会社化という企業制度改革の機運のなかから生成され拡大したものである。そのため、多くの国有企業が株式市場に上場を果たし、株式市場は、国有企業のための資金調達の場と企業改革の場という二つの場となり、「移行経済型市場」の特徴を呈している。中国株式市場の全体像を把握するためには、まず「移行経済型市場」の構造を明らかにする必要があると考える。

### （2） 個人投資家と株式市場

株式市場は投資家がいないと成り立たない。その意味では、投資家は市場の参加者として株式市場の形成と発展を支える最も重要な要素の一つであ

る。中国の株式流通市場は、個人投資家を中心に売買されている市場である。証券取引所が設立された後の20数年間、個人投資家はどのように変化し、その投資状況がどう変ってきたかをみる必要がある。さらに、一般的に個人は生活の余裕がないと株式に投資することができないので、中国の経済成長が個人投資家に与える影響を把握する必要があると考える。

改革・開放以降の中国経済は、この30数年間に、年平均10％前後の高成長が実現したため、少なくとも5億人以上の貧困人口（1人当たり1日の消費が1ドル以下）が減少した[25]。国民のフローの所得が上昇し、ストックの資産も増えている[26]。経済成長が続く中、中国の国内総生産（GDP）は、すでに日本を超えて世界第2の経済大国となり、2014年の一人当たりのGDPが7,000ドルを超えた[27]。また、上海、北京、深圳および広州など多くの沿海地域の都市においては、その一人当たりのGDPがすでに1万ドルを突破した[28]。このように、経済が成長すると、一部の人々や一部の地域が先に豊かになり、国民全体の所得や生活レベルもアップするようになった。現在、沿海地域の一部の都市部は、中進国に近い生活レベルにまで上昇し、また一部の富裕層は、すでに先進国並みの生活水準で暮らしている[29]。

しかし、中国の社会は、いわゆる格差問題が深刻化している[30]。それは都市と農村の格差、経済発展の速い沿海地域と内陸部の格差および所得格差の問題である。近年、所得格差を反映するジニ係数は、0.47という危険水準に達した[31]。また、2010年現在においても、中国の貧困人口は依然として1億人前後にのぼると推測されている[32]。中国では、経済が成長すると同時に、格差も拡大し、貧困層や貧困地域が受ける経済成長の恩恵は少ないという現実が浮き彫りになった。

以上のように、中国経済が成長し、国民全体の所得が上昇する一方、格差問題も存在している。このようなアンバランスな社会構造の中で、誰が株式に投資するのか、株式市場の急成長の原因は何なのか。一般的に先進国の場合は、経済が成長した後、いわゆるミドルクラスが形成され、このような中間層は、直接・間接的に株式や債券に投資し、そこで資産を形成しながら証

券市場を支えている。特に、戦後の繁栄を築いた証券大国のアメリカでは、このような傾向が強く、人口の約8割前後はミドルクラス（世帯年収は3万〜20万ドル）と見られている。高度成長期の日本においても、かつて「1億総中流社会」といわれる時代があった。総じていえば、厚い中間層の存在は、社会経済繁栄の一つの象徴であり、証券市場を支える基盤になることは間違いないであろう。

　中国では、改革・開放以降の30数年間の経済成長の成果として、国民の実質所得（物価変動を除く）が11倍以上増えた[33]。所得が増加したため、多くの国民は貧困から脱出し、生活レベルもアップした。この状況の中で、80年代後半に店頭市場が創設され、90年代に上海と深圳の証券取引所が設立された。株式市場が形成されると、一部のゆとりのある国民は、株式に投資するようになった。それ以来の20数年間、株式市場の規模が拡大すると同時に、投資家も増え、2014年末現在の投資家株式登録口座数（残高ベース）は、1億8,401万口座に達し、そのうち、休眠口座を除く有効な投資家口座数が1億4,215万口座に昇った[34]。上海市場と深圳市場の重複口座を考慮すると、実際の投資家数は少なくとも7,000万人以上に達し、総人口の5％前後を占めている。

　個人投資家の調査[35]をみると、中国の投資家は、主に30代と40代を中心とする働き盛りのサラリーマン世代から構成され、その大半は「中間収入者」と呼ばれる中間層である。中国の株式市場は、株式投資の大衆化とミドルクラス化が同時に進行し、都市部における大衆投資家が形成され、一種の「大衆基盤型市場」が形成されていると考えられる。2009年現在、中国のミドルクラスは、約5億人と推計されている[36]が、この中間層は、株式投資の主役である。その意味では、中国の株式市場は、改革・開放以降に豊かになってきた都市部の中間層や大衆投資家によって支えられていることがわかる。

## （3）　国際的インパクトと株式市場

　1978年から実施された中国の改革・開放政策は、すでに35年以上を経過し

た。この出来事は、中国社会に大きな変化をもたらし、社会経済システムの歴史的大転換だと言ってもよいと思われる。この歴史的大転換は、国内においては、計画経済から市場経済へと転換し、また、対外的には、改革・開放以前の閉鎖された社会からより開かれた社会へと変化するという二つの側面を持っている。特に、対外的な側面において、中国は経済の豊かさを求めて、アメリカなどの先進国の生活様式を目指し、多くの問題を抱えながらも西側先進国の自由と民主主義、法治社会および人権などの価値観を吸収し始めている。このように、この30数年間において、中国の社会構造が大きく変化するなか、戦後の日米欧などの先進国の経済成長およびそれがもたらした「豊かな社会」は、中国に大きなインパクトを与えた。また、アジアにおいて、70年代後半からのNIEsの経済成長および80年代後半からのASEAN諸国の経済成長も、中国に大きな衝撃を与えた[37]。同時に、対外的に開放し始めている中国に対して、アメリカなどの先進国は、中国市場を開放させるために、民主主義と市場経済の社会経済システムを常に中国に誘導させて圧力をかけ続けている[38]。

　このような状況の中で、中国は様々な国際的インパクトあるいは「外圧」を受けながら、行き詰まった計画経済体制の見直しを70年代末に着手し、豊かな社会を実現した先進国の市場経済システムを導入するようになった。もしこの時点で、中国は市場経済を導入せず、あるいは先進国が主導するグローバルな分業体制に参入しなければ、周辺の国々から大きく立ち遅れる恐れがある。改革・開放政策は、このような危機感から生まれたのである。

　中国の改革・開放のプロセスを見ると、基本的には、内部に危機感を持ちながら、様々な国際的インパクトを受けて改革を要求されるパターンが多く見られる。つまり、改革・開放政策の下で達成した経済成長は、国内の改革要求という内部要因と国際的インパクトという外部要因の相互作用の結果によるものである。中国株式市場の形成と発展も同じように、改革・開放の流れに沿って、国内の市場改革という「内圧」と市場開放という「外圧」の相互作用の結果でもある。このような内外の圧力の下で、中国の株式市場は生

成され今日の市場規模にまで発展してきたと見ることができる。今までの株式市場の形成のプロセスを見ると、少なくとも次の幾つかの国際的な側面と深く関わっていると考えられる。

　まず第一に、アメリカ・モデルである。戦後、世界最大の資本市場を持ち、最大かつ最強の資本主義国であるアメリカが提示した経済社会モデルがある。このアメリカ型モデルは、次のものである。つまり、戦後の「豊かな社会」の中で、「労働者大衆が資産を形成しながら、株式投資を介して企業の所有にもかかわり、利益を享受する社会的なメカニズムが円滑に機能する」ということは、「調和的な大衆民主主義の経済的基盤になる」が、これは「アメリカ・モデルの完成型である」と渋谷博史教授が指摘する[39]。言い換えれば、戦後のアメリカ社会は、「大いなる中間層大衆」の「底上げ」があって、また福祉国家システムを構築する過程のなかで、年金や保険などの機関投資家が成長することによって、基幹労働者を中心とする勤労大衆が直接的あるいは間接的に株式投資を通して株主となり、企業の利益を享受することになっている。その結果として、株式所有の大衆化が進み、アメリカ経済社会は、「人民資本主義」（People's Capitalism）ともいわれている。また、大衆投資家あるいはその代理人は、企業経営をチェックし、経営の効率性を求める一方、アメリカ社会には、民主主義的な秩序を通して市場論理の行き過ぎに対して、歯止めをかける側面を持っている。ここで、渋谷教授は健全な市場経済を運営していくために、「市場経済と大衆民主主義」がセットになって初めて機能するアメリカ・モデルを提示している[40]。

　改革・開放以降の中国は、驚異的な経済発展を遂げ、投資や貿易を拡大すると同時に、製造業における国際競争力も急上昇した。また、国内企業の成長に伴う個人レベルのフローの所得が上昇し、ストックの資産も増加している。それが上述した「アメリカ・モデルにおける経済力に裏打ちされるミドルクラスの形成」をもたらし、その一つの特徴的な表れが、株式等の投資を行う個人投資家の増加と、株式市場の拡大につながっているといえるのである。中国の今後を考えると、改革・開放の成果を守り、健全な市場経済を維

持するためには、経済改革だけではなく、大衆民主主義の政治改革も必要不可欠であり、これがアメリカ・モデルが示している方向性である。

　第二に、日本型モデルである。戦後の日本は財閥を解体し、「証券民主化運動」を通して「日本の経済には初めて、広範な大衆投資家を基盤とする株式の発行市場、流通市場の存在が可能になった」が、「証券民主化運動」の失敗で、旧財閥の持株会社に代わって、企業グループ内の企業間の株式持ち合いが形成され、メインバンク関係の下で、アメリカとは異なった間接金融を中心とする金融システムが形成された。これが日本型モデルである[41]。この日本型モデルにおける企業グループの株式持ち合いメカニズム形成の最大理由は、アメリカ等の外国資本による企業買収への対策であった。同様に、現在の中国においても、性急な国有株式の放出は、アメリカ等の外国資本による経済侵略につながる危険があると考えられている。そのため、現在の中国の場合には、国有企業の株式を全面的に市場に売却するのではなく、政府部門が保有して、個人投資家や機関投資家の十分な成長と、それに裏打ちされた証券市場の成熟を待つ段階にある。

　その一方、20世紀後半における日本経済の国際競争力の上昇と経済力の強化によって、現在の日本は、完全な資本自由化の下でも経済的な自立を維持できている。それと同様に、20世紀末からの急激なグローバリゼーションの下で、中国経済は自立性を確保できる方向に発展しているため、それと平行して、国内の個人投資家や機関投資家が成熟していくことになる。さらに、国内企業の側にも先進国の資本市場と同様の規律と透明性の基準に堪えうる経営や企業ガバナンスのレベルに達する条件が揃えば、国有株も次第に放出され、株式市場が成熟するとともに、株主が企業経営に関わる意味での株主総会も機能するようになると思われる。そのときに、はじめて、中国社会において、市場化と民主化が実現することになるであろう。

　第三に、香港、台湾、シンガポールなどの海外の華人社会や中国人留学生の存在である。華僑や華人[42]および留学生は、中国の株式市場の形成と発展にとって極めて重要な外部要素として取り上げることができる。というの

は、中国は海外の華人社会と言葉や文化が共通しているため、華人社会のネットワーク[43]や中国人留学生を通じて、海外の情報や先進国の市場制度や市場理念をいち早く中国に伝えることができるからである。

海外の華人社会の中で、香港は地理的に特別な存在であり、深圳特区と隣接している。80年代初頭の深圳特区は、「隣の町の香港には、沢山の株式会社と株式市場があり、われわれはそれを利用できないのか」[44]という深圳人の声がよく聞かれる。この深圳人の声から株式会社制度の導入や株式市場の創設につながったと考えている。また、92年に設立された中国証券監督管理委員会は、香港の証券監督機関をモデルにして組織された監督機関である[45]。これらは、香港の「隣人効果」が初期段階の株式市場に影響を与えるケースである。改革・開放の初期段階において、経済特区を選んだ理由は、恐らく華僑・華人の出身地であるアモイや汕頭では、華僑の故郷への投資を期待し、また、深圳と珠海では、香港とマカオの隣人であり、その「隣人効果」を期待するからではないかと考えられる。

現在、約5,000万人の海外華僑や華人が存在し[46]、また350万人を超える中国人留学生や留学経験者もいる[47]。華僑・華人と留学生の存在は、他の移行経済国と比べものにならないほどの有利な条件を中国の経済成長に与えている。その意味では、海外にも中国の「人材の宝庫」があり、華僑・華人・留学生は、世界と中国の間をつなぐパイプ役となっている。そして現在、外国人投資家が投資できるB株市場（海外投資家向け株式）とH株市場（香港上場の中国企業株）は、主に海外の華僑・華人が投資し、投資の主役になっていることが明らかである[48]。華僑・華人の投資は、海外からの資本になるだけでなく、外国の投資家に中国投資の示範役になることは違いないであろう。

第四に、WTO加盟によるインパクトである。2001年12月、中国はWTOに加盟した。中国のWTO加盟は市場の開放を意味し、「市場志向の経済改革に欠かせない環境をもたらす」と指摘され[49]、「第二次の開放」[50]ともいわれている。中国のGATT・WTO加盟を巡る交渉は、15年の長い道のり

があった。この交渉のプロセスは、「外圧」を受けた過程でもあるが、この「外圧」は、逆に国内の改革を促進する力になっている。WTO加盟は、貿易や直接投資を促進するだけでなく、金融などの「サービス協定」に参加することで、金融・資本市場の段階的な開放も約束された[51]。

WTO加盟後の中国では、銀行、保険および証券という金融分野の市場開放が始まった。証券分野においては、主に中外合弁の証券会社と合弁の証券投資ファンド管理会社の設立が認可された。また、WTO加盟の約束以外に、資本市場の開放を示すために、2003年からQFII（適格海外機関投資家）、2007年からQDII（適格国内機関投資家）の制度がそれぞれ導入された。加えて、90年代から外国投資家向けのB株市場の創設や香港とニューヨークを中心に展開されている中国企業の海外上場などの資本市場と関連する開放措置もあった。この一連の開放措置は、中国の対外開放の姿勢を示すと同時に、資本市場の全面的開放の「準備運動」として位置づけることができる。その意味では、WTO加盟からくる「外圧」が多かれ少なかれ金融・資本市場の開放に促進的な働きを果たしていることは、間違いないであろう。

第五に、旧ソ連や東欧の市場化・民営化の混乱は、中国の反面教師として取り上げることができる。冷戦終結後、旧ソ連や東欧などの旧社会主義の国々では、IMFの「ショック療法」の下で、急速に市場化や民営化が進んだ。その結果として、経済の低迷やハイパーインフレおよび闇経済の横行などの混乱が起き、期待通りの成果は生まれなかった。この旧ソ連や東欧の「急進的な改革」による一連の混乱は、反面教師として中国に大きなショックを与えている。旧ソ連や東欧の混乱から教訓を得た中国は、体制移行の選択肢として「漸進的な改革」を選んだのである。

90年代のロシアの改革では、自由化と民営化が急ピッチで展開され、その結果は、1929年のアメリカの大恐慌に匹敵するほどの生産の低下と極めて高率のインフレに見舞われた[52]。民営化後の10年余りの生産高は、民営化前の三分の二にまで落ち込み、国民所得が三分の一に減少し、ロシア人の平均寿命は4年も縮まった。さらに、市場経済への移行直前の1987年から2001年の

間に、旧ソビエト圏の貧困率（一日1ドル基準）は、移行前と比べ10倍増加した[53]。このように、ワシントン・コンセンサスの下で、旧ソ連や東欧は、拙速に市場経済へと移行したため、つまり法制度や社会保障制度の整備などを含む市場経済を運営するための様々な条件が整っていない状況の中で、急速に民営化を展開したため、以上のような混乱を招いたと考えられる。

具体的にロシアの民営化・株式会社化を見ると、92年10月には、バウチャーという民営化小切手の制度が導入された[54]。バウチャー制度を導入した結果、最初は全国民に配分されたバウチャーだが、最終的に少数の「オリガルヒ」（寡占資本）という新興財閥に集中された。ロシアの民営化・株式会社化は、「大衆的民営化」（mass privatization）といわれ、「事実上」の私有化である。その方法は、基本的に国有資産を市民にばらまく「国有資産の分配型」民営化であり、肝心の株式による企業の資金調達に直接につながっていない。この点は中国の民営化・株式会社化と異なる。

一方、中国の改革は、旧ソ連や東欧の「ショック療法」と異なり、「漸進的な手法」を採っている。つまり、中国は政治的な安定を保つために、共産党政権を維持しながら、「社会主義市場経済」を掲げ、漸進的に市場経済化を推進してきた。そのため、今までの株式会社化や株式市場の育成には、比較的に慎重な態度を採っていた。その方法は、基幹産業や大中型国有企業が株式会社化する際、基本的に国有資産を国民に売却あるいは分配せず、逆に、民間から資金を「動員」して国有企業に組み入れる措置を採った。この方法は、国有資本と民間資本の「結合」であり、企業側からみれば、一種の民間からの増資でもある。このような国有資本と民間資本の「結合型」の株式会社化は、少なくとも民間からの資金調達を達成し、旧ソ連の「国有資産の分配型」の株式会社化と違って、現時点では私有化ではない[55]。そのため、中国の株式市場は、国有株を中心とする株式所有構造が形成され、独特な「移行経済型市場」の特徴を呈していると考えられる。

第六に、金融危機による衝撃である。1980年代後半の日本のバブル、90年代の中南米・アジアの通貨・金融危機[56]および2008年のアメリカ発の金融

危機は、中国に大きな衝撃を与えた。逆に、中国はこの一連の「市場の失敗」や金融市場の不安定性から多くのものを学んだと考えられる。

中国の改革は、当初から IMF などが推奨する「ショック療法」を採用せず、自国の条件に合わせて「漸進的な改革」が進められてきた。金融市場の開放も同じように漸進的な方法を採用し、特に人民元の自由化や資本取引の自由化などに対してより慎重な態度を取った。中国は金融市場の安定性や国内の脆弱な金融システムに配慮し、金融のグローバル化に対する「防波堤」を残したことで、他のアジア諸国と比べ、金融の自由化が遅れてはいるが、幸いにアジア通貨・金融危機の混乱から逃れたのである。さらに、2008年以降のアメリカ発の金融危機は、アメリカ型の「証券化」資本主義の破綻[57]を示すと同時に、金融市場の不安定性および金融危機後の経済に対する「破壊力」が改めて浮き彫りとなり、中国に警鐘を鳴らした。

以上述べたように、冷戦終結後のグローバリゼーションの進展は、中国の改革・開放政策に様々なインパクトを与えると同時に、株式市場の形成と発展にも大きな影響を与えている。特に、国際的インパクトの核心的な部分は、恐らく世界最大かつ最強の資本主義国家であるアメリカが示したアメリカ・モデルがあり、それが市場経済の方向性を示唆していると考える。このアメリカ・モデルの方向性は、戦後のアメリカ経済社会が健全な市場経済を維持するために、基幹労働者を中心とする大衆投資家の形成およびそれに裏打ちされる大衆民主主義が市場経済をチェックする仕組みが必要になることを示している。言い換えれば、アメリカ・モデルは、経済的合理性を追求する一方、「市場の暴走」に対して、民主主義の手続きを通して「歯止め」をかける仕組みである。この仕組みは、民主化を介して、または市場化のプロセスの重要な一環としての株式市場を通して機能するシステムである。とはいえ、現実のアメリカ経済社会では、アメリカ・モデルの完成パターンが実現しているわけではないが、それに向けて「日夜戦い続けている」というメッセージが、基軸国アメリカから世界に発信され、このメッセージが「グローバリゼーション」の核に据えられていると渋谷教授は指摘する[58]。

また、戦後日本の経験としては、国際競争力のまだ弱い段階において、外資買収の防衛策として形成された株式持ち合いは、中国の国有企業改革や国有株の対処にヒントを与えている。ここには、経済のグローバル化は、自国の条件や経済発展の段階に合わせて推進しなければならないということを示唆している。

　さらに、アジア金融危機の教訓として、国内の金融市場が整備されていない段階で性急に自由化が進めれば、その国の金融システムは、国際的資金移動に伴うリスクに対して対応できない可能性が大きいことが忘れてはならないと考えられる[59]。

## むすびにかえて

　中国の改革・開放は、基本的に二つの「圧力」によって実現したものであると考える。それは、「文化大革命」の混乱を収束するため、経済改革を求める国内の「内圧」がある一方、冷戦終結後、グローバリゼーションが進展し、様々な国際的インパクトという「外圧」もあった。改革・開放は、この内外の二つの「圧力」によって誘発されたものである。そのうえ、中国では、改革・開放の順序やスピードおよびその方向性は、自国の条件や経済発展の段階に合わせて「漸進的な手法」を採り、社会主義市場経済の方針を選択した。中国株式市場の形成は、改革・開放のプロセスと同じように、市場経済化の流れの中で、株式市場を要請する国内要因と国際要因の相互作用の結果であると考える。

　以上みてきたように、株式市場の形成と発展の原因は、主に以下の三つの国内外の要因を取り上げることができる。一つは、株式会社制度の導入という企業制度改革の要因である。株式会社化は、株式市場形成の制度的条件であり、または前提条件でもある。そこで、株式会社に改組した企業の上場は、もちろん株式市場からの資金調達を求めているが、もう一つの狙いは、株式会社化という企業改革を通して市場経済に相応しい企業制度や企業ガバ

ナンスを確立することにある。中国の株式市場は、株式会社化という企業改革の流れの中で形成され拡大したものと考えられる。

　二つ目は、株式市場の主な資金を提供している個人投資家の成長である。改革・開放以降の経済成長の成果の一つは、個人所得が増え、国民全体として豊かになってきた。豊かになってきた国民の一部は、株式市場に投資して市場を支え、その主役は都市部の中間層および大衆投資家である。以上の二点は、株式市場の形成の国内要因であるが、それは制度面と資金面で市場の形成と発展を支えている。

　三つ目は、海外の国際要因である。中国の株式市場に影響を与える国際要因を考えると、それは外国の様々な市場制度や企業制度および市場ルールを学ぶことであり、そのうえ、株式市場を通じて豊富な海外資金を利用することである。その意味では、中国の株式市場は、以上の国有企業の株式会社化という制度的条件、個人投資家の成長による資金の提供および海外の市場制度の学習や海外資金の利用という三つの国内外の要因によって形成されたと言えるであろう。

　そのうえで、中国の市場経済化の最大の狙いは、計画経済を見直しながら、経済の合理性や効率性を追求し、人民の生活を豊かにすることにある。これを達成するために、上述のように、中国は様々な国際的インパクトを受けながら、自国の条件に合わせて「漸進的な手法」で経済改革や企業改革を推進してきた。国有企業の株式会社化や株式市場の形成も同じように漸進的なプロセスを経ている。さらに、株式会社化や株式市場の形成に関わる諸外国制度の導入は、そのまま受け入れるのではなく、必ず「歴史的に形成されてきた諸条件と融合して中国化されながら」[60] 定着させるプロセスを経ている。以上のように、中国の株式市場は、改革・開放政策の下で、自国の条件に適合しながら、漸進的な市場形成のプロセスを経て、中国の特色を持つ「移行経済型市場」が形成されたのである。

　中国の経済規模は、2010年に日本を超えて世界第2の経済大国となった。そのため、近年では、中国経済の成長モデルは世界的に注目されている。今

まで旧社会主義の国々の市場経済への移行は、概ね二つのタイプがある。一つは、IMFなどが主導する旧ソ連や東欧の急進的な改革である。もう一つは、独自の路線で推進してきた中国の漸進的な改革である。前者の場合は、いわゆるワシントン・コンセンサスの下でショック療法を取り、バウチャーを通じて国有資産を国民に分配するか、あるいは国有資産を売却するかという方法で私有化や民営化が進み、急速に市場化を展開した。しかし、市場環境が整っていない状況の中で、民営化が急速に展開したため、90年代のロシアや東欧において、経済の混乱が起った。一方、後者の場合は、基幹産業の国有資産を売却せず、逆に民間資本を「動員」して国有資本に組み入れる形で株式会社化を展開した。このような株式会社化は、企業サイドからみれば、少なくとも株式市場を通して民間からの資金調達を実現し、企業の増資を達成した。また、国有企業の資産は国有株に転換し、企業経営の安定化に役割を果していると考えられる。従って、現時点では、中国の株式会社化・民営化は、全面的な私有化ではなく、基幹産業に国有資本を残すことで、旧ソ連や東欧の株式会社化・民営化と異なる。その結果として、漸進的な改革手法を採用する中国の経済は、概ね30数年間の安定成長を実現し、世界的に注目されるようになった。

近年では、中国の発展モデルについて、「開発独裁モデル＋漸進主義モデル」と要約する日本の学者がいる[61]が、「中国の特色をもつ資本主義」と判断するアメリカの学者もいる[62]。一方、中国の学者は、中国モデルを「中国模式」、「中国道路」、「中国経験」と呼んでいる[63]が、政府はそれを「社会主義市場経済」モデルと位置づけている。これらの中国モデルに関する議論は、主に共産党の指導体制、強い政府、基幹産業の国有企業の支配、多重な所有構造、私的企業・外資企業の成長、実験・成功・拡大の改革プロセスおよび漸進主義などのキーワードに集約している。これらの議論を見ると、中国モデルの特徴は、党・政府が市場経済をコントロールし、国有企業と私的企業および外資企業の共存を図ることがポイントである。しかし、この中国モデルに関する議論は、必ずしもコンセンサスを得ておらず、中国モデルを

他の国に応用できるかどうかについても疑問が残る[64]。

　一方、以上の中国モデルの議論に対して、北京大学の張維迎氏は、「中国の改革は、政府の経済に対する干渉を減らし、全面的に民営化すべきだ」と主張する。その理由は、国有企業には正真正銘の企業家が生まれないからである。さらに、強い政府と政府の干渉は、自由競争と企業家精神を阻害し、社会の様々な矛盾と不公平の現象を生み、腐敗の温床となってしまうことになる[65]。この張氏の全面的民営化の意見に対して、ロナルド・コース氏も同じような主張である。つまり、私的所有を正当化する従来の理由は、インセンティブ問題を解決できるからである。また、私的所有は効率的な資源配分に有利になり、生産性の向上につながり、民営化の利点はここにある[66]。しかし、中国市場の最大の特徴は、「政府は市場の主導的な力であり、企業家の生存環境や企業家が利用すべき市場資源をコントロールしている」[67]ことである。この点は、西側先進国と異なる。

　以上の議論をまとめてみると、中国モデルの最大の特徴は、政府が市場をコントロールし、漸進的な手法の下で競争原理を導入して市場を育成することである。中国の改革は、政府の役割が強調されているが、その企業改革は、競争原理の下で歴史的な継承性を配慮しながら経営自主権の拡大、経営請負制および株式会社化という漸進的な改革プロセスを推進してきた。特に、株式会社化の実験は、株式市場の形成と拡大につながると同時に、国有株の存在は、恐らく中国モデルの核心的な部分になると考える。また、中国の株式会社化の最大の特徴は、民間資本を「動員」して国有資本に組み入れて「結合資本」になることである。言い換えれば、株式会社化は国有企業の増資である。そのため、上場企業の株式所有は、国有株を中心とする所有構造となり、株式市場も「移行経済型市場」といわれる所以である。

　このような国有株を中心とする株式所有構造の下で、上場企業の多くは、国有支配株式会社となるが、これらの企業は市場競争の下で、株主のために利益を追求する企業になるかどうか。その鍵は、企業ガバナンスの在り方にある。そこで、経営者の選任やその評価システムおよび国有資産管理の在り

方は、重要な課題になるが、そのうえで、企業家精神や市場競争は、社会主義市場経済と整合性があるかどうかを考慮しなければならないであろう。

**注**
1) Frederic S. Mishkinは、グローバリゼーションを次のような段階に区別する。すなわち、第一段階は、1870年から1914年の第一次世界大戦の勃発までの間である。その後は、二つの世界大戦という「大逆転」の時期を経て、第二段階は、1960年代から現在までの間である。次のグローバリゼーションの潮流は、金融のグローバル化と予測されている。Frederic S. Mishkin［2006］を参照。また、現在のグローバリゼーションは、「何よりもまずアメリカ政府によるアメリカ型の資本主義市場経済体制をさまざまな障害を越えてグローバル規模に推進しようとする政治戦略や政策、イデオロギー、すなわちアメリカン・グローバリズムを必要不可欠な動因とするものである。」と中本悟教授は指摘する。中本悟編［2007］、1ページを参照。
2) 林毅夫・蔡昉・李周［1994］を参照。
3) 「紅廟子市場」は、1992年末から、四川省成都市の紅廟子街という200メートル足らずの小さな路地で、市民が自発的に持っている四川省企業の株式を売買する市場である。この紅廟子市場は、完全に個人投資家によって形成され、投資家の数は、多いときに一日1万人ないし数万人を超えることもあった。1994年1月に、紅廟子市場は「闇市」と認定され、政府によって閉鎖された。当時、地方の企業が発行した株式は、証券取引所に上場できず、紅廟子市場のような民間市場で売買され、このような民間市場が幾つかあった。中国証券監督管理委員会［2008］、7ページ、『中国証券報』2010年12月3日および各種の報道による。
4) 2014年末現在、中国株式市場の時価総額は、6兆ドル（上海市場：3.93兆ドル、深圳市場：2.07兆ドル）に達したが、香港市場（3.23兆ドル）を含めると、その合計は9.23兆ドルに達し、日本市場（東京市場：4.38兆ドル）を超えた。中国証券監督管理委員会とThe World Federation of Exchangesのホームページ（http://www.world-exchanges.org/statistics/domestic-market-capitalization）を参照。
5) 「現代企業制度」については、王東明［1997］を参照されたい。
6) 資金調達の数字は、中国証券監督管理協会のホームページおよび『中国証券期貸統計年鑑』の各年版による。
7) 国務院発展研究センターの呉敬璉氏は、「外国人の話しによると、中国の株式市場は賭博場のような市場だ」と説明している。呉敬璉［2001］、8ページ、黄欽陽編著［2001］、27-28ページを参照。
8) 非流通株改革とは、非流通株という株式市場の構造的問題を解決するために、政府が実施した非流通株を流通化する措置という。同措置は、上場企業の非流通株主が流通株主に現金や株式の無償譲渡を対価として支払って非流通株の流通権利を得ることである。しかし、流通案を通すために、株主総会で既存の流通株主の三分の二の賛成が必要となり、今回の改革は流通株主に有利な条件を与えている。ここで、非流通株改革を実施することによって、株式市場における株主間の最大規模の利益譲渡が発生した。なお、非流通株の絶対多数が国有株であるため、国有株主が流通株主に支払った対価は、

国有資産の流出であると考える。その意味では、今回の非流通株改革は、国有資産の最大の流出事件だと言わなければならない。この問題の核心は、中国には「創業者利得」の概念が浸透していない点にある。つまり、国有株を中心とする非流通株主は、株式流通の権利を得るために、流通株主に無償で利益を譲渡する必要がない。今回の改革で流通株主に譲渡した利益は、そもそも非流通株主が「創造者利得」として得るべきであると考える。非流通株改革について、王東明［2008］、357-358ページ、黄孝春［2006］を参照。「創業者利得」の概念については、ヒルファディンク著・岡崎次郎訳［1955］を参照されたい。

9) 中国共産党中央委員会、国務院「国有企業改革を深化することに関する指導意見」（2015年8月24日）、『人民日報』2015年9月14日を参照。

10) 張龍「双手互搏 or 双剣合璧―論南北車合併之路」『装備製造』2015年1期、劉紀鵬「南北車合併：開啓国資改革新思路」『経済』2015年5期を参照。

11) インサイダー取引や株価操作および会計不信などの問題については、王東明［2000］、張志雄・高田勝巳［2007］を参照されたい。

12) 株式市場の論争については、王東明［1996］を参照されたい。

13) 渋谷博史・首藤恵・井村進哉編［2002］、1ページを参照。

14) 1992年以前、国有企業は、全人民所有制企業（「全民所有制企業」）あるいは国営企業と呼ばれていたが、それ以後、企業制度改革により国有企業と改称された。全人民所有制企業は、その最終的な所有権が全国の人民に属すという意味で使われた名称である。また、国営企業は、中央政府（各部、委員会）が管轄する「中央国営企業」と、地方政府が管轄する「地方国営企業」と区別されている。本稿は、これらを合わせてすべて国有企業と称する。

15) 都市部では、地方政府や町（街道）などの組織に所属する集団所有制企業があるが、農村では、郷、鎮および村に所属する集団所有制企業もある。中国の企業形態については、伊藤宣生・張侃［2005］を参照されたい。

16) 1978年のサービス業の売上に占める個人経営のシェアは2.1%であり、うち都市部が0.1%、農村が2.0%であった。『北京週報』1987年10月6日、第40号、28-30ページ、王東明［1997］を参照。

17) Kornai, Janosh［1980］、長岡貞男［1996］を参照。

18) 国有企業の経営自主権について、王東明［1997］を参照。また、経営自主権に関して、極端な話しでは、天橋百貨股份有限公司の元董事長である張継斌氏の話しによると、改革・開放の前に、私は社長として仕事のため、7元でそろばん二台を購入する権限さえも持ってなかった。李幛喆［2001］、69ページを参照。

19) 小宮隆太郎［1989］、72ページを参照。

20) 例えば、1990年代初頭の南京化学工業公司を見れば、企業の在職従業員数は約4万人、退職社員数は約1万人であった。社会保障費用は、企業が丸ごと負担する仕組みであるため、退職した社員の待遇は、現役の従業員と全く同じ扱いであった。同社は「裁判所と刑務所、火葬場がないだけ」で、それ以外はすべての社会的機能や施設を備え、1万人の小・中学校生徒、3,000人の幼稚園児の教育事業も担当し、企業がそのまま1つの町になっていた。このように、重い社会的負担を抱えている国有企業は、「会社」というより「社会」そのものであったと言ってもよい。同社の陳鴻光総経理（社長）

は、インタビューで「私は人を切れないのです。農村の郷鎮企業なら、従業員はクビになってもまた農業に戻ればいい。しかし、私が社員を解雇したら、彼達は生きていけません」と語った。「進む企業淘汰、『市場経済』軟着陸への試練」(特集、巨龍騰飛)『日経ビジネス』1994年7月25日号、56-60ページを参照。
21) 計画経済および国有企業の問題点については、膨大な研究があるが、これについて、座間紘一編著 [2006]、董輔礽・唐宗焜・杜海燕主編 [1995]、王東明 [1997] を参照。
22) 経営請負制の限界について、丸川知雄 [1996]、馬家駒編 [1994]、徐之河・李令徳 [1996]、王東明 [1997] を参照。
23) 王東明 [1997] を参照。
24) 国有資産監督管理委員会は、2003年4月7日に設立された。当時、同委員会が監督・管理する中央企業(中央政府が管轄する企業、金融企業は含まれない)は、196社であった。2002年末現在の中央企業の総資産は、7.13兆元に達した。近年では、企業再編が加速され、中央企業が74社減り、2010年末現在の中央企業数は122社となり、総資産は24.3兆元に達した。「中央企業主要経営指標5年翻番、年均国有資産保値増値率達到115％」『人民日報』2010年1月25日を参照。
25) 世界銀行の報告によると、1人当たり1日の消費が1ドル以下の基準で計算された中国の貧困人口は、1981年から2004までの間に、総人口の65％から10％まで減少し、5億人以上が貧困から脱出したとみられている。Poverty Reduction and Economic Management Department, East Asia and Pacific Region, World Bank [2009] を参照。
26) 2008年農村1人当たりの名目純収入は4,761元に達し、78年の約36倍増(78年から2006年までの実質純収入は7.7倍増)となり、同じく都市部一人当たりの名目可処分所得は15,781元に達し、78年の46倍増(78年から2006年までの実質可処分所得は6.7倍増)となった。国民の所得が増えるなか、2006年末現在の名目個人金融資産は25.34兆元に達し、78年の674倍増、年平均増加率25.2％である。物価変動を除いた実質個人金融資産は78年の143倍増、年平均増加率は19.7％であった。また、2008年末現在の名目個人金融資産は35.68兆元に達した。張東生主編・劉浩・王小卓副主編 [2007]、98ページ、張東生主編・劉浩・王小卓副主編 [2009]、97ページ、国家統計局「2008年国民経済和社会発展統計公報」を参照。
27) 国家統計局「2014年国民経済和社会発展統計公報」を参照。
28) 深圳市、広州市、上海市および北京市の『統計年鑑2010』や『統計公報』などによると、4市の2010年1人当たり国内総生産(GDP)はそれぞれ92,771元(13,581ドル)、88,834元(13,006ドル)、78,989元(11,563ドル)、70,452元(10,314ドル)に達した。また、珠海、仏山、厦門、寧波、杭州、蘇州、無錫、威海、東営、大連などの都市の1人当たりGDPは、すでに1万ドルを超えた。各市統計局のホームページによる。
29) 『2014年胡潤財富報告』によると、2013年末現在、中国では1千万元以上の資産を持っている富豪は109万人、前年比3.8％増、1億元以上の資産を持っている富豪は6.7万人、前年比3.7％増となった。
30) 都市部と農村の所得格差は、80年代と90年代に2倍前後であったが、2002年以降には、それが3倍以上開いた。また、経済発展の速い沿海地域と内陸部の格差については、2006年都市部と農村の一人当たりの所得をそれぞれ地域別で見ると、東部は14,507元、4,971元、中部は9,854元、3,313元、西部は9,657元、2,548元であった。『中国統計

年鑑』の各年版、張東生主編・劉浩・王小卓副主編［2007］、45-46ページを参照。また、中国の所得格差と貧困問題に関する研究は、佐藤宏［2003］、李強［2000］、趙人偉、李実、卡爾・李思勤主編［1999］、李実、史泰麗、別雍・古斯塔夫森主編［2008］などがある。
31) 劉鋼［2008］を参照。
32) 新聞報道によると、2010年に、中国の貧困基準（1人当たり年平均純収入）が1500元以下に引き上げため、貧困人口は1億人に達する可能性がある。ちなみに、2008年と2009年の貧困基準は1196元以下である。「貧困人口重返1億怎麼弁？」『人民日報（海外版）』2011年3月31日を参照。また、中国科学院の「中国可持続発展戦略報告」によると、2011年の貧困基準（農村住民1人当たりの純収入が2300元以下）で計算した貧困人口は、1.22億人に達した。中国科学院可持続発展戦略研究組編［2012］を参照。その他に、世界銀行の基準（1人当たり1日の消費が1.25ドル以下）で計算した2005年中国の貧困人口は、2億5,400万人にものぼるという研究報告がある。Poverty Reduction and Economic Management Department, East Asia and Pacific Region, World Bank［2009］を参照。
33) 1978年から2012年までの農村と都市の実質所得は、それぞれ11.77倍、11.47倍に増加した。国家統計局住戸調査弁公室編『中国住戸調査年鑑2013』中国統計出版社、2013年、19ページ、65ページを参照。
34) 中国証券登記結算有限責任公司『中国証券登記結算統計年鑑2014』を参照。
35) 個人投資家調査は、1993年から2008年までの16年間の投資家調査に基づいている。王東明［2011］を参照。
36) 長田博氏の定義によると、中国のミドルクラスは、年間1人当たり所得（GDP）が5000ドルから15000ドルまでの層である。2009年現在のミドルクラスは、約5億人と推計された。長田博「ミドルクラス出現による消費パターン変化と産業構造変化」、Discussion Paper No. 188, GSID 2012年3月を参照。
37) 1970年代以降のNIESとASEAN諸国の経済成長は、「雁行型発展モデル」といわれている。つまり、日本は雁隊の先導国として、その発展が雁隊の後にいるNIESとASEAN諸国へと及んでいくという「雁行型発展モデル」である。改革・開放以降の中国は、この雁隊の後ろに加えて、近年では、中国経済の規模の大きさから、「雁隊の乱れ」が見られ、「雁行型発展モデル」が疑問視されている。赤松要［1945］、赤松要［1965］、小島清［1994］、黒田篤郎［2001］を参照。
38) 戦後のパクス・アメリカーナの基軸国であるアメリカは、民主主義と市場経済を軸とする社会経済システムを、普遍的なシステムとして世界に広めようとしており、冷戦後の中国やロシアなどの旧社会主義の国々にもアメリカ型モデルを誘導させようとしている。渋谷博史・首藤恵・井村進哉編［2002］、1ページを参照。
39) 渋谷博史「アメリカ型企業ガバナンスの経済社会的文脈」渋谷博史・首藤恵・井村進哉編［2002］19ページを参照。
40) 渋谷博史・井村進哉・中浜隆編［1997］、渋谷博史・内山昭・立岩寿一編［2001］、渋谷博史・首藤恵・井村進哉編［2002］、渋谷博史［2005］を参照。
41) 小林和子「戦後証券改革と企業の資金調達」渋谷博史・丸山真人・伊藤修編［2001］、橋本寿朗［1991］を参照。

42) 華人とは、移住先の国籍を取得した中国系住民を指す。国籍を取得していない者は、華僑という。しかし、実際には、この中国政府の定義を区別せず、両者の混用が多い。
43) 華人社会のネットワークは、血縁、地縁、業縁という三縁関係を基底にしており、互いに強い信頼関係を持っているといわれている。山口重克［2008］、198ページ、山口重克「華人ネットワーク」山口重克編著［2003］、朱炎編著［1995］を参照。
44) 1982年に、中国共産党前主席の胡耀邦が深圳特区を視察したとき、地元宝安県の幹部は、これから都市開発の資金が足りないという苦情を胡氏に陳情した。胡氏は政府の財政難を理由に、個人から資金を調達して企業に投資することを提案した。それを受けて、宝安県の幹部は、胡氏に次の意見を述べた。つまり、川の向こう側の香港には、多くの株式会社と株式市場があり、大勢の人たちが株式に投資しているのに、なぜ中国はできないのか。もし西側先進国の経営管理方法を利用することが社会主義経済に有利であれば、それを利用すべきである。その後、この提案を行動に移し、1983年7月に、中国最初の株式制企業とみられる深圳宝安県聯合投資公司が誕生した。同社は初めて公募による「股金証」（元本・利息保証の株式）を発行し、香港・マカオを含む全国各地から1,300万元の資金を調達した。王喜義編［1994］を参照。
45) 範永進・陳岱松・李済生編［2007］、56-58ページを参照。
46) 遊仲勲［1993］、210ページを参照。
47) 中国教育部の統計によると、改革・開放以降の36年間（1978年～2014年）の中国人留学生の累計は、351.84万人に達し、世界一の留学生輩出国となった。2014年末現在の在学者は108.89万人であるが、帰国者の累計は180.96万人に達し、卒業者全体の74.48%を占めた。http://www.jsj.edu.cn/n2/7001/12107/572.shtml を参照。
48) 例えば、アメリカ発金融危機の前後（2008年9月）に、香港H株の外国機関投資家の持株比率は、H株全体の約3割（27%）を占め、それ以外の香港投資家の持株比率は、約7割に達した。王東明「香港市場のH株調査資料（2008年9月）」を参照。また、B株市場の場合は、2001年に外貨を持つ国内投資家に開放する前に、海外投資家は、華僑・華人を中心に構成された。
49) 大橋英夫「アメリカの対中政策」渋谷博史・井村進哉・花崎正晴編［2001］、281ページを参照。
50) 1978年の改革・開放政策の実施は、「第一次の開放」と言われるが、WTO加盟は、中国にとって「第二次の開放」とみられている。銭小安［2000］、8-15ページを参照。
51) WTO加盟については、王東明［2004］、65-74ページを参照されたい。
52) ヴィタリイ・ジュヴィドコ「第3章 ロシア企業からみた経済改革の実態」長岡貞男・馬成三・S・ブラギンスキー編著［1996］を参照。
53) Joseph E. Stiglitz［2006］（ジョセフ・E・スティグリッツ［2006］［楡井浩一訳］）を参照。また、ロシア人の平均寿命については、1990年に69.2歳、2000年に65.36歳、2002年に64.8歳である。門倉貴史「ロシアの人口減少は日本より深刻」『BRICsの素顔』、NBonline、2006年6月26日、http://business.nikkeibp.co.jp/article/world/20060621/104822/ を参照。
54) バウチャー（民有化証券）とは、国民一人当たり無償で政府から1万ルーブル相当の民営化する企業の株式と交換可能な小切手をもらう制度という。ロシアの民営化・株式会社化は、バウチャー制度を通じて国有資産を国民に配分する形で進められた。バウチ

ャー民営化後、ロシア産業資産の4割以上は、1億5,300万人の市民の手に渡った。しかし、その後、600余りのバウチャー民営化ファンドが設立され、これらのファンドは、バウチャー制度を十分に理解していない市民から安い値段でバウチャーを買い集めた。その結果は、多くのバウチャー・ファンドのマネジャーが新興財閥になった。また、90年代半ばに、財政赤字に悩まされた政府は、国家予算の歳入を増やすため、「株式引き換え計画」と「現金化オークション」も実施した。それらの民営化措置を実施する過程で、様々な不正が生じたため、結局、国有資産は新興財閥企業や富裕層に譲渡された。以上の民営化を通じて、97年の時点では、ロシア産業資産の6割前後は、国から民間に移譲された。民営化の結果は、「最終的にバウチャーを受け取った1億5,300万人の市民のうち、数百万人が民営化企業の株主になり、さらに、この数百万人の株主のうち、わずか数百人が民営化された資産の90％を握った」という現実が浮き彫りになった。ティム・D・マッカーシー「資本主義経済への移行—国有資産の分配の新興財閥の台頭」ロシア経済教室（1）、JPBコラム、Vol. 05、2004年3月1日を参照。その他、90年代前半に、私有化されたロシアの中小企業は、7.5万社を超えた。曽康霖・黄平［2006］、71ページを参照。ロシアの民営化については、長岡貞男・馬成三・S・ブラギンスキー編著［1996］、加藤志津子［2006］を参照されたい。

55) 中国の民営化や移行経済諸国の民営化経験については、今井健一・渡邊真理子［2006］、座間紘一編著［2006］を参照されたい。
56) アジアの通貨・金融危機については、荒巻健二［1999］、荒巻健二［2010］、伊藤修・奥山忠信・箕輪徳二編［2005］を参照されたい。
57) 柴田徳太郎［2009］を参照。
58) 渋谷博史・首藤恵・井村進哉編［2002］、7ページを参照。
59) 国際的資金移動のリスクについて、東京大学の荒巻健二教授は、次のように指摘する。すなわち、現在年間では、500兆ドルに近い通貨が取引されているが、これは年間の世界全体の貿易量（11兆ドル程度）の約45倍にも相当するものである。そのため、「こうした巨大な資金が国をまたいで移動する場合、特に経済規模の小さい途上国には破壊的な影響を及ぼしうることは容易に予想できる。このため、今後特に途上国政府は、外国資金の導入を図る場合、国際的な資金移動がもたらす利益とそのコスト・リスクとを冷静に考量する必要がある」。と荒巻教授は指摘する。荒巻健二［1999］、174ページを参照。
60) 渋谷博史・田中信行・荒巻健二編［2010］、4ページを参照。
61) 中兼和津次［2012］、258ページを参照。
62) Ronald Coase and Ning Wang［2012］を参照。
63) 林毅夫・蔡昉・李周［1994］、張維迎［2008］、蔡昉主編［2009］、潘徳斌・顔鵬飛・呉徳礼・王長江・趙凱栄・陳国栄等［2012］、張維迎［2012］を参照。
64) 潘徳斌・顔鵬飛・呉徳礼・王長江・趙凱栄・陳国栄等［2012］、226ページを参照。
65) 張維迎［2012］を参照。
66) Ronald Coase and Ning Wang［2012］、第5章を参照。
67) 張維迎［2012］、78ページを参照。

## 参考文献

赤松要［1945］『経済新秩序の形成原理』理想社。
赤松要［1965］『世界経済論』国元書房。
荒巻健二［1999］『アジア通貨危機とIMF―グローバリゼーションの光と影』日本経済評論社。
荒巻健二［2010］「国際資本フローの不安定性と資本取引自由化（第3章）―アジア通貨危機における韓国、タイ、インドネシアのケース」渋谷博史・荒巻健二・田中信行［2010］『アメリカ・モデルとグローバル化〈3〉―外的インパクトと内生要因の葛藤』昭和堂。
伊藤修・奥山忠信・箕輪徳二編［2005］『通貨金融危機と東アジア経済』社会評論社。
伊藤宣生・張侃［2005］「中国における企業形態―その現状の紹介」『山形大学紀要（社会科学）』第35巻、第2号。
今井健一・渡邊真理子［2006］『企業の成長と金融制度（シリーズ現代中国経済4）』名古屋大学出版会。
王東明［1996］「中国における株式会社制度の導入－論争と問題点について－」『証券経済研究』、第1号、5月、日本証券経済研究所。
王東明［1997］「中国国有企業の『現代企業制度』改革―福州第二化学工場の事例を中心に」『証券経済研究』、第5号、1月、日本証券経済研究所。
王東明［2000］「中国株式市場の形成過程―A株（国内投資家向け株式）市場を中心に」慶応義塾大学地域研究センター編『アジアの金融・資本市場－危機の内層－』慶応義塾大学出版会。
王東明［2004］「中国のWTO加盟と金融・資本市場の開放」『通貨・金融危機後のアジア経済の再編成と構造変化およびその影響に関する実態調査研究』（平成13年度～15年度科学研究費補助金［基盤研究（B）（1）、課題番号：13572021］研究成果報告書）、8月。
王東明［2008］「要覧：証券」中国研究所編『中国年鑑2008』毎日新聞社。
王東明［2011］「中国の都市部における大衆投資家の形成―個人投資家調査を中心に」菅原陽心編『中国社会主義市場経済の現在－中国における市場経済化の進展に関する理論的実証的分析－』お茶の水書房。
大橋英夫［2001］「アメリカの対中政策」渋谷博史・井村進哉・花崎正晴編『アメリカ型経済社会の二面性―市場論理と社会的枠組』東京大学出版会。
加藤志津子［2006］『市場経済移行期のロシア企業―ゴルバチョフ、エリツィン、プーチンの時代―』文眞堂。
黒田篤郎［2001］『メイド・イン・チャイナ』東洋経済新報社。
小島清［1994］『雁行型経済発展論［第2巻］アジアと世界の新秩序』文眞堂。
小宮隆太郎［1989］『現代中国経済：日中の比較考察』東京大学出版社。
小林和子［2001］「戦後証券改革と企業の資金調達」渋谷博史・丸山真人・伊藤修編『市場化とアメリカのインパクト―戦後日本経済社会の分析視覚』東京大学出版会。
黄孝春［2006］「中国の株式市場における『非流通株』問題の形成」『アジア経済』第47巻第2号、2006年2月。
佐藤宏［2003］『所得格差と貧困』名古屋大学出版社。

座間紘一編著［2006］『中国国有企業の改革と再編』学文社．
柴田徳太郎［2009］『資本主義の暴走をいかに抑えるか』筑摩書房．
渋谷博史・井村進哉・中浜隆編［1997］『日米の福祉国家システム―年金・医療・住宅・地域』日本経済評論社．
渋谷博史・内山昭・立岩寿一編［2001］『福祉国家システムの構造変化―日米における再編と国際的枠組み』東京大学出版会．
渋谷博史・首藤恵・井村進哉編［2002］『アメリカ型企業ガバナンス―構造と国際的インパクト』東京大学出版会．
渋谷博史［2005］『20世紀アメリカ財政史［Ⅰ］、［Ⅱ］、［Ⅲ］』東京大学出版会．
朱炎編著［1995］『華人ネットワークの秘密』東洋経済新報社．
張志雄・高田勝巳［2007］『中国株式市場の真実』ダイヤモンド社．
長岡貞男［1996］「ソフトな予算制約と構造改革」長岡貞男・馬成三・S・ブラギンスキー編『中国とロシアの産業変革―企業改革と市場経済』日本評論社．
中兼和津次［2012］『開発経済学と現代中国』名古屋大学出版会．
中本悟編［2007］『アメリカン・グローバリズム―水平な競争と拡大する格差』日本経済評論社．
ヒルファディング著，岡崎次郎訳［1955］『金融資本論（上・中・下）』岩波書店．
山口重克編著［2003］『東アジア市場経済−多様性と可能性』御茶の水書房．
山口重克［2008］『現実経済論の諸問題』御茶の水書房．
丸川知雄［1996］「中国の国有企業改革の動向―請負制から株式会社化へ」長岡貞男・馬成三・S・ブラギンスキー編『中国とロシアの産業変革―企業改革と市場経済』日本評論社．
遊仲勲［1993］『華僑は中国をどう変えるか―未来の「資本主義」大国の行方を探る』PHP研究所．
蔡昉主編［2009］『中国経済転型30年（1978-2008）』社会科学文献出版社．
董輔礽・唐宗焜・杜海燕主編［1995］『中国国有企業制度変革研究』人民出版社．
範永進・陳岱松・李済生主編［2007］『中国股市早年歳月1984-1992』上海人民出版社．
黄欽陽編著［2001］『股市大交鋒―世紀初中国股市備忘録』中国盲文出版社．
李強［2000］『社会分層与貧富差別』鷺江出版社（李強『中国の社会階層と貧富の格差』ハーベスト社、2004年）．
李実、史泰麗、別雍・古斯塔夫森主編［2008］『中国居民収入分配研究Ⅲ』北京師範大学出版社．
李幛喆［2001］『終於成功―中国股市発展報告』世界知識出版社．
林毅夫・蔡昉・李周［1994］『中国的奇蹟：発展戦略与経済改革』上海三聯書店・上海人民出版社．（林毅夫・蔡昉・李周著、渡辺利夫監訳、杜進訳『中国の経済発展』日本評論社、1997年）．
劉鋼［2008］「中国基尼係数的未来走勢」『企業経済』第3期．
馬家駒編［1994］『中国経済改革的歴史考察』人民出版社．
潘徳斌・顏鵬飛・呉徳礼・王長江・趙凱栄・陳国栄等［2012］『中国模式』広東人民出版社．
錢小安［2000］「加入WTO対中国銀行業和金融調控的影響及対策」『金融研究』、第2期．

深圳証券取引所［2011］『深圳証券取引所市場年鑑2011』。
王輝耀［2007］『当代中国海帰』中国発展出版社。
王喜義編［1994］『中国股市変奏曲』中国人民大学出版社。
呉敬璉［2001］『呉敬璉：十年紛繆話股市』上海遠東出版社。
徐之河、李令徳［1996］『中国公有制企業管理発展史続篇（1966～1992）』上海社会科学院出版社。
曽康霖・黄平［2006］『中東欧転軌経済国家股票市場制度研究』中国金融出版社。
張東生主編・劉浩・王小卓副主編［2007］『中国居民収入分配年度報告（2007）』中国財政経済出版社。
張東生主編・劉浩・王小卓副主編［2009］『中国居民収入分配年度報告（2009）』経済科学出版社。
張維迎［2008］『中国改革30年—10位経済学家的思考』上海人民出版社。
張維迎［2012］『什麼改変中国—中国改革的全景和路径』中信出版社。
趙人偉、李実、卡爾・李思勤主編［1999］『中国居民収入分配再研究—経済改革和発展中的収入分配』中国財政経済出版社。
中国科学院可持続発展戦略研究組編［2012］『中国可持続発展戦略報告（2012）』科学出版社、3月。
中国証券登記結算公司『中国証券登記結算統計年鑑』各年版。
中国証券監督管理委員会［2008］『中国資本市場発展報告』中国金融出版社。
中国証券監督管理委員会編［2012］『中国証券期貨統計年鑑（2012）』学林出版社。
Frederic S. Mishkin [2006], The Next Great Globalization, Princeton University Press, 2006.
Joseph E. Stiglitz [2006], Making Globalization Work, W.W. Norton & Company, Inc.（ジョセフ・E・スティグリッツ著、楡井浩一訳、『世界に格差をばら撒いたグローバリズムを正す』徳間書店、2006年）.
Kornai, Janosh [1980], Economics of Shortage, New york: North-Holland.
Poverty Reduction and Economic Management Department, East Asia and Pacific Region, World Bank [2009], From poor areas to poor people: China's evolving poverty reduction agenda, An assessment of poverty and inequality in China, March 2009.
Ronald Coase and Ning Wang [2012], How China become capitalist, Palgrave Macmillan.（ロナルド・コース、王寧著、栗原百代訳、『中国共産党と資本主義』日経BP社、2013年）.

〈追記〉
本稿は、文部科学省科学研究費補助金基盤研究（A）（海外学術研究、平成21-24年度、研究代表者：河村哲二教授）、法政大学サス研総合研究PJ総合研究PJG1「総合研究班」の研究成果の一部である。なお、本稿の作成にあたって、石井記念証券研究振興財団から研究助成（平成25年度）を受けている。ここに記して感謝の意を表したい。

# 第3章
## 中国電力産業の発展と地域開発
――貴州省を中心に――

呉　暁林

## はじめに

　中国の西南地域に位置する貴州省は中国の最貧困地域、また「西電東送」の三つのルートの一つである雲南貴州－広東広西ルートの重点地域として注目されている。2009年現在、貴州省の発電設備容量は2809万kw、2000年より2185万kw増加し、発電量は年平均25.5％伸びた。9年間、広東省へ送電量は合計1761mkwh、西部地域送電量3802mkwhの46％を占めている[1]。南方電網の中でその存在は突出している。

　本文の課題は電力産業の発展過程を中心に、電源開発と電力送電網の建設を考察し、埋もれた資源賦存条件の優位性が政府によって顕在化され、やがては市場メカニズムに組み込まれていく過程を明らかにする。同時にデータに基づき、貴州省地域経済の変貌を浮き彫りにする。

## 1　資源賦存状況と電力産業の地域的特性

　電源開発地域である西部、とりわけ西南地域は石炭と水力資源の自然分布が不均衡である。表3-1に見るように貴州省は豊かな水力発電資源と石炭埋蔵量を保有し、発電資源に恵まれるばかりでなく、資源の組み合わせもよい。豊水期・渇水期の水力発電と調整可能な火力発電をベスト・ミックスして安定供給を維持するうえで有利である。燐鉱石、アルミニウム、アンチモ

表3-1 資源賦存状況

|  | 貴州 | 広西 | 雲南 | 広東 | 海南 | 四川 | 重慶 |
|---|---|---|---|---|---|---|---|
| 面積（万k㎡） | 17.61 | 23.67 | 39.4 | 17.8 | 3.39 | 48.8 | 8.24 |
| 人口（万人） | 3555 | 4660 | 4450 | 9194 | 828 | 8212 | 2798 |
| 石炭埋蔵量（億トン） | 148.9 | 8.5 | 74.0 | 1.9 | 0.9 | 49.2 | 18.2 |
| 水力発電資源（開発可能の設備容量） | 1874.5 | 1751.8 | 7116.8 | — | — | 9166 | |

出所：水力の資源賦存は田方・林発棠主編（1991）『開発大西南・地区産業巻』p.31-p.33、その他は『中国統計年鑑2006年版』より作成。

ンやチタンなどの稀少金属の埋蔵量が優れ、電力産業と電力消費型産業の補完性が日中戦争期から既に注目されていた。近隣地域の雲南省は類似的であるが、国境にリンケージする点が完全に異なる。中心的電力消費地の広東省までの地理的距離は貴州省が雲南省より近距離である。広西、重慶を含む四川省は水が豊富であるのに、石炭が不足しているので、安定した電力の供給という点で劣る。

それぞれの地域は大型水力発電所の開発において相手を抜かせない関係であり、電力のやり取りなど経済関係の提携が必然的である。貴州省は海抜1000メール以上の奥地高原に位置し、連綿に起伏する険しい山や峡谷に大小の川が流れ、遮断された平野や平地が点在しているため、交通輸送が大きな問題となり、発電所と送電網の投資費用は割高になるはずである。一方、居住者が少ない点においては建設用地の調達費用が安く済むなど、電源開発の創意工夫によって軽減がされることができる。何よりも近代的産業の発展がおくれ、それが、地域内の電力発展の大きな制約になっている。

## （1） キャッチアップ型の発展

貴州省電気事業の草創は上海より45年間、周辺地域の省や市より15年〜30年ぐらい遅れた。1927年、地元軍閥により省都・貴陽に火力発電所（武候祠）が建設され、官邸と紳商の生活電灯照明に向けた。日中戦争期に政府機関、学校や工商企業が貴陽市を中心に省内に移入し、照明、工業用電、道路

照明の需要が急増した。そのため、国民政府資源委員会は1938年に市内に貴陽電廠（火力発電所）を立ち上げた。1944年に修文河口水力発電所の建設に取り掛かり、貴陽市向けの33kv送電網の架設事業を策定した。しかし、1949年の時点、貴州省の発電設備容量は3030kw、全国の0.16％に相当し、年間発電量は722kwh、全国の0.17％に相当するほど貧弱なもので、電力関係の従業員は722人であった（『貴州電力工業史』（p10.以下『史』と称す）。

その後、貴州省電力産業の発展はキャッチアップ型の展開を見せている。それは発電能力（発電設備容量）、発電量、発電設備の大型化などの点から読み取れる。設備容量はドラマティックに変動した中に1957年まで緩やかに上昇し、1958年に前年比2.5倍急増した後、1973年（72.6万kw）は1964年より3倍以上、さらに1982年には200.4万kw、1990年は280.2万kw、2000年は623.86万kwに急成長してきた。発電量と送電網容量の急増はさることながら、大型ユニット（30万kw）が貴州電力網の主力発電機種となっている点は特に注目に値する（『貴州電力報』（2005年9月10日）。

電源開発はプロジェクトが途絶えた1983年〜86年の低迷を境に、二つの時期、つまり三線建設期と改革開放時代の大規模な開発期に分けることができる。三線建設期は貴州省電力産業の成立期であり、1987年以降は発展期に入り、1999年代末以降は西電東送の展開に伴い、2002年に貴州省の発電量は547.12億kwhで、全国の12位、西部地域（12省・区）の第2位に浮上してきた。このように貴州省電力産業は後発組でありながら、資源の優位性に基づくキャッチアップ型の発展様式を有している。

**（2） 貴州省における国家電力の支配的な地位**

中国の電力産業の先行してきた省と市に広域的な電力産業（国電・国網＝国家管理の発電所と送電網）と狭域的な農村部の電力企業（農網）が広く併存し、両者の電価の格差が問題となっている（田島俊雄編（2005）を参照）。貴州省では地方政府の取り組んでいる発電事業は設備容量において2割弱、発電量においては1割強という割合に推移してきたが、吉林省より低

い。つまり、農村地域の電力産業の取り組みが遅れた故に、農電の改革からみる負の遺産が小さく、既存問題の解決というより新規建設による「同一系統の電力ネットワーク、都市と農村の同一電価」の実現に取り組みやすい後発メリットがあった。貴州省は農村地域の発電所・送電網の改造にあたり、西部地域で唯一「一網一貸」(国家電力網による再編成とそれに対する国家低金利融資)の待遇を手に入れることができ、早く進展していた。

### (3) 多様な電源構成

電源はそれぞれの運転特性が異なるため、電源構成のベスト・ミックス(多種多様な電源構成)を構築することは電力産業の効率性と経済性を追求する上で不可欠である。大規模の水力発電は運転費用が安価で、規模の経済性が働くので、安定的に低コストで供給できるベースロード電源と位置付けられている。石炭火力は同様に規模の経済性を有しているが、運転費用がより高く、需要の変化と燃料価格の変動にあわせて運転時間を増減できるミドルロード電源と言われている。需要の変動に対応して水力と石炭火力の運転を組み合わせることは安定した電力供給とコスト削減による価格の低下を実現することができる。

貴州省の電源構成状況、つまり水力と電力の設備容量比率はおおよそ1980年代中期の8:2から2000年の6:4に変更してきた。貴陽市の近郊を流れる猫跳河全流域に6つの段階式水力発電所(紅楓、百花、修文、窄巷、紅林、紅河、設備総容量23.9万kwが1985年までに建設が完了している。長江水系に属する烏江(全長1037㌔、最大落差2036m、川に沿って貴州流域に9つ・重慶流域に3つを含む11段階の水力電源開発地帯)に東風発電所(17万KW×3基)、烏江渡水力発電所(63万kw)、洪家渡、索風営、引子渡などが建設され、大型ユニットの導入が進んできた。天生橋水力発電所一期工事(貴州竜安県と広西隆林県の境の珠江水系南盤江、発電機22万KW×4基)は1979年に着工し、第二期工事は西部大開発・西電東送のきっかけとなった。水力発電の開発は今後も大きな余地があると見込まれている。石炭火力

発電は清鎮発電所など都市工場周辺の消費地立地から大竜発電廠（60万kw）、納雍発電廠（240万kw）など山本発電所へとシフトし運輸費用と規模のメリットを重視するようになった。

## 2 　地域内需要の創出と需給関係

### （1）　地域内の構造的需要不足

　前述したように貴州省の電力事業は日中戦争期に沿海企業・政府・学校などの西遷に伴う用電の「特需」が発生し、資源委員会が発電企業の設立などに奔走していた。貴州省は近代工業の発展が立ち遅れ、地域内所得水準が低いため、省地域内の電力消費の拡大が制約されていた。貴州最大の貴陽電廠は1950年前後、設備稼働能力の33％しか満たされなく、貴陽市において何度か電気料金の引き下げを行ったが奏功せず、ついに自ら製鉄工場を立ち上げた。それが貴陽市最大のユーザーとなり、工業用電力は1951年の45.17％から翌年の74.52％に急増した（『史』、p22）。それ以外の貴州省の電力需要は1949-1955年間、各地県政府所在地の照明通信用、脱穀など一部の農産物加工と手工業用であり、分散的に小型の発電所が建設された。国家電力部門は修文水力発電所と貴陽電廠をベースにしており、未完成の貴陽電気株式会社の第3期工事（1000kwユニット水口寺）の続行を行った。1951年に修文－貴陽間に長さ32.66キロの35kv送電線が架設され、火力水力総合運転の貴陽電網が形成された。

### （2）　電力先行と重工業依存

　人民共和国期に入ってから、中国は重工業優先的発展戦略をとってきた。その中で「電力先行」のスローガンのように電力は重点投資分野とされていた。鉄鋼、機械、化学工業、軍事工業などの重点部門の成長と増産に不可欠な動力を廉価な価格で提供するように要求され、電力部門は実質、従属的な存在であった。1956年貴州省は電力発展計画の策定に取り組み、中央計画当局が貴州省に立ち上げる予定の鉄鋼、アルミ精錬企業にあわせて「電力、石

炭の生産量の増大を予測して電力の需要を見越す計画を立てていた。製鉄所・アルミ電解工場などに給電する貴陽火力発電所（花渓）をはじめ、大規模な電源開発に取り組み始めた。また遵義鉄合金工場の電力供給不足を解消するために遵義発電所（1期0.6万kw×2基、2期1.2kw×2基）の建設は1958年から取り組まれたが、発電設備の調達や石炭の供給不足などの問題が発生して、ようやく1967年に稼働にこぎ着けた（史 p15-p18）。

図3-1　貴州省発送配電体制

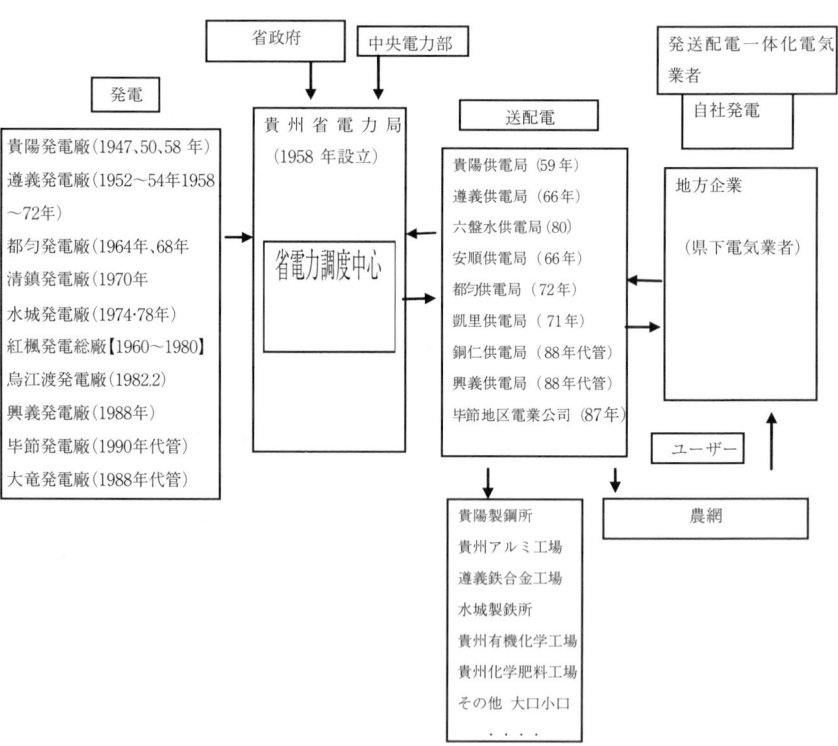

注：発電所の数字はユニットの稼働時、一部は再建後、電力局に編入された時点。それ以外は設立時。
出所：『貴州省電力2業史』、『貴州省電力2業志』、『貴州省電力年金監』、王京濱（2008）より作成

計画経済下の電力部門は中央政府と地方政府の二重指導と管理に置かれていた。1958年に中央政府当局ははじめて貴州省に全省範囲の電力管理局を設立した。図3-1からわかるように電源開発と電力供給は製鉄所、アルミ精錬工場、化学肥料工場への供給を最優先し、貴州電力産業は電力消費型の地域特定産業に依存している特徴が見て取れる（図3-1を参照）。一例をあげると、貴州アルミ公司電解工場は1960年に稼動したその年にいきなり工業用電力の消費量の15％を占め、工業用電力の消費量は全体の94％を占めていた。

### （3） 三線建設と貴州省の大規模な電源開発

三線建設は国家の電力重点投資における貴州省の位置づけを変え、貴州省電力系統の骨格を形成した。

1964年、緊迫した国際情勢の中で戦争勃発による沿海地域の破壊に備えて、内陸工業体系を構築する目的で内陸企業の移転、インフラ整備・資源開発など一連のプロジェクトが実施に移った。いわゆる三線建設である。貴州省は西南地域の重点地域となった。

12年間（1964年-1976年）貴州省基本建設投資総額98.億元において電力投資は8.8億元、8.9％で国防（17.5％）、鉄道（18.1％）、石炭（14.8％）に次ぎ、機械産業（4.9％）と化学工業（7.5％）を引き離している。

**図3-2 貴州省電力発電量と成長率**

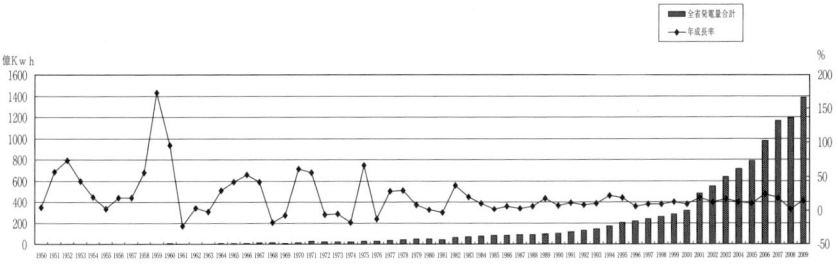

出所：『貴州電力工業史』、『貴州統計年鑑』より作成。

この時期の電源開発計画に貴陽発電廠（発電所）、遵義発電廠、都匀発電廠、凱里発電廠などの既存設備の拡張、これまで建設中止となっていた清鎮火力発電廠、烏江渡水力発電所、新規建設の水城発電所など大規模なプロジェクトが盛り込まれた。それらを実施するために水利電力部電力建設総局西南電力建設管理局貴州電力建設公司（火力発電）、貴州六盤水電力建設指揮部、水利電力部水電建設総局貴州水力発電建設公司が組織され、電源開発は中央政府主導の下で推進されていた。

　1976年に清鎮発電廠第5号ユニット（6.5万kw）、1978年に水城発電所2号ユニット（6.5万kw）が稼働した。貴州省の電力不足が解消された。1979年から1982年までの間に清鎮発電廠第6号ユニット（6.5万kw）、紅林水力発電所（10.2万kw）、烏江渡水力発電所（21万kw×3基）が相次いで稼働した。1982年の時点で、貴州電力系統の発電設備容量は157.7万kwに急増し、全国で容量100万kwを超えた12の電力系統に仲間入り、貴州省は全国的に電力不足している中で数少ない電力供給の潤沢な省となった[2]。

## 3　需給構造の変化と電力体制改革

### （1）　貴州省電力供給の相対的過剰

　三線建設期の電源開発により、貴州省の電力需給は1982〜1986年の間に相対的供給過剰の局面に入っていた。まず貴陽市都市部では電力の供給が過剰気味になった。1981年から貴陽市の酸性雨に対処するため、貴陽市内住民に炊事用電気コンロなど石炭・ガス代替の電気使用が実験的に導入され、1986年に15000世帯に拡大し、炊事用電力消費は985万kwで住民生活用電の59.7％を占めるほどになり、1990年には2500万kwに伸びた。また1981年から蒸気機関車など鉄道輸送の電気化は取り組まれ、鉄道輸送の電力消費は1990年に貴州省電力消費量の3.2％に伸び、大口ユーザーとなる。

　貴州省電力と周辺の雲南省電力系統、四川省電力系統の連結は需給関係の変化を反映している。雲南省に近隣する六盤水地域は貴州省既存の主力発電

**表3-2 貴州省電力網と四川電力網・雲南電力網の送受電量**

単位：万kwh

| 年次 | 四川省 | | 雲南省 | |
|---|---|---|---|---|
| | 送電 | 受電 | 送電 | 受電 |
| 1970~1973 | 0 | 0 | 0 | 43630 |
| 1974年 | 0 | 0 | 1 | 10989 |
| 1975 | | | 6308 | 3755 |
| 1976 | | | 34 | 12 |
| 1977 | | | 3887 | 1350 |
| 1978 | | | 2515 | 1954 |
| 1979 | | | 588 | 1002 |
| 1980 | | | 384 | 384 |
| 1981 | | | 425 | 6269 |
| 1982 | 38817 | 158 | 7702 | 68 |
| 1983 | 59184 | 48 | 13680 | 419 |
| 1984 | 76902 | 50 | 9892 | 1928 |
| 1985 | 58321 | 531 | 5476 | 3926 |
| 1986 | 57278 | 819 | 89 | 2831 |
| 1987 | 18381 | 610 | 996 | 4664 |
| 1988 | 1466 | — | 10264 | 127 |
| 1989 | 15631 | 5 | 644 | 592 |
| 1990 | 11384 | — | — | 4837 |

出所：『貴州省志・電力工業志』p.265より作成。

所から離れているため、1970年に110V送電線で昆明電網に連結して1982年まで基本的に受け取る側であった。四川省との連結は逆で1980年代から余剰電力を送る側であった。表1982～1984年に雨水天候にも恵まれて貴州省は余剰電力を四川・雲南に向けて20億kwh送電した。1987年、省内電力の不足で貴州電力系統は四川電力系統との連結運転を離脱していた。

表3-3　貴州省の停電状況

|  | 停電量万kmh |
|---|---|
| 1986年 | 10000 |
| 1987年 | 17000 |
| 1988年 | 21000 |
| 1989年 | 65000 |
| 1990年 | 50000 |
| 1991年 | 27000 |
| 1992年 | 30000 |

出所：『中華人民共和国電力工業史貴州巻』p79。

### （2）　電力不足の発生と投資資金源の変化

　1980年代以降、推進された「放権譲利」（中央政府が地方と企業に管理権限と経営権を委譲し、地方政府への税収と企業への利潤の一部留保を認める）などの改革により、中央財政は収入面で相対的に縮小し、財政赤字が恒常化した。電力供給が相対的に過剰していた貴州省は82年～88年の6年間に大規模な新規電源開発の投資が急速に減少したため、一転して停電が頻発するようになった。1986年～92年、貴州電網においてユーザーへの給電制限（停電量）は22億kwhに達した。貴州電網の発電設備容量の増大が電力需要に追い付かなかったからである。

　表3-4からわかるように貴州省電力投資は中央の投資する部直属プロジェクトが多く、しかも第四次五カ年と第五次五カ年計画期（1966-1980年）に集中している。6-5年計画期の後半に入ってから、部属プロジェクトがなくなると、地方政府が主導する中小規模の「地方プロジェクト」も連動して許可される投資案件が激減し、金額が絞られた。

　電力投資の確保と投資源の拡大は地域の電源開発にとって不可欠となった。早くも1981年、経済の急成長と地域内電力需要の急増に迫られた山東省煙台市は地域内の需要家に株式を割り当てる方式で投資資金を調達して龍口発電所（20万KW、投資金額2.04億元）の建設に成功した。これ以後、多

表3-4　中央政府依存型の貴州省電力投資源と資金配分　　　　万元

|  | 全省投資総額 | 部直属・直接供給 | 地方プロジェクト |
|---|---|---|---|
| 復興期（1950—1952年） | 117 | — | 117 |
| 1-5計画期（1953年—57年） | 442.9 | — | 442.9 |
| 2-5計画期（1958年—62年） | 22974.12 | 22303.19 | 670.93 |
| 調整期（1963年—65年） | 0.8269 | 0.7795 | 0.275 |
| 3-5計画期（1966年—70年） | 32632.26 | 29202.72 | 3429.54 |
| 4-5計画期（1971年—75年） | 41937 | 35149.97 | 6787.03 |
| 5-5計画期（1976年—80年） | 66596.32 | 59510.15 | 7086.17 |
| 6-5計画期（981年—1985年） | 33865.29 | 32814.47 | 450.82 |

出所：『貴州基本建設（1950～1985）』p.53-56。

元的投資による発電所の建設は中央政府と一部の省に推進され、1985年には、国務院により「資金を集めて電力建設することを奨励し、多重制電力価格を実施することについての暫定規定」が通達された（王京濱（2008）を参照）。

「集資弁電、多種電価」は中国の電力投資体制改革の主な内容となった。すなわち、地方政府・企業・外資など様々なアクターから集めた資金を調達し、発電所の拡大建設、新規建設、及び超高圧送電変圧施設への投資に充てる。卸売価格については運転コスト（燃料費などの変動費用）及び資本コスト（投資設備の減価償却）を加味したうえで銀行の長期融資金利より高い一定の利潤を保証する「いわゆる総括原価主義と呼ばれる方式を採用」した（堀井 2008, p.231）。

1987年9月、国家計画委員会は地方政府の電力産業への関与と責任を強化する目的で、中央政府は国家重点プロジェクトに必要な電源開発に限り投資する。地方政府の開発プロジェクトについては一律、地方政府が自ら資金調達をして解決すると追加措置を講じた。さらに地方の電力投資資金を調達するために企業ユーザーから1kwh当たり0.02元を徴収し、省レベルの管理で発電所建設に用いることができる「電力建設基金」を設けた。

表3-5　多元投資による電源開発

| | 設備容量<br>完成期 | 投資総額（億元） | 域外投資者と出資割合 | 省内投資者と出資割合 | 備注 |
|---|---|---|---|---|---|
| 清鎮発電廠<br>第三期 | 20万KW×2<br>1988/12<br>1989/10 | 4.97 | 国家エネルギー投資公司　75% | 貴州政府資金調達　25% | 貴州省内資金調達が未実現 |
| 遵義発電廠改造・拡張 | 12.5万KW×2<br>1991/10<br>1992/7 | 4.57 | 国家エネルギー投資公司　30% | 貴州省資金調達　57.5%<br>遵義地区と遵義市資金調達　12.5% | 省・市の資金調達が難航。省電力局が自主努力で遂行 |
| 盤県発電所 | 20万KW×2<br>1990年工事開始 | 16.66 | 国家エネルギー投資公司　20%<br>広西　50% | 貴州省資金調達30% | |
| 普定水力発電所 | 2.5万KW×3 | 3.19 | 国家エネルギー投資公司中型水力投資公司 | 貴州省新能実業発展公司<br>普定県政府資源開発公司 | 後に投資者により黔源電力株式有限公司を設立。 |
| 猫跳河李官水力発電所 | 6500KW×2<br>1992年 | 0.25 | | 貴陽市　25.7%<br>水力第9工程局　20%<br>貴陽勘探設計院　5%<br>清鎮県　10%<br>貴州省新能実業発展公司　39.3% | |
| 天生橋発電所Ⅰ発電所、Ⅱ発電所の2期工事 | 164万KW | | 広東省50%<br>広西20%<br>国家エネルギー投資公司<br>（国家開発銀行）20% | 貴州省　10% | 資本金の割り当て出資 |

出所：〈貴州省電力工業史〉編集委編（2003）『貴州省電力工業史』p.89〜90。

　貴州省政府は「資金を集めて電力建設することを奨励する若干の規定」（1986年10月）に続き、1988年8月4日にさらに追加措置として『電力発展を加速させる決定』を公表した。「電力の加速的な発展は全貴州省国民経済発展の戦略重点であり、社会各方面の積極性を喚起させて貴州省の資源的優位性を経済的優位性に転換させなければならない」と訴え、「集資弁電、多種電価」に関する優遇奨励政策を打ち出した。すなわち、設備容量5万KW以下の小型発電所に対して産品税、所得税の免除、固定資産の減価償

却率の引き上げなどの優遇政策で、地域内の資金力に適応する中小発電所の建設に力点を置き、他方ではピーク・ボトムの異なる料金、「高来高去」「低来低去」（石炭などの原料価格の変動に応じる卸売価格の設定）など地方政府による多重価格の調整方針を打ち出した。

　1986年～1992年間、多元的投資により貴州省電力投資は30.26億元に達した（史 p80）。

　大規模電源の開発は従来の国家投資に相当する国家エネルギー投資公司の投資資金を受け入れると同時に近隣の広東省と広西自治区からの資金投入に門戸を開いた。表3-5は貴州省大中型電源開発の資金源をまとめたものである。国家エネルギー投資公司は依然と最大の投資者であるが、省外の広西から発電所に5500万元の投資があった。1986年～1990年の間、貴州省は大中型の電源開発に2.19億元を投入し、さらに2回ほど発行した電力建設債券で7420万元調達した。貴州省エネルギー交通基金とその他から3264.4万元捻出した。各地域において、例えば遵義政府は3264.4万元、資金調達した（史 p.90）。

## 4　広域電力産業と越省送電の形成

### （1）　近隣省との連携（横向き連携）

　深刻な華南地域の電力不足の下、広西、貴州の電力開発に取り組むため、1988年6月、中央政府能源部の指導のもと、「中央支援、地域提携、互恵互利」の開発原則に賛同して、南方4省は天生橋水力発電所、曲靖、盤県、安順火力発電所の合資建設の協議、雲南蘭倉江下流、龍滩水力発電所の開発の原則協議、雲南・貴州が広東省に季節限定で給電する協議、天生橋至広東500kwv直流送電網建設プロジェクト、中央と南方4省が共同弁電協議小組（電源開発利用協議会）を設置するなどの協議を交わした（同書編纂組（2004）『中国水力発電史 p.316）雲南省、貴州省は電源開発に広東省の投資を最大限に引き込むように交渉を展開した。

## （2） 天生橋水力発電所と越省送電

　前に述べたように貴州省は水力と石炭の埋蔵量さらに鉱産資源の組み合わせが良好であり、全国においてもずば抜けている。資源開発を行うと同時に、超高圧送電線と広域ネットワークを建設することになれば、水力発電と火力発電の相互補完、河川流域を跨る電力補償が可能になり、広東省・広西自治区などの沿海地域に向けて安定した廉価な電力を供給することも実現できる。

　広東省、広西と貴州の隣接地域に建設する天生橋発電所（表3-5を参照）は多元的投資により、それぞれの出資分に対応する財産権、容量、用電権、収益を事前に設定し、合弁する大規模な水力発電所として1988年から取り組まれた。資金不足の貴州省は全体の10％を出資することになっているが、電力の使用権は5％をプラスして15％を与えられた。第Ⅱ発電所2期工事（発電設備容量88万KW）においても5％は貴州省の留保分として確保された。4地域（広東、広西、貴州、雲南）を跨る電力事業を経営するために、1990年中国南方電力聯営公司が設立され、天生橋発電所Ⅰ、Ⅱ発電所、天（生）－広（州）線、天（生）－貴（陽）線、魯（布格）－天（生）線という3本の500KV高圧送電線と変圧送電施設の経営に当たることになった。

　貴州省と広西の合弁事業である盤県発電所、広東省との合弁事業である安順火力発電所が広東省へ給電する天（生）－広（州）線によって連結することになっていた。

　1992年12月、天（生）貴（陽）超高圧送電線が貴州電網に連結し、1993年1月、貴州電網は広西電網に連結、1993年8月に貴州、広西電網は広東（香港・マカオを含む）に連結した。翌日、雲南電網が220KV魯（布格）－天（生）線で3地域のネットワークにつながったことにより、中国南方4省（区）の広域電力ネットワークが形成された。1993年6月、貴州省は季節限定して給電を始めた。その後、広西自治区、湖南省と重慶へ電力の販売を増やしていく（表3-6参照）。域外の給電は省内発電量の占める割合が増加している。

表3-6　貴州省域外送電売電量　　　　　　　単位：mkht

| 送電先 | 1993～1999年 | 2002年 | 2003年 | 2004年 | 2005年 | 2006年 | 2007年 | 2008年 |
|---|---|---|---|---|---|---|---|---|
| 広東省 | 175 | 35.68 | 57.64 | 91.37 | 140.29 | 218.32 | 269.85 | 321.26 |
| 広西 | 130 | 12.46 | 17.70 | 7.42 | 26.71 | 28.00 | 16.56 | 16.06 |
| 湖南 | — | 6.01 | 7.68 | 24.17 | 8.12 | 8.21 | 5.00 | 8.01 |
| 重慶 | — | 1.22 | 2.49 | 6.815 | 8.35 | 9.81 | 3.97 | 2.32 |
| 雲南 | — | — | — | — | 1.08 | 7.06 | — | — |
| 黔江 | — | — | — | 6.97 | 7.69 | 15.52 | — | — |
| 合計 | — | 55.38 | 85.53 | 136.75 | 192.25 | 286.93 | — | — |
| 貴州電網総供給量 | — | 427.51 | 491.92 | 679.23 | 692.78 | 868.91 | 901.10 | 904.34 |

注：貴州省送電・買電量には貴州省資本参加の天生橋発電所Ⅰ、Ⅱ、盤県発電所が広東省、広西向けに売電した分が含まれていない。
出所：貴州省電力行業協会編『貴州電力年鑑』（2004年～2007年各年版）、『2009中国電力年鑑』中国電力出版社より作成。

### （3）　西電東送と二回目の電力体制改革

　1997年から西部大開発が繰り広げられ、貴州省はエネルギーの開発を経済発展の起爆剤と捉えて取り組んでいた。時折りアジア金融危機の発生後の輸出減少もあって中国の電力需要が緩和に転じていた。1998年に電力工業部の現業部門が国家電力公司へと移管され、電力事業はきちんとした企業体として運営することが提起された。行政と企業の分離、国有企業の法人・株式企業化の方針に基づく電力改革の新しい改革である。
　1990年代、貴州省電力産業は「低電価」（安い電力販売価格）、地域内電力需要の不安定と投資不足の三つの問題を抱えていた。国家計画委員会価格司のある電気料金調査では、1988年、全国平均の電気料金価格は0.43元/kwhで、地域的には上海は0.53元/kwh、広東省は0.623元/kwh、東北は0.371元/kwh、華北は0.373元/khw、華中は0.41元/kwh、西北は0.311元/kwh、四川省は0.328元/kwhであったが、貴州省はその調査の対象地域ではなかったが、10年後1998年の平均電気料金は0.22元/kwhで、最も安い西

北よりkwhあたり0.09元、近隣の四川省よりもkwhあたり0.18元安い[3]。貴州省の電気料金は長く全国的に最も廉価な水準に抑えられていた。省内の電力消費の8割以上は工業部門が占め、さらに電力多消費のアルミ、リン酸アンモニア、製鉄などの企業がその消費量の90％を占めている。従来安い電気料金の優遇政策を受けているにもかかわらず、景気変動の影響に敏感であるために巨額の電気料金の不払いなどがしばしば発生していた。貴州省の電力産業は発電企業の利益を上げるために→電価の値上げ→地域企業に打撃→市場が縮小→電力企業が存続難という悪循環が生じかねない状況にあった。高い収益を見込めないため、貴州省電力への域外投資はあまり集まらなかった。

貴州省の電源開発や発電送配電の一貫した経営と行政管理を担ったのは1994年に設立された貴州省電力公司であり、省電力工業局と行政と企業の二つの看板を掲げていた組織である。90年代後半、地域経済を支え、低電価を維持するために、電力不足の中で、代金遅延と収益性の悪い大口ユーザーへの供給量を制限し、稼ぎ口の業種に優遇価格で給電するなど需給関係を調整していた。

より重要なのはその中で貴州省電力公司が次第に「運営コストの低下、発電所建設コストの低下、資金調達コストの低下」という経営行動をとりだした。具体的には超負荷の設備酷使であり、基準よりも大幅に火力ユニットの稼働時間を伸ばし、限界収益を獲得する方法であった。時期と期間は確かではないが、貴州省電力公司の発電ユニットの稼働時間は7000時間を超えた時期に、内5500時間の超過稼働は限界費用しか発生しなく、多大な限界利潤をもたらしているという[4]。また貴州省において電力網サイトで受け入れられる電力の卸売価格に依拠して発電所の建設費を算出し、徹底的な建設コストの管理を行っていた（史p126）[5]。さらに金沙発電所（12.5kw×4基）のように採掘条件の優れた産炭地に従業員出資、地方の炭鉱経営者出資、電力公司内部資金などをかき集めて火力発電所を立ち上げ、電力の未発達地域で送配電網の敷設と地域拡張にも力を入れていた。そうした中で貴州電力産業

はそれなりの競争力を形成してきた。「小利潤、大市場」（薄利多売）の経験は貴州電力が積極的に広東電力市場に参入する原因の一つとなった。国家電力公司を５大企業集団に分割する改革が進む中、金沙発電所の経験をベースに貴州政府の資本金注入を経て2000年に貴州省最大の電力会社である金元電力投資ホーリングズが設立され、西電東送の一連のプロジェクトの実施・推進役となった。

　もう一つ注意すべきなのは2003年に電力卸売の競争価格の導入と発電と送配電の分離を中心とする新しい電力体制改革でこれまで築き上げられた南方電力産業の連携もあって南方電網は国家電網から分離することになり、南方５省を統括する送配電会社となった。

　2000年、広東省で発生した深刻な電力不足は西電東送を急展開させることになった。既に地方レベルで連携を深めてきた貴州省は「黔電入粤」（貴州電力が広東省に入る）構想を具体的に示し、迅速に対応した。それも中央政府より「貴州省が豊かになると同時に全国を支援できるのは電力の発展である」と支持されていた。８月に広東省と貴州省は給電協議書を交わし、2000年～2005年計画期に電源開発の目標は1300万 kw の建設規模で、700万 kw が期間内に稼働する。２期に分けて実施する。すなわち、第一期に８大プロジェクト（水力４件・火力４件）、第二期に８プロジェクト（水力４件・火力８件）がもりこまれた。

　第１期は設備容量が538万 kw の電源開発プロジェクトである。１基60万 kw のユニットを除いて、末に竣工して稼働した。第２期の工事の電源プロジェクトは「４水力・８火力」と呼ばれる。「４水」は構皮灘、光照、思林、沙陀、思林と砂陀水力発電所、「８火」は盤南、納雍第二、鴨溪、黔西、大方、野発耳、大龍火力所の技術改良プロジェクトなどを含み、設備総電容量は1684万 kw に達している。実際の投資額は1000億元を超えた。巨額の投資資金は主に国家開発銀行、建設銀行、工商銀行、農業銀行などの貴州支店が融資している。

表3-7　貴州省発電送電網建設投資（2006年現在）　　　単位：万元、万kw.基

| | 設備容量 | 建設性質 | 総投資額 | 実施投資額 | | |
| --- | --- | --- | --- | --- | --- | --- |
| | | | | 2005年 | 2006年 | 合計 |
| 総計 | | | 11112029 | 4085726 | 1698440 | 5784166 |
| 電源建設 | 1806 | | 9752065 | 3773631 | 1446130 | 5219761 |
| 火力 | 1080 | | 4564980 | 2378905 | 862308 | 3241213 |
| 納雍第二電廠 | 30×4 | 新建 | 487215 | 370000 | 30000 | 400000 |
| 野馬寨電廠 | 20×3 | | 241281 | 213100 | 12000 | 225100 |
| 発耳電廠 | 60×4 | 新建 | 1062818 | 27576 | 247392 | 274968 |
| 鴨渓電廠 | 30×4 | 新建 | 521448 | 398000 | 82000 | 480000 |
| 盤南電廠 | 60×4 | 新建 | 897793 | 495296 | 160000 | 655296 |
| 黔西電廠 | 30×4 | 新建 | 539066 | 326000 | 80000 | 406000 |
| 大竜電廠 | 30×2 | 新建 | 262832 | 167914 | 97076 | 264990 |
| 大方電廠 | 30×4 | 新建 | 552527 | 171019 | 153840 | 324859 |
| 水力 | 726 | | 5187085 | 1394726 | 583822 | 1978548 |
| 光照水電站 | 26×4 | 新建 | 573251 | 121144 | 131147 | 252291 |
| 魚塘水電站 | 3.75×2 | 新建 | 53702 | 43473 | 5222 | 48695 |
| 董箐水電站 | 18×4 | （前期） | 520000 | 22057 | 69615 | 91672 |
| 馬馬崖水電站 | 18×3 | 新建 | 301157 | 6374 | 6503 | 12877 |
| 洪家渡水電站 | 20×3 | 新建 | 492715 | 461467 | 19268 | 480735 |
| 索風営水電站 | 20×3 | 新建 | 312497 | 198524 | 23430 | 221954 |
| 構皮灘水電站 | 50×6 | 新建 | 1386700 | 380113 | 187563 | 567676 |
| 思林水電ス站 | 25×4 | 新建 | 633809 | 95702 | 78929 | 174631 |
| 東風発電廠拡大 | 12.5×1 | | 27700 | 8132 | 4834 | 12966 |
| 大花水電站 | 10×2 | 新建 | 146009 | 46973 | 44707 | 91680 |
| 沙沱水電站 | 28×4 | （前期） | 739545 | 10767 | 12604 | 23371 |
| 送電網建設 | | | 1359964 | 312095 | 252310 | 564405 |
| 500KV | | | 260726 | 98640 | 103231 | 201871 |
| 200KV | | | 231715 | 86889 | 73926 | 160815 |
| 110KV | | | 84523 | 42140 | 30113 | 72253 |
| 35KV以下 | | | 17000 | 41029 | 17000 | 58029 |
| 県下送電網の改造 | | | 766000 | 43397 | 28040 | 71437 |
| 内：110KV | | | 26000 | 14150 | 6595 | 20745 |
| 　　35KV以下 | | | 740000 | 29247 | 21445 | 50692 |

出所：『2007年貴州電力年鑑』より作成。

## むすび——電力産業の発展が貴州省にもたらしている影響

　以上のように貴州省の電力産業の形成と発展を中心に考察してきたが、「集資弁電」はまず電源開発の資金ネックを解除する意味を有していた。その後、中央、地方、外資など投資の多様化は貴州省の電源開発を加速させることになった。地域を跨る送電網の建設は貴州省が広東省などへ給電することを可能にした。それは貴州省電力発展のもう一つネックである狭小な省内市場を広域にリンケージさせていた。

　多元的投資が貴州省の発電部門に．国電集団、華電集団（烏江公司を含む）、金元集団、貴州黔桂発電有限公司、貴州中電電力公司、黔源公司、黔能公司など七集団競争の局面を形成し、送配電を独占する南方電網の形成とともにこれまで国家電力である貴州省電力局－貴州電力公司による発送配電一貫の独占体制を変えた。

　貴州省は電力産業が石炭開発、火力水力発電などへの集中投資により変貌し、自他とも認める「能源の省」に変わってきた。2008年にエネルギー産業が工業部門付加価値総額の32％を占め、電力と石炭が貴州省の支柱産業となり、かつてたばこ産業、白酒に依存してきた貴州省の経済事情は既に着実に変化している。貴州電網が史上初の百億元を突破した地元企業として頭角を現してきた（表3－8を参照）。図3－3から1998年以降の貴州省経済成長は全国平均を超え、2008年以降加速する趨勢になった。

　「黔電入粤」は西電東送が比較的に順調に展開できたカギであり、貴州省は「西電東送」に積極的に加わり、有利な条件を利用して電源開発を行うことにより、自身そして広東も経済利益を受け、短期的にウイン・ウインの関係を形成させたといえよう。

### 図3-3 貴州省と全国GDP成長率

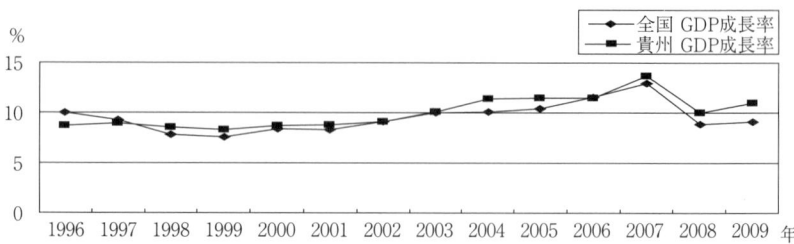

出所:『中国統計年鑑』(1997〜2010) 各年。

### 表3-8 工業部門の成長 (2007年)

| 指標 | 絶対値(億元) | 前年比(%) |
|---|---|---|
| 規模以上工業増加値 | 890.48 | 16.8 |
| 　石炭など採掘業 | 103.46 | 32.9 |
| 　製造業 | 576.94 | 14.4 |
| 　　内:農産物加工業 | 9.47 | 20.2 |
| 　　食品製造業 | 8.07 | 21.0 |
| 　　飲料製造業 | 75.21 | 23.9 |
| 　　たばこ製造業 | 101.57 | 11.3 |
| 　　化学原料および化学製品製造業 | 68.43 | 12.3 |
| 　　医薬品製造業 | 46.04 | 4.7 |
| 　　ゴム製造業 | 9.67 | 14.6 |
| 　　非金属鉱物製造業 | 21.08 | 14.6 |
| 　　黒色金属精錬及び圧延加工業 | 75.52 | 21.5 |
| 　　非金属精錬と圧延加工業 | 11.29 | 21.2 |
| 　　通信設備、計算機及び電子設備製造業 | 11.29 | 21.2 |
| 　電力、ガス及び水の生産と供給業 | 210.04 | 15.6 |

『貴州省統計年鑑2008』より作成

### 注

1) 南方電網 http://www.csg.cn/news/compnewscon.aspx?id=18591&ItemCode=020049003000。
2) 中国電力新聞網・貴州電力行業協会聯合推出、主編孫徳安《网中刊》—纪念贵州有電

八十周年専題　http://www.zdxw.com.cn/cpnn_zt/wzk-gz80/xc/200709270111.htm
3）陈实[2007]「路，这样走過来…——為貴州有電80周年命筆」《網中刊》―記念貴州有電八十周年専題。
4）陈实[2007]，同上。
5）1994年～1997間に完了した「立地条件の悪い盤県火力発電所の1号機，2号機はkw当たりの建設費は2624元で，同期全国平均より307元ほど安く，3号機は2950元，全国平均より1144元/kw である」（電力工業史貴州巻 p.126）

**参考文献**
王穎琳［2008］「中国電気事業の国際的展開―広西チワン族自治区を中心に」田島俊雄編著［2008］所収。
王京濱［2008］「山東省からみた中国電力産業の需要依存型発展」田島俊雄編著所収。
橘川武郎［2004］『日本電力産業のダイナミズム』名古屋出版会。
呉暁林［2002］『毛沢東時代の工業化戦略―三線建設の政治経済学』御茶ノ水書房。
末広昭［2000］『キャッチアップ型工業化論』名古屋大学出版会。
徐静等［2000］『貴州大開発中的資源運籌』貴州教育出版。
田島俊雄編著［2008］『現代中国の電力産業―「不足の経済」と産業組織』昭和堂。
堀井伸浩［2008］「「改革開放期の電力体制改革の経済的評価―産業技術論と政治的レントシーキ」田島俊雄編著［2008］所収。
門闖［2008］「農村部の電気事業――吉林省を事例に」田島俊雄編著［2008］所収。
雲南省電力工業局編撰［1994］『雲南省電力工業志電力工業志』雲南人民出版社，加藤弘之［2003］『地域の発展』名古屋大学出版会。
貴州電力行業協会［2004、2005，2006，2007］『貴州電力年鑑』。
貴州省電力工業志編纂委員会編［1996］『貴州省電力工業志』、当代中国出版社。
〈貴州省電力工業史〉編纂委員会編［2003］『貴州省電力工業史』、中国電力出版社。
広西壮族自治区地方志編纂委員会編［1998］『経済総志』広西人民出版社。
編纂委員会編［1992］『広東省工業志』広東人民出版社。
同書編緝組［2004］『中国水力発電史（1904～2000）第一冊』中国水力出版社。
田方・林発棠主編［1991］『開発大西南・地区産業巻』学林出版社。

Ⅱ　ブラジル・メキシコ・ロシア経済の現状と課題

# 第4章
# ブラジルにおける世界経済危機の影響

水上 啓吾

## はじめに

　21世紀に入り、ブラジルは石油や鉄鉱石などの資源大国として注目を浴び、資源関連企業は海外からも投資対象として見なされてきた。2008年9月のリーマンショック以降も、他の新興国と同様にブラジルの国内市場は不況の出口として期待されている。世界同時不況下で深刻な需要不足に直面する先進国にとって、魅力的な市場でもある。

　しかし振り返れば、1990年代前半にはハイパーインフレーションを経験し、度重なる大規模な資本流出に見舞われてきた。1990年代半ば以降は「ワシントンコンセンサス」に代表される一連の「自由化」政策を採用してきた。これは、政府債務の累積やハイパーインフレーションをもたらした政府主導の経済成長モデルから、市場規律を重視したモデルへの転換を意味していたと言えよう。ブラジルが経済成長の軌道に乗るためにはインフレの主な要因であった財政金融政策を改善する必要があり、1990年代末からはそれを実現してきたのである。ただし、そうした財政金融政策を維持してきたにもかかわらず、ブラジルの国内経済の動向が常に安定していたわけではない。

　こうした点を踏まえて本章の課題を設定すれば、基本路線であった財政金融政策体系の変化を検討し、新興国であるブラジルの経済および社会の動向を分析し、世界経済危機の影響を明らかにすることである。

　そのために以下では、ブラジル経済の動向と経済成長要因を検討する。次

に、その背景にあった金融政策と財政政策の概要と推移を分析する。最後にそうした財政金融政策が世界経済危機に与えた影響を考察する。

## 1　経済成長の要因

　新興国として注目を浴びるブラジルは、1990年代以降のブラジルの一人当たり実質GDPは着実に増加してきた（図4-1）。1991年に1万2500レアルであった一人当たり実質GDPは、2009年には1万6400レアルにまで増加している。ただし、この増加傾向も2003年を境に2つの時期区分ができる。1991年から2003年までは12年間で1,400レアル増加しているのに対して、2003年から2009年にかけては6年間で2,500レアル増加している。BRICsとして注目を集め、労働者党（Partido dos Trabalhadores：以下PT）のルーラ政権が誕生した2003年以降は、それまでよりも速く一人当たり実質GDP

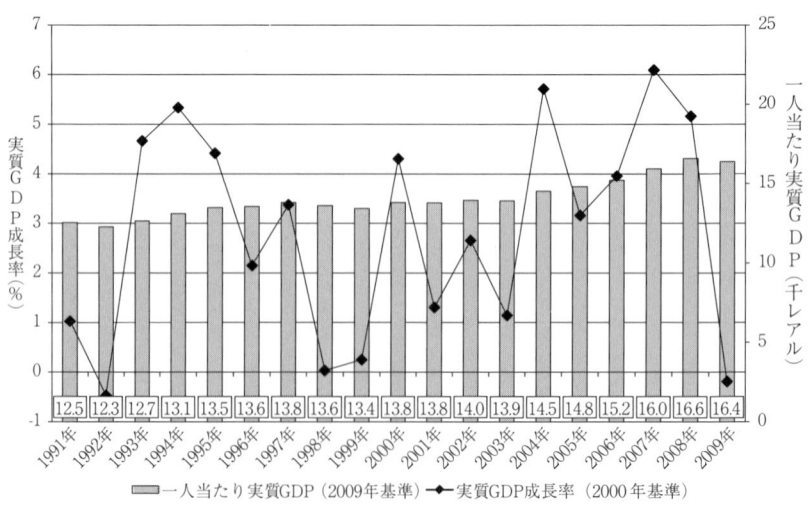

図4-1　実質GDP成長率と一人当たり実質GDP

（出所）IBGE

が増大してきたのである。

　しかしその一方で、1990年以降のブラジル経済の動向を見ると、同じ新興国でも中国とは異なり、一貫して高い成長率ではないことがわかる。実質GDPの成長率は乱高下を繰り返しているのである。したがって、一人当たり実質GDPはのびているものの、その傾向は安定していなかった。

　こうしたGDP成長率の乱高下は、対外的要因とも関係がある。1990年代半ば以降のブラジル経済は度重なる金融危機の伝播により、資本流出と景気の減退を経験してきた。その度にブラジル中央銀行及び国家通貨審議会は、政策金利を高水準に維持し資本流出を防ぎながら国内の物価高騰を抑制してきた。その一方で、財政当局はプライマリーバランスの黒字幅を維持し、政府債務残高の維持及び削減につとめてきたのである。

　このような政策方針は、1980年代に顕在化した累積債務問題の解決方法として醸成されてきた。特に、1990年代には対外的な均衡を重視する財政金融政策を採用し続けてきたと評価することができる。その反面で、国内の経済問題は後回しになってきた。図4-2で国内の失業率を確認すれば、1990年代は徐々に増加してきたことがわかる。資本流出への対応として政策金利が引上げられれば、当然ながら国内の景気は後退する可能性がある。1990年代半ば以降に、資本流出の可能性がある度に引上げられる政策金利は、その度に国内均衡に対しては悪影響をもたらしてきた。

　しかし、再び図4-2を見ると、2003年以降の失業率は徐々に低下傾向にある。後述するように、この間も政策金利は高水準で推移しており、財政収支も1990年代以上の黒字幅を維持している。しかしながら、失業率は徐々に低下し一人当たり実質GDPもそれ以前に比べれば相対的に伸びているのである。したがって、労働者党政権が誕生しBRICsとして注目を浴びた2003年以降のブラジルでは、それまでとは同じように見える財政金融政策体系の下でも異なる結果が生じていると言えよう。

　次に、国際収支面について検討しよう。表4-1は2000年以降の国際収支表である。まず注目すべきは貿易収支である。2000年には6億9800万ドルの赤

**図4-2 失業率の推移**

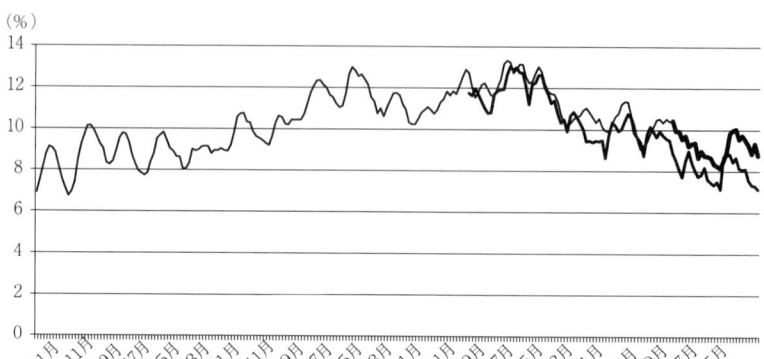

― サンパウロ大都市圏
― 6大都市圏（サンパウロ、リオデジャネイロ、ベロオリゾンテ、レシフェ、サルバドール、ポルトアレグレ）

（出所）IBGE

字、2001年には26億5100万ドルの黒字、2002年には131億2100万ドルの黒字と徐々に改善しているが、2003年以降には247億ドル9400万ドルへと黒字幅が拡大し、2005年から2007年までは400億ドル以上の貿易黒字を計上している。国内の失業率が低下する一方、資本収支では、2007年以降に直接投資、間接投資が増大し、結果として外貨準備高は急増している[1]。ただし、この間も経常収支における所得収支の赤字は増大し続けており、特に2007年から2008年にかけては292億9100万ドルから405億6200万ドルへと大きく増加し、2009年まで高水準で推移している。

このように国際収支は貿易収支が改善する一方で、所得収支赤字が増大しており、経常収支黒字はそれほど伸びることはなかった。特に2008年以降は外資系企業の本国送金額が増大した結果、赤字に転じており、先進国企業の業績悪化が資本流出としてあらわれてきている。しかし、資本収支全体で見れば2007年以降に大幅に流入額が増大しており、結果として外貨準備高は増加した。

## 表4-1 国際収支の推移

(単位:100万ドル)

| | 2000年 | 2001年 | 2002年 | 2003年 | 2004年 | 2005年 | 2006年 | 2007年 | 2008年 | 2009年 |
|---|---|---|---|---|---|---|---|---|---|---|
| 経常収支 | (24,225) | (23,215) | (7,637) | 4,177 | 11,679 | 13,985 | 13,643 | 1,551 | (28,192) | (24,302) |
| 貿易収支 | (698) | 2,651 | 13,121 | 24,794 | 33,641 | 44,703 | 46,457 | 40,032 | 24,836 | 25,290 |
| 輸出 | 55,086 | 58,223 | 60,362 | 73,084 | 96,475 | 118,308 | 137,808 | 160,649 | 197,942 | 152,995 |
| 輸入 | 55,783 | 55,572 | 47,241 | 48,290 | 62,835 | 73,606 | 91,351 | 120,617 | 173,107 | 127,705 |
| サービス収支 | (7,162) | (7,759) | (4,957) | (4,931) | (4,678) | (8,309) | (9,640) | (13,219) | (16,690) | (19,245) |
| 所得収支 | (17,886) | (19,743) | (18,191) | (18,552) | (20,520) | (25,967) | (27,480) | (29,291) | (40,562) | (33,684) |
| 経常移転収支 | 1,521 | 1,638 | 2,390 | 2,867 | 3,236 | 3,558 | 4,306 | 4,029 | 4,224 | 3,338 |
| 資本収支 | 19,326 | 27,052 | 8,005 | 5,111 | (7,523) | (9,464) | 16,299 | 89,086 | 29,352 | 71,301 |
| 投資収支 | 19,053 | 27,088 | 7,572 | 4,613 | (7,895) | (10,127) | 15,430 | 88,330 | 28,297 | 70,172 |
| 直接投資 | 30,498 | 24,715 | 14,108 | 9,894 | 8,339 | 12,550 | (9,380) | 27,518 | 24,601 | 36,033 |
| 間接投資 | 6,955 | 77 | (5,119) | 5,308 | (4,750) | 4,885 | 9,081 | 48,390 | 1,133 | 50,283 |
| 金融派生商品 | (197) | (471) | (356) | (151) | (677) | (40) | 41 | (710) | (312) | 156 |
| その他投資 | (18,202) | 2,767 | (1,062) | (10,438) | (10,806) | (27,521) | 15,688 | 13,131 | 2,875 | (16,300) |
| その他資本収支 | 273 | (36) | 433 | 498 | 371 | 663 | 869 | 756 | 1,055 | 1,129 |
| 誤差脱漏 | 2,637 | (531) | (66) | (793) | (1,912) | (201) | 628 | (3,152) | 1,809 | (347) |
| 外貨準備増減 | 2,262 | (3,307) | (302) | (8,496) | (2,244) | (4,320) | (30,569) | (87,484) | (2,969) | (46,651) |

(出所)BCB

ただし、こうした国際収支面だけでは、2003年以降に国内の経済状況が改善した理由は明確にはわからない。そこで、図4-3を使って、需要項目別のGDP成長率の寄与度を確認すると、2000年から2003年までは純輸出の寄与度が高いことがわかる。2004年以降には国内の民間最終消費や総固定資本形成の寄与度が高く、世界同時不況に陥った2009年にも総固定資本形成は減少しているが、民間最終消費支出は伸びている。

したがって、貿易収支の改善や悪化は必ずしも直接の経済成長に結びついているわけではなく、国内の民間最終消費支出や総固定資本形成が増加したことが、労働者党政権下の経済成長を支えていたのである。当然ながら経常収支赤字を放置すれば、対外通貨価値は不安定さを増すことになる。しかし、その影響は2000年から2003年までのように純輸出の寄与度が高い時期と異なり、2004年以降はそれほど大きなものではなくなっている。

以上の点を考慮すれば、同じように見える財政金融政策体系も、国内経済

**図4-3 需要項目別GDP寄与度の推移**

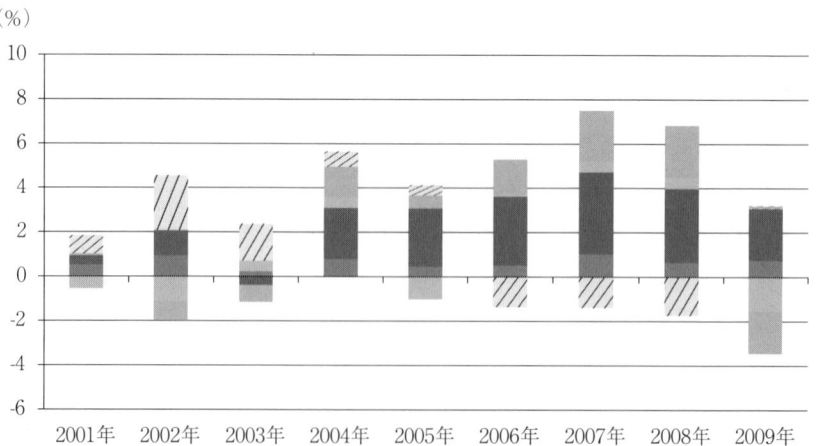

(出所) IBGE

および国際収支に与えるインパクトは徐々に変化してきた可能性がある。そこで、以下では、リーマンショック前後のブラジルの財政金融政策がどのように醸成され、推移してきたかについて検討する。

## 2　ブラジル中央銀行の独立性の低さと債務管理

### （1）　金融政策の体系と推移

　ブラジルの金融政策を分析する際に留意しなければならないのは、中央銀行の独立性である。従来ブラジル中央銀行（Banco Central do Brasil、以下BCB）の法的独立性は低いものとして理解されてきた[2]。Cukierman, Webb and Neyapti［1992］では、1960年から1989年までの間BCBの独立性指数が0.21であったとしている。クッカーマンらの算定方法に則れば、1989年までのブラジルにおいて中央銀行の独立性が低かった理由は、①中央銀行総裁の任期が4年以下であること、②総裁任命者が大統領であること、③中央銀行総裁の兼任禁止に関する法規定がないこと、④政府予算編成への発言権がないこと、⑤政府への有担保貸出に関する法的制限がないこと、⑥貸出条件は行政府に決定権限があること、⑦貸出期限に法的上限がないこと、⑧国債発行市場での中央銀行の国債購入が禁止されていないこと、である（Cukierman, Webb and Neyapti［1992］：385）。1989年以降も中央銀行制度に関する法改正において、以上の点は改善されていない為、BCBの法的独立性は相対的に低いままであった。しかし、その一方で、1990年代後半以降のブラジルではハイパーインフレーションは終息し、現在に至るまで物価上昇率は相対的に安定している。このように、従来の制度を残しながらも通貨価値を安定させ、債務の削減に成功している1990年代末以降のブラジルの事例は、中央銀行と一般政府の関係を考察した先行研究の枠組みにはあてはまらないように思われる。

　ただし、実際には、ハイパーインフレーションに見舞われ、インフレ抑制の議論から中央銀行の独立性が必要であるとの認識が広まっていた。BCB

内より金融政策の自律性を与えた政策決定機関の必要性が説かれ、1996年6月20日、ブラジル中央銀行通貨委員会（Comitê de Política Monetária、以下 Copom）が設置されることとなった。Copom は BCB 総裁と主要な局の局長7名の計8名で構成されている（図4-4）。Copom が金融政策に関する決定権を有しているわけではなく、既に決定している政策目標値に近づけるために定められた政策手段によって市場に介入するのである。したがって、BCB 内では最高の決定権限を持っているはずの Copom も金融政策に関しては決定権を持っていない。

このように BCB が金融政策の政策目標を持たない一方で、決定権を有しているのが国家通貨審議会（Conselho Monetário Nacional、以下 CMN）で

図4-4　CMN と Copom の組織図

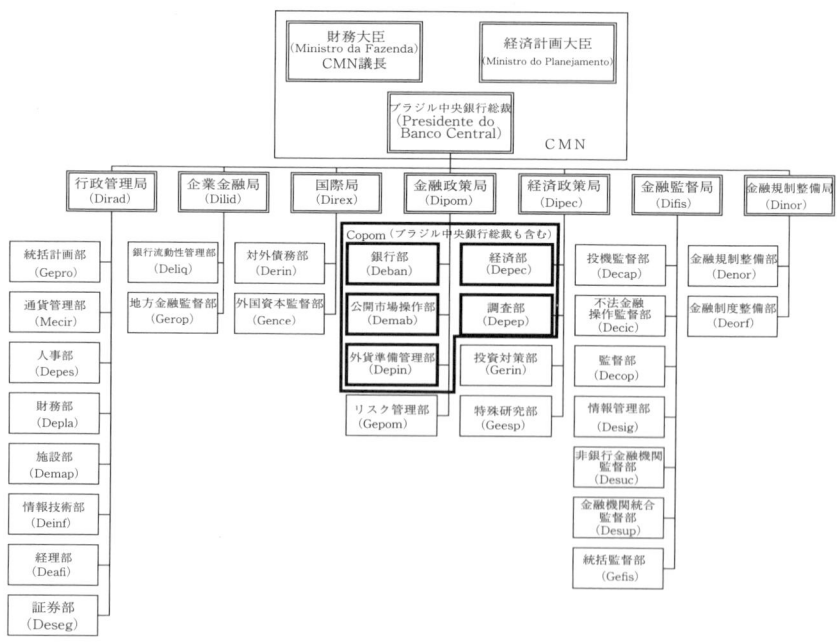

（出所）BCB

ある。CMN は BCB と同じく軍事政権下で1964年に設置された。財務大臣を議長とし、BCB 総裁、経済計画大臣（Ministro do Planejamento, Orçamento e Gestão）の3名によって構成され、金融政策の意思決定をおこなってきた。CMN は通常は毎月1回会合を開き、金融政策の政策目標値（物価水準のターゲットや外貨準備高など）を決定する。同時に、決定内容は CMN の回状（Resoluções）として Copom に対して通知し、遵守させる権限を持っている。

　以上のように、政策決定権に乏しい BCB の政策体系において、CMN は強い決定権限を持っている。加えて、CMN は政府系金融機関であるブラジル経済社会開発銀行（Banco Nacional de Desenvolvimento Econômico e Social、以下 BNDES）や連邦貯蓄銀行（Caixa Econômica Federal、以下 CEF）、BB の経営に対しても介入することで、金融政策に影響を与えている。財務大臣を議長とする CMN が金融政策において、必ずしも財政政策を重視した裁量性を発揮できるわけではない。

　ブラジルでは1994年7月から1999年1月までの間、ドルとのクローリング・ペッグ制を採用していた。したがって、国内の通貨発行に関する裁量は制限されるとともに、為替市場に介入するだけの外貨準備の積立てが必要であった。こうした、クローリング・ペッグ制の採用とともに、高い金利水準を維持し、1994年7月から1999年1月までの間の金融政策は全体的に引締められていた。

　そもそもドルとのクローリング・ペッグ制が採用された背景には、1980年代後半からのハイパーインフレーションがあった。デノミネーションや物価統制、銀行預金凍結措置等を実施しても抑制できないインフレに対して、財政収支の改善をおこなうとともにドルとのペッグによって自国通貨への信任を取り戻そうとしたのである。その結果、1993年には1,000％を超えていた物価上昇率も1995年には2桁までに抑制することに成功した。一方で、クローリング・ペッグの幅内では、対ドル実質為替レートは一貫して高く、1999年まで経常収支赤字は続いていた。

以上のような枠組みの下でのドルとのクローリング・ペッグ制は、経常収支の赤字を埋め合わせるだけの資本流入がなければ外貨準備高が不足するため、維持することが困難であった。実際に、1997年7月に発生したタイのバーツ暴落以降、国際金融市場は混乱し、エマージング・マーケットからの資本逃避が次々と発生した。ブラジルも例外にもれず、1998年8月にロシアでルーブル危機が発生すると資本流出が生じ、1999年1月にはドルとのクローリング・ペッグ制を放棄することとなった。

　こうしたブラジルからの資本流出に対して、ブラジル政府はIMFのスタンドバイプログラム融資を取り付け、コンディショナリティとして連邦政府だけでなく地方政府まで含めた財政収支を改善する必要が生じた。政府債務の管理が維持可能である水準を財政収支目標値として定め、その目標値を連邦政府および地方政府に遵守させる財政責任法を2000年に制定した。すなわち、通貨危機を境に、ブラジル政府は財政収支の改善を通じて政府債務の管理が可能であるように法令で定め、国債価格の低下を防ごうとしたのであった。

　しかしその一方で、ドルとのクローリング・ペッグ制にはレアルへの信任を高めるという側面もあった。したがって、ドルとのクローリング・ペッグ制を放棄した後には、どのように信認を維持するのかという課題が残っていた。これに対して、ブラジルでは1999年7月よりインフレ・ターゲティングを開始した。CMNが設定した物価上昇率や金利水準の範囲内に収まるように、Copomは国債市場でオペレーションをおこない、通貨価値の安定をはかり、信認を得ようとしたのである。

　以上のように、1999年には金融政策をめぐって大きな変化があったが、特にBCBの業務に関しては操作目標に関する転換があった。1月までのドルとのクローリング・ペッグ制の下ではレアルの対ドル為替レートが許容為替バンド内におさめることを主眼においた介入をおこなっていた。しかし、7月からのインフレ・ターゲティングの下では、操作目標は基準金利の誘導水準へと変化したのである。

そこで、実際のインフレ・ターゲティングがどのようにおこなわれてきたのかについて、目標値と実際の物価上昇率の推移を確認しておこう。1999年度の目標値は物価上昇率8.00％であった。これはインフレ・ターゲティング導入前夜の1999年6月30日にCMNの回状2615号として公布された数値である。目標許容範囲は前後2％ポイントである6.00％から10.00％であった。同年1月の通貨危機の余波がまだ残り、3ヶ月物の国債利回りが20％を超えている中では強気の設定であった。しかし、実際の物価上昇率は8.94％であり、目標値は超えたものの許容範囲内であった。

続く2000年には目標値6.00％を若干下まわる5.97％で、新しい金融政策が当初の目標どおりの成果をあげていたことをあらわしている。ただし、緊縮財政をとる政権が徐々に支持を失い、左翼政党であるPTが支持を伸ばすと、同党が主張するIMFのスタンドバイプログラムの融資のコンディショナリティを遵守できないことが危惧されるようになった。2001年から、物価上昇は続き、2001年度および2002年度には目標値を超えていた。

こうした中、2002年10月の大統領選に勝利したPTのルーラは、2003年度以降も引き続き前政権の財政金融政策の継続を打ち出した。その後も緊縮財政路線を続けたルーラ政権の下では、2004年度に許容範囲内に物価上昇率がおさまっている。その後も2005年度、2006年度、2007年度と安定して推移しており、2006年度には目標値を1％ポイント以上下回っている。こうした政策の一貫性を考慮すれば、インフレ・ターゲティングが制度上困難な局面を迎えたのは、2001年から2003年までの国内の政情不安が原因であったと考えられる。

一方この間、BCBのCopomでは、CMNの決定した目標値をもとに政策金利を決定してきた。表4-2は政策金利の推移である。基本的には物価上昇率に対応する形で政策金利を操作してきたが、リーマンショック以後には従来とはやや異なる対応をとってきた。

2008年10月に開かれたCopomでは当時の政策金利である13.75％を維持することを決定した。リーマンショック後に外資系企業の利益送金を中心と

表4-2　Copom で決定した政策金利の推移

| 会合日付 | | 期間 | | SELIC レート目標値 |
|---|---|---|---|---|
| 第135回 | 2008年06月04日 | 2008年06月05日 ～ | 2008年07月23日 | 12.25 |
| 第136回 | 2008年07月23日 | 2008年07月24日 ～ | 2008年09月10日 | 13.00 |
| 第137回 | 2008年09月10日 | 2008年09月11日 ～ | 2008年10月29日 | 13.75 |
| 第138回 | 2008年10月29日 | 2008年10月30日 ～ | 2008年12月10日 | 13.75 |
| 第139回 | 2008年12月10日 | 2008年12月11日 ～ | 2009年01月21日 | 13.75 |
| 第139回 | 2008年12月10日 | 2008年12月11日 ～ | 2009年03月11日 | 13.75 |
| 第140回 | 2009年01月21日 | 2009年01月22日 ～ | 2009年03月11日 | 12.75 |
| 第141回 | 2009年03月11日 | 2009年03月12日 ～ | 2009年04月29日 | 11.25 |
| 第142回 | 2009年04月29日 | 2009年04月30日 ～ | 2009年06月10日 | 10.25 |
| 第143回 | 2009年06月10日 | 2009年06月11日 ～ | 2009年07月22日 | 9.25 |
| 第144回 | 2009年07月22日 | 2009年07月23日 ～ | 2009年09月02日 | 8.75 |
| 第145回 | 2009年09月02日 | 2009年09月03日 ～ | 2009年10月21日 | 8.75 |
| 第146回 | 2009年10月21日 | 2009年10月22日 ～ | 2009年12月09日 | 8.75 |
| 第147回 | 2009年12月09日 | 2009年12月10日 ～ | 2010年01月27日 | 8.75 |
| 第148回 | 2010年01月27日 | 2010年01月28日 ～ | 2010年03月17日 | 8.75 |
| 第149回 | 2010年03月17日 | 2010年03月18日 ～ | 2010年04月28日 | 8.75 |
| 第150回 | 2010年04月28日 | 2010年04月29日 ～ | 2010年06月09日 | 9.50 |
| 第151回 | 2010年06月09日 | 2010年06月10日 ～ | 2010年07月21日 | 10.25 |
| 第152回 | 2010年07月21日 | 2010年07月22日 ～ | 2010年09月01日 | 10.75 |
| 第153回 | 2010年09月01日 | 2010年09月02日 ～ | 2010年10月20日 | 10.75 |
| 第154回 | 2010年10月20日 | 2010年10月21日 ～ | | 10.75 |

（出所）BCB

した資本流出が生じたブラジルでは、10月時点で株価指数は大幅に下落し、他国と同様に実体経済への影響も危惧され始めていた。こうした状況において、高水準の政策金利を維持することは国内でも意見が対立していた。

　資本流出を食い止め、通貨価値を守ろうとする BCB に対して、PT のルーラ大統領は景気対策を優先すべきだと政策金利の引き下げを要求した。その一方で、サンパウロ州工業連盟（Federação das Indústrias do Estado de São Paulo、以下 Fiesp）は金融政策の一貫性を重視し、政策金利の維持を主張し、その一方で法人所得税の投資税額控除を要求した。

しかし、結果としては大統領の主張が反映される形でCopomは翌2009年1月には政策金利の引き下げを決定した。およそ1年かけて13.75％から8.75％にまで低下させてきたのである。この間、ブラジルでは失業率は改善しGDP成長率も上向いた。外需が伸び悩む中でも、ブラジル国内の消費は旺盛であり、金利の低下とともに更なる消費拡大が生じた。ただし、こうした消費拡大はインフレ要因と見なされるようになり、Copomは2010年4月には再び政策金利の引き上げを決定した。同年7月には10.75％にまで上昇している。

### （2） 債務管理と民営化

このように政策金利を引上げれば、政府部門の利払い費も増大することとなる。後述するように財政収支を改善することで利払い費の増大にも耐えられる体制を整えてきたのだが、一方でブラジルの政府部門は債務残高の削減にも取り組んできた。図4-5で債務残高の推移を見ると、ブラジルの政府部門統計は、連邦政府およびBCB、州および基礎自治体、公企業の3部門でそれぞれ債務残高を集計している。1990年代を通じて公企業の政府債務は減少し、連邦政府およびBCBの債務は1990年代後半に増大している一方で、州および基礎自治体政府の債務は安定して推移していることを確認できる。さらに、2004年以降は連邦政府債務も減少している。

当然ながら、政府債務が増大傾向から減少傾向へと転じるためには、プライマリーバランスが改善するか、利払い費が減少するか、もしくはその両方が必要になる。このうち、利払い費に関しては、主に債務残高と債務の利回りの関係によって決まる。

また、図4-6でプライマリーバランスを見ると、連邦政府及びBCB、州および基礎自治体政府は双方とも1990年代末に改善し、その後は黒字で推移していることがわかる。次に、図4-7を使い国債利回りを見ると、プライマリーバランスが改善した1999年とほぼ同時期に低下していることがわかる。以上を踏まえれば、連邦政府およびBCB、州および基礎自治体政府の債務

図4-5 政府債務残高の推移（対 GDP 比率）

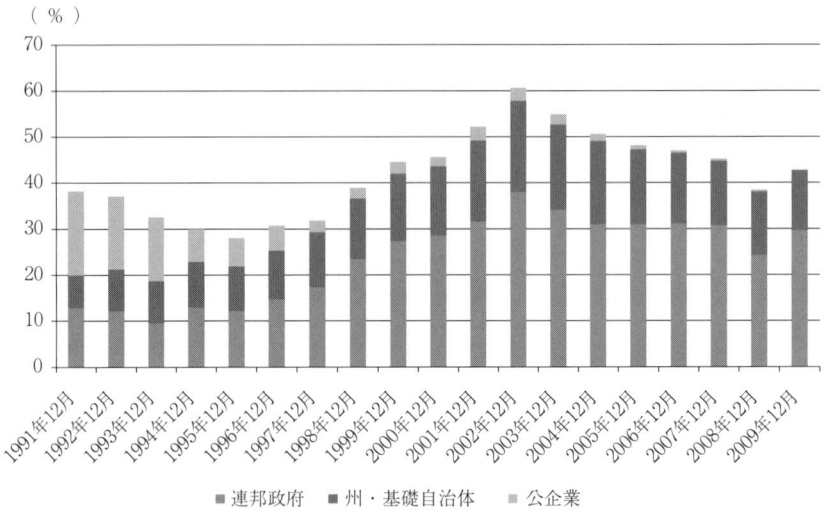

（出所）BCB

図4-6 プライマリーバランス（対 GDP 比率）

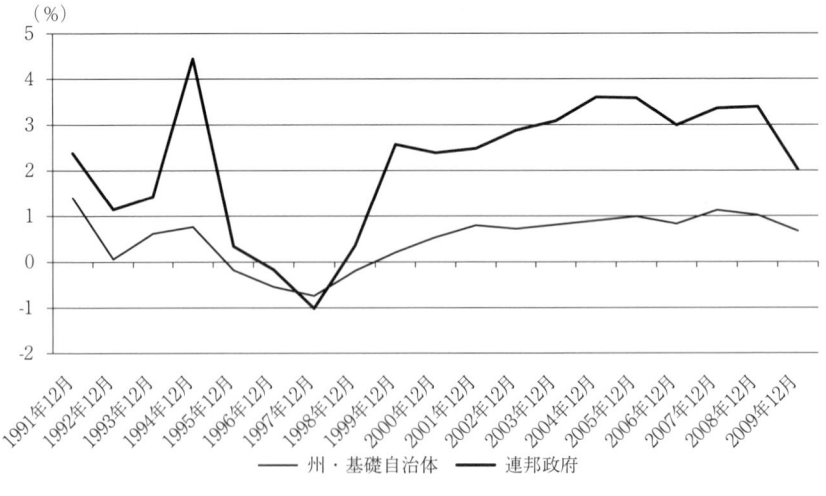

（出所）BCB

図4-7 国債平均利回り（月利）

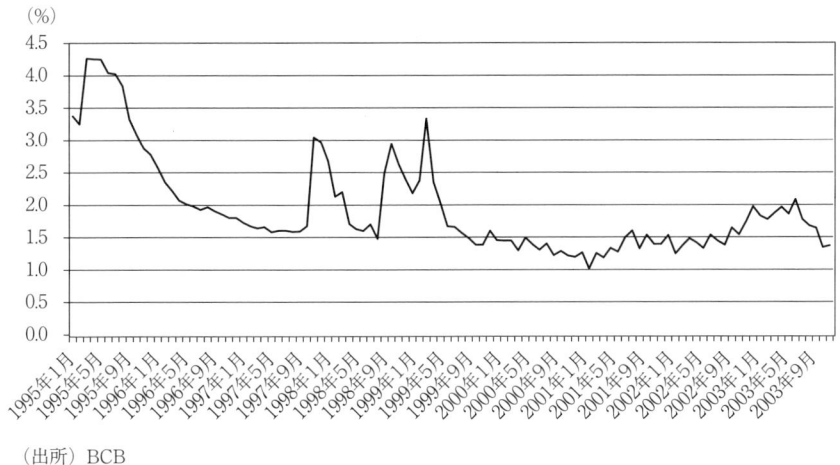

（出所）BCB

の増大が抑制された背景には、1990年代末のプライマリーバランスの改善、利回りの低下という要因があったと考えられる。

次に、公企業の債務残高であるが、図4-5で見たように、1990年代前半から減少し始め、90年代後半にはほぼ債務がなくなっている。こうした債務の削減の背景には民営化の過程があった。1990年から開始された公企業の民営化計画では2002年まで実施され、企業の株式売却と経営移譲先への債務移転がおこなわれた。したがって、連邦政府、BCB、州政府および基礎自治体の財政収支の改善や債券利回りの低下に加えて、公企業の民営化が債務の増大を抑制したのである。

(3) 公企業会計との関係

なお、公企業の債務の削減はBNDES内の特別会計において処理された。民営化の対象となった企業の株式はBNDES内の特別会計に計上するとともに同企業の政府債務も同じ特別会計に計上されることとなった。民営化による株式売却収入によって同会計が抱える政府債務を償還するという枠組みで

あった。

　ブラジルの公企業の債務はオイルショック後に累積し、1982年のメキシコのデフォルトを契機として顕在化することになった。メキシコと同様に、ブラジルも累積した政府債務が原因となり石油の輸入代金の支払いができなくなった。アメリカの民間の金融機関および国際金融機関との交渉をおこなう必要が出たのである。しかし、累積債務問題は当初から長引くものであるとは認識されておらず、その解決方法は1980年代を通じてブラジルと債権国との間で幾度も変更された。

　民間金融機関および国際金融機関は当初、中南米諸国の流動性不足が問題であると考えていた。すなわち、中南米諸国が返済できないのは一時的な問題であり、支払いの猶予もしくは「つなぎ」の新規融資をおこなうことによって解決すると考えていたのである。しかし、そうした金融機関への対応だけでは債務の返済は不可能であり、最終的には債務国の国内の「構造調整」を含めたより包括的な解決策が交渉過程で出てきた。その結果、ブレイディ案として債務の棒引きまで含めた債務再編案が提示されることとなった。その一方で、債務国には種々の債務調整策が求められた。公企業の民営化も以上の過程で避けられなくなったのである。

　ただし、国内の政治勢力を無視して公企業の民営化をすすめることはできなかった。上述した国外からの圧力に加えて、国内の民営化への支持も1980年代末に形成されていたのである（Giambiagi［2001］：377）。2度の石油ショックにより資源価格が高騰する中で、工業化を推進してきた公企業の多くは経営の見直しが必要だと考えられるようになった。しかし、当時の公企業の多くは既に連邦政府が十分に把握しきれない活動をおこなっていた。したがって、連邦政府は公企業管理庁（Secretaria de Controle de Empresas Estatais）を設立し、経営状況の把握をおこなうようになった。

　公企業管理庁の設立に引き続いて、1980年代には業績が悪く公的役割が低い公企業の清算および民営化が実施されることとなった。しかし、実際に1980年代に公企業が民営化および清算されることはほとんどなかった（堀坂

[1998]：154)。しかも、その中身に一貫性はなく、政治的に反対があれば取りやめるという特徴があった。したがって、1970年代末からの公企業の見直しは、1990年代に実施されたものと比較するとかなり小規模なものであった。

しかし、1989年に民政移管後初めておこなわれた大統領の直接選挙では、公企業の民営化をめぐって大きな変化があった。大統領選挙では、PTから出馬したルーラと国家再生党（Partido da Reconstrução Nacional）から出馬したコロールの対立があった。債権国側から求められた構造調整策の見直しと対外債務の返済凍結を訴えるルーラに対して、「新自由主義的」政策を打ち出したコロールは、保守層の支持を勝ち取ることに成功し当選した。コロールは当選後すぐに民営化路線を打ち出して、大規模企業の株式売却を実施する計画を打ち出した。

カルドーゾ政権は、1995年から2002年までの間、2期にわたって続いたが、その間に民営化は新段階に入ったと評価することができる。コロール政権下で設置した民営化執行委員会を大統領直属の国家民営化審議会（Conselho Nacional de Desestatização、以下CND）へと改組し、政府の民営化への介入を強めた。その一方で、民営化を実施するうえで障害となってきた憲法への修正に取り組むこととなった。こうした憲法修正は1995年に集中的におこなわれたが、その内容は大きく2つにわけることができる。第1に、国家による独占部門に関する条項の修正である。この点に関しては、1995年8月から11月にかけて4つの条項を修正することとなった。憲法修正第5号では、ガス事業における経営権委譲の許可、同6号では鉱業のブラジル民間企業への開放、同7号では、電気通信部門の民間への開放、同8号では石油事業の民間開放が認められた[3]。

第2に、外国資本差別条項の撤廃を挙げることができる。憲法修正第9号では外資差別条項を撤廃した。ここでの外資差別条項はブラジルで営業活動する外資企業の子会社を民族系企業と同様に扱うことを意味している。その結果、民営化過程における外国資本への売却もより大規模におこなわれる可

能性が出てきたのである。

　以上のように、公企業の役割は大きく変化し、民営化による株式売却と債務の償還という枠組みが形成されることとなった。外資差別をなくし、国家が独占してきた産業分野を民間に開放することで、海外からの直接投資が増大し、政府部門が抱えていた債務の削減に成功してきたのである。

### （4）　財政責任法の影響

　一方、フロー面においても財政責任法の影響から財政収支は改善した。政府部門を広く対象としている財政責任法は、憲法補足法（Lei Complementar）として位置付けられており、条項の修正には国会議員の2/3以上の賛成が必要である。したがって、容易に修正することはできず、恒久的に財政収支の悪化を防止する法として位置付けられている[4]。

　ここで、2000年に制定された財政責任法の枠組みの中で直接プライマリーバランスの改善に効果があるものは、人件費の抑制基準である。連邦政府の人件費抑制のための条項としては以下のものがある。

　①人件費は税収の50％以下に抑制する（第19条第1項）
　②社会保障税の増税をともなわない公務員年金給付の増額は認めない（第19条第5項）
　③各大臣の任期期限180日前以降の人件費増額決定は無効（第21条第2項）
　④人件費目標額は年次予算にしたがって4ヵ月毎に決定する（第22条）
　⑤執行過程において人件費目標額の95％を超えた場合にはそれ以上の増額修正をおこなうことができない（第22条第1項）

　また、財政責任法では予算編成過程条項において、歳入条項および歳出条項がいかに財政収支目標値と整合的に組み合わせられるかについて明記している。

　具体的には、予算法の中で順守すべきプライマリーバランス目標値を設定するが、財政責任法では、この目標値をもとに各省庁別、各地方政府別に月毎の予算執行計画を立てることを義務付けている（第2章第8条）[5]。さら

に、月毎の目標値を2か月間達成できなかった場合には、30日以内に目標達成に必要な処置を提案しなければならない。

　前述したように、1999年度以降の連邦政府および州・基礎自治体政府の財政統計を見る限り、財政収支は改善しており、そうした改善の程度は財政収支の目標値の達成を守らせる機能を有していたことを確認できる。加えて、2002年の大統領選挙において当選後のルーラが財政責任法の遵守を宣言したことを考えれば、同法の枠組が財政収支の改善において効果があるものとしてとらえていた。実際に2003年以降も財政責任法の下で各政府は政府債務が維持可能な水準の財政収支を達成し、2002年まで増加していた連邦政府債務残高を削減することに成功している（水上［2010］：210）。

　ただし、こうした財政収支目標値へのコミットメントは国内の要因だけで醸成されたものではない。その背景にはIMF融資のスタンドバイプログラムにおけるコンディショナリティがあり、国外の圧力も少なからず影響している。こうした要因を考慮すれば、ブラジルにおける中央銀行の独立性の低さと物価上昇という関係は必ずしも成立しないことがわかる。さらに、中央銀行の独立性を重視する際の前提となっている政府像自体もあてはまらない場合もある。1990年代後半以降のブラジルでは産業の資金調達方法や国外の圧力や世界市場との関係、国内の民主化支持のあり方によって通貨価値の安定につながる政策選択をおこなってきたのである。

## 3　過剰消費とインフレへのアレルギーの相克

　以上のように、インフレ抑制を望む世論形成が可能であった背景には、1990年代前半までのハイパーインフレーションの経験がある。1994年7月にレアル計画が開始されるまでは物価上昇率は年率1000％を超えており、賃金や年金給付額の引き上げも追いつくものではなかった。こうしたインフレは債務者利得を生み出す一方で、海外の金融資産を保有できる所得階層とそうでない所得階層間の格差を拡大することとなった。国民の大部分を占める後

者にとっては、例え高金利や緊縮財政であっても、通貨価値が安定することの方が望ましいと考えるようになったのである。問題は、こうした意識がいつまで政策体系の維持に影響を与えたかである。1998年10月におこなわれた大統領選挙時の世論調査では、ブラジルが抱える最大の問題と答えた人が最も多かったのは「インフレーション」であったが、2002年時点では「雇用」と答えた人が最も多く41％であり、「インフレーション」を最も重要であると答えたのは4番目の4.5％であった（Cesop［2002］：175）。

ハイパーインフレーションの記憶が徐々に薄れるとともに、世代交代がすすむと、財政金融政策への印象も異なると言えよう。現在の35歳以下はハイパーインフレーションを未成年のうちに経験しており、自身の賃金の上昇が物価上昇に追いつかないという経験をしている人が少ない。こうした世代は、ハイパーインフレーションを経験した世代の人々と比べても物価高騰へのアレルギーが強くない傾向がある。

こうした問題は経済の成長要因である民間最終消費支出の推移とも無関係ではない。現在消費の中心を担っているのはCクラスとよばれる最低賃金4倍以上10倍未満の所得を得ている世帯であり、2009年時点で人口の49％を占める（Cetelem［2010］：32）。Cクラスはブラジルのミドルクラスとして、今後も増加する可能性があるが、消費の特徴として分割払いで耐久消費財を購入する傾向にある。ハイパーインフレーションを経験していない世代が増えることにより、今後もこうした傾向が続く可能性がある。さらに消費の増大を裏付けるように、個人向け融資額の残高は急増している。図4-8は個人向け融資残高の推移であるが、2004年以降増大し続けている。

このような消費が可能になったのは、以下のような要因があると考えられる。第1に、所得の向上である。図4-9は実質最低賃金の推移であるが、2003年時点では300レアルに満たなかった最低賃金が、2009年には500レアルを超えるまでに引上げられている。最低賃金の引き上げとともにそれまで耐久消費財を購入できなかった人々が購入できるようになっている。第2に条件付現金給付（Bolsa Família）である。条件付現金給付は家庭の子どもに

第4章 ブラジルにおける世界経済危機の影響 139

**図4-8 個人向け融資残高の推移（対GDP比率）**

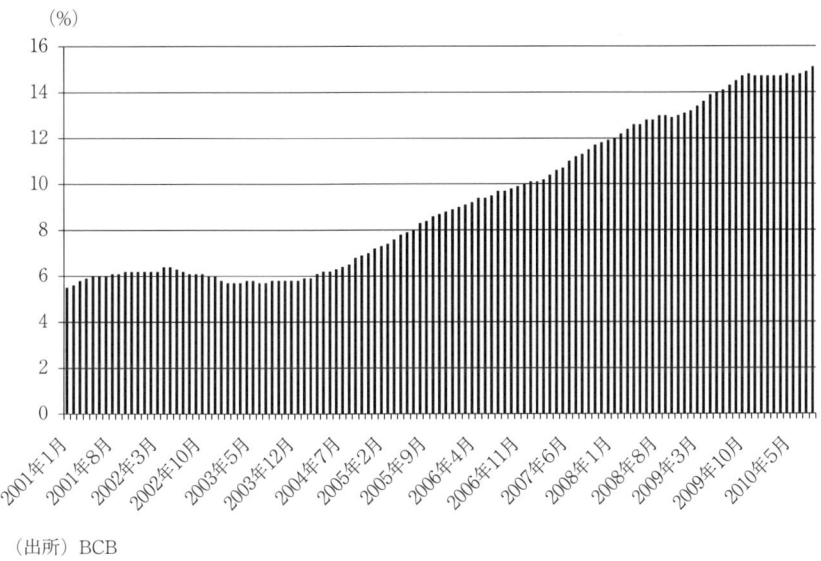

（出所）BCB

**図4-9 実質最低賃金の推移**

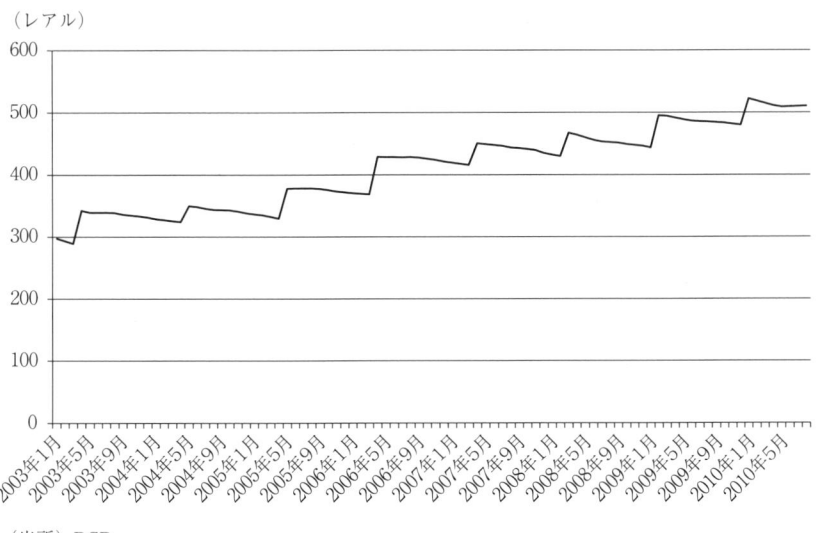

（出所）BCB

**図4-10　個人向け融資の債務不履行率**

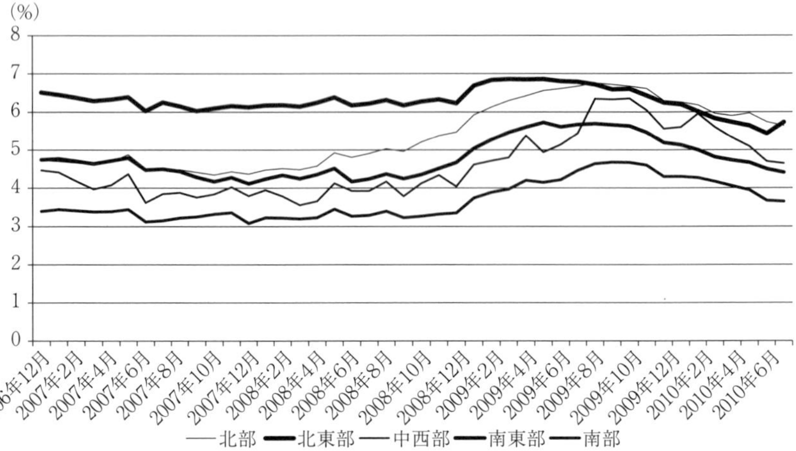

(出所) BCB

　初等教育と予防接種を受けさせることを条件に給付する家族手当である[6]。
　こうした政府の政策により、民間最終消費支出が伸びているものの、今後もこうした傾向が続くとは限らない。図4-10は個人向け融資の債務不履行率である。リーマンショック後に徐々に高くなってきた債務不履行率は政策金利の引き下げとともに、徐々に低下してきた。しかし、2010年4月以降再び引上げてきた政策金利の影響は今後個人向け融資に金利にも影響を与えることが予想される。金利引上げが中間層に影響を与えるとすれば、2003年以降の経済政策も徐々に見直す必要が出てくると言えよう。

## おわりに

　以上のようにリーマンショック後のブラジル経済はそれまでの財政金融政策の枠組み及び経済構造を徐々に変化させながら再び経済成長を続けている。その際、成長に寄与しているのは国内の民間最終消費支出である。民間

最終消費支出の増大は、2008年以降も経済成長要因であり続けており、今後も中長期的に成長の核となることが予想される。

しかし、その一方で政府の有効需要を高めてはこなかった。危機後の政府の対応も、景気対策の規模としては相対的に低水準であった。その背景には2000年に導入した財政責任法の影響が少なくない。加えて、金融政策でも引き締め基調は変わらなかった。たしかに2009年以降徐々に政策金利を引き下げてきたものの、2010年4月以降には再び引上げてきた。こうした金融政策が可能であったのは政府債務の管理が成功していたこととも関係がある。すなわち、公企業の民営化を通じて債務を削減することに成功した結果、高金利による利払い費の高騰を防ぐことが可能になったのである。

一方、金融の引締め傾向にもかかわらず、国内の民間最終消費は増大してきた。その要因は従来耐久消費財を購入できなかった中低所得者が所得の向上によって、耐久消費財を購入できるようになった点にある。所得の向上の要因は最低賃金の引き上げや所得再分配政策の強化にある。1990年代には抑制傾向にあった所得再分配は、ルーラ政権の下で徐々に強められてきた。ただし、所得再分配の強化は財政責任法の制約の中でおこなわれた。すなわち、移転的経費を増大する場合には同時に増税してきたのである。

しかしこうした体制が維持可能なものであるかどうかを判断するのは難しい。2010年以降に再び政策金利を引上げたことで、今後個人向け融資に関する債務不履行率は高まる可能性がある。年率10％以上の政策金利は他国と比べても高水準であり、今後内外金利格差で外資が流入すればレアル高による国際競争力の低下も起こりうる。内需への依存を高まる中で信用不安が生じる可能性も残っていることは、今後の政権の大きな課題となるだろう。

注
1) 国際収支表では、外貨準備高が増加する場合は資金の流出であるため負の値となり、準備高が減少する場合は、資金の流入であるため正の値となる。
2) ブラジルの中央銀行（Banco Central do Brasil、以下BCB）は軍事政権が成立後の1964年にブラジリアに設立された。それまで唯一の発券銀行として認められていたブラ

ジル銀行（Banco do Brasil、以下BB）は「政府の銀行」としての役割や政策金融にも関わっていた。そうした体制から、中央銀行制度を確立しようと計画されたのがBCBであった。しかし、設立後もBCBに政策決定権があったわけではなく、BBを含めた政府系金融機関とともにブラジル連邦政府が財政金融政策を実施してきたのである。

3）修正条項に関しては、国内でも強い反発があった。なかでも、CUTやCUTを支持基盤にしたPTの支援を受けた石油統一労働連盟は、民間事業への開放に対して大規模な反対運動を展開した。石油事業に関する憲法修正とそれにともなう民営化を防ぐために、憲法修正が下院で議論が始められた1995年4月には、石油統一労働連盟はストライキを開始した。それと同時に、高等労働裁判所へ雇用の保障と賃金の引き上げを求めて提訴した。しかし、5月24日には連邦政府はストライキを実施していたPetrobras社の4製油所を陸軍の管理下におき、製油所の防衛をはかった。

4）2000年財政責任法は財政犯罪法（Lei de Crimes Fiscais：LCF）との組み合わせによる行政統制の強化も企図されている。同法は2000年10月19日に発効されたが、その対象範囲は、連邦政府、州政府、市郡政府の行政、立法、司法機関およびそれぞれの関連機関、公営企業と広い。主として禁止しているのが、①議会での承認をえていない信用供与、②議会での承認をえていない公的支出のコミットメント、③同価値以上の担保をともなわない貸出、④任期終了の180日前以降の人件費増額、⑤年度内で支払いが終わらない公的支出のコミットメント、⑥議会での承認をえていない債券の発行、である。以上の禁止事項を守らなかった場合、各機関の長が罷免されることとなる。また、財政責任法と同様に、連邦法によって公営企業や下位政府の経営および行政の裁量性が制約を受けることとなる。例えばサンパウロ州においては、2005年サンパウロ市の元市長であるマルタの在任中、税収が109.2億レアルだったにもかかわらず、115.1億レアルの支出を行った罪によって差額である5.9億レアルの弁済および5年から8年の政治活動の停止をめぐって訴訟がおこされている（水上［2010］：208）。

5）ブラジルの予算制度は、①多年度計画（Plano Plurianual）、②予算基準法（Lei de Diretrizes Orçamentárias）、③年次予算（Lei Orçamentária Annual）の3種類からなる。こうした予算制度のもと、コンディショナリティで設定されたプライマリーバランス目標値を予算基準法で設置する。その後予算基準法に合う形で年次予算を設定するのである。ブラジルにおける財政年度は1月から12月であるが、毎年3月末までにLDOが提出される。このLDOをもとに、7月上旬までに次年度の財政収入の見込み額が大蔵省から発表されるとともに、人件費や国債費などの経常的経費の上限額が決められる。その後8月上旬までに各省庁間でその他の経費について調整が行われ、8月末にはPPAとLDOとの整合性について政府内で確認が行われ、国会に提出される。その後9月から12月末まで国会で審議が行われる。

6）留意しなければならないのは、条件付現金給付が財政収支の悪化につながらなかった点である。というのも、上述したように財政責任法は新たな収入の裏付けのない支出を禁止している点である。条件付現金給付分の財源は社会保障負担金として増税しているのである。

## 参考文献

水上啓吾［2010］「ブラジルの2000年財政責任法 —IMFコンディショナリティとポプリ

スモの相克—」渋谷博史・田中信行・荒巻健二編『アメリカ・モデルとグローバル化Ⅲ』、昭和堂。

堀坂浩太郎［1998］「ブラジルの民営・民活化」、堀坂浩太郎、(細野昭雄編『ラテンアメリカ民営化論—先駆的経験と企業社会の変貌—』日本評論社。

Abreu, Marcelo and Rogério Werneck [1993] "Privatization and Regulation in Brazil: The 1990-1992 Policies and the Challenge Ahead", Working Paper no.300. Pontifical Catholic University of Rio de Janeiro.

Cardoso, Eliana, and Helwege, Ann [1992], *Latin America's Economy*, MIT Press.

Cetelem [2010], *Observador 2010*, Cetelem

Clements, Benedict [1997] "Income Distribution and Social Expenditure in Brazil" IMF Working papers.

Conniff, Michael L. [1981] "Introduction: Toward a Comparative Definition of Populism", *Latin American Populism in Comparative Perspective*, ed. by Michael L.Conniff (Albuquerque: Univ. of New Mexico Pr) pp.13-23.

Cowan, Gary [1990]. *Privatizing in the Developing World*. New York: Greenwood.

Cukierman, Alex, Webb, Steven B. and Neyapti, Bilin [1992] Measuring the Independence of Central Banks and Its Effect on Policy Outcomes, The World Bank Economic Review, Vol.6. No.3: 353-398.

Cesop, [2002], Estudo Eleitoral Brasileiro (ESEB), Unicamp,.

Filgueiras, Luiz [2000] História do Plano Real, Boitempo Editorial

Frieden, Jeffrey [1991] *Debt, Development, and Democracy: Modern Political Economy and Latin America, 1965-1985*. Princeton: Princeton University Press.

Giacomoni, James [2003] *Orçamento Público*、Editora Atlas.

Goldstein, Andrea [1997] "Brazilian Privatization in International Perspective. The Rocky Path from State Capitalism to Regulatory Capitalism", Fondazione Enrico Mattei Working Paper, no95-7 (November).

Manzetti, Luigi [1999] *Privatiization South American Style*, Oxford, New York

Schneider, Ben Ross [1992] "Privatizaion in the Collor Government: Triumph of Liberalism or Collapse of the Development State?"

Sola、Lourdes [1993] "The State, Structual Reform, and Democratization in Brazil" in Smith, William et al. *North-South Agenda Papers 33*.

Weyland, Kurt [1993] "The Rise and Fall of President Collor and Its Impact on Brazilian Democracy", Journal of Interamerican Studies and World Affairs 35/1 (Spring): 1-37

## 第5章
# 経済グローバル化時代における"保護主義"政策のあり方
──ブラジルとメキシコにおける二つの開発戦略の比較分析を通じて──

芹田浩司

### はじめに

　ラテンアメリカ地域における二大大国であるブラジルとメキシコは、とりわけ経済自由化・グローバル化の圧力が強まってきた1980年代半ば以降、実に対照的な発展パターンを歩んできた。それは端的に、方や国内中間層の急速な台頭を背景に、世界第4位の"国内"マーケットを擁する程にまで急成長を遂げたブラジル自動車産業と、方や米国市場を中心とする積極的な外向き戦略を展開し、世界第4位の"輸出"大国にまで成長を遂げたメキシコ自動車産業という、対照的な事実に象徴されているといえよう。
　両国の発展史を簡単に振り返ると、それぞれ19世紀前半のポルトガルとスペインからの政治的独立以降、19世紀後半以降の（一次産品の）輸出経済期から、1930年代の大恐慌期を経て、戦後における政府主導の輸入代替工業化期まで、長期にわたって両国はほぼ共通した発展パターンを歩んできた。それだけに、1980年代の累積債務危機問題を契機として、その後、両国が対照的な発展パターンを辿ってきていることはそれ自体、興味深い事象である。この発展パターンの相違の背景には、特に80年代以降の両国における国内外の政治・経済的条件や地政学的条件等の違いがあると考えられよう。本稿ではこの点については詳しく立ち入らないが、ここで重要なことは、こうした

80年代（特に90年代）以降の対照的な発展パターンおよびその背後にある開発戦略はそれぞれ、同年代以降の経済自由化ないしグローバル化の圧力に対する反応として具現化したものである、という点である。本稿では、開発戦略上、この自由化・グローバル化の圧力（波）への反応として、「FTA型（グローバル型）」と「地域統合型（保護主義型）」という二つの型（理念型）があることを提示し、それぞれを代表する事例としてメキシコとブラジルにおける自動車産業を取り上げる。そして、それぞれの型（発展パターン）の具体的特徴やその背後にある政策体系・内容を明らかにした上で、これら両パターンがそれぞれ、どのような発展パフォーマンスへと結び付き、またどのような発展上の課題（制約）をもたらすのか、等の点について具体的に明らかにすることを本稿の主な目的とする。

　ここで先に本稿の重要なポイントの一つについて附言しておこう。それは、ブラジルに代表される後者の地域統合型（保護主義型）といっても、現代の世界経済のコンテクストの下では、過去の30年代のようなブロック経済、また両国を含め、ラテンアメリカ地域で広くみられた、戦後の政府主導の産業保護主義に基づく輸入代替工業化時代における発展パターンや政策体系・内容とは大きく異なるという点である。本稿は、これまであまり議論されてこなかった点として、同じ保護主義といわれながらも、現代の地域統合型が、これまでの保護主義、とりわけブラジル（広くいえばラテンアメリカ）における戦後の輸入代替工業化時代（1950年代から80年代初頭まで）と比べ、どのような点で異なっているのか、またその結果、どのような発展上の課題が惹起されているのか、等について、両国の主要産業である自動車産業の事例を基に、具体的に考察することを大きな課題の一つとしたい。

　本稿の構成は以下の通りである。まず第1節では、本稿の対象とする自動車産業の事例を中心に、戦後のブラジル、メキシコ両国（広くいえばラテンアメリカ地域）における工業化過程（第二次ISI[1]）について述べ、両国においては1980年代前半頃までは両国は共通した発展パターンを辿ってきたことを示す。本来であれば、両国の共通した発展パターンを確認するため、そ

第5章　経済グローバル化時代における"保護主義"政策のあり方　147

れら発展史については、19世紀前半の政治的独立以降から論じたいところだが、紙幅の制約上、戦後の工業化過程から扱うことにする。次に、80年代の累積債務危機問題を契機としてその後、両国は、「FTA型（グローバル型）」と「地域統合型（保護主義型）」に特徴付けられる対照的な発展パターンを辿っていったことを示す（第2節）。さらに第3・4節ではそれぞれ、メキシコとブラジルにおける自動車産業の事例を中心に、両国の90年代以降の発展パターンおよび発展パフォーマンスについて詳述し、両国は、対照的な発展経路を歩んでいるにもかかわらず、実は共通する発展上の課題・制約を抱えていることを示す。そして最後に簡単な理論的含意を述べて締めとしたい。

## 1　ブラジル、メキシコにおける戦後の工業化過程（第二次輸入代替）——両国の自動車産業政策を中心に

### （1）　ブラジル

ブラジルにおける自動車産業の歴史は古く、それは、フォードがノックダウン（CKD）生産のための組立ラインを設置し、トラクターと軽トラックの組立を行った1919年にまで遡ることができる。その後、車両のノックダウン生産時代が続くこととなるが、同国がこの単なるアセンブリー期から脱し、部品の国産化を伴う本格的な自動車生産（国産化政策）を開始するのは、上でも触れたように、1950年代に入ってからである。そしてそれは、

『50年の進歩を5年で』という野心的なスローガンを掲げたクビチェック大統領の政権期（1956-1961）に発表された重化学工業化計画（メタス計画）に具現化された。この計画の中でも、自動車産業は、製鉄や化学産業等とともに、重要な戦略的産業として位置付けられ、その育成に特に力が注がれることとなる。それを象徴的に示した動きとして、同政権下において GEIA（Grupo Executivo da Indústria Automobilística）と呼ばれる「自動車産業育成のための執行グループ」が創設されたことが挙げられよう。

ここで、この当時の同国の自動車産業政策について確認しておこう。これは、上述のように、同じ「保護主義」といわれる90年代後半頃から現在の開発戦略との比較の上でも重要な点である。

まず同国では1953年に完成車輸入の禁止措置が採られた後、1956年には自動車産業政策が策定され、完成車メーカーに対して、国産化率向上を課す政策が遂行された。この国産化計画は、1960年7月1日までにトラックやその他商用車（utility vehicle）については90％、乗用車やジープは95％の国産化率の達成を課すものであり、政策策定から4年程の短期間で（特に乗用車については）ほぼ100％の国産車を目指すという、メーカーにとっては厳しい内容であったといえる[2]。これに加えて、ブラジルでは、自動車産業に限らず、国内に類似品が存在する場合、その該当製品の輸入を禁止するという、「類似品法」（lei de similidade）が存在し、そもそも関税政策以前に、手厚い非関税障壁による産業保護政策が採られていた。

このように、1950年代頃からの第二次 ISI 期においては、ブラジルの自動車産業は、高い国産化率政策と「類似品法」に代表される非関税障壁によって、完成車部門だけでなく、部品部門（部品産業）も手厚く保護されてきたといえよう。

この第二次 ISI 期においてもう一つ特筆すべき点として、特に自動車産業においては、多国籍企業（多国籍自動車メーカー）がメイン・プレーヤーとなったことが挙げられる。すなわち、上記の一連の産業保護政策を受け、ブラジルへの輸出販売が困難となった多国籍自動車メーカーは、市場確保のため、相次いで同国への進出および現地生産に乗り出すこととなった。もっとも、こうした動きは、ブラジル政府が意図した戦略とも合致していた。すなわち、軽工業品の第一次 ISI に比し、より高度な工業化を目指した第二次 ISI においては、資本や技術的な集約度（要請度）が一気に高まることにより、外資の存在なしで進めることは事実上、困難である。そのため、この自動車の国産化政策（広くいえば重化学工業化政策）は積極的な外資誘致戦略も伴っていたのであった。この自動車産業における言わば「外資支配」の構

図は、次に述べるメキシコのケースにおいても同様である。

### (2) メキシコ

　メキシコにおける自動車産業の歴史も古く、その嚆矢は、ブラジルとほぼ同時期の1925年にフォード社が同国でノックダウン生産を開始したことに遡ることができる。以後、メキシコでも、ノックダウン生産期が続くが、同国が本格的な自動車生産に乗り出すのは1960年代初頭であった。すなわち、同国でもブラジルと同様、第一次ISIの行き詰まりを打開すべく、1950年代後半、ロペス・マテオス政権（1958-1964）期から第二次ISI戦略が展開されるようになり、自動車産業分野においては、1962年の第一回目の自動車令公布によって、本格的な自動車の国産化政策が始動することとなった。このように、メキシコにおいては、ブラジルとほぼ同時期に自動車の国産化政策が始まったが、その政策体系・内容も、ブラジルと類似していた。

　まず、1962年の第一回自動車令では、完成車メーカーに対し、国産化率60％以上の国産化達成義務が課された。この水準自体は上述のブラジルのケースよりは低いが、個々の重要部品の国産化を担保する施策として次の第二回自動車令では、エンジンやトランスミッション、円盤クラッチ・同部品、車軸、ブレーキ・ドラム、車輪等の主要部品が国産化義務部品として指定された。また、部品メーカーに対しても、（生産コストの）60％以上の国産化義務が課された。さらに、完成車メーカーに対しては、77年の第三回自動車令で、国産化率の計算方式を、それまでの直接生産コスト方式から、より厳しいとされる部品コスト方式（より正確には、完成車メーカー本国の価格で表される部品コスト方式）へと改め（義務水準は50％以上）、さらに、（義務ではないが）「推奨される」国産化を80年には70％以上、81年以降は75％以上と、順次引き上げていった[3]。

　このように、60年代以降のメキシコにおける自動車産業政策は、先のブラジルのケースと同様、国産化義務に代表される産業保護を通じて、車両の輸入から現地生産へと誘導する（完成車部門を保護する）とともに、その保

護・育成の射程は、厳しい部品の国産化義務や（部品メーカーに対する）国産化義務政策を通じて、部品セクター（部品産業）へも及んでいた。

　もっとも、同産業においては輸入代替（国産化）だけでなく、既に70年代より輸出振興策も同時に採られたが、政策の大きな枠組みとしては基本的に、この輸入代替（国産化水準向上）路線が80年代末頃まで続くことになるのである[4]。

## 2　開発戦略の二つの型：「FTA型（グローバル型）」と「地域統合型（保護主義型）」

　上記のような両国でみられた輸入代替（産業保護）路線に大きな転機をもたらしたのが、80年代初頭にラテンアメリカ地域を襲った累積債務危機問題であった。これにより、両国（ラテンアメリカ諸国）に対しては、言わば「最後の貸し手」として登場するIMF（国際通貨基金）や世界銀行の主導により、緊急支援（融資）のための条件（コンディショナリティ）として、インフレ抑制のための経済安定化政策（基本的にはマネタリズムの考え方に基づく総需要抑制政策）と、国内経済の自由化・規制緩和を主な内容とする構造調整政策の実施が課されることとなった。ここで、この経済安定化・構造調整政策の詳細については立ち入らないが、そのポイントを簡単に記せば以下のように整理できるだろう。

　すなわち、IMFや世銀の狙いは、まず経済安定化政策の目的として、債務・経済危機により、高インフレ等のマクロ経済不安定に陥ったラテンアメリカ諸国の経済を安定化させた後、（短期的には）累積した対外債務の支払を再開させ、また中長期的には、この債務危機の背景を成した対外借款をはじめとする外国資本に大きく依存した経済構造からの脱却を図るべく、輸出拡大を通じ自前で十分な外貨を稼ぎ出せる経済体制を創出することにあった、と考えられる。つまり、この考え方によれば、この新たな輸出経済体制を創出し、それをうまく軌道に乗せるためには、国内経済の抜本的な構造変

化、すなわち、貿易や投資、為替レートの自由化や国営企業の民営化をはじめとする国内経済の経済自由化・規制緩和（構造調整政策）が必要不可欠であり、それによりこれら諸国に比較優位のある産業の国際競争力が強化され、持続的な輸出拡大への道が開かれると整理できよう。そして、このことは開発戦略上、それまでの「内向き」の輸入代替体制から、「外向き」の自由化・輸出指向への180度の転換を意味していた。

このように、累積債務問題を契機として、両国（広くいえばラテンアメリカ諸国）には、いわば自由化・グローバル化の圧力が重くのし掛かってくることになるが、これへの対応はメキシコとブラジルでは異なり、その後、両国は徐々に対照的な道を歩むようになる。冒頭で掲げた「FTA型」と「地域統合型」という二つの開発戦略のあり方（理念型）は、こうした圧力に対する一種の反応として考えることできよう。

それでは次節ではまず、こうした圧力にいわば忠実に従ったと考えられるメキシコの事例から、この1980年代以降の新展開について具体的にみていくことにしよう

### （1） FTA大国―メキシコ

メキシコは現在（2014年11月の執筆時現在）、世界の40以上の国・地域とFTA［自由貿易協定（経済連携協定EPAを含む）］を締結しているFTA大国である。なかでも、同国は、世界の三大市場である米国とEU（欧州連合）、そして日本のすべてとFTA（EPA）を締結、発効させている。この三大市場とFTAを締結しているのは他に南米のチリがあるが、メキシコはそれに加えて、製造業、とりわけ本稿の対象とする自動車産業の一大生産拠点を有しており、このことが世界的にみて、メキシコ自動車産業に独特の地位を与える結果を生んでいるといえる。

このように、現在では、「FTA大国」や「FTA先進国」と形容されるほど、メキシコは近年、自由化・グローバル化志向を強めてきたが、その大きな転機となったのが、先述の80年代初頭の累積債務危機を契機とする自由化

圧力であり、それを受けて同国で本格的に自由化・輸出志向の動きが本格化するのは、サリナス政権期（1988-1994）以降であった。まず、貿易自由化の動きからみると、平均関税率は1990年までに、85年当時の23.5%から12.5%にまで大きく引き下げられ、最高関税率も20%という低水準となった（Lustig［1998］：pp.117-120）[5]。また外国投資の面でも1989年、そして1993年の外資法改正（新外資法）によって、基本的には一部の規制業種を除き、外資を内国民待遇とする新たな姿勢が打ち出され、無条件で100%外資出資が認められるようになるなど、大幅に自由化されるに至った[6]。そして、このような自由化路線の総決算が、同政権期に進められたNAFTA（北米自由貿易協定）の締結であったといえよう。

　自動車産業においても、このメキシコ経済全体の自由化の流れと当然無縁ではなく、80年代以降、その産業政策の重心は、先述した国家の保護に基づく国産化・輸入代替路線から、自由化・輸出志向路線へと傾斜してきたが、この新たな立場を最も鮮明に示したのが、1989年に公布された新自動車令であった。すなわち、1962年の第1回自動車令から数えて5回目となるこの政策は、上記のように1962年以降、政策的に一貫して掲げてきた輸入代替路線を事実上放棄し、輸出志向一辺倒へと傾斜した点、そして輸出拡大のために必要とされる種々の規制緩和や自由化を断行したところに大きな特徴がある。より具体的には、（1）国産化率（同自動車令より国内付加価値率へ名称変更）の段階的引き下げに代表される部品調達の自由化、（2）（各自動車メーカーに課される）貿易収支の均衡義務に関する規制緩和、（3）（貿易収支黒字の下での）新車輸入の自由化、（4）部品セクターに対する外資の出資比率規制の撤廃[7]——等の政策が打ち出された。そして、この新自動車令およびそこで定められた自由化プロセスは、NAFTAのスケジュールと連動しながら進展し、2004年以降、NAFTA体制へと完全に組み込まれることとなった。すなわち、元々、国内の自動車産業育成を目的に制定されてきた自動車令は2003年末を以って事実上廃止となり、その歴史的役目を終えることとなったのである。また自動車産業においては、FTAを締結していな

いブラジルやアルゼンチン等と、同産業内の貿易自由化（自動車貿易協定）を進める動きもみられた[8]。

　以上述べてきたように、80年代後半以降のメキシコは、元々は IMF や世銀による対外的な条件・制約（構造調整圧力等）に基づくものであったと考えられるものの、ある意味、その期待（想定）以上に自ら積極的に自由化・グローバル化路線を推し進めてきたといえよう。IMF や世銀の考え方が新古典派経済学をベースとしていることを考慮すると、同国はいわば、オーソドックスな経済学の『教科書』通りの政策を展開してきた、といえるであろう。この"自由化の優等生"メキシコに対して、ブラジルではどのような展開が繰り広げられたのであろうか。

## （2）　自由化から再保護化へ（地域統合型）－ブラジル

　累積債務危機に陥ったラテンアメリカ諸国ではまず、（貨幣価値の下落等による）高インフレ（ハイパー・インフレ）問題に悩まされることになった。この問題に対しては、上述の通り、総需要抑制に基づく経済安定化政策が IMF 等によって提示され、多くのラテンアメリカ諸国は、この"オーソドックス"な安定化政策を採用していったが、ブラジルではこれとは一線を画す"ヘテロドックス"と呼ばれるインフレ抑制策（1986年の「クルザード計画など」）が採用された。このヘテロドックス政策は、インフレ沈静化のため、賃金や価格の凍結、為替レートの固定化といった強制的な手段をとることをその主な内容としていたが、同国でそのような政策が採用された背景には以下のような政策判断や政治・経済的要因があったと考えられる。すなわち、イナーシャル・インフレ（慣性インフレ）が存在する社会では、インフレ期待は下方硬直的であり、そのため、"オーソドックス"な安定化政策は、インフレ沈静化に期することはなく、もっぱら総需要抑制を通じて、深刻な景気低迷のみが帰結されてしまう。その上、この総需要抑制には、貧困層に対する政府の補助金カットも含まれるため、このような政策は社会的コストが非常に高く、同国のような経済・社会格差が深刻な社会では採りにく

い。そのため、社会的コストを伴わないと考えられた賃金や価格等の凍結といったヘテロドックス政策が採用されたと解釈できよう。また同国ではちょうどこの時期、軍政からの民政移管（民主化）が進行していたという政治的事情も、同政策採用の背後の要因として考えられるだろう。

このように同国は、80年代の累積債務危機後の展開において、その当初から"オーソドックス"な圧力（マネタリズム）に抵抗する姿勢を見せてきたといえるが、これはそもそも80年代に始まった話ではなく、その根っこには、主流派経済学（マネタリスト）に対する、主にブラジルをはじめラテンアメリカで生まれた構造学派の批判的立場があり、両者は、有名な"インフレ論争"に代表されるように、1950年代以来、学問論争を繰り広げてきた。

このようなヘテロドックス政策は、しかしながら、一時的なインフレ抑制には効いたものの、（中・長期的に）インフレを抑え込むことには失敗した。インフレの原因としては、イナーシャ（慣性）もあるであろうが、より基本的な要因としては財政赤字問題があり、同政策はこれを解決できなかったため、結局のところ、インフレ期待を沈静化させることができなかったからである[9]。このブラジルにおける長年のインフレ問題の収束をみるには、所謂「レアル・プラン」が実行される90年代半ばまで待たなければならなかった。

他方、自国経済の自由化（構造調整圧力）の面では、同国はどのような対応をみせたのであろうか。

ブラジルでは、メキシコよりも少し遅れ、1990年に大統領に就任したコロル政権期に、貿易自由化が着手された。工業製品の平均関税率は90年に、それまでの90％から43％へ、さらに90年の「産業貿易政策指針」によって94年には14.3％へと、急ピッチで引き下げられた（小池［2002］：52）。また、上述した「類似品法」も廃止され、貿易戦略については基本的に非関税障壁を撤廃、保護手段としては関税政策のみを用いるという考え方へと転換した。自動車産業においても同時期に自由化が開始され、完成車に対する輸入関税は（自由化前の）85％から、90年には45％へ、そして93年8月に

35％、94年9月には20％にまで大幅に引き下げられるに至った（小池［2000］：231）。

このように、ブラジルでも1990年以降、本格的な経済自由化路線が始まったが、それは結局のところ、持続性に欠いていた。こうしてブラジルは90年代半ば頃から、上述のメキシコとは大きく異なる道を歩むこととなったが、その直接的な要因は、貿易自由化がもたらした輸入の急増という問題であった。以下、この自由化着手後の展開について、自動車産業の事例を中心に具体的にみていこう。

自動車産業における貿易自由化の影響はまず、輸入車の急増（国内生産の低下）という形となって現れた。この過程で既存の自動車メーカーも、国産から輸入へと切り替える動きをみせた。1990年には3000万ドルに過ぎなかった同国の自動車輸入は、94年には18億4000万ドル、95年には38億6300万ドルに達した。台数ベースでは1990年の約100台から、95年の約36万9千台にまで急増、国内総販売に占める輸入車の割合（台数ベース）は、90年のほぼゼロの状態から95年1月には35％を超えたのである。自動車部品セクターにおいても同様で、90年には約8億3700万ドルだった部品輸入は、95年には約27億8900万ドルにまで急増した[10]。ブラジル（全体）の貿易収支も95年以降、赤字に転落することになるが、その最大の要因がこの自動車関連の輸入であったといわれている。

こうした状況を前にして、ブラジル政府が採用した対策が、同産業の再保護化への動きであった。すなわち、自動車（完成車）の輸入関税は95年2月に20％から32％へ、さらに同年3月には70％へと引き上げられ、ほぼ自由化前の水準に戻った。

またこの時期、自動車産業にも大きく関与する動きとして重要なのは、1995年1月に、ブラジル、アルゼンチン、ウルグアイ、パラグアイとの間で、関税同盟型の地域統合であるメルコスールが発効したことである。こうした90年代以降の保護主義の問題については後でも詳述する。

このように、ブラジルでは90年代に入って、経済自由化の動きがスタート

したが、それが招いた帰結、すなわち、輸入の急増と、それによる貿易収支の悪化や国内生産の低下の問題を受け、自由化開始5年後には再保護化の動きをみせ、またこの保護主義は、一国レベルにとどまらず、高い域外関税率を有する地域統合化の動きをも伴った。

以上、本節でみてきたように、1990年代以降、メキシコでは積極的な対外開放路線、すなわち、本稿の用語を用いれば「FTA型（グローバル型）」の発展戦略が継続的に遂行されていったのとは対照的に、ブラジルでは、「地域統合型（保護主義型）」と呼べるような「内向き」の発展戦略が展開されるようになった。

しかし、ここで留意すべき点は、1990年代以降、一般的な世界経済・各国経済の趨勢として、経済グローバル化や"ボーダレス・エコノミー"化が進む現代社会のコンテクスト下において、再保護化や「地域統合型（保護主義型）」の発展パターンといっても、それは、上述した過去の保護主義（1960年代頃からの輸入代替工業化）時代とは大きく状況が異なっているという点である。その違いは主に、国内市場の競争状況や、保護政策（産業政策）のあり方および、それが企業（自動車産業でいえば、完成車メーカー、部品メーカーそれぞれ）に与える影響等の面でみられるが、これら問題については、自動車産業の事例を基に、次節以降で扱うこととしたい。

## 3　メキシコ自動車産業の発展パフォーマンスとその課題

### （1）　パフォーマンスの変化：輸出成長と新クラスター（中・北部クラスター）の形成

上述したFTA型（グローバル型）の発展パターンを採用したメキシコにおける自動車産業の特性や発展パフォーマンスはどのように変化したのであろうか？

まず特筆すべきは、（1）完成車やエンジン等の部品輸出の爆発的拡大である。そして、この輸出は主に米国市場向けであったことから、（2）距離

的に近い同国の北部地域に、新たな自動車および同部品工場が建設され、新しい自動車産業クラスターが形成されていった。しかしその他方で、この自由化路線の下での輸出拡大戦略は、部品輸入の急拡大をも招き、その背後で進行した、第二次 ISI 期には存在していた中小・零細部品メーカーの淘汰等を通じ、（3）裾野産業（サポーティング・インダストリー、以下 SI で表記）の弱体化および SI の構造的脆弱性という問題を生み出した。そして最後に、上述した89年新自動車令による部品セクターに対する外資の出資比率規制の撤廃を背景に、（4）完成車セクターと同様、部品セクターにおいても、外資企業中心の構造となった。まず、（1）と（2）のポイントから具体的にみていこう。

図5-1は、累積債務危機が起こった1982年から2013年までのメキシコ自動車産業の輸出額推移（部品輸出を含む）を示している。

**図5-1　メキシコ自動車産業における輸出額推移（1982～2013）**

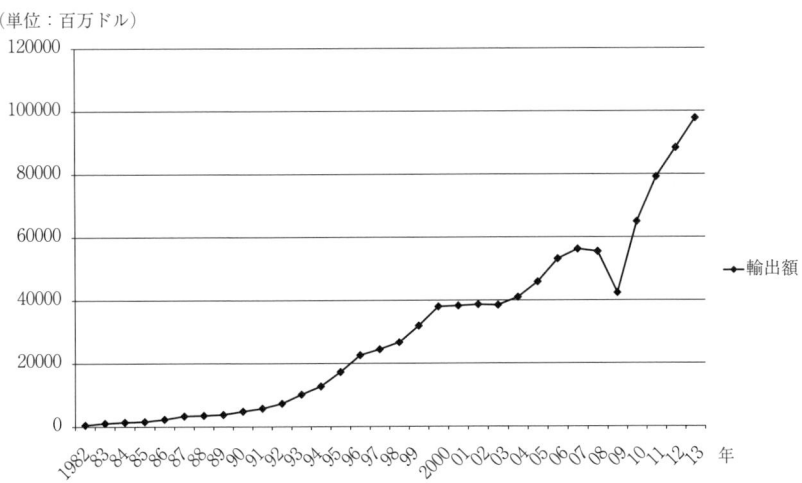

（出所）　INEGI, *La industria automotríz en México*（各年版）。但し、1993～2013年のデータは INEGI Webpage（http://inegi.org.mx/inegi/）の Banco de Información Económica（BIE）を参照。

それによると、同産業の輸出は、上述のように、まさに輸入代替路線から自由化・輸出志向路線へと180度転換した80年代末頃（89年の新自動車令）から、大きな増加傾向を示し、リーマンショックとその影響がみられた2008〜09年を除き、ほぼ一貫して右肩上がりに急成長を遂げてきたことが分かる。82年の輸出額が約5億3300万ドルであったのに対し、2013年のそれは約977億8100万ドルと、この約30年の間に同産業は180倍以上の輸出成長を遂げた。その伸び率という点でみると、とりわけリーマンショック以降の上昇率の高さが目を引き、近年、輸出水準をさらに一段と切り上げてきていることがわかるが、これは、米国を震源地とする同ショック以降、メキシコが、他のラテンアメリカ諸国等との積極的なFTA締結を背景に、それまでの米国（北米）市場一辺倒からの脱却（輸出市場の多角化）を進めてきたことと大きく関係していると考えられる[11]。このように、80年代末頃以降、同国が継続的に推進したFTA型（グローバル型）の発展戦略は、同国の主要産業である自動車産業の驚異的な輸出成長となって表れたのであり、こうして、この30年位の間に、「内向き」から「外向き」へと、その発展パターンは大きく変貌を遂げたのである。

　それでは次に、完成車の生産および輸出動向について確認しておこう。この点は、次節のブラジル自動車産業の発展パターンとの比較の上で重要となる。図5－2は、1988年から2013年までのメキシコ自動車産業における完成車（乗用車＋商用車）の全生産台数と、そのうちの輸出台数の推移を示している。

　同図より、まず全体的な動向を確認しておくと、94年末のメキシコ通貨・経済危機（テキーラショック）直後の95年、米国における景気後退局面の2000年代前半、またリーマンショックの翌年の2009年を除き、おおむねメキシコの自動車生産・輸出台数は一貫して右肩上がりに拡大を続けてきた。2013年の生産台数は約293万台と、300万台水準へと到達する勢いであり、世界的には、8番目の自動車生産大国（2013年末時点）の水準に位置している。そして、生産に占める輸出の割合は、90年代半ば、すなわち、NAFTA

図5-2 メキシコ自動車産業における完成車の生産台数・輸出台数の推移（1988～2013）

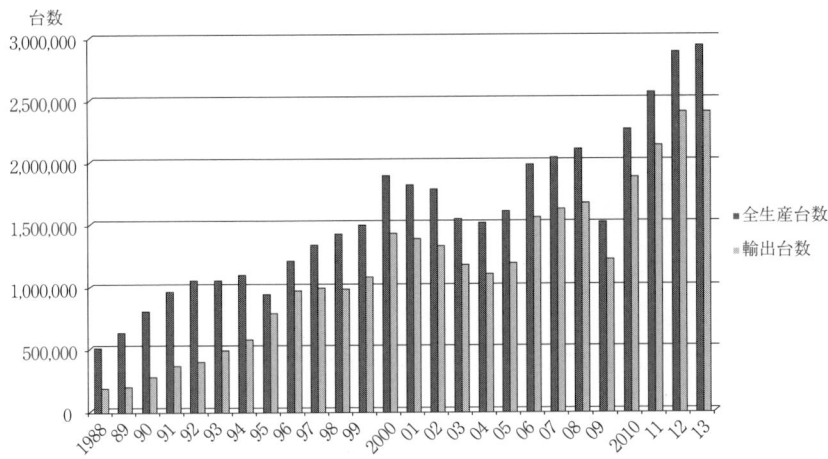

（出所）AMIA（Asociación Mexicana de la Industria Automotriz）, *Boletín de Prensa de Enero 2014*（2014年1月）より作成。

（北米自由貿易協定）の発効した94年の翌年頃から、大きく上昇、その後もその割合（輸出比率）は高い水準を維持し、輸出が同国の完成車セクターの成長を主導してきたことがわかる。世界への輸出台数でみると、冒頭に述べたように、メキシコは世界第4位の自動車輸出大国である。2013年の全生産約293万台のうち、輸出台数は約241万台であり、その輸出比率は約82％にまで達している。実に国内生産の8割以上が輸出に向けられていることになる。逆にいえば、メキシコ国内市場向けの生産は52万台程となるが、これは、同年の国内市場規模（約106万台）（AMIA［2014年1月］Ibid.）の半分以下しか国内生産によっては提供されておらず、残り約半分は輸入車によって市場が満たされていることを意味する。300万台規模の生産水準がありながら、その1/3の規模である国内マーケットの約半分にしか供給されていないというところに、メキシコ自動車産業の発展形態の特異さないし独特の特徴をみてとることもできようが、このように、同産業は80年代末以降、輸

出に大きく依存した発展パターンを辿ってきたのである。

　このような発展パフォーマンスの変化の背後には、上述したメキシコ政府によるFTA型（グローバル型）の発展戦略の採用・継続的遂行があった訳であるが、留意すべきは、この驚異的な輸出成長パフォーマンスを、同国政府の開発戦略のみによって説明することはできないという点である。メキシコ自動車産業においては、ブラジルの場合と同様、自動車生産は専ら多国籍企業（多国籍自動車メーカー）によって担われており、このメインアクターである多国籍企業の利害や戦略分析なくして同産業の発展パフォーマンスを理解することはできない。この点、すなわち、企業（多国籍企業）の利害・戦略に目を向ける重要性は、上述のように、メキシコ自動車産業においては既に1970年代初頭から政府による積極的な輸出振興策が採られてきたものの、80年代中頃まで輸出は低調であったということからも伺えよう。

　それでは、この同産業の輸出成長を支えた多国籍自動車メーカーの利害・戦略はいかなるものであったか。それは大きな文脈で捉えれば、1970年代後半頃からの世界の自動車産業の再編問題と大きく関係しているが、要するに、同産業の輸出成長の背後には、多国籍企業によるメキシコでのオフショア生産戦略の展開、すなわち、生産コスト低減策の一環として、メキシコを自動車および部品の生産・輸出拠点として位置付けようとする多国籍自動車メーカーの戦略が一般化していったというファクターが存在した。この世界的な自動車産業の再編問題については本稿では詳しく立ち入らない[12]が、ここではそのポイントとして、需要面では、70年代後半頃から先進諸国が「低成長経済」時代へ移行したこと、供給面では、戦後復興を果たした日本や欧州の自動車メーカーが急成長し、それまでの米国一極から多極化へ移行したことを背景に、多国籍企業間（主に米・日・欧州企業間）の競争が激しくなってきたことを反映し、コスト削減圧力が益々高まり、発展途上国の低賃金労働力を利用したオフショア生産戦略が普及、一般化していったという流れを押さえておきたい。

　このような世界の自動車産業（企業）再編の過程のなかで、まず、（本国

の米国市場で日本メーカーからの輸出攻勢を受けた）米国自動車メーカー（ビッグ３）が80年代初め頃から、メキシコの北部地域（米国から地理的により近い地域）でオフショア生産戦略を開始する動きをみせる[13]。すなわち、GM（General Motors）は、コアウイラ州・ラモスアリスペ市に、新工場を建設、エンジン等の主要部品や乗用車を（米国市場に）輸出する戦略を始め、フォードも、チワワ州（同市）に新工場を建設、エンジンの輸出を開始したほか、ソノラ州・エルモシージョ市の別の新工場にて、乗用車の輸出戦略も展開するようになった。このような動きを受け、日本の日産自動車も、首都メキシコ市よりも北部のアグアスカリエンテス州（同市）に新工場を建設、主に米国市場向けに乗用車や主要部品の生産を83年から開始した。

　上述したように、メキシコでは60年代初頭より自動車の本格生産が始まったが、この第二次ISI期においては基本的にメキシコ国内市場向けの生産であった。そのため、同産業は人口が稠密な首都圏およびその近郊（メメキシコ州およびその近郊）を中心に発展を遂げていったのであるが、80年代以降、これら多国籍自動車メーカーが従来の（首都圏の）工場とは別に、（米国への輸出上、立地的に有利な）北方の地域に新工場を建設、オフショア生産戦略を展開するなかで、同国の北方の地域に、徐々に新たな自動車産業クラスターが形成されていったのである。このように、80年代以降、徐々に本格化した「外向き」の発展パターンは、同産業の地理的再編をも伴うこととなった。ただ、新たな産業集積といっても、後述するように、それは決して十分なレベルとはいえず、これが、自動車（完成車）の生産・輸出拡大路線のなかで、脆弱なSI問題という発展上の課題をもたらすこととなったのであるが、それは、同国が推進してきた自由化・輸出志向戦略の帰結（限界）ともいいうる側面を有していた。

### （２）　自由化・輸出指向戦略の帰結：SIの脆弱化問題

　これまでに確認したように、80年代末頃からの自由化・輸出志向路線［FTA（グローバル）型の発展戦略］は、目覚ましい輸出成長をもたらした

が、それはまた同時に、輸入の急増も伴った。図5-3は、1983年から2013年までの同産業の輸入額推移（部品輸入を含む）を示している。

それによると、同産業の輸入額は、先の輸出額の場合と同様、自由化が本格化した80年代末頃から急増し、また1995年、2000年代前半、2009年頃を除き、基本的に一貫して右肩上がりに増大を続けてきたことが分かる。このように、同産業の輸出成長は、輸入増大をももたらしたのであるが、全体の輸入のうち、大きな部分を占めてきたのが部品関連の輸入である（芹田［2000］等を参照）。

こうした部品輸入増大の背景には、多国籍自動車メーカーの調達政策の変化があった。すなわち、上述したように、第二次ISI期においては厳しい国産化義務が課されていたが、89年の新自動車令以後、部品調達についても大幅に自由化されるに至り、自動車メーカー各社は、サプライヤーの選別化傾

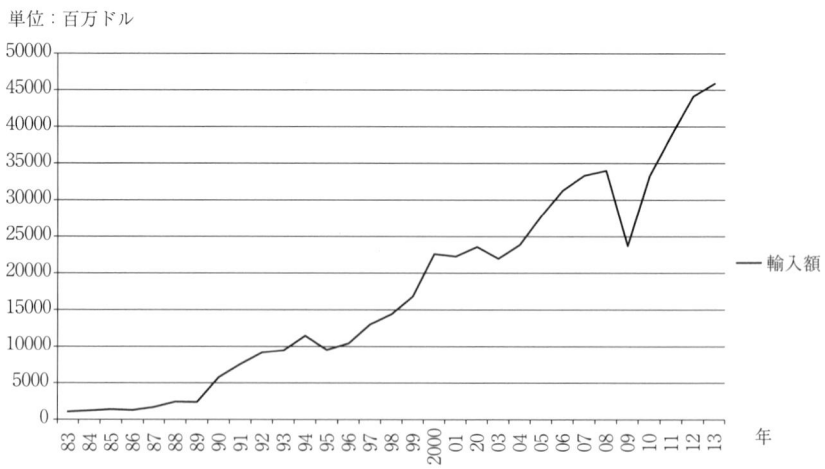

図5-3　メキシコ自動車産業における輸入額推移（1983～2013）

（出所）INEGI, *La industria automotriz en México*（各年版）。但し、2000～2013年のデータはINEGI Webpage（http://inegi.org.mx/inegi/）の Banco de Información Económica（BIE）を参照。

向を強めるとともに、国産部品から輸入部品への切り替えを進めた。一般に、同産業のメインの輸出先である米国をはじめとする先進国市場向けの輸出は、品質・コスト・納期（QCD）等の面での要求水準が高く、厳しい競争原理が貫かれることから、輸出志向の流れが強まるなかで、これらの面において競争優位にある輸入部品への選好が高まったからである。例えば、ビッグ3のフォードは90年代以降、サプライヤーに対し、ビック3共有の品質規格であるQS9000の認証取得を要請してきたといわれる。同国の部品セクターにおいては、先に確認したように、89年の新自動車令までは外資の出資比率規制（40%以下）が敷かれ、従来、メキシコ資本の部品メーカーを中心に発展を遂げてきたが、このような自動車メーカーの調達政策の変化は、外資の先端技術へのアクセスを持ち得ない、経営資源に限りのある現地資本の中小・零細企業を中心とする部品メーカーの淘汰を余儀なくさせる、ということを意味しよう。また新自動車令では、部品メーカーの調達活動についても大幅に自由化され、その結果、一次サプライヤー（Tier 1）の調達、すなわち、二次以下の部品については、現地調達率がゼロの水準でも特段問題はなくなり、事実上、保護的規制は解除された。INA（メキシコ自動車部品工業会）の試算によると、80年代末以降の自由化の過程で、部品メーカーは、競争力の弱い中小・零細企業（主にTier 2以下のサプライヤー）を中心に200社ほど淘汰され、その数は自由化前の約600社から、90年代初頭に400社程まで減少した（約35%の減少）という[14]。

　以上述べてきた問題は、QCD等における国際競争力を含め、SIの基盤（産業構造）が元々、十分に確立されていない同国（一般的には発展途上国）においては、「輸出拡大路線」と「国産化水準（現地調達率）の向上」の間には一定のトレード・オフ関係が存在することを示唆しているといえよう。

　このように90年代以降、中小・零細を中心に現地資本の部品メーカーが淘汰される一方で、上述のように、多国籍自動車メーカーの北方地域への工場新設に伴い、Tier 1を中心に、外資部品メーカーによるメキシコ進出が相次ぐようになった。新自動車令で外資の出資比率規制が解除され、100%単独

出資が可能になったことも、外資の進出を促すファクターとなったであろう。このようにして、同産業では、部品セクターにおいても、外資中心の構造が確立されていった[15]。

日本貿易振興機構（ジェトロ）の調査報告書（2012年1月）によると、メキシコにおける部品メーカーの数（INA に登録している企業）は940社であり、そのうち、Tier 1 が415社（全体の44％）、Tier 1 兼 Tier 2 が287社（同30％）であるのに対して、Tier 2 は221社（同24％）、また Tier 3 は17社（同2％）に過ぎない。一般に、（理想的な）フルセット型の産業構造では、完成車部門→ Tier 1 → Tier 2 → Tier 3 と、産業の後方連関部門へいけばいくほど、企業数も多くなるというピラミッド型の構造となっているが、メキシコにおいては、それが逆ピラミッドの構造となっており、産業の裾野（SI）が脆弱であるという課題を抱えているが、これは、上述のように、80年代末以降のドラスティックな自由化・輸出志向路線の帰結ともいえよう。また同国は、この特に Tier 2 以下の SI の脆弱性に加えて、さらに後方の連関部門、言い換えれば産業の一番川上に属する素材産業（自動車産業では、自動車用の鋼板やプラスティック樹脂等）も弱点であるという問題を抱えている（中畑［2014］：12）。

SI の発展はいうまでもなく、国内の雇用拡大や国内付加価値の増大、技術発展（蓄積）に大きく寄与するだけでなく、貿易収支の安定化を通じ、マクロ経済を安定的に維持・管理するという点においても重要な鍵を握っており、その育成問題は非常に重要な政策的課題であるといえる。

もっとも、今後、さらに完成車の輸出が増えれば、Tier 1 のマーケット（ビジネスチャンス）がさらに拡大し、それが Tier 2 以下における投資および生産拡大を誘発していく可能性はある。しかし、FTA 型（グローバル型）、言い換えれば、自由化・輸出志向路線の下では基本的に上で述べたような一定のトレード・オフ関係があること、また特に電子部品に象徴されるように、Tier 2 以下が扱う中・小型部品については、輸送コストも小さい上、資本集約的な側面があることから、一地域（既存の生産基盤のある場

所）で集中生産される傾向もあること等を踏まえると、政府の積極的な産業政策（SI振興策）を伴わなければ、SI（特にTier 2以下）の脆弱性の問題はなかなか解決しない可能性も高いと考えられよう。

## 4　ブラジル自動車産業の発展パフォーマンスとその課題

### （1）　ブラジル自動車産業の急成長とその要因：メキシコと対照的な発展パターン

上述のように、80年代末以降、「外向き」（輸出志向）の発展パターンを辿ってきたメキシコ自動車産業とは対照的に、ブラジルの自動車産業は、90年代初頭に自由化（外向き）を経験した一時期を除き、50年代末の第二次ISI開始以降、基本的に一貫して国内市場中心（内向き）の発展パターンを辿ってきた。そのため、メキシコとは違い、国内マーケット規模（の成長）が、ほぼそのまま国内生産規模（の成長）に繋がるという構造を有している。

ブラジルにおける自動車マーケットは今や世界第4位の規模を誇り、また生産台数の面でも世界第7位の自動車生産大国（何れも2013年末時点）となっているが、同国の自動車市場・産業が飛躍的な成長を開始したのは2000年代半ば頃からであった。以下、簡単に成長の軌跡を確認しておこう。

図5-4は、1980年から2013年までのブラジル自動車産業における生産台数・輸出比率の推移を示している。それによると、同国の自動車生産は、累積債務危機前の1980年には約116万5千台と100万台超えを記録した後、80年代の「失われた10年」の頃には80万台規模にまで落ち込む時期もあったが、80年代末頃から回復傾向を示し、また、同国経済を長年悩ましてきたインフレ問題を収束させた94年の「レアル・プラン」以後はさらに安定的発展の軌道に乗っていった。しかし、2000年代半ば頃までは概ね150万台前後の規模で推移していた（但し97年には約207万台の生産を記録した）。このいわば安定的均衡状態から抜け出し、一気に成長が加速し始めるのが、ルーラ労働者党による政権運営が開始する2003年頃からである。すなわち、完成車（乗用

車＋商用車）の生産台数は、2002年の約179万2千台から、2004年には約231万7千台へ、2008年には約328万6千台へと300万台を突破、2013年も約371万2千台を記録し、わずか10年位の間に200万台近くも生産を伸ばした。

このような同産業における急成長の背景には、ルーラ政権（2003〜2010年）および同政権の路線を引き継いだルセフ政権（2011年〜現在）下で積極的に展開された貧困層をターゲットにした手厚い社会政策と、それを通じた中間層の急速な台頭（国内マーケットの拡大・底上げ）という経済・社会構造の変化がある。代表的な社会政策としては、貧困層世帯に直接補助金を供与する「ボルサ・ファミリア（Bolsa Familia）」や、低所得者向け住宅政策の「ミーニャカーザ・ミーニャヴィーダ（Minha Casa, Minha Vida［私の家、私の人生］）が挙げられる。このような労働者党政権の下で強く推し進められてきた社会・福祉政策等を背景に、同国におけるC層と呼ばれる中間層（月収1734レアルから7435レアル未満）の人口割合は2001年には全体の

**図5-4 ブラジル自動車産業における生産台数・輸出比率推移（1980〜2013）**

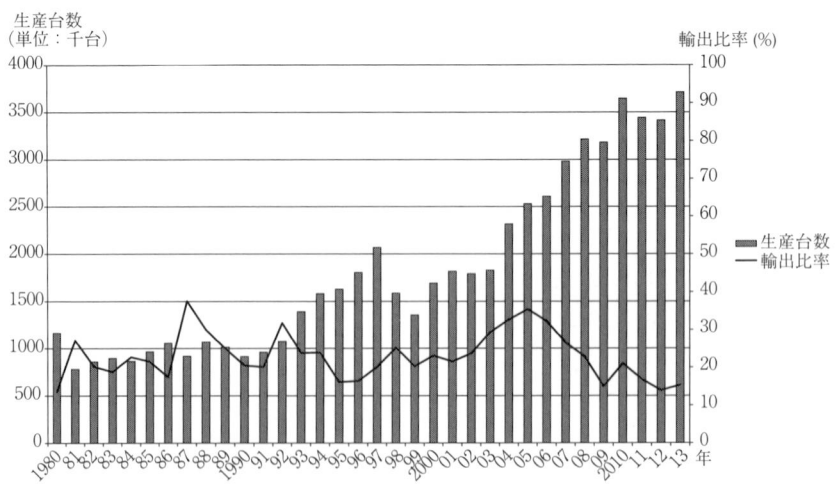

（出所）Anfavea, *Anuário da Indústria Automobilística Brasileira 2013*（p.59, 75）およびAnfavea webpage（http://www.anfavea.com.br/tabelas.html）（2013年データのみ）より作成。

38.64％であったが、2009年頃には過半数に達し、2011年には55.05％にまで上昇した。その一方で、低所得者層のD・E層（D層：月収1085レアルから1734レアル未満、E層：月収1085レアル未満）の人口割合は、2001年の53.62％から2011年の33.19％にまで大幅に減少した（経済産業省［2012］：132）。

　こうしたブラジル自動車産業の事例は、元々、若年層を中心に人口が多く、マーケットの潜在力のある国において、積極的な社会政策が伴えば、爆発的な成長をもたらすことを示しているといえよう。

　他方、図5-4より、国内生産に占める輸出の割合（輸出比率）をみると、国内市場が低迷した80年代の所謂「失われた10年」の頃など一時的に30％を超えた年もあるが、基本的には20％前後で推移し、特に国内市場が急速に拡大し始める2000年代半ば以降、その比率は大きく低下し、国内志向をより強めてきているが読み取れよう。

　また輸出比率が20％といっても、同国の輸出はアルゼンチンをはじめメルコスール域内向けが全体の約6割を占め（2010年）、このメルコスールは対外共通関税を有する関税同盟型の地域統合の性格が強いことからみても、同産業が基本的に「内向き」の発展パターンに特徴付けられている点が窺い知れよう。

　このように、ブラジルの自動車産業の発展パターンは、上で確認したように、「輸出8割・国内市場2割」のメキシコ自動車産業のそれとはまさに好対照をなしているといえよう。しかしその一方、両者は、既述のように、（1）多国籍企業が産業のメインプレーヤーとなっていること、（2）車種別にみると、生産および市場の中心は、小型車であること等、共通した特徴も有している。さらに留意すべきは、発展上の課題についても、所謂「ブラジル・コスト」に由来するコスト高など、ブラジル特有の問題が存在する一方で、両者は共通した問題も抱えているという点である。この点こそ、本稿で主に取り上げたい主要テーマであり、その主な狙いは、実際の政府による政策ツールや政策内容を精査することを通じて、現代の世界経済のコンテクス

ト下における"保護主義"のあり方やその内容を捉え返すという点にある。最後に、この点について検討する。

### （2） 経済グローバル化時代における"保護主義"のあり方―メキシコと共通する課題

　上述のように、ブラジル自動車産業・市場は、2000年代半ば頃より急速に拡大し、世界第4位のマーケット規模を誇るまでに著しい成長を遂げてきたが、その一方で、発展上の課題はどこに見出されるのであろうか。ここでは、ブラジルの産業問題を論じる際、よく指摘される同国の種々の税コスト等に由来する「ブラジル・コスト」の問題は一先ず置いておき、先のメキシコ自動車産業と共通する課題、すなわち、お互い対照的な発展経路を歩んできたにもかかわらず、両国で共通する発展上の問題について指摘しておこう。それは一言でいえば、完成車生産の急拡大に伴って、部品輸入も急増しているということ、その意味で、ブラジルにおいても国内のSIの役割・機能が十分に果たされていない、という点にある。

　図5-5は、2003年から2013年までのブラジル自動車産業における自動車部品の輸入額および貿易収支の推移を示している。上で確認したように、同国の自動車（完成車）生産が急拡大し始めるのが2003年頃からであるが、その年以降の部品輸入の推移をみると、それは、リーマンショック翌年の2009年を除き、一貫して右肩上がりに増大傾向を示していることがわかる。そして同部門（自動車部品産業）における貿易収支も2007年から赤字に転じ、その赤字幅も拡大してきていることが同図より読み取れる。2013年の貿易赤字は約10億ドルまでに達している。そして、Sindipeças（ブラジル自動車部品工業会）によると、この全体の部品輸入（部品輸入総額）のうち、約6割が完成車メーカーによる部品輸入であるとされ、ブラジルで生産する完成車メーカーが、輸入部品への選好を高めてきていることが伺える（Sindipeças [2012]）。

　それでは他方、完成車の輸入についてはどのような推移を辿ってきたので

**図5-5 ブラジル自動車産業における自動車部品の輸入額および貿易収支推移（2003〜2013）**

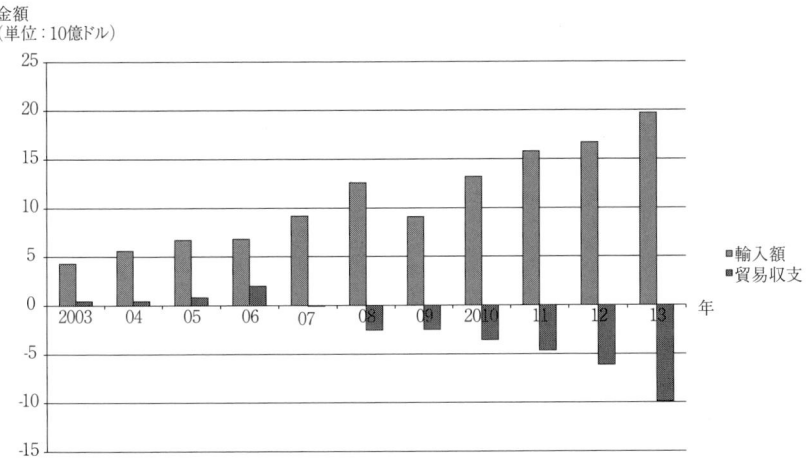

（出所）Sindipeças (Sindicato Nacional da Indústria de Componentes para Veículos Automotores), *Relatório de Análise das Importações Brasileiras* (Maio 2012), *Relatório da Balança Comercial de Autopeças* (Fevereiro 2014) より作成。

あろうか。図5-6は、1990年から2013年までのブラジル自動車産業における完成車両の輸入台数推移を示している。図5-5とは対象年数の違いはあるものの、完成車の輸入動向を、部品輸入のそれ（図5-5）と比較すると、興味深い点が浮かび上がってくる。それは、完成車輸入の場合、輸入が一定期間、増大傾向を示した後は調整され、増加から減少に転じているという点である。

前節において、1990年に同産業の輸入自由化が開始、完成車輸入が急増したことを受け、90年代半ば頃に再保護化の動きがみられたことについて述べたが、図5-6は、こうした動きをよく物語っているといえよう。すなわち、同図によると、完成車輸入は90年より徐々に増大するが、95年にピークを打った後は減少に転じ、その後、90年代後半にやや増加傾向を示すものの、全体としては2000年代半ば頃までは減少トレンドを辿ってきた。

また同図は、既述のように、国内の自動車生産および自動車市場が急拡大し始める2000年代半ば頃から、自動車（完成車）の輸入も急増してきたこと、しかしそれも2011年をピークに、12年からは減少に転じていることを示している。他方、既述のように、自動車部品の輸入は2000年代半ば以降、基本的に一貫して増大傾向を続け、完成車輸入とは対照的な動きをみせている（図5-5参照）。

このように輸入動向について両セクター間で異なる動きをみせている背景を読み解くためには、同産業に対する政府の産業政策のあり方、本稿のテーマに合わせて言い換えるならば、保護主義のあり方やその政策内容を詳しく検討していく必要がある。以下、90年代半ばに採られた再保護化の動きから振り返ってみていこう。

90年代に入ってからの自動車輸入の急増に対し、ブラジル政府が自動車（完成車）の輸入関税を95年2月に20%から32%へ、さらに同年3月には70%へと引き上げ、ほぼ自由化前の水準に戻したことは前節で述べたが、

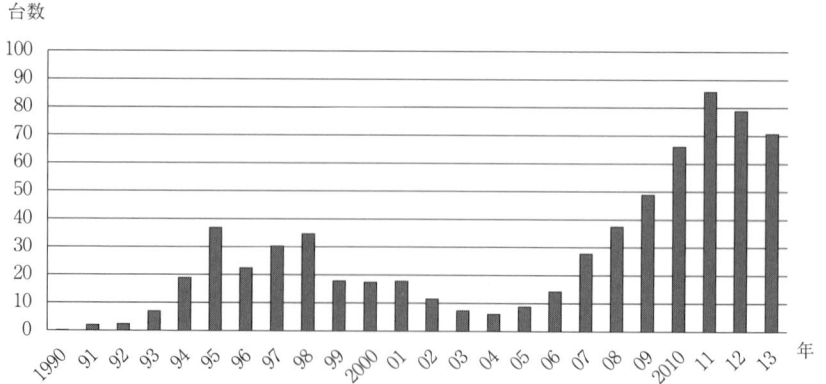

図5-6　ブラジル自動車産業における自動車輸入台数推移（1990～2013）

（出所）Anfavea, *Anuário da Indústria Automobilística Brasileira*（2013：p.70, 2014：p.70）より作成。

同国政府はさらに同年、自動車規則と呼ばれる新たな産業政策を策定した。その主な内容は以下の通りである。すなわちそれは、国内で操業する個々の組立メーカーに対し、それぞれ輸出入バランス（1対1）や、一定の国産化率を達成することを条件に、完成車の輸入関税を35％（通常は70％）とした（但し同年に発効したメルコスール域内は0％となる）。その一方で、部品の輸入関税については、上記の輸出入バランス等の条件をクリアしていれば、2.7％（通常は18％）という低い関税率が設定された（同様に、メルコスール域内は0％）。

まずここで注目すべきは、完成車輸入に対しては35％の高関税率が適用されたのに対し、部品輸入に対しては2.7％と、ほぼ自由貿易並みの低関税率が採用されたという点である。また、このブラジルで生産する完成車メーカーに対し、一定の条件を満たせば、関税率を引き下げる（70％から35％）という政策は一見、自由化の流れを踏襲したかのようにみえるが、そうではなく、それは既にブラジル国内に生産拠点を有している既存の完成車メーカーの利害を色濃く反映したものであった（小池［2000］：236～238）。すなわち、輸入自由化の過程で自動車の輸入を増加させたのは、既存メーカーだけではなく、（ブラジルに生産拠点を有さない）新規メーカーや自動車輸入業者も然りであったが、この国内に生産拠点を有するメーカーしか享受できない自動車規則の関税メリットは、輸入販売において、既存メーカーが新規メーカー（ないし輸入業者）に対し競争優位を得るための政策的手段であり、既存メーカーによる市場防衛の意味合いがあったと考えられることからも、それまでの保護の継続だったと評価できよう。このように、（ブラジル国内に生産拠点を有する）完成車メーカーの場合、最高で70％という高関税のメリットを享受でき、第二次 ISI 時代と同様、再び手厚い保護を受けることが可能となった。その反面、90年代以降、部品メーカーは厳しい国際競争の波に晒されるようになったのである。

そして、このような（完成車メーカーに対する）保護主義の動きは、再び自動車輸入が急拡大してきた2010年代以降もみられるようになる（図5－6参

照）。完成車の輸入関税が高い水準であったにもかかわらず、2000年代後半頃から再び輸入車が急増した背景には、輸出競争力のあるメキシコとの自動車貿易協定の実施（2003年1月発効）に加え、外資流入等を背景としたレアル高、そして先述した所謂「ブラジルコスト」により、国内の自動車価格が割高なこと等が考えられよう。このような事態に対して、ブラジル政府は、上記の90年代半ばと同様の政策を展開した。まず2011年12月、輸入車（メルコスールおよびメキシコ、ウルグアイ産を除く）に対して工業製品税（IPI）を増税（通常の税率＋30％）したのに加えて、2012年3月にはメキシコ政府と自動車貿易協定の改定を行い、（双方の国からの）輸出上限枠（2012年から3年間）を設定するといった保護措置を採った。90年代の時のように関税率を引き上げなかったのはWTO（世界貿易機関）との絡みからであると推測されるが、輸入車に対してのみ国内税であるIPIの税率を引き上げることは、関税引き上げと同等の国内市場保護の効果を持つであろうことは言うまでもない。同国政府はさらに2012年4月、この輸入車に対するIPI増税策を引き継ぐ形で、『Inovar-Auto』（自動車産業に関わるイノベーション・科学技術・すそ野産業振興プログラム）と呼ばれる新たな自動車産業育成策を発表（同年10月に改定）した。本稿ではその政策の詳細については紙幅の制約上、立ち入らないが、その最大の狙いは、長期的な国産車の育成とそのための投資促進（外資導入）にあると考えられる[16]。何れにしても、この新たな自動車産業政策も、（国内に生産拠点を有する）完成車メーカーに対する保護主義（再保護化）の延長線上の施策と位置付けることができよう。他方、2000年代後半以降、輸入の急増は自動車部品においてもみられた（図5-5参照）。しかし、部品メーカー（部品産業）に対して同様の保護主義政策が打ち出されることはなく、それどころか同国政府は近年、自動車部品の輸入関税引き下げを発表している（日本経済新聞［2013.8.2］）。

　このように、自動車・同部品産業に対する政府の政策スタンスは、完成車セクターと部品セクターとでは大きく異なっており、その意味で、同国を単純ないし一様に「保護主義」の国と論じることはできない。一口に「保護主

義」といっても、その志向性（思想）や政策目的・内容は、上で確認したような、極めて高い国産化率義務や類似品法等に代表される過去の ISI 期におけるそれらとは大きな差異がある。すなわち、90年代以降、世界的に経済自由化・グローバル化が進行したコンテクストの下、保護の網がかけられているのは専ら一部（数的には少数）の完成車メーカーに対してであり、他の多くの部品メーカーにおいては「保護主義」とはほぼ無縁な状況に置かれ、厳しい自由競争の環境下での操業を余儀なくされているといえる。

　このような両セクター間で非対称的な産業政策が遂行されている背景には、自らは保護を求める一方、調達部品については自由化ないし輸入部品への選好が高い多国籍自動車メーカー（完成車メーカー）の利害と、それを実現可能とするこれら国内完成車メーカーの政治力（バーゲニング・パワー）の強さがある。それでは何故、近年、国内完成車メーカーは自由化ないし輸入部品への選好（志向性）を高めているのだろうか？紙幅の制約上、ここでそのファクターについて詳述することはできないが、考えられる要因としては以下の諸点、すなわち、1）完成車両に対して、対外的には高い保護水準が維持されているものの、ブラジル国内市場において、競争が激しくなってきていること、2）1）と関連するが、特にリーマンショック以後の新興国市場の相対的重要性の上昇と、それによる同市場に対する企業にとっての戦略的重要性の上昇、3）電子部品に代表される、世界の部品産業（企業）における生産の集約化と、世界的な自由化等を背景とする輸入コストの減少─等が挙げられるであろう。

　1）について附言すると、これはある意味、皮肉にもブラジル政府が採ってきた完成車市場（国内の完成車メーカー）保護政策の帰結でもあった。すなわち、50年代後半の本格的な自動車の国産化政策（第二次 ISI）の開始以後、同政府が同市場に対する保護の度合いを強めたのは、上述のように、90年代半ば（関税率の引き上げと自動車規則）と、2010年代始め（IPI の増税および Inovar-Auto）であるが、これらの政策は何れも、外資進出の波として、新たな自動車メーカーの相次ぐ対ブラジル進出を伴ったのである。これ

は取りも直さず、ブラジル国内市場の魅力を反映しているといえようが、その結果、90年代頃までみられた寡占支配、すなわち、ビッグ4（Fiat, VW, GM, Ford）と呼ばれる4社が市場全体を安定的（恒常的）に分け合うといった寡占安定的な産業構造は崩れ、90年代半ば以降は、世界各国からのニューカマー、すなわち、欧米メーカーに加え、日本企業や韓国企業、さらには中国企業を中心とするアジア勢、またこれまでは輸入販売をしていた欧州の高級自動車メーカー（AudiやBMWなど）がブラジルへ進出（近年の進出予定も含む）、今や同国の自動車マーケットは、世界の自動車産業の縮図ともいえる、多数の自動車メーカー間の熾烈な競争市場へと質的に変貌を遂げた。

## おわりに

本稿は、ラテンアメリカの二大大国であるブラジルとメキシコにおける発展史、とりわけ本格的な工業化戦略を採用するに至った戦後以降の経済発展パターンについて、両国の中心的産業である自動車産業の事例を基に述べ、1980年代前半頃までは両国において同質的な発展戦略がみられたものの、80年代の累積債務危機問題を契機に、両国は実に対照的な発展経路を辿っていったことを示した。1980年代以降、世界的な潮流として経済自由化（およびそれを背景とした経済グローバル化）が進行していくが、ラテンアメリカ地域においては、80年代初頭の累積債務危機を契機に、この自由化・グローバル化圧力が強まっていった。この点を踏まえると、本稿で述べてきた80年代後半以降の両国の対照的な発展戦略は、この自由化・グローバル化の圧力（波）への、それぞれ異なった反応として捉えることができ、本稿では、それを二つの理念型として、「FTA型（グローバル型）」と「地域統合型（保護主義型）」という形で整理した。

しかしその他方、時代の潮流にまさに乗っていったメキシコ［FTA型（グローバル型）］については多言を要さないものの、一般には依然、強い

「保護主義」の国として論じられるブラジルにおいて、その"保護"主義のあり方や政策の中身等については、現代の経済グローバル化時代の文脈の中で今一度捉え返す必要があるということも同時に本稿の主要な問題関心として提起した。本稿で取り上げたブラジル自動車産業の事例は、一口に"保護主義"といっても、セクター間（完成車セクターと部品セクター）で、その度合いや政策内容は大きく異なっているということを示した。従って、上記の「地域統合型（保護主義型）」という発展パターンも、戦後の第二次ISI時代における保護主義の性格や政策内容とは大きく異なっていることを前提とせねばならず、その意味で、上記の発展モデルの整理についても今後、さらに精緻化していく必要があるであろう。

最後に、本稿での検討を通じて得られる若干の理論的含意について述べて締めとしたい。まず、本稿で述べたきたブラジル自動車産業の事例は、世界的な経済自由化・グローバル化の流れに加え、70年代末頃から世界のマーケットの大部分を占める先進国市場が低成長時代に入ったこと、とりわけ近年ではリーマンショック以後、同市場が長引く低迷を余儀なくされてきたこと、さらには、中国企業をはじめとする新興国企業の台頭等を背景に、企業間の競争関係が激しくなってきている中で、一国だけがかつてのような保護主義を貫徹することの難しさを示唆していると考えられよう。もう一点は、国内セクター間で保護主義の度合いや政策内容が異なっている背後には、各セクターにおける政治力（バーゲニング・パワー）の差異（強弱）があることが考えられるが、この点からも、一国の開発戦略や開発モデルの考察においては、政治学からのアプローチも非常に重要になることが示唆されよう。

注
1) ISIは、輸入代替工業化の英語表記、Import Substitution Industrializationの略。
2) ブラジル自動車産業における国産化政策については、Shapiro（[1994]：p.78, pp.80-81）を参照。
3) メキシコ自動車産業における自動車令の詳細については、芹田[2000]を参照。
4) 輸出振興策は、ブラジル自動車産業においても採られ、その代表的な施策としては、1972年に設けられたBEFIEXと呼ばれる輸出恩典制度があった。

5）最高関税率については、87年2月に100％から20％にまで引き下げられ、その後にわたりこの水準が維持された。尚、この20％という水準は、メキシコがGATT（当時）参加のための議定書において合意された最高50％を大きく下まわるものであった。
6）従来メキシコでは、革命期以来の伝統とも言える強い経済ナショナリズムに基づいた規制色の強い外資政策が採られてきた。その基本的なスタンスは、一部の特定業種（石油や天然ガス、電力等）以外の一般業種についても外資の出資比率を49％以下に抑えるというもので、自動車部品セクターにおいても、外資の出資比率を40％以下とする外資規制が60年代より敷かれてきた。
7）第2回自動車令（1972年）より、40％以下の出資比率制限が存在した。
8）メキシコとブラジル、アルゼンチンの自動車貿易協定については芹田［2003］を参照。
9）ブラジルをはじめとするラテンアメリカ諸国におけるインフレおよびインフレ抑制策（ヘテロドックス政策等）の問題については、水野［1989］、西島編［1990］、桑原［1995］、西島［2009］等を参照。
10）上記の自動車・同部品の輸入関連のデータについては、小池（［2000］：233〜234）およびAnfavea（［2013］ibid.p.63, 70）を参照。
11）岡崎［2011］等を参照。
12）世界的な自動車産業の再編問題については、芹田［2005］等を参照。
13）このオフショア生産戦略は、多国籍企業の親会社（本国本社や地域本社）や、（オフショア生産を）委託する元の企業側からみれば、「グローバル・ソーシング戦略」とも呼べるであろう。
14）以上述べてきた自動車メーカーの調達政策の変化やそれをめぐる問題の詳細については、前芹田［2000］を参照。
15）日本貿易振興機構（ジェトロ）の調査報告書（2012年1月）では、部品メーカー全体の約70％が外資系、約30％が国内資本系（現地資本）の構成となっている（日本貿易振興機構［2012］）。
16）『Inovar-Auto』の詳細については、芹田［2014］等を参照。

**参考文献**

岡崎孝裕［2011］「FTA下の南米自動車市場」、『ジェトロセンサー』（2011年1月号）。
桑原小百合［1995］「慢性インフレと安定化政策—ブラジルのケース」『ラテンアメリカ論集』第29号。
経済産業省『通商白書 2012』。
小池洋一［2000］「ブラジルの経済自由化と自動車産業政策」、東茂樹編『発展途上国の国家と経済』第6章、アジア経済研究所 研究双書 No.508。
———［2002］「ブラジルの経済自由化と工業の国際競争力」『中南米の経済改革と競争力』、国際金融情報センター。
芹田浩司［2000］「経済グローバル化とメキシコ自動車産業—国内部品産業に対する多国籍企業戦略のインパクト—」『アジア経済』第41巻 第3号。
———［2003］「メキシコの自動車産業と市場」、『JAMAGAZINE』2003年12月号、日本自動車工業会。
———［2005］自動車・電機電子産業とメキシコのマキラドーラ—マキラ型発展戦略の

限界」、河村哲二編『グローバル経済下のアメリカ日系工場』(第Ⅰ部「北米日系工場をめぐる経済・経営環境と企業戦略」の第5章)、東洋経済新報社。
―――[2014]「ブラジルにおける自動車産業・市場の発展と多国籍自動車メーカーの戦略」、上山邦雄編『グローバル競争下の自動車産業―新興国市場における攻防と日本メーカーの戦略』第7章、日刊自動車新聞社。
中畑貴雄[2014]「メキシコ経済と自動車市場の動向」『JAMAGAZINE』2014年8月号、日本自動車工業会。
西島章次[2009]「経済改革・資源貿易による躍進とマクロ面の課題」、社団法人 日本経済調査協議会編『資源国ブラジルと日本の対応』第1章。
西島章次編[1990]『ラテンアメリカのインフレーション』アジア経済研究所 研究双書 No. 403。
日本貿易振興機構[2012]『メキシコの自動車部品産業の状況―市場調査報告書(2012年1月)』。
水野一[1989]「1980年代のラテンアメリカ経済―「失われた10年」の回顧と展望」『イベロアメリカ研究』第11巻第1号。
Anfavea [Associação Nacional dos Fabricantes de Veículos Automotores], *Anuário da Indústria Automobilística Brasileira 2013*, SP, Brasil.
Lustig, Nora [1998] *Mexico : The Remaking of an Economy*, Washington, D.C., The Brooking Institution.
Shapiro, Helen [1994] *Engines of Growth : The State and Transnational Auto Companies in Brazil*, Cambridge University Press.
Sindipeças [2012], *Relatório de Análise das Importações Brasileiras* (Maio 2012).

# 第 6 章
# 現代ロシアにおける中間層の形成
―― 資源依存型経済における経済成長と階層分化の動向 ――

日臺健雄

## はじめに

　ロシア経済は、2014年2月のウクライナでの政変とその後のロシアによるクリミア「編入」、マレーシア航空機撃墜を受けた西側諸国による経済制裁に加え、国際原油価格の大幅な下落を受けて、通貨ルーブルの大幅安と資本流出に見舞われた。しかし、このような経済的苦境に陥ったにもかかわらず、プーチン政権の支持率は80％台という高位にある。

　このプーチン政権に対する高支持率は、2014年2月、すなわちウクライナでの政変とクリミア「編入」を契機としてみられるようになった。逆に言えば、2014年2月まではプーチン政権の支持率は（相対的に）低位にあったのである。この2014年2月までのプーチン政権（そしてメドヴェージェフ政権時のメドヴェージェフ＝プーチン二頭体制）への支持率の低下は、支持率の頂点をみせた2008年8月のロシア対グルジア戦争時を境に漸減傾向として現れ、おおむね2011年12月以降、60％台半ばでの（相対的な）低位安定をみせた（図6-1参照）。

　この支持率の低位安定は、2011年12月4日に投開票が実施された国家院（下院）議員選挙と相前後している。この選挙においては、政権側による多数の不正工作疑惑が報じられ、そしてこれら一連の選挙不正疑惑を受けて、政権に対する広範かつ大規模な抗議行動がみられた。その最大のものは12月24日にモスクワ市中心部で行われ、少なくとも5万人、主催者発表で12万人

180　Ⅱ　ブラジル・メキシコ・ロシア経済の現状と課題

図6-1　プーチンの支持率と不支持率（首相時代を含む）

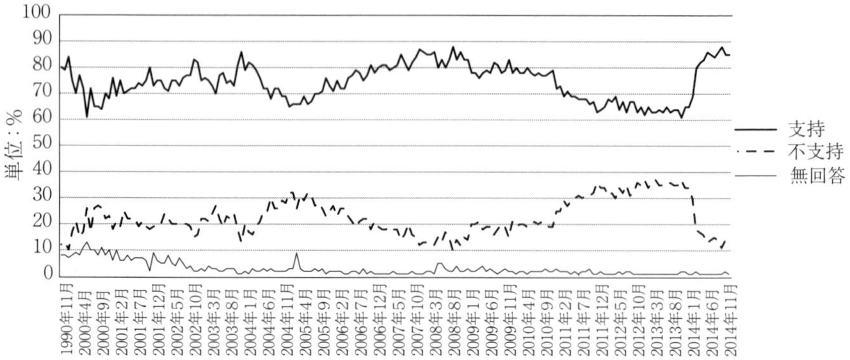

（グラフ：支持、不支持、無回答　1999年11月〜2014年11月）

出所：Левада центр（レヴァダ・センター）ウェブサイト

の大規模な集会となったが、これはプーチン政権が成立した2000年以降、最大規模の反政府集会となった。その後、翌2012年の5月に実施された大統領選挙を経て第2次プーチン政権（通算3期目）が発足した後も、反政府の市民運動は（2014年春のクリミア「編入」までは）規模を縮小しながらも継続していった。

上記の2011年12月集会の参加者の多くは、都市部の中間層であったと指摘されている[1]。この点は、表6-1に示されるロシアの有力な世論調査機関で

表6-1　次のグループのうちあなたが属しているのはどれか？

| （単位：%） | 2011年12月24日<br>集会参加者 | 2012年2月4日<br>集会参加者 | 2012年9月15日<br>行進参加者 |
|---|---|---|---|
| 食料品を賄えない | 3 | 2 | - |
| 食料品は賄える | 4 | 5 | 7 |
| 食料品と衣服を賄える | 21 | 25 | 29 |
| 耐久消費財を買える | 40 | 41 | 45 |
| 自動車を買える | 28 | 24 | 16 |
| その気になれば何でも買える | 5 | 3 | 3 |

出所：Левада Центр, Вестник общественного Мнения, No. 3-4 (113), 2012, c.197.

あるレヴァダ・センター[2]による集会参加者に対する調査結果からもみてとることができる。第6-1で示されているように、2011年12月集会、2012年2月集会、2012年9月行進への参加者の7割近くが、少なくとも耐久消費財を買うことができる階層に所属していた。耐久消費財を購入できる階層は中間層とおおむね重なるといえることから、抗議行動の中心的な参加者が中間層に属していたとみることができよう。

ここで、2011年12月より前にみられた反政府の抗議行動が主に生活に困窮する年金生活者や反体制活動家が中心となっており、小規模なものでしかなかったことを踏まえると、この2011年12月の大規模な集会は、2000年代前半から後半にかけて高い支持をおおむね保ってきたプーチン政権に対するロシア国民の姿勢の変化を具体的な形で示したものだといえる。そして、この変化をもたらした主体は、上述のように主に中間層である。ここにおいて「政治的主体としての中間層」がロシアにおいて可視化された姿で登場したといえるのであるが、以下では、まずこの「政治的主体としての中間層」の構成主体をみていくこととする。

## 1 政治的主体としての中間層の顕在化

2011年12月集会の参加者の階層は、レヴァダ・センターによる調査によれば、職種別には専門職・管理職6割、学生1割などとなっている（表6-2参照）。また、学歴をみると、大卒以上が7割を占めており（表6-3参照）、年代別には若年層が中心だが中高年も多い、というものであった。ロシア全体の平均と比較して、これらの抗議行動参加者の学歴が相対的にかなり高いことが表6-3からみてとれる。

そして、翌2012年にかけて、集会参加者に占める若年層の比重が高まっていった。2012年5月11日の集会における階層の内訳は、2012年5月14日付『独立新聞』によれば、年代別には20-30歳が46％を占め、職種別にはプログラマー、法律家、企業マネージャー、研究者、教員など専門技能や知識を有

表6-2 反政府行動参加者の社会構成（職業）

| （単位：%） | 2011年12月24日<br>集会参加者 | 2012年2月4日<br>集会参加者 | 2012年9月15日<br>行進参加者 |
|---|---|---|---|
| 企業家 | 7.5 | 8.0 | 6.6 |
| 管理職 | 15.9 | 14.3 | 13.3 |
| 専門職 | 44.6 | 36.5 | |
| 内務省・検察・法務省職員 | - | 1.4 | 35.8 |
| オフィスワーカー | 7.6 | 5.8 | |
| 労働者 | 7.7 | 7.4 | 9.7 |
| 学生 | 11.9 | 10.9 | 14.5 |
| 年金生活者 | - | 11.4 | 10.9 |
| 専業主婦 | 1.5 | 1.9 | 2.6 |
| 失業者・非就労者 | - | 2.5 | 6.6 |

出所：鈴木義一「ロシアの反政府運動と『中間層』をめぐる意識動向」『ロシア・ユーラシアの経済と社会』2013年9月号、21頁

表6-3 反政府行動参加者の社会構成（教育水準）

| （単位：%） | 2011年12月24日<br>集会参加者 | 2012年2月4日<br>集会参加者 | 2012年9月15日<br>行進参加者 | ロシア全体の<br>平均 |
|---|---|---|---|---|
| 初等・基礎教育 | 0.6 | 0.8 | 1.4 | 16.5 |
| 一般中等教育 | 4.8 | | 6.6 | 18.4 |
| 初等職業教育 | 0.9 | 18.1 | 3.4 | 5.6 |
| 中東職業教育 | 11.0 | | 16.5 | 31.4 |
| 高等教育未卒業 | 12.9 | 11.7 | 13.5 | 4.6 |
| 高等教育 | 62.1 | 62.9 | 53.3 | 22.9 |
| 高等教育以上 | 7.7 | 6.5 | 5.3 | 0.6 |

出所：鈴木、前掲論文、21頁

するスペシャリストが45％を占めていた。

　鈴木義一は、レヴァダ・センターによる調査結果をもとにして、2011年末から2012年にかけての一連の抗議行動の参加者について以下のようにまとめている。「年齢構成でみれば全国平均より若干若く、教育水準が高く、専門

職やホワイトカラーの職種で経済的には比較的豊かである者が多数を占めている」[3]。このように、「政治的主体としての中間層」とみることのできる構成員は、その多くが若年層で、高学歴で、専門的な技能を要する職種に帰属しているとみることができる。この背景には、2000年代に入って国際的に原油価格が上昇し、世界的な産油国・産ガス国であるロシアの経済が、2008年のリーマン・ショックまでは高成長を続け、その後も一時的にマイナス成長に陥ったが、（石油・ガス収入を蓄積する「予備基金」の取り崩しなどにより）高成長時代に達成した水準を大きく損なうことなく経済情況が推移してきたことを指摘できる。

　また、プーチンの支持率の動向をレヴァダ・センターによる世論調査結果をもとにみると、2008年8月のロシア対グルジア戦争のタイミングがほぼ頂点（約90％）となっている（図6－1参照）。その後は漸減傾向となり、2011年12月の議会選挙以降、2014年3月のクリミア「編入」まで、長期にわたり60％台で低迷した。

　この支持率の動向で示されているのは、ロシア対グルジア戦争以降、2011年12月の議会選挙に至るまでの期間において、プーチンに対する中間層の支持が離れていったということである。しかし、この中間層の離反は永続的なものではなかった。2014年2月のウクライナにおける政変、3月のクリミア「編入」とその後のウクライナ東部での内戦勃発を経て収束し、プーチンは再び90％近い支持率を獲得した。

　ここから示唆されることは、2011年12月の議会選挙の前後で離反した中間層の多くが、ウクライナの政変およびクリミア「編入」を契機に、再びプーチン支持に回ったということである。この中間層のプーチン支持回帰は、プーチン政権にとって大きな政治的資産となると共に、プーチン政権の対ウクライナ政策における妥協を制約するものとして機能しているといえる。

　このように、現代のロシアにおいては、政治的主体としての中間層が果たす役割はかなり大きいものがある。以下、第2節では、「政治的主体としての中間層」が形成されてきた経済的背景を、ソ連末期にさかのぼってみて

いくことにする。

## 2  移行経済の下での階層分化と中間層の形成

　共産党政権の主要なイデオロギーとして「平等」が掲げられていたソ連期においても、社会的にみて階層分化は生じていた。この階層分化は、林裕明によれば、権力の大きさや管理機能の強さといった政治的要因によって規定されていた[4]。ソ連期において、エリート層は、管理権だけでなく分配過程への影響力も有しており、エリート層と労働者との間には、所得や資産といった名目的な経済的指標で計測される格差よりも大きな格差が実質的に存在していた。一方、シュラペントフによれば、ソ連末期においては、かなり多くの人々が高度の教育を受け、控えめだが心地よい生活を送り、自らを中間層とみなしていた。その構成内容をみると、いわゆるホワイトカラー労働者や専門家階層に限らず、ブルーカラー労働者のうち賃金水準の高い層も含まれていた[5]。ソ連の末期に実施された調査では、人口の43％が自らを「中間的階層」に属するとみなしていた[6]。

　その後、1991年にソ連が解体すると、市場経済への移行を背景に、階層分化メカニズムが変化していった[7]。そこでは、政治的要因の影響力が低下する一方で、経済的要因の影響力が上昇した。さらに、教育水準や専門的能力など社会文化的要因の影響力も上昇した。また、体制の転換という巨大な社会的変化への適応力の相違も作用して、移行期の激動の中で、若さ、積極性、野心といった要因も影響力が上昇した。その背景には、エリツィン政権がいわゆる「ワシントン・コンセンサス」に基づいてIMFが主導した「ショック療法」を採用し、市場経済への移行を急激に進めたことがあった。だが、一方でこの政策により、多くのロシア国民が貧困層に転落していった。その後、ルーブル高維持政策などにより経済は次第に安定し、中間層は若干増加したものの、1998年夏の金融危機によって貧困層が再度増加した。

　しかし、2000年にプーチンが大統領に就任するのと相前後して、国際的に

原油価格が上昇基調となり、世界的な産油国・産ガス国であるロシア経済は高成長軌道に乗る。そして、この経済の高成長と並行して貧困層は減少する一方で、所得格差は若干拡大した。武田友加によれば、「1998年の金融危機以降に生じた経済成長の下、全国レベルでの貧困者比率は急速に削減された」[8]が、「その一方で、不平等は高水準のままであり、僅かに不平等が拡大さえしている」[9]のである。この分配面での不平等の継続は、全人口を20％ずつの階級に区切り、所得順に並べて、それぞれの階級が得た所得額が全所得に占める比率を示したデータをみても明らかである（表6-4参照）。2000年代の数値をみると、各階級が占める比率は大きな変化を示していない。

但し、分配面での不平等の継続は、中間層の増加とは矛盾しない。すなわち、全体の所得水準の底上げにより、以前は貧困状態にあった人々が中間層へと移行していったとみることが可能なのである。

ここで一人当たり平均月額所得の分布をみると、物価水準の上昇も作用して、名目の所得額で分類した所得の分布のうち、2万7千ルーブルから4万5千ルーブルの層の比率が上昇している。また、1万4千ルーブル以下の層が占める比率は減少傾向にある（表6-5参照）。

続いて、このような2000年代後半以降にみられる所得水準の上昇（名目

表6-4　5分位階級別の所得分布

| （単位：パーセント） | 1990年 | 2000年 | 2005年 | 2010年 | 2011年 | 2012年 |
|---|---|---|---|---|---|---|
| 合計 | 100 | 100 | 100 | 100 | 100 | 100 |
| 第1階級（下位20％） | 9.8 | 5.9 | 5.4 | 5.2 | 5.2 | 5.2 |
| 第2階級 | 14.9 | 10.4 | 10.1 | 9.8 | 9.9 | 9.8 |
| 第3階級 | 18.8 | 15.1 | 15.1 | 14.8 | 14.9 | 14.9 |
| 第4階級 | 23.8 | 21.9 | 22.7 | 22.5 | 22.6 | 22.5 |
| 第5階級（上位20％） | 32.7 | 46.7 | 46.7 | 47.7 | 47.4 | 47.6 |
| ジニ係数 | n.a. | 0.395 | 0.409 | 0.421 | 0.417 | 0.420 |

出所：POCCTAT, *Российский статистический ежегодник* 2013, p.162.

186　II　ブラジル・メキシコ・ロシア経済の現状と課題

表6-5　一人当たり平均月額所得の分布

| （単位：％） | 2005年 | 2010年 | 2011年 | 2012年 |
|---|---|---|---|---|
| 合計 | 100 | 100 | 100 | 100 |
| 5000.0ルーブル以下 | 39.8 | 9.4 | 7.3 | 5.8 |
| 5000.1-7000.0ルーブル | 17.6 | 9.4 | 8.1 | 6.9 |
| 7000.1-10000.0ルーブル | 17.1 | 14.6 | 13.4 | 12.0 |
| 10000.1-14000.0ルーブル | 12.0 | 16.6 | 16.2 | 15.4 |
| 14000.1-19000.0ルーブル | 6.9 | 15.2 | 15.6 | 15.5 |
| 19000.1-27000.0ルーブル |  | 14.7 | 15.9 | 16.7 |
| 27000.1-45000.0ルーブル | 6.6（注） | 13.3 | 15.1 | 17.1 |
| 45000.1ルーブル以上 |  | 6.8 | 8.4 | 10.6 |

（注）2005年については、19000ルーブル以上
出所：同上、p.162.

　値）という客観的な動向を受けた消費者の行動様式の変化という側面から、中間層の形成について検討してみる。所得水準が上昇した場合にみられる消費者の行動様式の変化の一つとして、遠距離移動の交通手段の選択にあたって、鉄道から航空機へとシフトすることが考えられる。表6-6（ならびにそのデータの一部を図示した図6-2）で示されているように、ロシアにおいては、鉄道による乗客の輸送量が2000年代後半から減少傾向にあるのに対し、航空機による乗客の輸送量は一貫して増加傾向にある。以上から、移動手段として鉄道から航空機へのシフトが起きていることがみてとれるが、これが

表6-6　鉄道の乗客輸送数

|  |  | 2000年 | 2007年 | 2008年 | 2009年 | 2010年 | 2011年 | 2012年 |
|---|---|---|---|---|---|---|---|---|
| 航空機の乗客（単位：百万乗客キロメートル） | ロシア | 42,950.3 | 49,899.9 | 53,893.9 | 62,010.1 | 63,192.3 | 69,499.3 | 82,331.6 |
|  | ドイツ | 112,795.0 | 124,245.6 | 149,671.8 | 170,628.0 | 182,507.6 | 204,117.8 | 214,654.7 |
| 鉄道の乗客（単位：百万乗客キロメートル） | ロシア | 167,054 | 174,100 | 175,900 | 151,500 | 138,900 | 139,800 | 136,609 |
|  | ドイツ | 74,021 | 74,677 | 76,929 | 76,772 | 77,221 | 79,228 | 80,151 |

出所：Euromonitor International, *European Marketing Data and Statistics 2014*, pp.68-79.

第 6 章　現代ロシアにおける中間層の形成　187

**図6-2　ロシアの航空機と鉄道の乗客数**

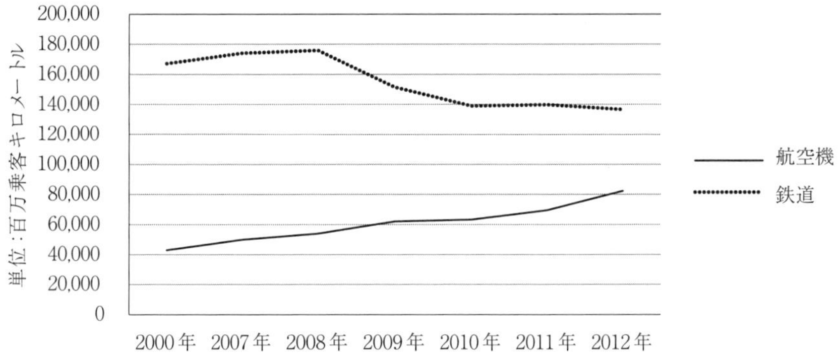

意味するところは、たとえ移動の費用が増加しても短時間での移動を選好する消費者が増加しているということであり、中間層の増加の傍証となろう。

また、高級耐久消費財である乗用車の保有台数の増加も、中間層の形成ならびに増大の傍証の一つとして挙げることができるだろう。表6-7（およびそのデータの一部を図示した図6-3）をみると、ロシアにおける乗用車の台数は2000年代に一貫して増加している。また、このような乗用車への需要の増加を背景にトヨタをはじめとする多国籍自動車メーカーはこぞってロシア

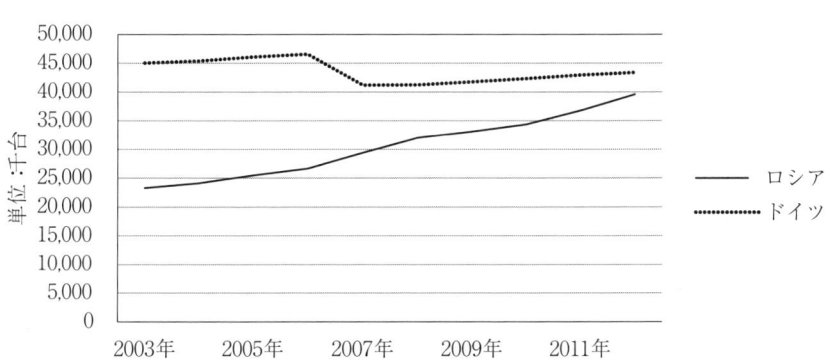

**図6-3　乗用車登録台数**

188　Ⅱ　ブラジル・メキシコ・ロシア経済の現状と課題

表6-7　乗用車の登録台数および生産台数

|  |  | 2001年 | 2002年 | 2003年 | 2004年 | 2005年 | 2006年 | 2007年 | 2008年 | 2009年 | 2010年 | 2011年 | 2012年 | 1千人当たり台数(2012年) |
|---|---|---|---|---|---|---|---|---|---|---|---|---|---|---|
| 乗用車の利用台数(単位：千台) | ロシア | 21,152.0 | 22,342.0 | 23,271.0 | 24,091.0 | 25,461.0 | 26,656.0 | 29,405.0 | 32,021.0 | 33,084.0 | 34,354.0 | 36,768.0 | 39,564.4 | 276.6 |
|  | ドイツ | 44,383.3 | 44,657.3 | 45,022.9 | 45,375.5 | 46,090.3 | 46,569.7 | 41,183.6 | 41,231.2 | 41,737.6 | 42,301.6 | 42,927.6 | 43,347.6 | 529.7 |
| 乗用車の生産台数(単位：千台) | ロシア | 1,021.7 | 980.1 | 1,010.4 | 1,110.4 | 1,068.1 | 1,177.9 | 1,288.7 | 1,469.4 | 599.3 | 1,208.4 | 1,738.2 | 1,968.8 |  |
|  | ドイツ | 5,301.2 | 5,123.2 | 5,145.4 | 5,192.1 | 5,350.2 | 5,398.5 | 5,709.1 | 5,532.0 | 4,964.5 | 5,552.4 | 5,871.9 | 5,388.5 |  |

出所：Euromonitor International, *European Marketing Data and Statistics 2014*, pp.48-55.

での現地生産を開始しており、リーマン・ショックによる影響を受けた2009年を例外として、ロシアにおける乗用車の生産台数も2000年代に一貫して増加している。

さらに、所得水準の上昇に伴い、信用・割賦販売すなわちクレジットを利用した購買行動も増加している。このクレジットの利用増加もまた、中間層の増加の傍証として考えられる。表6-8では、レヴァダ・センターの世論調査による、クレジットの利用経験についてのデータが示されている。表6-8によれば、クレジットの利用経験者の比率は、2003年から2007年にかけて一貫して増加し、38％まで上昇した。この時期はロシア経済が高成長を遂げた時期でもあり、その後は2008年のリーマン・ショック後の景気後退に際してクレジットの利用経験率はいったん29％まで減少するものの、その後は2012年にかけて増加している。ここでは、景気循環と中間層の消費行動との間に存在する相関が浮き彫りになっている。

さらに、クレジットカードの流通ならびに利用の動向を示した表6-9（お

**表6-8**　「あなたはここ2年の間にクレジットで何か購入しましたか？購入した場合、何を購入しましたか？」

(単位：％)

|  | 2003年11月 | 2004年9月 | 2005年9月 | 2006年9月 | 2007年9月 | 2009年10月 | 2010年10月 | 2011年10月 | 2012年8月 |
|---|---|---|---|---|---|---|---|---|---|
| クレジットで何も購入していない | 84 | 77 | 71 | 65 | 62 | 71 | 68 | 65 | 64 |
| 家電、映像機器、コンピュータを購入 | 12 | 17 | 22 | 26 | 24 | 16 | 19 | 18 | 23 |
| 家具を購入 | 3 | 5 | 5 | 6 | 7 | 6 | 6 | 7 | 8 |
| マンション、別荘、その他不動産を購入 | 1 | 1 | 2 | 2 | 5 | 3 | 2 | 3 | 2 |
| 自動車を購入 | - | 2 | 3 | 2 | 3 | 6 | 6 | 7 | 7 |
| その他を購入 | 2 | 1 | 2 | 3 | 4 | 3 | 3 | 3 | 2 |

出所：Левада Центр, *ОБЩЕСТВЕННОЕ МНЕНИЕ – 2012 Ежегодник*, 2012, c. 49.
※調査の母集団は2008年まで2100名、2009年以降1600名。

表6-9 クレジットカードの流通と利用

| | | 2003年 | 2004年 | 2005年 | 2006年 | 2007年 | 2008年 | 2009年 | 2010年 | 2011年 | 2012年 |
|---|---|---|---|---|---|---|---|---|---|---|---|
| 流通枚数 | ロシア | 206.0 | 1,319.0 | 2,480.0 | 5,660.0 | 8,944.0 | 9,296.0 | 8,601.0 | 10,047.0 | 15,025.9 | 18,424.4 |
| (単位:千枚) | ドイツ | 2,625.6 | 2,775.6 | 3,561.6 | 4,474.2 | 4,611.8 | 4,796.3 | 4,879.0 | 5,001.0 | 5,144.5 | 5,346.2 |
| 利用総額 | ロシア | 123.8 | 537.9 | 1,019.5 | 1,703.9 | 2,261.9 | 3,480.5 | 3,123.3 | 4,783.4 | 7,921.3 | 9,644.1 |
| (単位:百万ドル) | ドイツ | 2,992.4 | 3,542.6 | 3,865.6 | 4,054.1 | 4,712.2 | 5,246.7 | 5,046.5 | 5,136.6 | 5,655.6 | 5,582.3 |
| 利用回数 | ロシア | 1.4 | 3.0 | 5.5 | 9.4 | 18.0 | 28.1 | 36.0 | 52.7 | 85.4 | 105.6 |
| (単位:百万回) | ドイツ | 35.8 | 39.1 | 42.5 | 46.6 | 49.8 | 52.3 | 53.4 | 57.5 | 59.6 | 62.3 |
| 1枚当たり平均利用額 | ロシア | 601.0 | 407.8 | 411.1 | 301.0 | 252.9 | 374.4 | 363.1 | 476.1 | 527.2 | 523.4 |
| (単位:ドル) | ドイツ | 1,139.7 | 1,276.3 | 1,085.4 | 906.1 | 1,021.8 | 1,093.9 | 1,034.3 | 1,027.1 | 1,099.3 | 1,044.2 |
| 1回当たり平均利用額 | ロシア | 88.4 | 179.3 | 185.4 | 181.3 | 125.6 | 123.9 | 86.8 | 90.7 | 92.8 | 91.3 |
| (単位:ドル) | ドイツ | 83.7 | 90.5 | 90.9 | 87.0 | 94.6 | 100.3 | 94.6 | 89.4 | 95.0 | 89.6 |

出所:Euromonitor International, *European Marketing Data and Statistics 2014*, pp.98-107.

図6-4 クレジットカード利用総額

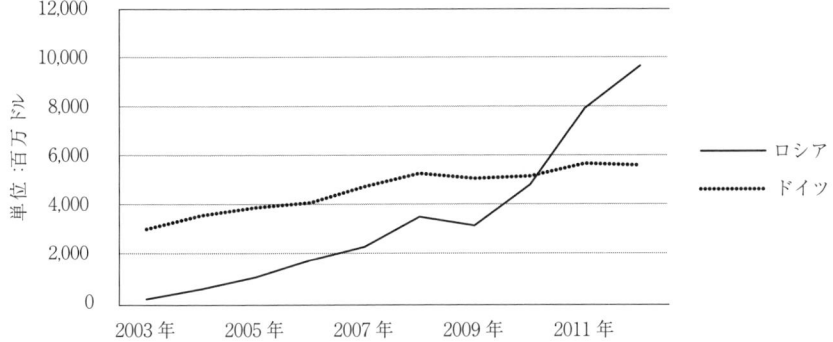

よびそのデータの一部を図示した図6-4）をみると、ロシアにおけるクレジットカード流通枚数、利用総額、利用回数は、リーマン・ショックによる影響を受けた2009年を例外として、一貫して増加しており、ここでも景気循環と中間層の消費行動との間の相関を指摘することができる。なお、1枚当たり平均利用額は必ずしも一貫して増加してはいないが、これは、カードを一人で複数枚所有するケースが増加したことによるものと考えられる。

これまでみてきたように、2000年代のロシアにおいては、名目所得の水準が上昇したことを背景要因として、鉄道から航空機へのシフト、乗用車の増加、クレジット利用による耐久消費財の購買、クレジットカードの普及がみられ、また、中間層の消費行動と景気循環との間に相関を見いだすことができる。

つづいて第3節では、ロシアにおける中間層の特徴と主観的な階層認識についてみていくことにする。

## 3　ロシア中間層の特徴と主観的な階層認識

これまで「中間層」について明確な定義をせずに議論を展開してきたが、

中間層をいかに定義するのかという点については、さまざまな見解がある。最近 Luxembourg Income Study および Luxembourg Wealth Study という２つの国際的な所得などに関するデータベースを用いて、先進国における所得の不平等と中間層に関する国際的共同研究をまとめたゴルニクおよびイェンティは、「中間層の定義についてコンセンサスはない」としつつ、所得の分配から中間層を定義づけるという経済的アプローチを取っている。具体的には、(1)所得十分位において上位20％と下位20％を除いたもの、(2)世帯所得の中央値の上下25％の範囲、という２つの定義を採用し、場合によって使い分けている[10]。

ロシアにおいては、中間層をめぐる研究は経済学者ではなく主に社会学者によって担われている。保坂哲郎によれば、「ロシア社会学における主要アプローチはウェーバー的な諸基準の総合的適用の試み（社会・職業的地位、教育水準、所有・所得特性、アイデンティティ）が最も普及している」ものの、「どのような職業的活動，教育水準がその基準になりうるのか等について今日まで研究者間の統一的基準はな」く、基準や閾値も統一されていないという[11]。

なお、レミントンによれば、ロシアにおける中間層研究は、以下の３種に分けられる[12]。第１に、個人ないし家計が置かれている社会的地位を示すいくつかの指標を基準にするというアプローチを採るものである。そこで指標として一般的に用いられるのは、所得、物的・資産状況、職業、教育水準、アイデンティティ（自己認識）である。第２に、(第１のものと若干重なるが）同一のアイデンティティをもつ社会集団という媒介を通じて中間層をとらえるというものである。第３に、中間層を具体的な社会的集団としてとらえるのではなく、価値観や行動のパッケージとしてとらえるというものである。

レミントンの整理によれば、マレーヴァ（T. Малева）およびオフチャロヴァ（Л. Овчарова）は、中間層について、以下の(1)から(3)の重なる部分（共通集合）とみなしている。すなわち、(1)所得水準および物的・資産状

況、(2)職業上の地位ならびに教育の水準、(3)アイデンティティ（自己認識）、がそれである。そして、所得水準だけでみると43.5％（そのうち上から10％は「上位中間層」）、物的・資産状況でみると52％、職業上の地位ならびに教育の水準でみると19％、アイデンティティでは30％が中間層に分類される。そして、上記(1)から(3)の全てを備えているのは5％であるとする[13]。

　また、溝端佐登史は、「ロシアでは中間層の存在、中間層の自立した経済主体の役割において疑念さえ提起されている」とした上で、中間層の定義についてヌレーエフ（P. Hyреев）の研究にもとづいて「社会職業地位（経営者や専門家などの新中間層と自営業や企業家などの旧中間層）、人的資本の大きさ（教育水準や資格水準など）の2つが世界的な基準になる」としつつ、ロシアにおける地域間や部門間での賃金格差の大きさを踏まえて、「福利水準（経済的地位など）と社会における自己の地位の自己評価（中間層としての自己アイデンティティ）の2つの基準が加わる」とする[14]。

　これらのアイデンティティや価値観、自己評価といった主観的要素と中間層の形成との関連について考察するために、人々の主観的な階層意識に関するデータを以下において検討していく。まず、自らの家庭が物質的に恵まれているかどうかについての主観的な評価を調査したデータをみていく（表6－10参照）。この表では、「中程度」と「良い」の合計が、2000年代以降、一貫して増加している。つまり、2000年代の経済成長に伴う所得の増加という客観的な動向と物質的情況に対する主観的な評価の動向とが相矛盾することなく、同一の傾向をみせている。そして物質的情況に対する「中程度」という主観的評価の増加は、中間層を自認する層の厚みが増していることを示唆している。

　さらに、自己の属する階層についての主観的な認識を検討するために、つづいて表6-11を検討する。この表では、1を最上層とし、10を最下層とする10段階の階層に社会を分割すると仮定した上で、回答者に対して、5年前に自己が属していたと考える階層、現在自己が属している階層、5年後に自己が属しているであろうと考えられる階層を問うている。階層の平均値をみ

**表6-10** 「あなたは自分の家庭が物質面でどのような情況に現時点でおかれていると評価していますか？」

| （単位：％） | 1994年8月 | 1996年9月 | 1999年9月 | 2002年9月 | 2005年9月 | 2008年6月 | 2011年8月 | 2013年8月 |
|---|---|---|---|---|---|---|---|---|
| とても良い | 0 | 0 | 0 | 1 | 1 | 1 | 1 | 1 |
| 良い | 5 | 5 | 3 | 7 | 10 | 12 | 14 | 13 |
| 中程度 | 49 | 43 | 40 | 52 | 55 | 60 | 60 | 62 |
| 悪い | 34 | 37 | 37 | 30 | 27 | 21 | 20 | 22 |
| とても悪い | 10 | 13 | 19 | 8 | 7 | 5 | 3 | 2 |
| 回答困難 | 3 | 2 | 2 | 2 | 1 | 1 | 1 | 2 |

出所：Левада Центр ウェブサイト掲載データ（2013年9月26日付）より筆者作成
※本調査はロシア全土の45連邦構成主体にまたがる130カ所（都市部および農村部の双方を含む）から抽出された18歳以上の1601名（この人数は2013年8月調査時）を母集団として実施された。統計的誤差は3.4％。

ると、リーマン・ショック直前の2008年1月時点の「5年後」の項目の数値が一番低くなっているが、これが意味することは、2008年1月時点では（他の時点と比較して）将来の自己の階層への評価が相対的に高く、今後自分が階層を上昇していくと楽観していたことを意味する。その一方で、2008年1月の後、2011年10月から2013年11月にかけては、階層の平均値の数値が高くなっており、これはすなわち、自己の階層への評価が低くなっていることを意味する。

第2節において検討した中間層の消費行動では、リーマン・ショックの際の景気後退を経た後も、消費行動は積極的な傾向をみせていた。そして、表6-10でみたように、自らの家庭の物質的情況に対する評価も高かった。しかし、表6-11で検討した自己の属する階層の評価においては、リーマン・ショックの際の景気後退が大きく作用し、景気が回復しても評価はネガティブな傾向を示している。ここにおいて、消費行動や物質的状況への評価とは異なり、景気循環と自己の属する階層への主観的認識との間にはあまり相関がみられないことが示唆されている。

ところで、ヌレーエフによれば、中間層のうち中核となる部分は、高等教

表6-11 ［1を最上層、10を最下層とする10段階の社会階層のうち、あなたは／5年前にどこに位置していた／現在どこに位置する／5年後にどこに位置するだろう／と考えますか？］

(単位：%)

| | 1996年11月 | | | 2000年1月 | | | 2004年1月 | | | 2008年1月 | | | 2011年10月 | | | 2013年11月 | | |
|---|---|---|---|---|---|---|---|---|---|---|---|---|---|---|---|---|---|---|
| | 5年前 | 現在 | 5年後 | 5年前 | 現在 | 5年後 | 5年前 | 現在 | 5年後 | 5年前 | 現在 | 5年後 | 5年前 | 現在 | 5年後 | 5年前 | 現在 | 5年後 |
| 第1階層 | 9 | 14 | 17 | 11 | 18 | 20 | 9 | 10 | 11 | 8 | 8 | 9 | 6 | 8 | 10 | 0 | 1 | 2 |
| 第2階層 | 2 | 1 | 2 | 3 | 2 | 2 | 1 | 2 | 3 | 2 | 2 | 5 | 1 | 2 | 4 | 1 | 1 | 3 |
| 第3階層 | 6 | 3 | 4 | 6 | 4 | 6 | 5 | 4 | 6 | 5 | 6 | 7 | 5 | 4 | 6 | 4 | 4 | 7 |
| 第4階層 | 10 | 7 | 7 | 8 | 6 | 7 | 6 | 6 | 8 | 9 | 9 | 11 | 11 | 7 | 9 | 9 | 7 | 9 |
| 第5階層 | 29 | 18 | 16 | 28 | 19 | 18 | 30 | 28 | 23 | 29 | 29 | 24 | 31 | 29 | 24 | 14 | 16 | 11 |
| 第6階層 | 13 | 13 | 10 | 10 | 8 | 9 | 12 | 13 | 11 | 15 | 14 | 11 | 12 | 15 | 12 | 20 | 19 | 13 |
| 第7階層 | 13 | 15 | 12 | 12 | 12 | 9 | 15 | 13 | 10 | 15 | 14 | 11 | 13 | 15 | 13 | 16 | 16 | 11 |
| 第8階層 | 10 | 15 | 11 | 12 | 16 | 12 | 14 | 14 | 13 | 10 | 10 | 9 | 15 | 14 | 12 | 17 | 14 | 12 |
| 第9階層 | 4 | 10 | 10 | 6 | 12 | 10 | 6 | 9 | 8 | 6 | 7 | 7 | 5 | 5 | 6 | 7 | 9 | 8 |
| 第10階層 | 2 | 1 | 2 | 2 | 1 | 2 | 1 | 1 | 3 | 2 | 1 | 4 | 1 | 1 | 3 | 6 | 5 | 7 |
| 階層の平均値 | 5.95 | 6.85 | 6.74 | 6.15 | 7.02 | 6.79 | 6.31 | 6.46 | 6.20 | 6.05 | 6.09 | 5.76 | 6.04 | 6.25 | 6.08 | 6.47 | 6.43 | 6.22 |
| 回答困難 | 4 | 4 | 8 | 3 | 3 | 6 | 4 | 2 | 4 | 1 | 1 | 2 | 0 | 0 | 1 | 7 | 7 | 19 |

出所：Левада Центрウェブサイト掲載データ（2013年12月17日付）より筆者作成

※本調査はロシア全土の45連邦構成主体にまたがる130ヵ所（都市部および農村部の双方を含む）から抽出された18歳以上の1603名（この人数は2013年11月調査時）を母集団として実施された。統計的誤差は3.4％。

育を受け、経営者・企業家・専門家といった技能を保有している。中間層の近傍にあたる部分は、自営業、サービス業就業者、高等教育を受けたが技能を保有していない者からなる。中間層の周辺にあたる部分は、職業的地位のみ上記の基準にあてはまるが、教育、福利、自己評価についてはあてはまらない者からなる。そして、中核部については2003年11％、2008年14％、2009年11％、近傍部については2003年18％、2008年20％、2009年15％、周辺部については2003年23％、2008年17％、2009年25％という数値を挙げている[15]。

　なお、マレーヴァおよびオフチャロヴァ（シャスティトコ（A. Шаститко）らとの共著書に所収）によれば、ロシアの中間層の経済面での特徴として、以下の点が挙げられる。2000年以降の高成長にともない、所得面だけでみれば中間層は43.5％まで増加したが、一方で貯蓄があるのは29.6％だけであり、投資的資産（証券、貯蓄性年金など）を保有しているのはわずか2.6％である[16]。このことが示すのは、ロシアの中間層の行動様式において、貯蓄性向や投資性向が低く、消費性向が高いという点である。その結果、たとえば乗用車の販売台数をみても、ヨーロッパ市場においてドイツに次いでロシアは第2位につけるなど、耐久消費財の消費を中心にロシアの消費市場は活況を呈している。

　その一方で、中間層の客観的な構成は、景気循環によって左右される側面も持つ。すなわち、好況から不況に転ずると中間層の数が減少し、逆に不況から好況に転ずると中間層の数が増加する関係にある。ロシアでは、貧困層ではないが中間層に上昇できない中途半端な層が大きく、貧困層に転落の危険性がある人々が4割近くも存在しているという見解がある。また、天然資源輸出によるレント（超過利潤）が公務員、政府系企業関係者らに優先的に再分配されている[17]ことが、中間層の正常な形成を妨げている面もある。

　上述の中間層の消費性向の高さは、単に社会的な特徴として注目されるだけでなく、マクロ経済の成長要因にもなっている。以下、第4節においてロシアの経済成長と中間層の消費行動との関係をみていくことにする。

## 4　現代ロシアの経済成長メカニズムと中間層

　現代のロシアは石油・天然ガス資源に恵まれており、税収の約半分は原油や天然ガスの輸出収入関連が占めるなど、ロシア経済において石油・天然ガス資源が果たす役割は大きい。

　第1次プーチン政権（第1期および第2期）において国際原油価格が上昇傾向にあったことから、「資源依存型経済」ロシアは高成長を遂げた。1999年から2008年にかけての平均でみると、GDP成長率（実質）は6.8％を記録した。この高成長について、支出（需要）サイドをみると、上記期間において家計による最終消費の構成比が48.8％、GDP成長に対する寄与度が4.3％ポイント、寄与シェアが63.5％であるのに対し、投資（総固定資本形成）の構成比は18.4％、GDP成長に対する寄与度は2.3％ポイント、寄与シェアは33.1％であった（表6-12参照）。つまり、第1次プーチン政権下のロシア経済にみられた高成長を主導したのは投資ではなく消費であり、その中でも特に家計消費の成長への寄与が高かったことになる。

　そして、この高成長をもたらした消費支出の中心となったのが、中間層である。ロシアの中間層が既述のように消費性向が高いことを踏まえると、彼らが旺盛な消費行動をとったことが高成長の中心的な動因となったとみることができる。ここで、国際原油価格の動向だけでなく中間層の行動様式も、ロシア経済の成長を左右する主要な要因であるということがいえる。

　プーチン大統領が2008年2月に「2020年までのロシアの発展戦略」と題された演説において、2020年までに中間層の規模を60％、可能なら70％にしたいと述べ、中間層の拡大を政権の主要課題の一つと設定した背景には、政治面のみならず経済面でも中間層が重要な役割を果たしていることが指摘できよう。

　そして、この消費主導の成長構造は、リーマン・ショックを経た2010年代においても継続している。名目GDPの構成比を支出サイドで見ると、2012年時点で家計による最終消費は48.0％と、1999―2008年平均と同様にほぼ半

**表6-12 ロシアのGDP（支出項目別，1999年-2008年平均）**

(単位：％)

|  | 構成比 | 成長率 | 寄与度 | 寄与シェア |
|---|---|---|---|---|
| GDP | 100.0 | 6.8 | 6.8 | 100.0 |
| 最終消費 | 66.3 | 7.0 | 4.7 | 68.2 |
| 　家計 | 48.8 | 8.9 | 4.3 | 63.5 |
| 　政府 | 16.6 | 2.2 | 0.4 | 5.2 |
| 　非営利組織 | 0.9 | -3.0 | 0.0 | -0.4 |
| 総資本形成 | 20.8 | 15.3 | 3.2 | 46.5 |
| 　総固定資本形成 | 18.4 | 12.3 | 2.3 | 33.1 |
| 　在庫増加 | 2.4 | 38.2 | 0.9 | 13.4 |
| 純輸出 | 12.8 | -6.7 | -0.9 | -12.6 |
| 　輸出 | 35.9 | 8.0 | 2.9 | 41.9 |
| 　輸入 | -23.1 | 16.1 | -3.7 | -54.4 |
| 統計的不突合 | 0.1 |  | -0.1 | -2.2 |

出所：久保庭眞彰『ロシア経済の成長と構造』岩波書店, 2011年, 46頁.

**表6-13 ロシアのGDP（支出項目別の構成比）**

(単位：％)

|  | 2005年 | 2010年 | 2011年 | 2012年 |
|---|---|---|---|---|
| GDP | 100.0 | 100.0 | 100.0 | 100.0 |
| 最終消費 | 66.3 | 69.6 | 66.5 | 67.1 |
| 　家計 | 49.0 | 50.5 | 48.2 | 48.1 |
| 　政府 | 16.7 | 18.5 | 17.8 | 18.5 |
| 　非営利組織 | 0.6 | 0.6 | 0.5 | 0.5 |
| 総資本形成 | 20.1 | 22.5 | 25.1 | 25.7 |
| 総固定資本形成 | 17.7 | 21.4 | 21.4 | 21.8 |
| 　在庫品増加 | 2.4 | 1.1 | 3.7 | 3.9 |
| 純輸出 | 13.6 | 7.9 | 8.4 | 7.2 |
| 　輸出 | 35.0 | 28.9 | 30.0 | 29.1 |
| 　輸入 | 21.4 | 21.0 | 21.6 | 21.9 |

出所：POCCTAT, *Российский статистический ежегодник 2013*, c.290.

分を占めている（表6-13参照）。
　つまり、消費性向が高く旺盛な消費行動をとる経済的主体としての中間層が、2000年代から2010年代にかけてのロシア経済の成長を支えてきているということが、ここで示唆されているのである。

## むすびにかえて

　第1節でみたように、2014年2月に発生したウクライナ政変後のロシアにおいて、（政治的な主体としての）中間層がプーチン支持へ回帰する現象が見受けられる。彼らは、民主化や自由化を求めるメンタリティを保有している（であるからこそ不正選挙を契機に反政府の抗議行動をとったのである）とともに、ナショナリズム的傾向も強いため、ウクライナでの政変を受けたクリミア「編入」というプーチン政権による対外的な積極的攻勢を、中間層も支持しているのである。
　この中間層におけるナショナリズム的傾向を強めた一つの要因として指摘できるのが、ゴルバチョフ政権時にドイツ統一を承認して以降、西側がみせたNATOの拡大攻勢である。塩川伸明によれば、ドイツ統一が主要な政治課題となっていた1990年時点で、米国の外交官がゴルバチョフに対して、「NATOの守備範囲が現在の位置から1インチも東へ移動しない」と約束した[18]が、ドイツが統一され、ソ連が解体した後は、米国主導でNATOの「東方拡大」が展開されることとなり、中欧・東欧の旧社会主義諸国が軒並みNATOに加盟し、さらにはソ連を構成していたバルト三国もNATOに加盟したのである。これによりロシアは直接NATO加盟国と陸上での国境を接することになった。この一連の出来事は、中間層を含む多くのロシア人にとって、西側に「裏切られた」と認識させるのに十分なものがあった。
　また、1990年代後半になると、ロシアの友邦であるセルビアにおいて、域内でアルバニア人が多数を占めるコソヴォ自治州が独立運動を激化させた。ちなみに、多民族の連邦国家であったソ連やユーゴスラヴィアの解体に際

し、主権国家として国家承認を受けたのは、連邦を構成していた「共和国」単位までであり、共和国の下位にある「自治共和国」「自治州」などの単位では、主権国家としての独立が認められなかった（チェチェン自治共和国はその一例である）。それにもかかわらず、米国を中心とする西側はコソヴォ「自治州」の独立運動を支持することとなり、セルビアに対してNATO軍が空爆を実施するまでに至り、停戦後にコソヴォが独立を宣言すると、国家承認をおこなった。この出来事もまた、中間層を含む多くのロシア人に対して、西側の外交政策に対する批判的感情を抱かせるのに十分なものがあり、ロシア人のナショナリズムが涵養されていくこととなる。

　一方で、第4節でみたように、ロシアの経済成長において、（経済的な主体としての）中間層による消費行動が果たす役割は大きい。つまり、現代ロシアの動向を分析するにあたっては、政治と経済の両面において、「中間層」が重要なファクターとなっている。

　政治面では、中間層がプーチン政権支持から離反すれば政権の不安定化を招くことになるため、ウクライナ情勢をめぐってプーチン政権は妥協と受け止められる政策は取りづらくなっている。経済面では、西側諸国による経済制裁とそれに対するロシア側の対抗措置、原油価格の下落、さらには資本の逃避などの諸要因によって経済成長のペースが減速しているが、この減速傾向にあるロシア経済の成長の動向は、中間層による消費行動によって大きく左右される。

　今後のウクライナ情勢の行方を分析する上でも、世界経済において一定のプレゼンスを得ているロシア経済の動態を分析する上でも、ロシアにおける中間層の動向に注目することが必要不可欠であるといえよう。

付記　本稿は、政治経済学・経済史学会発行『歴史と経済』第227号所収の拙稿を一部改稿の上で転載したものである。

注
1）鈴木義一「ロシアの反政府運動と『中間層』をめぐる意識動向」『ロシア・ユーラシ

アの経済と社会』2013年9月号、25頁、および常盤伸「ロシアにおける『市民社会』の台頭」『海外事情』拓殖大学海外事情研究所、2012年10月号、60頁。
2) ロシアにおける有力な世論調査機関として、全ロシア世論調査センター（ВЦИОМ）、世論基金（Фонд Общественное Мнение）、レヴァダ・センター（Левада центр）の3機関を挙げることができるが、これらのうち、他の機関よりも相対的に政権との距離を置いているのがレヴァダ・センターであるといわれている。
3) 鈴木義一、前掲論文、24頁。
4) 林裕明「経済格差と階層化」吉井昌彦・溝端佐登史編著『現代ロシア経済論』ミネルヴァ書房、2011年、141頁．
5) V. Shlapentokh, "Social Inequality in Post-Communist Russia: The Attitudes of the Political Elite and the Masses (1991-1998)", *Europe-Asia Studies*, vol.51, no.7, 1999.
6) T. Remington, *The Politics of Inequality in Russia*, Cambridge University Press, 2011, p.190（原典はЮ. Левада, *Советский простой человек*, Мировой океан, 1993, p. 53）．
7) 林、前掲論文、p.143.
8) 武田友加『現代ロシアの貧困研究』東京大学出版会、2011年、193頁．
9) 武田、前掲書、209頁．
10) J. Gornick and M. Jäntti, *Income Inequality: Economic Disparities and the Middle Class in Affluent Countries*, Stanford University Press, 2013.
11) 保坂哲郎「21世紀初頭ロシアの中間階級」『松山大学論集』第24巻第3-4号、2012年、109頁．
12) T. Remington, "The Russian Middle Class as Policy Objective", *Post-Soviet Affairs*, vol.27, no.2, 2011, p.98.
13) T. Remington, 前掲論文, p.98-99.
14) 溝端佐登史「ロシアにおける近代化の背景」溝端佐登史編著『ロシア近代化の政治経済学』文理閣、2013年、40頁．
15) Р. Нуреев (ред.) *Экономические субъекты постсоветской России (институциональный анализ): Десять лет спустя. Часть I. Российские домохозяйства*, Московский общественный научный фонд, 2010, p.101.
16) А. Шаститко, С. Авдашева, М. Овчинников, Т. Малева, Л. Овчарова, *Российские средние классы накануне и на пике экономического роста*, Экон-Информ, 2008, p.33-36.
17) なお、近年のロシアにおいて国家セクターによる経済への介入が顕著である点を中国経済と共通する特徴として捉えて、「国家資本主義」というタームを用いて分析する議論が存在する（例えばイアン・ブレマー『自由市場の終焉　国家資本主義とどう闘うか』有賀裕子訳、日本経済新聞出版社、2011年）。この「国家資本主義」については、日臺健雄「プーチンの『国家資本主義』」、『週刊エコノミスト』2009年7月21日号、毎日新聞社、76-79頁、ならびに日臺健雄「『国家資本主義』の理論的検討」、張英莉・堂野崎衛編著『現代社会における経済・経営のダイナミズム』社会評論社、2014年、101-124頁、参照。
18) 塩川伸明『民族浄化・人道的介入・新しい冷戦』有志舎、2011年、153頁．

## 参考文献

塩川伸明 [2011]、『民族浄化・人道的介入・新しい冷戦』有志舎。
鈴木義一 [2013]、「ロシアの反政府運動と『中間層』をめぐる意識動向」『ロシア・ユーラシアの経済と社会』2013年9月号。
常盤伸 [2012]、「ロシアにおける『市民社会』の台頭」『海外事情』拓殖大学海外事情研究所、2012年10月号。
林裕明 [2011]、「経済格差と階層化」吉井昌彦・溝端佐登史編著『現代ロシア経済論』ミネルヴァ書房。
武田友加 [2011]、『現代ロシアの貧困研究』東京大学出版会。
日臺健雄 [2009]、「プーチンの『国家資本主義』」、『週刊エコノミスト』2009年7月21日号、毎日新聞社。
日臺健雄 [2014]、「『国家資本主義』の理論的検討」(張英莉・堂野崎衛編著『現代社会における経済・経営のダイナミズム』社会評論社)。
ブレマー, イアン、有賀裕子訳、[2011]。『自由市場の終焉 国家資本主義とどう闘うか』日本経済新聞出版社。
保坂哲郎 [2012]、「21世紀初頭ロシアの中間階級」『松山大学論集』第24巻第3‐4号。
溝端佐登史 [2013]、「ロシアにおける近代化の背景」溝端佐登史編著『ロシア近代化の政治経済学』文理閣。
Gornick, J. and M. Jäntti [2013], *Income Inequality: Economic Disparities and the Middle Class in Affluent Countries*, Stanford University Press.
Remington, T., [2011], "The Russian Middle Class as Policy Objective", *Post-Soviet Affairs*, vol.27, no.2.
Remington, T. [2011], *The Politics of Inequality in Russia*, Cambridge University Press
Shlapentokh, V. [1999], "Social Inequality in Post-Communist Russia: The Attitudes of the Political Elite and the Masses (1991-1998)", *Europe-Asia Studies*, vol.51, no.7.
Левада, Ю., [1993], *Советский простой человек*, Мировой океан.
Нуреев (ред.), Р., [2010], *Экономические субъекты постсоветской России (институциональный анализ): Десять лет спустя. Часть I. Российские домохозяйства*, Московский общественный научный фонд.
Шаститко, А., С. Авдашева, М. Овчинников, Т. Малева [2008], Л. Овчарова, *Российские средние классы накануне и на пике экономического роста*, Экон-Информ.

Ⅲ　アジアの周辺新興経済の諸相

# 第7章
## 日本・フィリピンEPA（経済連携協定）の論点
―サービス労働力の国際移動をめぐる視座―

梶川　誠

## はじめに

　今日の世界同時恐慌下において、現状分析から要請される恐慌論の意義は重要である。言うまでもなく、今日の世界同時恐慌とは、グローバルに肥大化した過剰流動性が、金融工学システムや電子ネットワークを駆使した商品化により暴発したものであり、リスク管理不能となった金融資本主義の脆弱性を露呈させたものと言えるのである。こうした状況は、生産機軸に端を発する古典的な恐慌とは本質的に異なる。これを論理的に分析する際、金融投機は従来の投機と同じ枠組みで抽象化できるのか、また金融派生商品は従来の信用理論の範疇で把握できるのか、いずれも解析基準の有効性が問われているのである。

　だが、過去の大恐慌と比べて、その端緒は異なるとしても、実体経済が悪化する過程においてもたらされる窮状には共通の現象が観られる。いずれも生産や在庫調整と同様に、労働力をも調節の対象とすることによって、デフレスパイラルの危険性が現実のものとなっており、その結果、過去の政策プロセスの誤謬に学ぶことを余儀なくされているのである。現在、ボトムから脱却の兆しが現れつつあるものの、生産主体の自律的な調整の限界が、政府による巨額の財政支出、需要喚起策によってしか解決できないという点も、29年恐慌との共時性を示すものであろう。

　本稿は、かかる状況下にあることを念頭に置きつつも、まず資本主義にと

って本質的な課題である労働力を原理的に考察し、現実に生起しているグローバルな労働力移動の背後に起因する展開動力や、制度、多様性の問題に論及することによって、日比 EPA を考察するものである。

## 1　原理的考察

### （1）　労働力の論理的前提

　労働力移動の原理的考察は、従来より一般的な領域において把握され抽象化されてきた。労働力は原理論の展開上、基軸の位置を占めている。なぜなら、近代資本主義とは、産業革命によって高度化された機械体系に、原始的蓄積によって現出された労働力が結合することにより成立したのであり、その結果、あらゆる物を生産しうる労働力を自らの内部に包摂することをもって生産基盤を確立し、商品経済の飛躍的な拡大を可能としたからである。他面で、そうした自律的な経済システムの確立は、周期的経済恐慌を誘発しながらも、地理的、歴史的に多様な発達を遂げ、今日に至るまで決して単線的ではない類型を形成してきたのである。

　労働力が原論体系の中で最も象徴的に意義づけられるのは景気循環論である。それは周期的景気循環の論理プロセスと不可分の関係にある。好況期において資本構成不変の蓄積過程が継続されるのは労働力吸収の持続性を前提としたものである。反面、好況末期の労働力不足から労賃騰貴が誘発され、連鎖的な経緯により恐慌を勃発させる端緒となるのも、資本自体の過剰、換言すれば自由に創り出せないという労働力商品化の無理に起因するのである。さらに、恐慌期における生産活動の停滞を経て、不況期の生産調整の過程に資本構成の高度化が計られるのも労働力不足に対応する生産体制を再構築するために他ならない。このように、労働力とは、資本自ら創り出すことが困難な商品であるが故に、景気循環における数的調整の中軸として作用せざるを得ない。それゆえ、そのような循環性の論理は原論体系の完結性を示すものとされ、労働力商品化の無理を論証する場となっているのである。

こうした論点については、当初より様々な疑問や論議が導出されてきた。恐慌論内部の論理的進捗をめぐるプロセス、また原論体系と恐慌論との関係など、あるいは労働力を要因とすることの可否等まで含めると論点は多岐に及び、現在に至るまでその精緻化、論理化の歩みは続いていると言えよう。

では、原理論において労働力移動はどのように考察されてきたのであろうか。まず考えられるのは、内部的な社会的労働編成という意味においてである。本来、無政府的な資本主義生産は、生産価格を持ちつつも、他面で社会的需給に裏付けられた市場価格に規制されざるを得ない。少なくとも一般的利潤率を下回らないことを企図するならば、利潤率の高い生産方法や他部門へシフトすることは資本の必定である。そこでは、単なる増設的な蓄積のみならず、更新的蓄積が行われる。具体的には、同部門内での利潤率均等化が、特別剰余価値にもとづく超過利潤を解消して新しい生産性の水準を形成するのに対して、異部門間での利潤率均等化は、平均利潤を形成し価値を生産価格として現わしながら労働配分を行う。いずれも資本構成の高度化が前提となっているのであり、その際は高度化を上回る社会的需要がない限り産業予備軍が累積することとなる。しかし、こうした展開は、基本的に既存の労働力を前提とした内部移動であり、労働力は部門間移動に付随した存在として位置づけられている印象を受ける。

労働力の移動をめぐる本質的な課題を秘めているのは、そうした内在的な論理ではなく、外部との関係が重要であろう。生産機軸と周辺労働力との関係において、従来より議論の対象となってきたのは、いわゆる相対的過剰人口は原理論においてどのような領域で抽象するのか、また、労働力移動の問題と景気循環はどう関連するのかという点であった。

現実の資本主義経済システムは、自らの生産機軸の外延に、労働力を吸収反発しうる調整弁として過剰人口を形成してきた。労働力の枯渇は労賃騰貴や生産停滞を意味するからである。資本の意志を勘案すればそうしたモデルを構築することは必要である。では19世紀イギリスの古典的恐慌がそうした要因によるものであるかは史実の解明によらなければならない。重要なのは

理論が史実と乖離していないか、またそうした設定が現状分析にどのような効果や限界をもたらすのかという点である。とりわけ恐慌の原因は常に複合的な要因が重なっており、生産・流通・信用の過程において滞留や枯渇や投機といった事態が連鎖、増幅すればクラッシュに及ぶのであり、決して単一の原因によるものではないことが事態の解明をより複雑にしている。とりわけ、資本の論理からすれば、労働力の存在は恐慌に至らなくとも常に内発的な脅威であることに相違はないであろう。それは、「自由に使えない」という動態的な問題より以前に、「自由に創りだせない」という静態的な問題において難を孕んでいるからである。

### (2) 労働力の国際移動をめぐる抽象

　生産機軸と外部との関係において、早くから方法論としての問題を提起したのは岩田弘氏である。『世界資本主義』においては、商品経済の非商品経済への対外浸透性を内面化の根拠としつつ、資本主義を単一の世界システムとして把握しようとする方法論が貫かれている。すなわち、「資本主義は、現実的には、特定の国の特定の資本主義的生産部門を運動機軸とする全体としての世界市場的過程——世界資本主義として以外には実在せず、したがって経済学の理論体系は、このような世界資本主義としての資本主義の内的分析としてしか成立しえない」（岩田［1964］：21）とするものであった。そこでは、商品経済の非商品経済への分解作用を一般的基礎として、本来生産物ではない労働力も溶解され商品化することが示されている。それは、資本主義の世界的な確立においては、労働力も商品形態として同質であることを意味しているのである。

　これに対して、柴垣和夫氏は「資本主義の世界性と国民性」において岩田氏に反論する。柴垣氏によれば、「労働力もそれが商品として売買され取引されるかぎりは、その市場を、つまり労働力市場を形成しなければならないが、それは、労働力なる商品が、さまざまの歴史的・文化的・人種的特殊性を刻印された人間の人格とむすびついた存在であり、したがってその他の商

品や貨幣のごとく資本が必要におうじて自由に生産したり移動させたりしえない存在であるがゆえに、地域的にかぎられた限界のうちでしか形成されなかった」「この点にこそ、資本主義の『国民性』が経済的根拠をもって形成される根拠が存在した」(柴垣［1979］：84) したがって、「資本主義は、労働力の商品化によって、その商品経済の『流通形態』としての性格に基づく『世界性』をもったまさにそのとき、労働力商品化自体の歴史的制約によって、その『国民性』を刻印されたのである。」(柴垣［1979］：85) とされる。

　両者の論点は、国際的な労働力移動の問題が原理論や方法論との関連において提起されており興味深いが、いずれも次のような問題点が想起される。

　第1に、労働力に刻印された特殊性は、本質的な要素として抽象できるのかという点である。柴垣氏が述べているように、労働力が、言語、文化慣習、地理的条件などにより移動の制約を受けているのは事実であろう。だがそれは、現状分析、もしくは段階論で要請される条件である。にもかかわらず、あえてそうした制約を論理的前提として提起されるのは、岩田氏の単一の「世界資本主義」にみられる、自在な労働移動を前提とした抽象に疑問を呈しているからである[1]。そもそも、国境の存在しない原論において展開する労働力とは、決して特殊性を刻印された労働力ではなく、論理展開上を自在にシフトするものでなければならない。そうした制約が捨象されているからこそ、労働力それ自体の展開動力が明らかになるのである。言い換えれば、まず、商品・貨幣の展開とは、持ち手の意思が化体された動力の間接的な表現、と捉えることが可能であろう。さらに、労働力とは、意思そのものと同一主体である動力の直接的表現が具体化するもの、と解釈することができる。それは合理的経済人としての行動基準そのものであり、表現を変えるならば、労働市場において供給曲線で示される軌跡と何ら異なるものではないのではないか。したがって、原理論における労働力とは、労働力一般に他ならないのである。これに対して、現状分析または段階論における労働力とは、様々な特殊性が加味されるものであり、それ故、論理展開の制約要因が解明されることとなるのである。

尚、特筆すべきは、今日ではグローバル化の進展によって制約の消極化という現象が顕になっている点である。労働力商品といえども、他の商品と同様、流通浸透上の拡大は移入先である共同体の変容をもたらすのであり、移動当初に比べ、その特殊性は制約条件としての意義を逓減させ脆弱なものと化しつつある。現実の資本主義の歴史を観れば、商品、貨幣ばかりではなく、資本、労働力までもが異文化を付随させ、融合してきたのであり、決して国民経済としての単位が固守されているわけではなかった。年月の経過とともに希薄化していく国民性は、さらなる労働力移動の呼び水となるのであって、それはもはや、国家的な規制や導入といった政策によってしか統制することができないものとなるのである。

　第2に、労働市場の外部性はどのように抽象されるのかという点である。労働力の吸収反発は景気循環の過程で不可避的に行われる。その際、外部の位置づけはどこまで抽象できるのであろうか。岩田氏の場合、先に述べたように、商品経済の非商品経済への対外的性格が展開動力となっている。これは、一定の領域において労働力が限界に達したとしても、対外的に更なる商品経済的浸透をもってすれば確保できることを意味するのであり、絶対的に枯渇する領域を抽象することへの疑問を提起していることになる。他方で、柴垣氏の主張されるような制約がある領域においては、労働力移動は流動性に欠けるため、いわゆる枯渇という状況は想定されやすくなるであろう。しかし、いかなる場合であっても資本にとって、枯渇という事態を座して待つことが本来の行動原則とは思われない。極論すれば、もし仮に労働力が枯渇することが懸念されるなら、移民であれ、奴隷であれ、外部から強制的にでも吸引することを企図するであろう。あるいは内部的な家族共同体を分解させ、再生産労働に難を生じさせてでも当面の労働力を確保しようとするであろう。一見暴力的に見えるそうした作用とて、同じ商品経済としての形態に基づく論理であれば、強制ではなく、各労働力の自立的かつ合理的な判断による移動が前提とされなければならないことは言うまでもない。いずれにせよ、労働力が一定の限界に到達すれば、内外の既存領域の限界を超えた新た

な領域が要請され、その結果、あまねく労働力は現出せざるを得ない。そうした意味において、枯渇とは絶対的、慢性的な枯渇ではなく、相対的、潜在的な枯渇として弾力的に捉え、理解すべきであろう。そのような労働力の売買や移動が、商品経済の一環として、売り手と買い手との合意形成によるものであることは国際移動においても同様である。労働力移動の主導的な要因が、資本の論理（需要側の論理）にあるのか、それとも労働力側の論理（供給側の論理）にあるのかは、市場の条件や環境によって決定されると思われる。だが現実は、双方の拮抗は個々の立場を超えて、送出国や受入国の国家政策というフィルターを通じて具現化している感が否めない。

## 2　類型的考察

### （1）東アジアにおける多様化の分析手法

　戦後のアジアの経済発展は、世界の注目を集めてきた。とりわけ、NIEsに代表される地域や東アジアにおける中国の発展は、現在も世界経済の大きな牽引役を担っている。また、社会主義経済でありながら市場機能に依存して急成長する中国やベトナムの動向は興味深い類型を形成している。ひとえにアジアと言えども広域に及んでおり、経済発展の差異のみならず、民族、宗教、言語や政治制度等様々な要素を含んでいるのが実態である。ヨーロッパ統合に比べ、東アジアの地域統合が困難であると言われるのもそのような多様性に原因を求めがちである。しかし、貿易、投資、金融をめぐるボーダーレス化は、既に東アジアの広域経済圏を形成しており、特定の地域間、国家間の結び付きはさらに強められている。EPAはその象徴的な事例であり、今後とも双方の利益に適う限り締結国は増えるであろう。

　では、こうした多様性について、経済学はどのような視角からアプローチすべきであろうか。宇野は、原理論で抽象された論理を解析基準とし、段階論では典型国の典型産業をタイプ的に抽象し、経済政策をメルクマールとすることによって資本主義の発展段階を位置づけようとした。だが、その後に

おいても古典的帝国主義段階は最終段階に留められたままであり、世界的な社会主義への過渡期とする認識も、今日では時代的な制約によるものだったと看做されている。しかし他面で、宇野が提起した段階論には、決して単線的な発展を描いたとは思えない構成もある。『経済政策論』では、重商主義段階、自由主義段階において、単一の典型国や典型産業がそれぞれ記述されているのだが、帝国主義段階においては「金融資本の諸相」として、ドイツのみでなく、イギリス、アメリカの三ヶ国の類例が展開されているのである。（宇野［1971］：191）これは資本主義の発展形態の複線化を認識したものであり、後進国が先進国をキャッチアップする際の多様性を示唆していたのではないかと推察できるのである。

現実に、その後の世界の資本主義の発展は、限定されたタイプでは把握し難いほど多様な発展を遂げており、戦後の後進国にみられる工業化の発展パターンも決して一様ではない。それが単に典型との比較考察といった認識で事足りるものでなかったことは、後の段階論研究の進展にも示されている。しかしながら、そうした段階論の進展は、単に段階論のみにとどまるものではなく、三段階そのものの再構成をめぐる相違をももたらすこととなった。例えば、次の三者の論旨をみてもその相違はもはや隔絶した内実となっていると言えよう。

第1に取り上げるのは、侘美光彦氏に代表される立論である。そもそも、三段階を特徴とする宇野体系にとって、段階論の存在は最も特徴的なものであった。したがって、原理論を必ずしも純粋資本主義の体系と捉えない世界資本主義論の立場からすれば、段階論も変貌し、その意義を滅失するものと推察される。実際、岩田氏は当初『世界資本主義』において「原理論と段階論との区別は、おなじ歴史的必然性の叙述様式の相違、すなわちこれをその発現しつつある具体的な姿態において叙述するか、その内的展開において叙述するかの相違」（岩田［1964］：11）としていた。方法論上の基本的立場の違いとともに、移行の必然性をめぐる認識も明らかに宇野とは異なっていた。こうした立場は一見すると、段階論と原理論との同質化、もしくは段階

論の消極化とも受け止められかねない。しかし、世界資本主義論の当事者が、段階論の機能自体が本質的に不要であると認識しているとは到底思われない。それは、いかなる体系であれ、原理論のみですべてを把握できるほど資本主義の歴史的変化は簡易ではなく、何らかの媒介を加えて抽象することが不可欠だからである。仮にそれが宇野の提起した補完性とは全く異なる組み合わせであっても、資本主義の今後の変容を見据えながら新たな媒介を設定するか、もしくは含有する必要に迫られるであろう。したがって、段階論の有効性とは、体系の結節点としての補完性、整合性の成否にかかっていると思われるのである。

　また、世界資本主義論の体系は、現状分析にその成果の多くが集積されており、段階論も現状分析とリンクした論点が多いと見受けられる。侘美氏自身は、三段階の必要性を重視されつつも、自らの原理論を明示されることはなかったため、段階論との整合性を確認することはできない。だが、『世界資本主義』や実証研究で示された成果を参照すれば次のような論点が浮かび上がる。氏が段階論の指標として明らかにしたのは景気循環であり、地理的には中心国とその周辺の国際関係を含み、時間的には好況、恐慌、不況という一連の過程を捉え、パターンとして認識するというものである。景気循環自体は資本蓄積様式の反映のひとつであるとしても、それは諸政策を媒介としたものであり、指標に表れている事実はそうした様々な要因が加味された結果と受けとめられる。したがって、経済政策ではなく、景気循環を重視するのであれば、何が原因でそのようなサイクルが発生したのかを究明するために資本蓄積や政策、その他のあらゆる原因を求めなければならなくなるのではないか。また、本来全く同一の景気循環はあり得ないのであり、歴史の線上で、どこまでを一連の過程として認識するのか判別が困難なケースもあるであろう。19世紀のジュグラー型のような典型的な波形ばかりではなく、明瞭ではないパターン、例えば、スタグフレーションや平成不況といった新たな特徴が出現する度に新パターンとして認識しなくてはならないのか。それとも、波動や周期が類似していれば、歴史状況が異なっても、大きく分け

て同型として認識されるのか、また、普遍的な景気循環と個別かつ固有の景気循環との相違はどこにあるのか、など分析をめぐる判断が課題となる。それは、宇野が示した典型国の典型産業の経済政策を凌駕するスケールには違いない[2]。ただし、本稿で特筆するような労働移動であるとか様々な諸現象に対して、社会科学の総体としてどのように解明するのかといったプロセスには距離を残しているように思われる。

　第2点として例示するのは、加藤栄一氏の段階論である。加藤氏は、資本主義発展の概念図として、前期資本主義（純粋資本主義化傾向、自由主義国家化、パクス・ブリタニカ）、中期資本主義（組織資本主義化傾向、福祉国家化、パクスアメリカーナ）、後期資本主義、の三つに区分される。（加藤［1995］：204）これは、宇野の段階区分の重商主義、自由主義を前期資本主義に編入することとなる。17、18世紀を通じて19世紀中葉までを資本主義の純化傾向に向かう期間と捉えているためである。日高普氏は、加藤氏の段階論を肯定され「この理論は大内氏の国家独占資本主義論を母胎としながらそれにとどまることなく、現代資本主義論をヨリ充実させるべき理論を提示することができた」（日高［1994］：182）と述べられている。しかしこれでは純粋資本主義としての原理論は、基本的に前期資本主義までしか対応関係上の意味を持たなくなるのではないか。また、前期資本主義の解体期を大不況期とすると、純化、不純化といった相反関係しか持ちえなかった宇野帝国主義段階の補完性と同じである。さらに、最も重要な後期資本主義の現在とて、純粋資本主義の原論を基底に懐かなければならないのであろうか。後期資本主義がどのような性格を帯びるかは今後の展開にかかってくるのであるが、スタグフレーション期以降の傾向をみると、既にグローバル化、IT化、といった流れの中で金融主導のファンド資本主義が台頭し、格差社会の拡大や固定化、福祉切り捨ての傾向が強まっている。また、今後の傾向として、再生産労働はサービス業に代替されるウェイトをますます高めていくであろう。看護や介護も例外ではなく、福祉社会の重要なファクターであるこれらの営みがサービスという商品によって、しかもグローバルな人材需給に

よって維持されることとなるであろう。福祉をメルクマールとすれば、裏面としての家族共同体や再生産労働の内実が浮き彫りとなるのであり、発展過程の推移の一側面を示すことができる。ところで、加藤氏の段階論とは、歴史を点としてではなく、切れ目のない線上で区分していることも特徴的である。一見、現状分析との相違を希薄にするような印象をうけるが、大切なのはその時代ごとの「傾向」を抽象し把握することであろう。それは長期的なスパンで資本主義の発展傾向を区分することであり、第一次大戦までとされていた宇野段階論を、現在及び将来予測にまで伸延した点は示唆に富んでいる。

　第3点として、山口重克氏の類型論に言及しなければならない。氏は、原理論と段階論の関係の整序化を試み、タイトな補完性を志向されている。また、旧来みられたような論理と歴史や、純化・不純化といった相反関係が見直され、再構成されている。それは、次のような引用に要約することができるであろう。現実の資本主義とは、「商品経済的な関係と非商品経済的関係の合成物としての不純な、混合的資本主義である。」(山口［1996］：203) また、「商品経済的な関係の一元化作用が現実の資本主義の中にも絶えず作用している」(山口［1996］：208) 反面、「社会を構成する人間を市場経済的な原理だけで一元的に操作しうるほど強力な組織力を持ったものではなく、一定の限界をもっている。」(山口［1996］：166) そのため、現状分析は、双方の組み合わせによって解明されるべきと説明される。すなわち、「その一つは、比較的長い期間持続的に作用するが、その期間を過ぎると変化するような諸条件によって資本主義的システムが維持されているというようなケースである。この場合にはその諸条件が作用している期間内はそれは繰り返し作用しているとみうるのであって、このような諸条件によって構成されるシステムを扱う理論が段階論である。もう一つの理論は純粋資本主義を対象とする原理論であるが、これは、商品経済的な関係が他の社会的諸関係を分解・変造し、一元的な原理によって社会的生産を編成しようとするその解体力・変造力を純粋に取り出し、それだけによって経済的システムを構成してみせ

たもの」（山口［1996］：208）と説明される。さらに、段階論（類型論）と現状分析との相違は「数十年といったかなり長い期間にわたって持続的に存続する条件」（山口［1996］：206-207）と「比較的短期間で変化したり消滅したりすると考えられる条件」（山口［1996］：207）との違いであるとされる。

　ここでは、原理論が純粋な体系として、すなわち、商品経済による解体力・変造力を伴なった一元的な作用の展開過程とされているのは、従来と基本的に同様であろう。他方で、類型論は、それと対照的に、商品経済の一元化作用を阻む長期と短期の要因に分類されており、従来の段階論とは全く異なった補完性、整合性を構成している。長期にわたる規定要因として、具体的に代入される項目には次のようなものが例示される。「①自然資源の存在構造や気候・地勢などの物理的・自然的条件　②制度や法、あるいは宗教、民族性、慣習、価値観などの社会的・文化的条件　③それらに規定され、かつそれらを規定し、ある持続期間ののちそれらを変化させる要因となる技術と労働組織の統合としての生産力水準といった動態的条件など」（山口［1996］：167）。また、別の引用箇所では「国家の政策」（山口［1996］：146）もこれに含むとされている[3]。

　本来、純粋なものと不純なものという区分は、宇野の基本的な考え方であり、自由主義段階の前後、とりわけ、帝国主義段階に純化傾向が逆転することを時系列的に捉えたものであった。そもそも純粋資本主義としての原論の確立は「純化、不純化」と「繰り返す、繰り返さない」の二つの対概念をリンクさせてしまいかねない印象がある。これらは、類似していても同一概念ではありえない。純粋化＝繰り返しと仮定できても、不純化＝繰り返さない、とはならないはずである。不純化の局面においても、再生産としての繰り返しは存在しているのであり、問題は、不純化しつつも、なぜ異なる態様の再生産に変容したのか、という点を解明することであろう。それは、移行の必然性といった大胆な歴史発展史観によるものではなく、時間的、空間的に限定された諸現象の中にこそ解明する鍵を秘めているということであろう

か。山口氏が「繰り返す部分ないし側面と繰り返さない個性的な部分ないし側面との合成物として再構成する」(山口［1996］：208)という場合、繰り返しの部分は主として原理論と段階論(類型論)に集約され、繰り返さない部分は現状分析の対象となる。したがって、一回限りの個別事象は、それ自体では時系列的なつながりを持たないこととなる。

　山口氏の類型論は、このような構想に基づいており、限られた特定の典型のみに照準をあわせているものではない。見方を変えれば、あらゆる時代、地域をも対象として採りあげることが想定され、その一断面を諸項目に分解することによって、多様な類型を抽出することが可能となるのである。同時にそれは、社会科学総体としての壮大かつ緻密な作業を要求されることとなる。そもそも現状分析とは、現在であれ過去であれ多様な事象の複合であり、あらゆる時代においても複眼的な視角は必要であろう。それゆえ、社会科学が社会全体を総体として捉え、経済事象のみならず文化や地域性など非経済的な要素をも織り込んだものとして解明を企図するならば、多様なフィールドから抽出を開始することも理解されうる。旧来の方法論であれば、そうした社会科学の他分野との連関は現状分析においてのみ想定されていたことであった。したがって、山口氏の類型論の特徴とは、純粋なものと不純なものとの分離方法を明らかにしながら、同時に、他分野の抽象作業も類型に編入される点にあると言えよう。

　また、原理論において、純粋なものの定義を、商品経済の対外的な解体力・変造力に求められたことに関しては留意すべき点がある。そのような対外的な分解力は、かって岩田氏が強調した商品経済を展開動力とする視点と類似しているからである。この展開動力をめぐる方法論上の位置づけは、山口氏に対する反論の論拠のひとつとなっているが、そもそも、原理論における展開動力や変容の必然性とは何であり、明らかにされるのはどこまでなのか。そうした問題意識は古くから共有されてきたはずであり、氏の方法論は、過去の論争の経緯を踏まえたひとつの結論として理解すべきであろう[4]。

## （2） フィリピン経済の負の遺産

　フィリピンは、19世紀の終わりにアメリカの植民地となって以来、言語、生活様式等のアメリカ文化がもたらされたため、他のアジア諸国に比べ生活水準は高かったと言われる。第二次大戦においては日本軍により多大な犠牲を被ったものの、戦後の経済発展においても、50年代までは近隣のアジア諸国よりは格段に高い生産力を有していた。1946年に米国との約束により独立を果たしたが、当初よりアメリカの援助による経済復興に依存しており、またアメリカ自身も、フィリピン通商法（ベル通商法）やフィリピン復興法を通じて支配的な関係を維持しようと試みていた。当時のフィリピンは、他の多くの植民地同様、モノカルチャー経済や旧宗主国依存の貿易構造から脱することがでず、輸出入とも取引先の80％がアメリカであった。品目は、輸出が一次産品や軽工業品に偏重しており、輸入は生活必需品や機械関連であった。そのため、政府がとったのは輸入代替化政策である。これは、貿易赤字を減らし国内産業を育成するための長期的な計画である。具体的には、為替管理や輸入管理強化等の輸入制限、および外資規制などが国家の政策として取り入れられ、そうすることにより、国内資源を活用した産業育成や、国際競争力のある製造業の確立が目標とされたのである。部門別では、金属、化学、鉱業、繊維等重点産業が設けられ、自国内での発展が企図されたのであった。そうした輸入代替化政策によって、50年代を通じてフィリピン経済は東南アジアのトップクラスにまで押し上げられたのである。

　ところが、60年代に入ると、この政策は行き詰まりを見せ始める。他の途上国も同様な政策をとることが多くみられたのであるが、輸入代替化の弊害は一時期を経過すると成長率が鈍化し始めところに共通性がある。その理由は、国内市場自体が狭隘であること、さらにはそうした産業や製品が輸出主導にまで成長できないことにより、閉塞状況がもたらされることにあるとされている。とりわけ、最終消費財から始まる代替化が一定の成功を収めると、次に中間財や資本生産財の代替化が図られるのであるが、規模的に巨大化するにつれ国家的規制を要するため、貿易や資本市場にまで歪みが生じて

きたのである。またその結果、高コストで非効率的な産業群が形成されるといった逆効果がみられたのであった。この事例は、保護主義に傾けば、結果的に貿易利益を享受できないことを示す実例として今日では捉えられている。これと対照的に、東アジアの他の諸国、とりわけ韓国、台湾、香港は、輸入代替政策から輸出にインセンティブを与える政策に転換したため、その後の高度成長が導かれたのである。本来、先進国、途上国ともバランスのある経済成長を試みることは妥当である。しかし、自力で先進国並みの産業水準が確立できない以上、貿易や投資メリットに依存する政策に回帰せざるを得ないとの判断が高まってきたのである。

　その際、さきに述べたように、先進国と同じ方法で同一産業が優位に立つことは考えられないのであり、フィリピン独自の特質を生かした国家戦略によるキャッチアップが必要であった。65年に就任したマルコス大統領は、投資環境や輸出加工区の整備など行い、インフラを重視した政策を取り入れた。反面で旧来からの、中間財、資本財部門の輸入代替化も継承していたため、その後も弊害が尾を引くこととなった。当初の国内総生産は上昇したものの、マルコス・クローニーによる、政財界の癒着、私物化から経済効率は悪化し、巨大プロジェクトの負担から財政状態は破綻寸前までとなったのである。70年代初頭は、労働人口の50％以上が失業または半失業状態にあったと言われる。また、地方に滞留していた人口が都市に流入してスラムが増加し始めた。旧来より農林水産業はGDPの約3割の比率を占めていたが、基本的に農産物は豊富で食糧自給が可能であったため、貧困であっても飢餓は免れていたのである。しかし、旧態依然たる大地主制度は抜本的な改革が成されず、農民層の貧困増大が、フィリピン共産党や新人民軍等の反体制勢力を形成する要因となったと考えられる。土地制度の歪は根深く、すでに戦前から形成されていたことは次のような記述にも見られる。「農村はアメリカ流の資本主義的農業が肥大化する一方で、農民の窮乏化は進んでいった。フィリピン全土で小作農の比率が急上昇し、1903年には18％だった小作農は35年に35％に達した。中部ルソン5州ではさらにこの傾向は著しく、35年には

54％へと急増した。商品経済の発展した地方ほど、農民が商品経済に巻き込まれ、高利貸しへの借金へのかたに土地を手放すケースが多かった。」（鈴木［1999］：196）

また、治安悪化を口実とした72年以降の戒厳令やその後の独裁長期化は、政治の硬直化をまねき、投資環境をも悪化させ、事態の好転には結びつかなかった。そのため、マルコス政権末期を含めたその後の時代は、フィリピンでは「失われた10年」と呼ばれているのである。86年に選挙によって正式に選ばれたアキノ大統領は、国際的な信用回復に努め、外資の投資環境改善に努めた。また、その後継者であるラモス大統領は改革を進め、今日では実務的に高い評価を得ている。その後、エストラーダ、アロヨと政治的、経済的には安定した体制が続いているが、成長へ向けた課題は、引き続き大きく残されているのが今日の実態である。

戦後のフィリピン史を概観して痛感させられるのは、貧困と失業である。他のアジア諸国が経済水準を引き上げることができたにもかかわらず、なぜ、フィリピンは取り残されたのか。経済状況は政治の結果であり、結論として政治や政策に原因があると断定するのはたやすい。しかし、さまざまな要因が負の連鎖となって停滞してゆく過程は、やはり多様な観点から探究されるべきであろう。

### （3） 東アジアの一類型としてのフィリピン型

貧困と人口とは表裏一体の問題である。熱帯地域に立するフィリピンは、元々農業地帯であり人口を養える農業生産を有していた。人口が多いのはそれだけが原因ではない。現在のフィリピンは、大きく分けて三つの歴史的要素から構成されていると言われる。一つは生来のインドネシア系としての土着性であり、二つ目にスペイン植民地時代の文化、宗教（カトリック）である。三つ目にアメリカ文化の合理性や言語（英語）である。生来、出自の異なるものが融合し、ひとつのフィリピン文化を形成しているのである。例えば、フィリピン人がおおらかで明るいのは土着の気質であると言われてい

る。

　また、両親や祖父母を大切にし、家族関係を大切にするのは、カトリックの影響であろう。その教義によって中絶が禁止されているがゆえに、一家族に子供が多いことも理解されうる。現実に、海外就労者の動機の大半は家族の生活費補填の為であり、一人の海外就労者に依存して生活をするフィリピン人家庭の姿は珍しくないのである。それは、決して本人のキャリア志向でもなければ、企業の職務命令でもないのであり、切実な生活実態から個々人が判断している問題なのである。そうした濃厚な相互扶助的関係、血縁関係は、クローニーという形で企業経営にも反映されているのである。さらに、彼らが世界の多くの地域で就労できるのは、英語圏としての強みでもある。通常は土着のタガログで会話をしても、英語に切り替えることのできる人が多く、ヒアリングに関しては国民の大半が理解可能とされる。これは米国中心の戦後世界において、有利な特性であったはずである。本来、シンガポールのように貿易や金融の中心地になりうる人的資源としての素地はあったと言えるであろう。

　そこで、現在のフィリピン経済の特質のひとつである海外就労および海外送金について言及しなければならない。2004年以降、海外からの送金額はGDPの約一割を占め、海外への出稼ぎ労働者はフィリピン全体の1割に及んでいる。また、フィリピン政府は、海外就労のための政府機関である海外雇用庁（POEA）を設立し、対外的な受け入れ要請、調査や門戸開放の交渉を行っている。このように、海外への労働者派遣を国家の政策として推進しているという点で、規模的にはフィリピンを凌駕する国はないであろう。もちろん、これは支配的資本の意図を反映した経済政策ではない。現代の資本主義は依然として政府の規制や管理のもとにあり、基本的に重化学工業を基盤としている半面、情報、サービス業の比重を高めており、また金融市場をめぐる電子化、IT化も進展している。そうした点はいずれの先進国にも見られる状況である。そのような点において、発達の進度はあるとしても大部分の国は標準化してしまっており、もはや現代は、宇野『経済政策論』にみ

表7-1 陸上勤務における海外就労フィリピン人労働者数（目的地別10位、新規雇用と再雇用）2003年—2009年

|   |   | 2003 | 2004 | 2005 | 2006 | 2007 | 2008 | 2009 |
|---|---|---|---|---|---|---|---|---|
|   | 陸上勤務 合計 | 651,938 | 704,586 | 740,360 | 788,070 | 811,070 | 974,399 | 1,092,162 |
| 1 | サウジアラビア | 169,011 | 188,107 | 194,350 | 223,459 | 238,419 | 275,933 | 291,419 |
| 2 | アラブ首長国連邦 | 49,164 | 68,386 | 82,039 | 99,212 | 120,657 | 193,810 | 196,815 |
| 3 | 香港 | 84,633 | 87,254 | 98,693 | 96,929 | 59,169 | 78,345 | 100,142 |
| 4 | カタール | 14,344 | 21,360 | 31,421 | 45,795 | 56,277 | 84,342 | 89,290 |
| 5 | シンガポール | 24,737 | 22,198 | 28,152 | 28,369 | 49,431 | 41,678 | 54,421 |
| 6 | クェート | 26,225 | 36,591 | 40,306 | 47,917 | 37,080 | 38,903 | 45,900 |
| 7 | 台湾 | 45,186 | 45,059 | 46,737 | 39,025 | 37,136 | 38,546 | 33,751 |
| 8 | イタリア | 12,175 | 23,329 | 21,267 | 25,413 | 17,855 | 22,623 | 23,159 |
| 9 | カナダ | 4,006 | 4,453 | 3,629 | 6,468 | 12,380 | 17,399 | 17,344 |
| 10 | バーレーン | 6,406 | 8,257 | 9,968 | 11,736 | 9,898 | 13,079 | 15,001 |

注1）フィリピン海外雇用庁（POEA）2009 Overseas Employment Statistics　TABLE 10から転記。

られたような個性的な典型産業の姿は想定しにくいのかもしれない。しかしながら、あえて今日のグローバルな労働力移動を考察し、内政や対外政策を尺度に代表的な国を抽出するとすれば、フィリピンはその典型国として挙げられるであろう。

　さらに、海外送金のもたらす効果についてもふれておかなければならない。海外就労は個々人の合理的な判断によるのであるが、給与の一定額は本国の家族に送金する道義的義務を負っている。異国の就労地で得た対価（v）であるとはいえ、本人の生活費用を差し引けばその残額は送金部分になっているのであり、名目的にはともかく実態としては家族の扶養部分も含んでいると判断できる。では、そのような送金額を受け取る側や社会には、どのような効果があるであろうか。各々の家族は当然のことながら、その資金を生活補填分として生活資料に費やすであろう。そうすることで社会全体の民間消費が刺激されることは予測できる。しかし、それによって社会全体の需要が喚起されGDPを押し上げる効果まで結びつくであろうか。国内の産業連環の効果が乏しいまま、送金による貨幣総額が増大するとどうなるであろうか。一般的には、為替レートの上昇を想定できるであろう。だが、為

表7-2 海外就労 フィリピン人送金額（国別10位）2003年—2009年
（千米ドル）

| | | 2003 | 2004 | 2005 | 2006 | 2007 | 2008 | 2009 |
|---|---|---|---|---|---|---|---|---|
| | 合計 | 7,578,458 | 8,550,371 | 10,689,005 | 12,761,308 | 14,449,928 | 16,426,854 | 17,348,052 |
| 1 | アメリカ合衆国 | 4,299,850 | 4,904,302 | 6,424,848 | 6,526,429 | 7,564,887 | 7,825,607 | 7,323,661 |
| 2 | カナダ | 27,072 | 67,338 | 117,061 | 590,627 | 595,079 | 1,308,692 | 1,900,963 |
| 3 | サウジアラビア | 826,358 | 877,209 | 949,372 | 1,117,915 | 1,141,319 | 1,387,120 | 1,470,571 |
| 4 | イギリス | 271,034 | 280,805 | 300,725 | 561,670 | 684,007 | 776,354 | 859,612 |
| 5 | 日本 | 346,057 | 308,128 | 356,659 | 453,398 | 401,612 | 575,181 | 773,561 |
| 6 | シンガポール | 137,166 | 182,567 | 240,149 | 285,126 | 386,409 | 523,951 | 649,943 |
| 7 | アラブ首長国連邦 | 160,822 | 183,442 | 257,429 | 427,246 | 529,963 | 621,232 | 644,822 |
| 8 | イタリア | 309,807 | 449,289 | 430,071 | 574,662 | 635,944 | 678,539 | 521,297 |
| 9 | ドイツ | 95,526 | 108,124 | 142,530 | 162,020 | 207,935 | 304,644 | 433,488 |
| 10 | ノルウェー | 13,935 | 18,627 | 19,819 | 128,279 | 159,150 | 185,619 | 352,957 |

注1）フィリピン海外雇用庁（POEA）2009 Overseas Employment Statistics TABLE 24から転記。

替レート決定要因は、インフラや経済成長など様々な要因が影響するのであり、また、アジア通貨危機にみられたように投機的資金の介在によって金融市場全体が大きく歪められるような実態からすれば、送金のみの影響力は限定的であり、モデルと現実は、大きく異なる可能性がある。また、送金額からの徴税を考慮するとしても、それらが政府の財政基盤を潤し、インフラや基幹産業の整備まで結びつくことまでは考え難い。その資金源は、既に長年にわたるODA援助によるところが大きいのであり、自国のみでそうした資金を十分に予算配分できないのが現在のフィリピンの財政事情なのである。そうした還流の不完全さが、経済効率や生活水準の向上を妨げており、結果として低所得者の生活支援のための海外就労を助長することとなっている。仮に、現在の海外就労者が一斉に帰国したとしても国内に雇用はないのであり、依然として高失業が続く状態からすれば、政府は今後とも就労支援を継続しなければならない。これが短期の政策なのか、それとも数十年の長期に及ぶものなのか即断はできないが、世界的規模の労働力移動の趨勢から鑑みても、減少することは考えられないであろう。総括的に述べれば、現在のフィリピンは、アジアNIEsのような高度成長を遂げることができなかった故

に、労働者そのものを「輸出」し、後押しをするという政策によって、キャッチアップを企図しているのである。これを、ひとつの類型として把握するとすれば、「フィリィピン型資本主義類型」、あるいは「労働者海外送り出し型類型」と呼ぶこともできるのではないかと考えている。

## 3　現状考察

### （1）　日比 EPA 協定の背景と影響

　フィリピン政府が労働者の海外就労や派遣に精力的に取り組んでいることは、既述の通りである。そうした動向を反映し、フィリピン国内には専門学校を兼ねた大学が多く、カリキュラムも看護、介護をはじめ、船員、接客などサービス業に特化、偏重したものが多い[5]。これは、国内向けの就業というよりは、むしろ海外就労を前提とした教育システムであり、現在のフィリピンの就業実態に即応したものである。また、そうした教育を進めることが、さらに海外志向を強め、海外就労を加速していると言えるのである。

　2003年より交渉が開始された日本とフィリピンのEPA交渉においては、包括的に様々な分野の交渉が話し合われた。その特徴は次の三点に要約される。第1に、工業分野における貿易・投資の自由化、円滑化。第2に、農林水産分野における大幅な関税譲許。第3に、看護師、介護士の受入れである。とりわけ、看護師、介護士の受入れは社会的に大きな論議を呼び、今日でも成り行きが見守られている。この問題は単なる財や人の交流ではなく、医師、看護師不足という日本社会の構造的な問題も関連しているため、介護医療制度の問題として関心を集めているのである。交渉を通じて終始リード役であったのはフィリピン側であったが、日本側の敷居は高かったと推測される。合意内容を見ても、受け入れの看護師、介護士の試験合格に至るまでの条件の難しさがそれを物語っており、このため、2006年に合意した内容はフィリピン本国で上院での採決が成されず、2008年まで要することとなった。その間、同一事案であるEPA交渉がインドネシアとの間で進展し、

2009年時点で両国の受け入れは同時スタートとなったのである。懸案の項目中、最大のものは言語の問題であろう。受け入れに際しての語学研修期間6ヶ月の短さ、また一定期間において国家資格不合格の際は帰国を余儀なくされる点など、来日する候補生はリスクの多い選択を迫られるのである。これは、英語圏であれば相互認証として認められる国家資格があることに比べれば、大きな難点であろう。言語の問題はグローバル化した今日においても決して容易に解消されざる問題であるが、医療・介護という慎重な対応を求められる分野においてはやむを得ない側面もある。尚、第一陣は2009年5月に来日したが、いずれも合意内容である2年で1000人という定員を大幅に下回っており、相手国側からも敬遠されている気配さえ感じられるのである。今後、EPAによる外国人看護師がどれだけ誕生するか見守らなければならないが、身近な視点ではなく、グローバルな視点からもこの問題の本質を見抜かなければならないであろう[6]。

医療が直面する問題から捉えれば、看護師不足の問題は、決して日本だけの問題ではなく、フィリピンも含めて多かれ少なかれ世界的な現象となって

表7-3　海外就労　フィリピン人看護師数（渡航地別10位、新規雇用）
2003年—2009年

| | 渡航先 | 2003 | 2004 | 2005 | 2006 | 2007 | 2008 | 2009 |
|---|---|---|---|---|---|---|---|---|
| | 合　計 | 9,270 | 8,879 | 7,768 | 8,528 | 9,004 | 12,618 | 13,465 |
| 1 | サウジアラビア | 5,996 | 5,926 | 4,886 | 5,753 | 6,633 | 8,848 | 9,965 |
| 2 | シンガポール | 326 | 166 | 149 | 86 | 276 | 667 | 745 |
| 3 | アラブ首長国連邦 | 267 | 250 | 703 | 796 | 616 | 435 | 572 |
| 4 | クェート | 51 | 408 | 193 | 354 | 393 | 458 | 423 |
| 5 | カナダ | 25 | 14 | 21 | 7 | 19 | 527 | 346 |
| 6 | リビア | 52 | 10 | 23 | 158 | 66 | 104 | 276 |
| 7 | アメリカ合衆国 | 197 | 373 | 229 | 202 | 186 | 649 | 242 |
| 8 | イギリス | 1,544 | 800 | 546 | 145 | 38 | 28 | 165 |
| 9 | カタール | 243 | 318 | 133 | 141 | 214 | 245 | 133 |
| 10 | 台湾 | 200 | 6 | 357 | 273 | 174 | 231 | 202 |

注1）フィリピン海外雇用庁（POEA）2009 Overseas Employment Statistics　TABLE 14から転記。

いる。フィリピン本国においても決して看護師が充足しているわけではなく、地方や山岳地帯においては深刻な状態であると言われる。そうした中で、あえて日本が国内の課題に立ち向かうことを回避し、安易に外国人看護師に依存することを志向するとすれば、世界に対して政策上のミスリーディングを重ねることとなるのではないだろうか。とりわけ、今日の労働力移動は後進国から先進国へのシフトという方向性が大半であり、非熟練労働からサービス業への比重を高めている。対価が高いこともよるが、そのことは送り出し国にとって、頭脳流出につながっているのである。[7] 受け入れ国の日本としては、どのような問題を抱えており、また今後どのように対処するべきなのであろうか。そのためには、問題の根源である国内の看護市場について考察しなければならない。

### (2) 看護市場の現状

日本における看護師不足は、近年特に問題視されることが多い。これは日本における長年の看護労働市場の固有の問題が累積したものと考えられる。原論で想定される労働力とは、機械制大工業のもとで、技能や熟練を要しない均質な労働力であり、その限りでは、異部門へのシフトも自在な存在として位置づけられていた。しかし、サービス業の比重を高めた現代の労働市場は、例えば、看護はそれ独自の労働市場があるのであり、介護もしかり、船員も同様にそれぞれの職種ごとに非互換的な労働市場が形成されている。それはその職務に就くために一定期間の教育を要し、一定の資格水準を満たさない限り就労は困難であるからである。看護労働についての研究事例としては、角田由佳氏の著書が詳細である。氏は、現在の日本の看護労働市場は、雇用主（病院経営者）の「需要独占市場」あるいは「買い手独占市場」（角田［2007］：94）であると分析する。これは、一度就労した勤務先を変えることが困難な慣行に対して、雇用者が、生産性を下回る賃金決定や就労環境を課しているとするものである。そうした状況が、新人看護師の離職を加速させ、いくら新たな看護師が投入されても、人的資源としての層の厚みにつ

ながらないことを指摘している。さらに、結婚、子育て等により退職した際、キャリア中断後の復職のトレーニーが不十分であること、すなわち看護労働市場においても、M字型カーブの解消が進んでいないことが明らかにされている。過密で過労となっている現在の就労環境を改善し、勤務実態に見合った賃金体系を確立することは、外国人看護師を要請する以前の問題である。こうした状況の改善がなされないまま受け入れを推進しても環境は変わらないであろう。それどころか、人的確保を外国人によって補うことにより、さらなる賃金低下が懸念されるのである。受け入れを推進するためには、まず国内労働環境を整備し、早期離職者の防止及び再雇用の活性化を図ることが必要とされる所以である。

（3） グローバルな労働移動の問題点

　プラザ合意以降、80年代後半の円高は日系企業の海外シフトを加速させた。製造業の多くが、複数のアジア諸国に製造、組立のネットワークを構築し、日本経済は、もはやアジアをはじめとする諸地域との関連なしには成立しえない構造となっている。日本経済の現状分析においても、変動要因を一国のみに限定することは困難であろう。労働力移動も同様であり、従来は、資本が最適な労働力を確保しうる地域を求めて移動したのであったが、今日では、労働力自体が主体的に国境を越えていく状況が増加している。商品・貨幣・資本に続いて、制約の多かった労働力が流動化しているのであり、総じて資本と労働力の双方が移動しながら接合関係を模索している、というのが今日のグローバル化の実態であろう。

　ケア労働や再生産労働においても特筆すべき状況がある。看護労働力のみならず、後進国が世界に送り出している労働職種は多岐にわたる。メイド（家事、育児等）においてもフィリピンは有数の送り出し国となっている。足立真理子氏はジェンダーの視点からグローバルな労働移動を捉えている。すなわち、家事労働や育児、医療、介護までを含め、労働力の復元、蘇生に関わる領域を「再生産領域」（足立［2008］：224）と定義し、これらが後進

国の女性労働者によって賄われ、先進国の女性が享受するという問題点を指摘している。それは、看護市場同様、労働移動が引き起こしている厳然たる事実である。海外への出稼ぎ労働者は切実な生活実態から渡航しているのであり、見方を変えれば、母国に自らの家族や子供を残して就労しているという点で、本来あるべき国内就労が倒錯した状況となっているのである。こうした移動は、内外の均衡ある発展から逸脱しており、短期的にはともかく、長期的にも、国内外の歪みを是正することをますます困難にしている。また、今日では再生産領域がサービス業によって代替され、生来の家事労働を駆逐しつつある。それは同時に、家族共同体の分解過程を伴いながら社会の希薄化を招いている。そうした現象の背後にもグローバル化が浸透しつつあるということであろう。言うまでもなく、サービスとは、非物的であるが商品であることに相違はない。この特殊性ゆえに、経済学では解明に難を来してきた。とりわけ原理論では、生産過程の延長線で把握され、定義づけられている。だが、サービスの本旨が商品であるなら、物的であれ非物的であれ同様に、冒頭商品の一環として把握されるべきであろう。

　最後に、先進国における非熟練労働者の問題にも言及しておかなければならない。不法就労の問題点も今日しばしば耳にする問題である。そもそも雇用者が、賃金支払いに際して、彼らの母国に比べて相当割高であることを口実に低賃金雇用できる、と考えているとすれば、重大な過誤であり、労働市場における不当労働行為を助長することとなる。現在、不法就労として国内に滞在している外国人労働者の多くは劣悪な状況下で雇用されており、違法という点では、雇用者、被雇用者とも同罪であって、社会的にも深刻な問題を誘発していると言わざるを得ないのである。そもそも、一国で働いているという状況は、外国人であれ本国人であれ、同一内容であれば同一の処遇（同一価値労働同一賃金）や環境が整備されなければならない。このような点においても、内政上の課題は受入れ以前の問題として山積しているのである。

　本来、労働力とは、同一職務であればより高賃金へシフトし、必定的に先

進国へも流入するものである。両国が何ら接点もなく、それぞれ別個に賃金体系を維持しているのであればこうした問題は発生しない。しかし、現実に、生産財同様、先進国と後進国との賃金、物価体系には大きな差位があるのであり、こうした段差の存在が解消されない限り移動が滞ることはありえないであろう。端的に言えば、展開動力とは価格体系の差位性のもとで顕になるものであり、グローバル化の本質もこうした価格体系を契機として解明することから始められなければならない。だが他面で価値の論理を考察するならば、内面的に同一の抽象的人間労働として現象する労働でありながら、なぜ先進国の一労働時間の賃金が後進国の数倍の労働時間の賃金と等しいのか、という本源的問題、すなわち『資本論』第一巻二十章「労賃の国民的相違」で展開された国際価値の問題を想起せざるを得ないのである。原理的にも、また現状分析においても、こうした解消しえない生産力格差をめぐる抽象方法を考察することは、決して不毛な論究であるとは思われないのである。

注
1）世界資本主義論の抽象性には、論理と現状分析の近接があるのは否定しがたい。しかしながら、柴垣氏自身が、労働力商品化と歴史的制約を不可分の概念として捉え、あたかも労働力の本質要素であるかの如く刻印すること自体、世界資本主義論と同様に原理論と現状分析との抽象性を不明確にするものであり、また、資本主義確立の歴史的経緯と純粋資本主義との峻別を曖昧にさせているかのような印象を受ける。
2）国際的連関にて景気循環を捉えるという視角は、論理段階から一貫した世界資本主義論のすぐれた特徴であり、有機的にグローバル化を深化させた世界経済の現状分析にはダイナミックな分析視角を提示するはずである。また、世界大恐慌として露呈した崩壊型恐慌が、19世紀の循環型恐慌とは根本的に異なるものであり、したがって段階論を大恐慌まで伸延する必要性を示されたこと、さらに、平成不況と世界大恐慌との類似性を明示されたことの意義は大きい。
3）上記①～③が自然的属性であるのに比べ、「国家の政策」は人為的であり、要因というよりは結果に近い印象を受ける。本来、国家の政策が、共同体としての国家利益を代位するものであれば、その根底にあるものは、支配的資本の利潤や商品経済の促進にあるのであって、必ずしも非商品経済的ファクターとは思われない。抑制的な政策をとる場合においても、自国産業への保護主義的対応など限られたケースではないだろうか。さらに、数十年にわたって持続する国家政策とは、どの範囲までを想定すべきであろうか。状況の変化によっては短期的な政策として消滅、代替する場合もあるであろう。長

期と短期の区分は、類型論と現状分析を規定する要因の違いともなるものであり、分析の過程で振り分けが必要になると思われる。
4）山口重克編『東アジア市場経済　多様性と可能性』は、類型論として考察すれば、示唆に富む実証研究である。地域的には、中国や台湾、韓国といった北東アジアの国々に限定されており、他の事例としては、アジアのクローニーの問題や金融、貿易の問題として総括的に記載されている感がある。したがって、フィリピンをはじめとする他のアジア諸国の事例は、さらに詳細に論及する余地が残されていると考えている。本稿は、こうした論旨に基づくものであるが、方法論としての類型論について無条件に依拠するものではない。今後とも学派内の論争に留意しつつ、パラレルに考察を続けてゆきたい。
5）筆者は、2009年3月、教育プログラム調査の一環として、フィリピンの大学、専門学校、及び日系企業を訪問する機会をいただいた。そこで見聞したことが本稿執筆の動機となっている。
6）2009年5月、フィリピンからの初年度枠450人中288人が来日した。その後、2010年3月に発表された看護師試験の合格者は、フィリピン人は1名であった。インドネシア、フィリピン合計では、受験者254名に対し、合格者3名となっている。初めての合格者だが、語学研修など今後の課題は多い。
7）2009年6月に訪日したアロヨ大統領は、日本政府に対し、IT技術者をはじめとする、さらなるサービス労働力の開放を求めている。（日本経済新聞2009年6月20日）

## 参考文献

アジア太平洋資料センター（PARC）編［1984］、『フィリピンはもっと近い』第三書館。
伊藤るり、足立眞理子編著［2008］、『国際移動と＜連鎖するジェンダー＞』作品社。
イレード，レイナルド・C他著，永野善子他編監訳［2004］『フィリピン歴史研究と植民地言説』㈱めこん。
岩田弘［1964］、『世界資本主義』未来社。
宇野弘蔵［1971］、『経済政策論　改訂版』弘文堂。
NHK取材班［1995］、『レイテに沈んだ大東亜共栄圏』角川文庫。
大内秀明［1998］、『東アジア地域統合と日本経済』日本経済評論社。
小幡道昭［1999］、「原理論における外的条件の処理方法」『経済学論集』（東京大学）第65巻第2号。
小幡道昭［2001］、「原理論の適用方法と展開方法」『経済学論集』（東京大学）第67巻第3号。
外務省経済局EPA交渉チーム［2007］、『解説　FTA・EPA交渉』日本経済評論社。
川中豪編［2005］、『ポスト・エドサ期のフィリピン』アジア経済研究所。
カンラス，ダンテ・B，坂井秀吉編［1990］、『フィリピンの経済開発と開発政策』アジア経済研究所。
工藤章編［1995］、『20世紀資本主義Ⅱ』東京大学出版会。
桑原靖夫［1993］、『国際労働力移動のフロンティア』日本労働研究機構。
後藤純一［1990］、『外国人労働の経済学』東洋経済新報社。
佐藤忍［2006］、『グローバル化で変わる国際労働市場』明石書店。
シソン，ホセ・マリア著，鈴木武、岩本エリ子訳［1994］、『内側から見たフィリピン革

命』梓書店。
柴垣和夫［1979］、『社会科学の論理』東京大学出版会。
情況［2005］、情況出版、2005．07．08／09「特集　追悼佗美光彦　その現代的意味と残された課題」。
鈴木峻［1999］、『東南アジアの経済　第三版』御茶の水書房。
鈴木峻［2002］、『東南アジアの経済と歴史』日本経済評論社。
佗美光彦［1980］、『世界資本主義』日本評論社。
佗美光彦［1994］、『世界大恐慌　1929年恐慌の過程と原因』御茶の水書房。
佗美光彦［1998］、『大恐慌型不況』有斐閣。
竹中恵美子　久場嬉子［2001］、『経済のグローバリゼーションとジェンダー』明石書店。
竹野内真樹［1998］、［1999］、「世界的労働編成と国際労働力移動」（1）（2）、『経済学論集』（東京大学）第64巻第3号、第4号。
竹野内真樹［2003］、「移民；国境を超える人間と社会」、『武蔵大学論集』第51巻第2号。
角田由佳［2007］、『看護師の働き方を経済学から読み解く』医学書院。
鶴見良行［1982］、『アジアはなぜ貧しいのか』朝日選書。
中西徹［1991］、『スラムの経済学』東京大学出版会。
日本金融学会　2009年春季報告資料（竹康至「開発途上国における国外居住者送金の波及効果」）。
野村進［1981］、『フィリピン新人民軍従軍記』晩声社。
原洋之介［2001］、『アジア経済論』NTT出版。
日高普［1994］、『マルクスの夢の行方』青土社。
三木睦彦［1994］、『フィリピンの人びと』泰流社。
森沢恵子［1993］、『現代フィリピン経済の構造』勁草書房。
モンテス，M・F，小池賢治編［1988］、『フィリピンの経済政策と企業』アジア経済研究所。
モンテス，M・F，坂井秀吉編［1989］、『フィリピンの開発政策とマクロ経済展望』アジア経済研究所。
矢内原勝　山形辰史編［1992］、『アジアの国際労働移動』アジア経済研究所。
山口重克［1996］、『価値論・方法論の諸問題』御茶の水書房。
山口重克編著［2003］、『東アジア市場経済　多様性と可能性』御茶の水書房。
リム，ジョセフ・Y、野沢勝美編［1992］、『フィリピンの規制緩和政策』アジア経済研究所。
Marx, K. *Das Kapital*, 岡崎次郎訳［1972］、『資本論』国民文庫〔2〕。
Sicat, Gerald P. [2003], 『ECONOMICS 3 PHILIPPINE ECONOMIC & DEVELOPMENT ISSUES』ANVIL Manila。

# 第8章
# 日系縫製企業の第二次移転としてのバングラデシュ
──国際資本移転のジェンダー分析──

長田華子

## はじめに

　本章は、新国際分業論を援用しながら、2008年グローバル金融危機（以降、金融危機と省略）以降進んだ日系縫製企業による中国からバングラデシュへの資本移転の実態を、ジェンダーの視点から分析することを目的とする。

　本章における主要な検討課題は、次の2点である。第1に、金融危機以降の日系縫製企業のバングラデシュ移転の実態とその要因について考察することである。第2に、（中国からの）第二次移転先であるバングラデシュ工場の特徴とは一体何であるのか、日系縫製工場の企業組織、生産・労働過程をジェンダーの視点から分析し、明らかにすることである。ここでは、日本から中国への移転（第一次移転）との差異について考察するとともに、それらの差異がなぜ生じるのか、日系縫製企業の投資行動、経営戦略に即しながら検討する。以上を通じて、日系縫製企業による国際分業の中でバングラデシュが第二次移転先として位置づけられることの意味、またその国際分業の中でバングラデシュ人女性工員が基幹労働力として位置づけられることの意味を考察する。

　さて、バングラデシュにおける縫製産業は、経済的にも社会的にも影響力が大きく、学術的研究課題として広く取り組まれてきた。経済的影響とは、縫製産業がバングラデシュの工業化の牽引役であり、外貨獲得産業としてバ

ングラデシュの高経済成長を支える一翼を担っている点である。1970年代後半に、韓国資本の移転に伴って興った縫製産業は、バングラデシュ人企業家を多数輩出することに成功し、地場産業としての裾野を広げた（Rhee［1990］、Rock［2001］、Quddus and Rashid［2000］）。当時 MFA（Multi-Fiber Arrangement：多角的繊維協定）体制の下でアメリカへの輸出量規制を受けていた韓国は、第三国経由地としてバングラデシュに資本を移転した。1980年代に入ると、バングラデシュ政府は輸出指向型工業化政策や民間投資奨励策を発表し、投資環境の整備を進めた。このことも縫製工場の新規開設を後押ししたと言える。

　今や登録工場は5600軒（2012年）を数え、縫製品の輸出は輸出総額の78%を超えている。しかし主要品目が低廉なシャツやパンツに限定されていること、またその輸出先のほとんどが欧米諸国であることを背景に、外的環境の変化、特に MFA 撤廃と貿易自由化との関連からバングラデシュの縫製産業を分析する研究が近年増えている（Yang & Mlachila［2005］、Ahmed［2009］、山形編［2011］）。

　一方の社会的影響について見れば、縫製産業が女性の雇用を創出した点に認められる。縫製産業で働く労働者数は400万人と推定されているが、この内の約 8 割が女性である（BGMEA［2013］）。従来バングラデシュの女性は、宗教、法律、そして伝統的な価値観により、様々な行動の制約を受けていると考えられてきた（原［1989］、村山［1997］）。特に、女性隔離の慣習として知られるパルダは、女性の戸外での就労を厳しく制限した。そのような中で、縫製産業が女性に雇用機会を与えることの意味、また縫製産業で女性が就労し、所得を得ることが、女性、世帯、そしてそれらをとりまく社会にどのような影響を与えるのか、ジェンダーの視点からの研究が進んだ（村山［1997］、Paul-Majumder and Begum［2006］、Kabeer［2000］、Kabeer and Mahmud［2004］）。

　いずれの研究も、工場及び世帯での女性工員に対する丹念な聞き取り調査に基づいており、参照すべき点を多く含んでいる。しかし、どの研究も暗黙

のうちに（バングラデシュ）民族系工場、あるいはそこで働く女性工員を対象としており、その社会的影響といった場合には、おのずとバングラデシュ一国経済が想定される。しかし、金融危機以降、日系縫製企業をはじめ外資系企業の資本移転は増加傾向にあり、この問題は看過できないと考える。本章は、日系縫製企業のバングラデシュ工場を対象とすることで、国際分業の中でバングラデシュをどのように位置づけるかを考察するものであり、その意味において新国際分業論を必要とするのである。

　加えて、新国際分業論を必要とするのは、本章がジェンダーの視点から分析することとも関係している。新国際分業とは、1970年代以降の資本自由化、技術革新により生産工程を分断し、資本にとって最も有利な地域に配置する、優れて多国籍な企業内国際分業を意味し、途上国での輸出指向型工業生産が可能になった状況をいう（Frobel, Heinrichs and Kreye［1980］）。新国際分業が機能するためには、多国籍企業が生産コストを可能な限り下げるために、途上諸国の最も安く、最も従順で、最も操作しやすい労働力、すなわち女性労働力を再発見する必要性を説いたのが、マリア・ミースである（ミース［1997］:169-181）。ミースは、「主婦化」という概念を用いながら、世界的規模で生じる資本主義の蓄積プロセスにとって女性が最適労働力であることを論じた。ここで「主婦化」とは、「資本家が負担しなければならないコストを外部化すること」であり、同時に「隠れた労働者を一人ひとり完全にばらばらにすること」と定義される（同［1997］:166）。ミースは、女性を「主婦」と定義することにより、女性労働力の低賃金化、そして政治的にもイデオロギー的にも女性の支配が可能であることを説明した。本章は、ミースの議論に従い、資本蓄積の核としての女性労働力の実態に迫るものであり、特に、工場内部の企業組織、生産・労働過程をジェンダーの視点から分析することで、国際分業の中で、バングラデシュ人女性工員が基幹労働力として位置づけられることの意味を考察する。

　本章の構成は、以下の通りである。第1節では、日系縫製企業のバングラデシュ移転の実態とその要因について論じる。第2節では、金融危機以降の

日系縫製企業の国際移転の実態を、株式会社マツオカコーポレーション（以降、マツオカコーポレーションと省略）の事例から考察する。第3節では、バングラデシュ工場で製造される1枚の低価格のショートパンツの生産・労働過程を、ジェンダーの視点から分析する。終節は、本章の結論とする。

## 1 日系縫製企業のバングラデシュ移転の実態とその要因

### （1） 対内直接投資と衣料品輸出

図8-1は、近年のバングラデシュの業種別対内直接投資（登録ベース）の推移を示したものである。投資額（合計）が、各年度により大幅な増減を繰り返しているが、これはサービス分野やエンジニアリング分野における、大

**図8-1　バングラデシュの業種別対内直接投資（登録ベース、独資および合弁の合計，単位：100万ドル）**

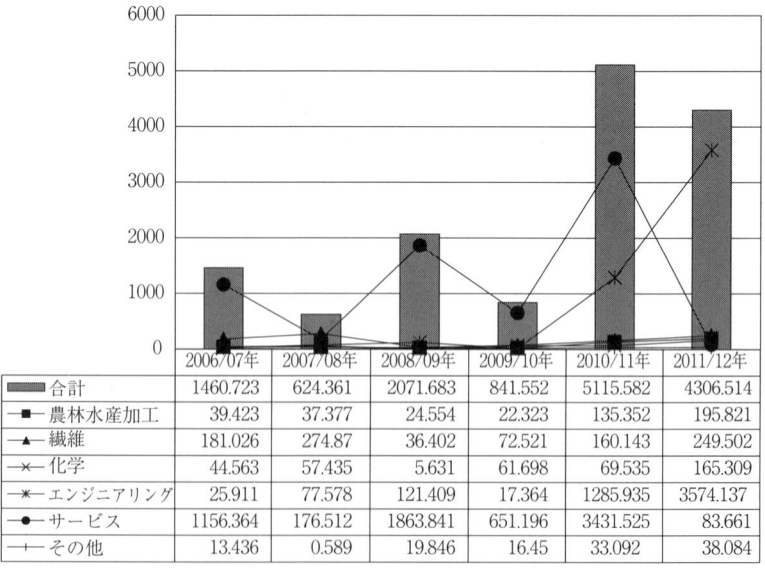

| | 2006/07年 | 2007/08年 | 2008/09年 | 2009/10年 | 2010/11年 | 2011/12年 |
|---|---|---|---|---|---|---|
| 合計 | 1460.723 | 624.361 | 2071.683 | 841.552 | 5115.582 | 4306.514 |
| 農林水産加工 | 39.423 | 37.377 | 24.554 | 22.323 | 135.352 | 195.821 |
| 繊維 | 181.026 | 274.87 | 36.402 | 72.521 | 160.143 | 249.502 |
| 化学 | 44.563 | 57.435 | 5.631 | 61.698 | 69.535 | 165.309 |
| エンジニアリング | 25.911 | 77.578 | 121.409 | 17.364 | 1285.935 | 3574.137 |
| サービス | 1156.364 | 176.512 | 1863.841 | 651.196 | 3431.525 | 83.661 |
| その他 | 13.436 | 0.589 | 19.846 | 16.45 | 33.092 | 38.084 |

（出所）Ministry of Finance［2012］より作成。

型案件投資によるものと考えられる。繊維分野の投資額は大幅な増減額は見られないものの、2008年度以降、増加傾向にある。

次に、国・地域別対内直接投資額の推移を見てみよう。表8-1によれば、韓国を筆頭として、近年にはインドやスリランカといった近隣諸国からの直接投資が増えている。日本の2011年度の投資額は、2010年度のおよそ5.38倍の8060.5万ドルであった。2009年度以降、増加傾向にある[1]。

それでは、この繊維分野への投資は、衣料品輸出にどの程度影響しているのだろうか。図8-2は、近年のバングラデシュの衣料品輸出額の推移を既製服とニット製品について見たものである。これによれば、既製服、ニット製品の輸出額は金融危機以降も顕著に増加し続けていることが分かる。これは、金融危機に伴う個人消費の落ち込みが欧米諸国で見られた中で、低廉な衣料品に対する需要があったと考えられている（日本貿易振興機構［2009］：154）。また、特恵関税が適用される欧州諸国へのニット製品の輸出が著しく伸びたことから、2007年には既製服を上回り、ニット製品が最大の

表8-1 バングラデシュの国・地域別対内直接投資推移（登録ベース、独資および合弁の合計、単位：100万ドル）

|  | 2006/07年 | 2007/08年 | 2008/09年 | 2009/10年 | 2010/11年 | 2011/12年 |
|---|---|---|---|---|---|---|
| 韓国 | 50.144 | 9.682 | 23.869 | 32.475 | 3277.742 | 2354.470 |
| インド | 31.062 | 24.293 | 58.851 | 15.515 | 68.020 | 197.099 |
| スリランカ | 0 | 5.207 | 2.206 | 1.118 | 1.051 | 98.489 |
| 日本 | 10.052 | 12.065 | 7.172 | 6.805 | 14.989 | 80.605 |
| シンガポール | 45.491 | 33.453 | 1.020 | 4.643 | 133.109 | 78.344 |
| 中国 | 8.768 | 22.167 | 19.031 | 27.180 | 73.090 | 49.279 |
| ドイツ | 8.331 | 8.305 | 72.437 | 2.145 | 83.884 | 26.740 |
| 香港 | 28.821 | 9.285 | 5.698 | 61.810 | 45.108 | 16.406 |
| アメリカ | 17.887 | 39.550 | 15.348 | 143.625 | 846.707 | 16.416 |
| イギリス | 83.128 | 195.822 | 6.875 | 4.387 | 8.875 | 5.787 |
| パキスタン | 2.930 | 66.747 | 4.583 | 1.242 | 19.600 | 4.165 |

（出所）Ministry of Finance［2012］より作成。

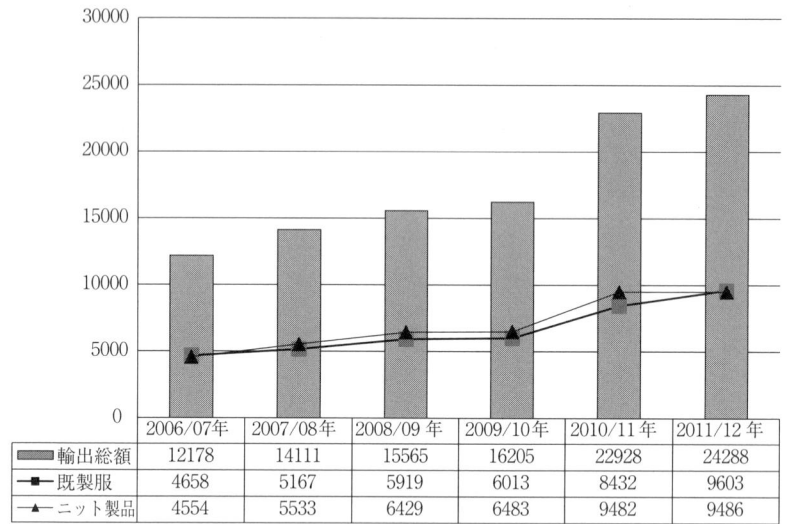

図8-2 バングラデシュの衣料品輸出額推移（単位：100万ドル）

（出所）Ministry of Finance［2009, 2012］より作成。

輸出品目になった（同上［2008］：246）。

　最後に，日本のバングラデシュ製衣料品の輸入額の推移について確認しておこう。図8-3は，金融危機後のバングラデシュからの衣料品輸入額の推移を示したものだが，これによれば2009年（1月から12月）以降，ニット製品，既製服（布帛）共に，顕著に増加している。いずれの年も，ニット製品に比べて，既製服（布帛）の方が輸入額は高く，2013年では既製服が315億7200万円，ニット製品が232億8200万円となっている。2013年の既製服の輸入額は，2009年からおよそ5倍の増加となった。バングラデシュからの輸入比率は，2009年に初めて上位10番目に入ると，2010年に7位，2011年に6位，2012年には5位，2013年には，中国，ベトナム，イタリア，インドネシアに次ぐ5位まで順位を上げた。

図8-3 金融危機後の日本のバングラデシュからの衣料品輸入額推移（単位：100億円）

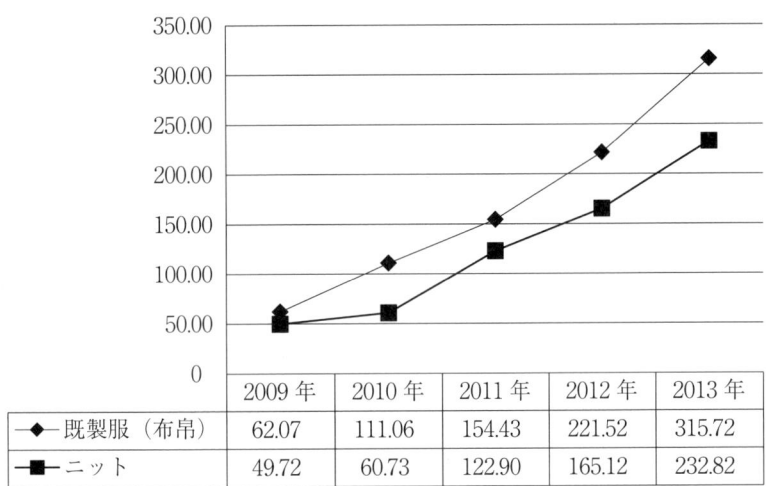

|  | 2009年 | 2010年 | 2011年 | 2012年 | 2013年 |
|---|---|---|---|---|---|
| 既製服（布帛） | 62.07 | 111.06 | 154.43 | 221.52 | 315.72 |
| ニット | 49.72 | 60.73 | 122.90 | 165.12 | 232.82 |

（出所）2009年…矢野経済研究所『平成22年度経済連携促進のための産業高度化推進事業』、2011年。2010年…繊研新聞 2011年2月21日2面。2011年…繊研新聞2012年2月21日2面。2012年…繊研新聞2013年2月18日2面。2013年…繊研新聞2014年2月12日2面より作成。

## （2） 日系縫製企業のバングラデシュ移転の要因

金融危機以降の日系縫製企業によるバングラデシュへの移転はなぜ起こったのか。本章では、紙幅の都合上、日系縫製企業を引き付けたバングラデシュ側の要因（プル要因）について、バングラデシュの経済指標、社会開発・人間開発指標を用い検討する[2]。

第1の要因は、バングラデシュにおける近年の堅調なマクロ経済にあると言えよう。表8-2は近年のマクロ経済の推移を示したものであるが、2005年度以降GDP成長率は毎年6％を超えている（2008年度を除く）。また1人当たりGDPは2005年度の447ドルから2011年度には772ドルまで上昇した（72.7％増）。衣料品輸出の堅調な増加に伴い、GDPに占める輸出比率は2011年度には20.7％に達した。2011年度の輸入比率は27.7％と高く、貿易収支が赤字であることには変わりはない。しかし1990年代以降、急速に増加す

表8-2　近年のマクロ経済の推移

|  | 00年度 | 05年度 | 06年度 | 07年度 | 08年度 | 09年度 | 10年度 | 11年度 |
|---|---|---|---|---|---|---|---|---|
| GDP成長率 | 5.27 | 6.63 | 6.43 | 6.19 | 5.74 | 6.07 | 6.71 | 6.32 |
| 1人当たりGDP（米ドル） | ― | 447 | 487 | 559 | 620 | 687 | 748 | 772 |
| 輸出（GDP比％） | 13.7 | 16.8 | 20.4 | 17.8 | 17.4 | 16.2 | 20.2 | 20.7 |
| 輸入（GDP比％） | 19.9 | 21.5 | 28.5 | 24.5 | 22.7 | 21.3 | 27.1 | 27.7 |
| 経常収支（GDP比％） | -2.2 | 1.3 | 1.4 | 0.9 | 2.7 | 3.7 | 0.8 | 1.4 |
| 外貨準備（億ドル） | 13.07 | 34.84 | 50.77 | 61.49 | 74.71 | 107.5 | 109.12 | 103.64 |
| インフレ率 | 1.94 | 7.17 | 7.22 | 9.93 | 6.66 | 7.31 | 8.80 | 10.62 |

（出所）Ministry of Finance［2012］より作成。

る海外労働者送金が貿易収支赤字を補填し、経常収支は2005年度以降黒字を経験している。外貨準備高は、2000年度の13億700万ドルから2011年度103億6400万ドルまで増加した。

　続いて、産業部門別のGDPシェアとその成長率について論じておこう（表8-3参照）。1980年度の産業別GDPシェアは、農業部門が33.07％、工業部門が17.31％、サービス部門が49.62％であり、農業部門とサービス部門の比率に比べて、工業部門のそれは小さかった。しかし1990年代半ば以降進む工業部門の成長により、2011年度の工業部門のGDPシェアは31.26％に達した。このように1990年代半ば以降、バングラデシュの工業部門が順調に成長し続けていることが日系縫製企業のバングラデシュ移転を後押した第2の要因と言えよう。

　第3の要因は、豊富な労働力人口とその労働力の質である（表8-4参照）。他のアジア諸国に比べて、バングラデシュは潤沢な人口を抱えている。1990年には1億860万人だった人口は2010年には1億4770万人まで増加した。1人の女性が生涯出産する子供の平均数を示した合計特殊出生率は1990年の4.33から2010年には2.12まで低下したが、人口は増加している。一方、この間に一日に1.25ドル以下の人口比率や低体重児童（5歳以下）の比率が低下しているように、健康・衛生面での改善が見られる。また女性の識

表8-3 産業部門別 GDP シェアと成長率

|  | 80年度 | 85年度 | 90年度 | 95年度 | 00年度 | 05年度 | 09年度 | 10年度 | 11年度 |
|---|---|---|---|---|---|---|---|---|---|
| シェア | | | | | | | | | |
| 農業 | 33.07 | 31.15 | 29.23 | 25.68 | 25.03 | 21.84 | 20.29 | 20.01 | 19.29 |
| 工業 | 17.31 | 19.13 | 21.04 | 24.87 | 26.20 | 29.03 | 29.93 | 30.38 | 31.26 |
| サービス | 49.62 | 49.73 | 49.73 | 49.45 | 48.77 | 49.14 | 49.78 | 49.60 | 49.45 |
| 合計 | 100.00 | 100.00 | 100.00 | 100.00 | 100.00 | 100.00 | 100.00 | 100.00 | 100.00 |
| 成長率（％） | | | | | | | | | |
| 農業 | 3.31 | 3.31 | 2.23 | 3.10 | 3.14 | 4.94 | 5.24 | 5.13 | 2.53 |
| 工業 | 5.13 | 6.72 | 4.57 | 6.98 | 7.45 | 9.74 | 6.49 | 8.20 | 9.47 |
| サービス | 3.55 | 4.10 | 3.28 | 3.96 | 5.53 | 6.40 | 6.47 | 6.22 | 6.06 |
| GDP | 3.74 | 3.34 | 3.24 | 4.47 | 5.41 | 7.02 | 6.22 | 6.59 | 6.39 |

（出所）Ministry of Finance ［2012］より作成。

字率や初等・中等教育における女児の比率、製造業部門における女性労働者の数は男性のそれと比べて増加幅が大きい。このように社会開発・人間開発指標の推移を見れば、特に女性の間で改善が見られたと指摘できよう。言うまでもなく、女性の健康・衛生、教育、労働力の上昇は縫製産業に不可欠な女性労働力の質と関係している[3]。

表8-4 社会開発・人間開発指標の推移

|  | 90年 | 95年 | 00年 | 05年 | 2010 |
|---|---|---|---|---|---|
| 人口（1000万人） | 10.86 | 11.93 | 12.99 | 14.42 | 14.77 |
| 1日1.25ドル以下の人口比率（％） | 70.2(92年) | 60.9(96年) | 58.6(00年) | 50.5(05年) | 43.3(10年) |
| 低体重児童の比率（5歳以下の児童に占める比率）（％） | 60 | 57 | 57 | 48 | 31.9(13年) |
| 5歳以上の識字率（％） | 46.9[男50.8：女42.8](05年度) | | | 55.1[男57.6：女52.5](10年度) | |
| 初等教育における男子生徒に対する女子生徒の比率 | 0.82 | 0.90 | 0.96 | 1.01 | 1.02 |
| 製造業部門における女性労働者数 | 129万8000人（05年度） | | | 190万7000人（10年度） | |
| 合計特殊出生率 | 4.33 | 3.45 | 2.59 | 2.30 | 2.12 |

（出所）World Bank Data（http://data.worldbank.org/）, Ministry of Finance ［2012］, GED ［2014］, BBS ［2011］より作成。

2013年12月に、政府とバングラデシュ縫製品産業・輸出業者協会（BGMEA）による取り決めに基づき、最低賃金がそれまでの3000Tk（約38ドル）から5300Tk（約68ドル）まで引き上げられた。しかしなお、他の周辺アジア諸国に比べてバングラデシュの最低賃金は低い。このように近年の女性の社会開発・人間開発指標の改善に基づく「良質な」女性労働力が、低賃金で無限に手に入る点こそが、日系縫製企業によるバングラデシュへの移転を推し進めた最大の要因と言えよう。

## 2 日系縫製企業による国際移転
―― マツオカコーポレーションの事例

### （1） 調査対象企業の概要と調査方法

本章は、日系縫製企業による中国からバングラデシュへの移転の実態をマツオカコーポレーションの事例から考察する[4]。マツオカコーポレーションは本社機能を広島県福山市に置き、中国、フィリピン、ミャンマー、アメリカ、そしてバングラデシュに製造工場を所有するアパレル商品の受託製造企業である[5]。1956年の創業以来、マザー工場として機能してきた国内縫製工場を1999年に閉鎖した。以降、マツオカコーポレーションは、全ての受託商品を海外工場で製造する。1990年に中国工場、2002年にミャンマー工場、2004年にフィリピン工場、2005年にアメリカ工場、そして2008年にバングラデシュ工場を稼働した。

さて、本章は、本社と海外自社工場の資本提携関係に基づく関係性を重視する。図8-4は、本社と5ヶ国の海外自社工場との関係を図示したものである。中国、ミャンマー、フィリピン、アメリカの4ヶ国の工場は、いずれも本社であるマツオカコーポレーションとの合弁または独資という資本提携関係を有しており、これら4ヶ国の工場は本社から見れば子会社としての意味を持つ。一方、バングラデシュ工場は子会社である中国工場（70%）とバングラデシュ企業（30%）との合弁によって開設されたものであり、本社から

**図8-4　本社と海外自社工場の関係**

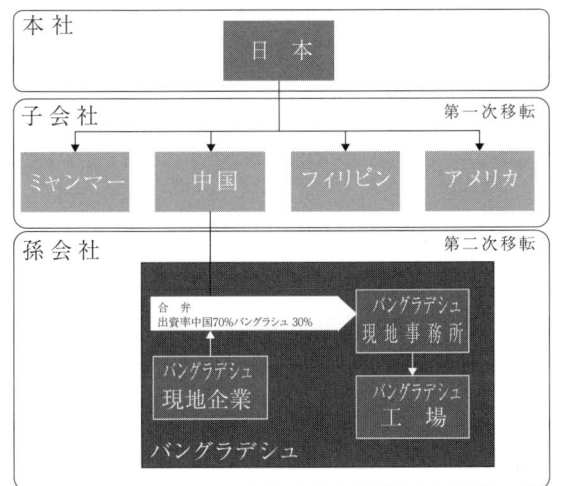

（出所）2010年2月調査に基づき筆者作成。

見れば孫会社の意味を持つ。本章では、日本本社から子会社である中国、ミャンマー、フィリピン、アメリカへの移転を「第一次移転」、子会社である中国からバングラデシュへの移転を「第二次移転」として、その移転方法の差異を明確化する。

筆者は、2009年7月以降断続的にマツオカコーポレーションに対する調査を実施している。本章は、主に本社（2011年12月26日）、中国工場（2009年12月9日～11日、2010年12月16日～20日）、バングラデシュ工場（2010年1月30日～2月26日、2010年5月12日～6月4日、2012年8月27日、28日）で実施した計6回の調査から得られた結果に基づいている。なお、本社調査は代表取締役社長の松岡典之氏に対するインタビュー、中国工場調査及びバングラデシュ工場調査は日本人駐在員、現地幹部職員、現地労働者に対するインタビューと工場での参与観察を調査方法として用いた[6]。

## （2） 第一次移転：日本から中国への移転

　マツオカコーポレーションによる中国事業の展開は、1986年に北京市での委託生産として始まった。しかし、原材料及び資材の調達が困難であることから、北京市での生産を早々に断念した。その後、新たな候補地探しを続け、1990年11月浙江省に茉織華制衣有限公司を90万米ドルで設立した。設立当初は中国、日本の両社が半分ずつ出資し、合弁事業として開始した。マツオカコーポレーションは1999年1月に上海証券取引所のB株上場、2001年3月にはA株上場を果たし、その上場資金により浙江省、江蘇省に次々と工場を新設した。1999年に日本工場を閉鎖して以降は、中国工場がマザー工場としての役割を果たしていると考えられる。

　中国事業を開始した当時、中国工場での主要な生産アイテムは生産価格が最も低いユニフォームであった。その後1993年から1995年にかけて、カジュアルウェア（ジャケット、パンツ）、1996年にスラックス、そして1998年から1999年には、高級海外ブランドのスーツ生産を手掛けるようになった。このようにわずか10年間でマツオカコーポレーションの中国工場が生産する品目は多様化し、また低価格商品から高価格商品まであらゆる価格帯の商品を取り扱うようになった。なぜこのようなことが可能であったか。その最大の要因は、マザー工場として機能していた日本工場の維持が困難であり、その代わりとなる工場を早急に作ることが求められていたと言える。マツオカコーポレーションは、中国事業を開始した当初から現在まで、日本本社から中国子会社への企業内技術者派遣と中国子会社から日本本社への企業内研修生制度を実施し、マザー工場としての中国工場を作りあげてきたといえる。この日本本社と中国工場の間で行われた企業内技術移転の実態についての要点を、ここでは記しておく。

　マツオカコーポレーションは、営業、経理などを担当する日本人駐在員とは別に、高度な縫製技術を有する日本人男性技術者を日本本社（海外生産管理課）採用の長期駐在員として中国工場に派遣し、中国人技術者の育成を行ってきた（図8-5参照）。日本本社から派遣される技術者は全員日本人男性

第8章　日系縫製企業の第二次移転としてのバングラデシュ　245

であり、その多くが高級アパレル企業の製造工場で長期間働いた経験を有する。この高度な「日本的」技術を有する日本人男性技術者が、直接日本語で技術指導する相手は、マツオカコーポレーションの企業内研修生制度を経験した中国人女性技術者である。企業内研修生制度とは、マツオカコーポレーションが中国工場から毎年5〜10人の中国人女性を日本本社へ送り、彼女たちの生活費、給料を丸抱えして3年間養成する制度である。研修生の選出は、本人の希望と将来性を見込んで中国工場が決定するが、現在まで研修生のほとんどは女性であるという。1年目は研修生として、2年目と3年目は実習生として、各配属先の上司である日本人男性社員のもとで彼らと同じ職務を行う。3年間の研修を通じて、縫製技術、経営管理、貿易実務、営業業

図8-5　中国スーツ工場の企業組織と技術移転

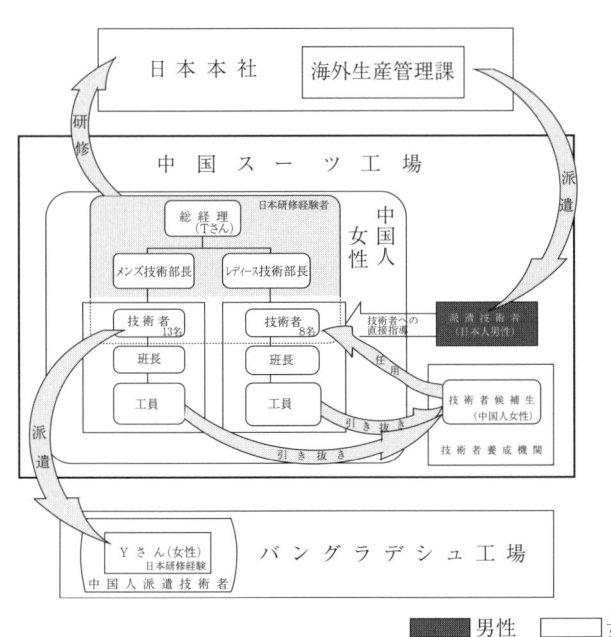

（出所）2009年12月上海調査に基づき筆者作成。

務などの高度な技能を獲得した中国人女性たちは、帰国後中国工場の幹部候補生として昇進、昇格の道を歩む。

　図8-5の通り、中国スーツ工場では、1992年の第2期企業内研修生である中国人女性Tさんを総経理（社長）として、企業内研修生制度を経験した中国人女性技術者によって組織（総経理―メンズ技術部長／レディース技術部長―技術者）されている[7]。彼女たちは、全員高度な縫製技術を有し、図面を見て1つの製品を丸ごと仕上げることができる熟練技術者である。技術者のもとには、各縫製ラインの組み立てや配置の仕方、工具の管理といった縫製ライン上に生じる一切の責任をもつ班長がつく。この組織化された中国人女性労働力は、総経理以下全員が地元出身の中卒の「お針子」からたたき上げによって作られた技術者であり、総経理（社長）Tさんを中核として、中国人女性組織が維持、再生産されている。

### （3） 第二次移転：中国からバングラデシュへの移転

　バングラデシュ工場は2008年3月に稼働するが、投資先候補として名前が挙がった時期は、2004年フィリピン工場を開設したその直後であった。バングラデシュ工場開設に当たり、パートナーとなったのは、現地バングラデシュで5つの縫製関連工場を経営するカナダ国籍の中年のバングラデシュ人男性R氏である[8]。R氏は、アメリカの大学を卒業後にシンガポールで2年間仕事をし、母国バングラデシュへ戻り工場経営を始めた。家族の中に企業家はいなかったが、MFA協定の「恩恵」を受け、アメリカ向けの衣料品輸出を中心に業績を伸ばした。しかし2005年MFA協定が撤廃されると、極端に業績は悪化し、マツオカコーポレーションとの合弁事業の話に乗った。

　パートナー成立後、R氏は自身が所有する5工場の内、ニット工場だけを残して、その他の全ての工場を売却した。ニット工場をバングラデシュ独資工場として稼働させるとともに、2008年3月、中国工場とR氏との合弁により新工場マツオカアパレルを開設した。本章におけるバングラデシュ工場とは、このマツオカアパレルのことを指す。

工場は首都ダッカから車で1時間ほど離れた近郊都市に位置する。縫製工場が集積する地域として知られるが、6階建の工場はやや際立って見える。設立当初から現在まで、欧米系、日系の大手小売企業やショッピングセンターからの委託生産が大半を占め、主に生産価格の安いパンツを製造する。2010年2月の調査時点において、工場ではバングラデシュ人労働者を約900人（内、7割が女性）雇用し、6つの縫製ラインにより年間120万点の商品を生産する。作業機械は日系メーカーの中国製を使用している。またバングラデシュ工場の製造に使用する全ての生地や付属品は、中国工場を通じた垂直取引を行っている。2010年2月時点で、この工場には日本本社の日本人男性社員1名（派遣開始日：2010年2月）、中国工場から中国人男性技術者2名、中国人女性技術者3名（派遣開始日5名とも：2008年4月）が派遣されている[9]。

図8-6は、バングラデシュ工場の企業組織をジェンダーの視点から図示したものである。先の図8-5に示した中国スーツ工場の企業組織とは異なり、工場長をトップとする企業組織は、生産部長・品質検査部長、各部門の責任者と副責任者までの全生産幹部職をバングラデシュ人男性が占めている。ここに全労働者の7割を占めるバングラデシュ人女性は1人も従事していない[10]。全てのバングラデシュ人女性が、生産幹部職より下位の一般工員として就労しており、ここにバングラデシュ工場のジェンダー分離的かつ非対称な企業組織を明示している。

特に、バングラデシュ人女性の多くが配属する縫製部門を例にとれば、各縫製階に1人いる責任者、各階に2組あるラインの統括者であるラインチーフ（1人×2組）、ラインチーフとともにラインの状況をチェックする監督（2人×2組）は、全員バングラデシュ人男性がその職務を遂行している（図8-7参照）。バングラデシュ人女性は全員一般工員として配置され、その圧倒的多数の女性（126人）が縫製工員（補助工員を含む）として従事する。

このジェンダー分離的かつ非対称の企業組織はそのライン設計、ライン上の新規採用、労働力配置を始めとする人事権、ライン上に従事する労働力の

**図8-6 バングラデシュ工場の企業組織**

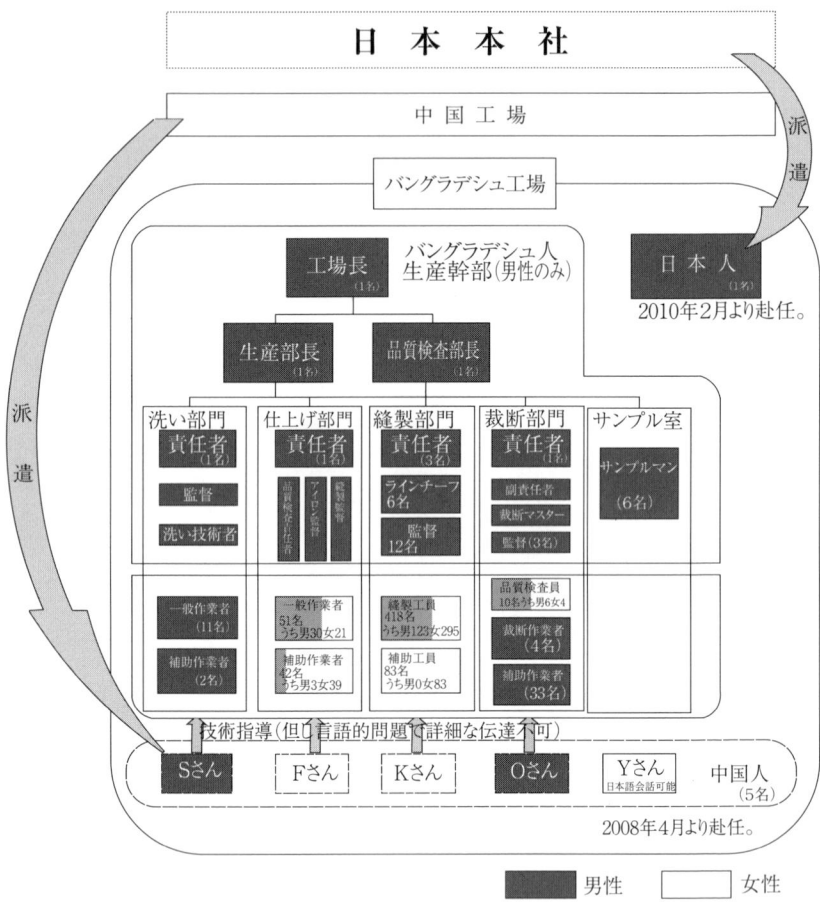

(出所) 2010年2月調査に基づき、筆者作成。

賃金査定権の所在を規定する。すなわち上記のライン設計、人事権、賃金査定権の全てはフロアー責任者、ラインチーフ、監督であるバングラデシュ人男性に与えられており、女性にはその権限が存在しない。

2012年8月にバングラデシュ工場で実施した補足調査によれば、男女共に

### 図8-7　縫製部門（3階）の組織と査定システム

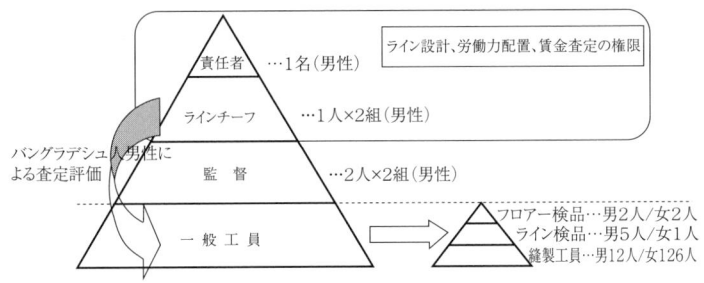

（出所）2010年2月調査に基づき、筆者作成。

入社時の賃金額が将来得られる賃金額を規定していることが明らかである[11]。特に、女性工員の場合には、男性工員に与えられる昇進の可能性が存在せず、基本的に1年間の継続就労によってのみ昇給する。入社後1年間、継続就労すれば、入社時の基本給の3％分が昇給額として加算される仕組みになっている。

前述したように、バングラデシュ工場では、人事および賃金査定についてフロアー責任者やラインチーフ、監督をはじめとする男性生産幹部の裁量が強く働く。次節では、1枚の低価格のショートパンツ生産に必要な全ての縫製工程の労働過程をジェンダー、年齢、教育、婚姻、縫製経験、月収の点から明らかにするが、ここで、その判断材料となる入社時の査定方法を縫製工員、品質検査員に即して若干補足する。

バングラデシュ工場では、縫製工員の人事、査定は縫製部門で、品質検査員の人事、査定は品質検査部門で行われる。ただし両部門での審査方法は基本的に同じであり、次の2段階の方法を採用している。第1段階は、人員を必要とするフロアーの責任者であるフロアー責任者が（縫製部門ではラインの責任者であるラインチーフが行う場合もある）、口頭インタビューと実技審査を行う。フロアー責任者はその結果を判断し、初任給を決定する。第2段階は、企業組織上、工場長に次いで高位の生産部長と品質検査部長が、自

ら工員に口頭インタビューし、フロアー責任者による評価と初任給が適切であるか、判断する。

　生産部長と品質検査部長に対する聞き取り調査によれば、口頭インタビューの内容とは次の4項目とされている（品質検査員は①と②のみ）。①（これまでの）縫製工場勤務年数、②パンツの生産工程に関する理解度、③縫製可能な生産工程、④使用可能なミシンの種類である。生産部長、品質検査部長はこの4項目の中で、①縫製工場勤務年数を最も重視すると言い、品質検査部長は、これに加えて学歴を重視すると答えた[12]。このように縫製工員、品質検査員の入社時の賃金査定には、特に、縫製工員の場合、学歴、婚姻状況、年齢、子供の有無などが影響しない点が重要である。次節では、具体的に一枚の低価格帯ショートパンツを事例として、生産・労働過程の実態を考察する。

## 3　バングラデシュ工場における生産・労働過程

### (1)　日本向け低価格帯ショートパンツの生産過程

　日本へ輸出される低価格帯ショートパンツの生産過程は、中国工場から船で搬送された生地や付属品の到着から始まり、完成製品の出荷に至るまで、大きく分類して12工程ある。①中国子会社からの生地や付属品の搬送とバングラデシュ工場までの運搬、②検査機による生地検査、③伸縮性の保持のための生地洗いと乾燥、④裁断、⑤人間（大半は女性）の手による生地検査、⑥縫製、⑦縫製工程で生じた汚れ除去のための洗いと乾燥、⑧仕上げ工程での付属品の装着、品質検査、アイロン、たたみ、⑨梱包、⑩検針作業、⑪箱詰め、⑫出荷である。この①から⑫の一連の生産工程に先駆けて、中国子会社の指示・指令機能のもと、CAD（Computer-Aided Designの略）とサンプル作成を行っている。

　本節では、パンツ生産の核と言える縫製工程の労働過程をジェンダーの視点から分析するが、まずバングラデシュ工場における日本向け低価格帯ショ

ートパンツに必要な縫製工程について記述する。図8-8は、同工場における縫製フロアーのライン配置を図示したものである。フロアーには3つのレーン（前パンツ、後ろパンツ、合わせ）からなるラインが2つ（B-1組、B-2組）ある。3つのレーンは、それぞれ前パンツ、後ろパンツ、合わせの3つの役割を担っており、この3つのレーンを経ることによって、1枚のショートパンツが完成する。各レーンの最後尾には、必ずライン検品係（品質検査員）が1人ずつ配置されており、最も初期の不良品処理機能を果たしている。輸出向けの低価格商品を製造する際、不良品率をいかに落とすかは非常に重要なことであり、このライン検品係が正確に不良箇所を発見するか否かが、その鍵を握っている。ライン検品係は、各縫製レーン上で発生した不良箇所をレーン上で発見すれば、不良箇所を生み出した縫製工員を呼びつけ、何が不良であるか指導し、その場で修正させる[13]。後の工程に行くほど、不良品対応には時間がかかる。

合わせレーンのライン検品が終われば、その生産物はフロアー最終検品ま

**図8-8　縫製フロアーのライン配置**

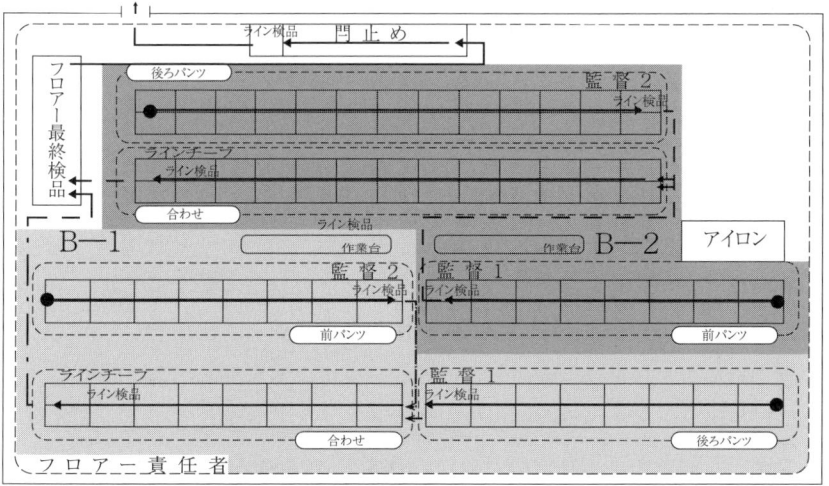

（出所）2010年2月調査に基づき、筆者作成。

で運ばれる。ここで再度品質検査作業を行い、閂止めに進む。閂止めとは、ほつれ防止のための補強作業を言う。閂止め箇所の出来上がりを確認し、問題がなければ、洗い作業場に運ばれる。洗い、乾燥が終われば、仕上げ部門に進む。

筆者の調査によれば、前パンツレーンは17工程、後ろパンツレーンは24工程、合わせレーンは25工程あり、一枚の低価格帯ショートパンツが生産されるには、合計66工程を要する[14]。66工程の内容は全て異なり、各工程間の難易度にも差異がある。全体を通じて前パンツ、後ろパンツよりも、合わせレーンの工程の方が、難易度が高く、合わせレーンに配置される縫製工員ほど熟練技術を要求される。

### （2） 日本向け低価格帯ショートパンツの労働過程
#### （ⅰ） 縫製部門・前パンツレーンの労働過程

表8-5は、前パンツレーンの労働過程と労働力の特徴を表記したものである[15]。17工程のうち、工程1の本体印付けは補助工員、工程17のライン検品係は品質検査員が担当し、残りは全て縫製工員である。1人の品質検査員を含みバングラデシュ人男性は3人おり、残りは全員女性であった。レーンに配置される労働者の年齢は、10代後半から20代が中心である。学歴[16]はサインのみ[17]が2人、途中退学も含めて、初等教育までが5人、前期中等教育までが7人であった。中期中等教育過程を卒業したのは、品質検査員の男性だけである。婚姻状況は未婚者よりも既婚者が多く、特に、女性の場合には早婚の状況が指摘される。

前パンツレーンの生産工程の中で、最も高度な縫製技術を必要とする工程は、工程12ファスナー前たてである。曲線縫いを要し、出来上がり商品の善し悪しを左右する重要工程の一つと考えられている。筆者の調査時点で、この工程を担当するのは20歳の未婚女性である。これまでに5年3ヶ月縫製工場で働いた経験がある彼女の月収は、残業代を含めて5000Tkである[18]。この額は、前パンツレーンの縫製工員の中で最高額である。彼女の事例は、縫

製工場での勤務年数が要求される縫製技術水準と賃金額を反映していることを示している。

　一方、他の女性縫製工員については、前節で論じた入社時の査定方法に照らせば、縫製経験がライン配置と賃金査定を規定するとは言えない状況が指摘できる。例えば、工程10を担当する既婚女性は、縫製工場での勤務経験が14年あるにもかかわらず、勤務経験が2年程度の工程11、工程16の2人の女性工員と同じ月収4500Tkを得ている。

(ⅱ)　**縫製部門・後ろパンツレーンの労働過程**

　表8-6は、縫製部門の後ろパンツレーンの労働過程と労働力の特徴を示している。全てのアイロン工程、レーンの最終工程のライン検品工程には、男性が従事している。24人の縫製工員、補助工員のうち、21人はバングラデシュ人女性である。男女共に10代後半から20代前半に集中しており、年齢層は低いが、未婚者よりも既婚者が多い点は、前述の前パンツレーンと同様である。学歴は、その大半が初等教育から前期中等教育程度と低く、サインのみも1人いる。ただし、アイロン係や品質検査員の男性の中には、中期中等教育課程の進学者あるいは卒業者が含まれている。

　後ろパンツレーンには、前パンツレーンのように高度な縫製技術を必要とする工程は存在せず、工程間の難易度にさほど差がない。このことから、縫製工員の月収は3500Tkから4500Tkの間にあり、前パンツレーンのように5000Tk以上の月収を得ている縫製工員は存在しない。後パンツレーンには、3人の男性縫製工員が従事しているが、男女の縫製工員間で月収額に大きな差はない。

　一方、縫製工員と補助工員の間の職階上には、明確な賃金格差が存在しており、補助工員5人の月収は、残業代を含めて2000Tkである。縫製工員の月収と比較すれば、非常に低いといえる。補助工員は全員女性である。女性補助工員は、初職者や縫製経験が3ヶ月しかない工員がいる一方で、工程18を担当する女性のように、9年の縫製経験がある工員も含まれている。9年という長期の縫製経験が評価されず、補助工員として毎月2000Tkが支払わ

254　Ⅲ　アジアの周辺新興経済の諸相

表8-5　縫製部門・前バンツレーン労働過程とその特徴　縫製技術水準…（無印）普通、（☆）やや高度、（☆☆）高度

| | 職位 | 性別 | 年齢 | 教育（卒） | 婚姻 | 現工場経歴 | 縫製経験 | 月収 |
|---|---|---|---|---|---|---|---|---|
| 1 | 本体印付け | 補助工員 | 女 | 20 | 前期中等 | 既婚 | 1ヶ月未満 | 6ヶ月 | ― |
| 2 | 本体サイド（オーバーロックミシン） | 縫製工員 | 女 | 23 | 初等教育 | 既婚 | 2年 | 6年 | 4241Tk |
| 3 | 肉ポケットパーツ（オーバーロック） | 縫製工員 | 女 | 19 | 前期中等 | 既婚 | 9ヶ月 | 4年 | 4000Tk |
| 4 | 肉ポケット縫いつけ | 縫製工員 | 女 | 17 | 前期中等（クラス6） | 未婚 | 3ヶ月 | 3年 | 3000Tk |
| 5 | 肉ポケット合わせ | 縫製工員 | 男 | 33 | 前期中等（クラス7） | 既婚 | 2年 | 7年 | 4000Tk |
| 6 | 肉ポケット最終 | 縫製工員 | 女 | 27 | 初等教育（クラス3） | 既婚 | 1年 | 8年 | 4000Tk |
| 7 | 肉ポケット本体縫いつけ | 縫製工員 | 女 | 30 | 初等教育 | 既婚 | 2年 | 9年 | 4000Tk |
| 8 | 肉ポケット本体表面縫い合わせ | 縫製工員 | 男 | 21 | 初等教育 | 既婚 | 1年半 | 5年 | 4000Tk |
| 9 | 肉ポケット閂止め | 縫製工員 | 女 | 19 | 中期中等（クラス9） | 未婚 | 3ヶ月 | 2年 | 3800Tk |
| 10 | ファスナー | 縫製工員 | 女 | 32 | サインのみ | 既婚 | 2年 | 14年 | 4500Tk |
| 11 | ファスナー見返し | 縫製工員 | 女 | 25 | 初等教育 | 既婚 | 1年3ヶ月 | 1年6ヶ月 | 4500Tk |
| 12 | ファスナー前立て（☆☆） | 縫製工員 | 女 | 20 | 前期中等（クラス7） | 未婚 | 1年3ヶ月 | 5年3ヶ月 | 5000Tk |
| 13 | ファスナー持ち出し | 縫製工員 | 女 | 28 | サインのみ | 既婚 | 1年10ヶ月 | 7年 | 4300Tk |
| 14 | ラベル付け | | | | | | | | |
| 15 | あきどまり | 縫製工員 | 女 | 35 | 前期中等（クラス6） | 既婚 | 5ヶ月 | 3年 | 4000Tk |
| 16 | 股上ステッチ | 縫製工員 | 女 | 25 | 前期中等 | 未婚 | 1年 | 2年 | 4500Tk |
| 17 | ライン検品 | 品質検査 | 男 | 38 | 中期中等 | 既婚 | 3ヶ月 | 4年 | 3800Tk |

（出所）2010年2月調査に基づき、筆者作成。

※注1（表8-5から表8-7に共通）
バングラデシュ学校制度…初等教育5年間（1年生から5年生）、中等教育7年間（6年生から12年生：前期中等教育3年、中期中等教育2年、後期中等教育2年）。
※注2（表8-5から表8-7に共通）
為替レート（対米ドル換算）…1米ドル＝84.3Tk（2012年2月1日現在のバングラデシュ銀行）。

表8－6　縫製部門・後パンツレーン労働過程とその特徴　縫製技術水準…（無印）普通、（☆）やや高度、（☆☆）高度

| | | 職位 | 性別 | 年齢 | 教育（卒） | 婚姻 | 現工場経歴 | 縫製経験 | 月収 |
|---|---|---|---|---|---|---|---|---|---|
| 1 | サイドポケット印付け | 補助工員 | 女 | 18 | 前期中等（クラス6） | 既婚 | 6ヶ月 | 初職 | 2019Tk |
| 2 | サイドポケットステッチ（横） | 縫製工員 | 女 | 19 | 初等教育 | 既婚 | 2ヶ月 | 4年2ヶ月 | 3500Tk |
| 3 | サイドポケットステッチ（縦） | 縫製工員 | 女 | 18 | 前期中等（クラス7） | 未婚 | 1年 | 4年 | 3500Tk |
| 4 | サイドポケットアイロン① | アイロン | 男 | 18 | 中期中等（クラス9） | 未婚 | 2ヶ月 | 1年半 | 3300Tk |
| 5 | サイド・バックポケット上部ステッチ | 縫製工員 | 女 | 18 | 初等教育 | 未婚 | 1年 | 3年半 | 3500Tk |
| 6 | サイド・バックポケットアイロン② | アイロン | 男 | 24 | 中期中等 | 既婚 | 4ヶ月 | 6年 | 3400Tk |
| 7 | サイドポケットサイドステッチ | 縫製工員 | 女 | 21 | 初等教育 | 既婚 | 10ヶ月 | 2年 | 3500Tk |
| 8 | サイドポケット（オーバーロックミシン） | 縫製工員 | 女 | 23 | 前期中等 | 既婚 | 3ヶ月 | 4年 | 4000Tk |
| 9 | サイドポケットふた | 縫製工員 | 女 | 25 | 中期中等 | 既婚 | 1年 | 5年 | 4500Tk |
| 10 | バックポケット本体縫いつけ | 縫製工員 | 女 | 25 | 前期中等 | 既婚 | 1年 | 8年 | 4000Tk |
| 11 | マジックテープ切り | 補助工員 | 女 | 25 | 初等教育 | 既婚 | 2ヶ月 | 3ヶ月 | 2000Tk |
| 12 | サイドポケットマジックテープ付け① | 縫製工員 | 女 | 21 | 前期中等 | 既婚 | 5ヶ月 | 7年 | 4000Tk |
| 同上 | 同上② | 縫製工員 | 男 | 24 | 前期中等 | 既婚 | 1年2ヶ月 | 7年 | 4000Tk |
| 13 | サイドポケットアイロン | アイロン | 男 | 24 | 初等教育（クラス3） | 既婚 | 1年 | 3年 | 3400Tk |
| 14 | 本体表・裏番号確認 | 補助工員 | 女 | 30 | 前期中等 | 既婚 | 1年 | 2年 | 2000Tk |
| 15 | 表・裏脇縫い① | 縫製工員 | 女 | 25 | 初等教育 | 既婚 | 3ヶ月 | 3年 | 4000Tk |
| 16 | 表・裏脇縫い②（オーバーロックミシン） | 縫製工員 | 男 | 19 | 初等教育 | 既婚 | 1年1ヶ月 | 3年 | 4500Tk |
| 17 | 表・裏脇縫い③（表面縫い） | 縫製工員 | 女 | 22 | 前期中等 | 既婚 | 1ヶ月未満 | 8年 | × |
| 18 | サイドポケット縫いつけ印 | 補助工員 | 女 | 20 | 初等教育（クラス4） | 既婚 | 1年 | 初職 | 2000Tk |
| 同上 | 同上 | 補助工員 | 女 | 20 | 中期中等 | 既婚 | 2ヶ月 | 9年 | 2000Tk |
| 19 | サイドポケット縫いつけ | 縫製工員 | 女 | 18 | 初等教育（クラス2） | 未婚 | 7ヶ月 | 6年 | 4400Tk |
| 同上 | 同上 | 縫製工員 | 女 | 20 | 初等教育 | 既婚 | 1年 | 6年 | 4300Tk |
| 同上 | 同上 | 縫製工員 | 女 | 25 | 初等教育（クラス3） | 既婚 | 2年 | 10年 | 4050Tk |
| 20 | サイドポケットふた縫い付け（裏） | 縫製工員 | 女 | 20 | 中期中等（クラス9） | 未婚 | 2年 | 5年 | 4500Tk |
| 21 | サイドポケットふた縫い付け（表） | 縫製工員 | 女 | 35 | 前期中等（クラス7） | 既婚 | 6ヶ月 | 8年 | 4500Tk |
| 22 | 後ろ股上み（裏） | 縫製工員 | 男 | 22 | 中期中等教育 | 既婚 | 1年2ヶ月 | 2年半 | 4000Tk |
| 23 | 後ろ股上み二度縫い（表） | 縫製工員 | 女 | 24 | サインのみ | 既婚 | 7ヶ月 | 6年 | 4000Tk |
| 24 | ライン検品 | 品質検査 | 男 | 32 | 中期中等（クラス9） | 未婚 | 2年 | 5年 | 4500Tk |

（出所）2010年2月調査に基づき、筆者作成。

### (ⅲ) 縫製部門・合わせレーンの労働過程

表8-7は、縫製部門の合わせレーンの労働過程と労働力の特徴を示したものである。アイロン係、品質検査員は全員バングラデシュ人男性が担当している。合わせレーンには、男性縫製工員は2人しかおらず、残りの24人の縫製工員、補助工員は全員女性である。合わせレーンでは、30代の女性工員が5人含まれており、前パンツレーン、後ろパンツレーンに比べて、女性工員の年齢層は高い。学歴は、サインのみの2人から初等教育や前期中等教育程度が大半を占めている。中期中等教育を修了した者は、品質検査員の男性を含む3人である。

合わせレーンでは、縫製技術水準が高度とやや高度の工程が含まれている。高度の工程は工程16であり、やや高度の工程は工程12、工程17、工程18である。いずれもベルト（腰回り）関連の工程であり、長い曲線縫いを必要とすること、完成品の善し悪しを左右する重要箇所の一つと考えられていることが、要求される難易度の高さを示している。高度、やや高度の工程に従事する7人の縫製工員のジェンダーに基づく内訳は、女性が5人、男性が2人であり、女性の方が多い。工程12と工程16に従事する男女5人の縫製経験年数は、7年から8年にわたっており、長期の縫製経験を有する工員である。7人の月収を見れば、工程12の女性工員の月収が4900Tkであった以外は、全員5000Tkを超えている。このことは、前パンツレーンの場合と同様に、縫製経験と縫製技術水準、そして賃金査定との間に一定程度の対応関係があると指摘できる。

一方で、その他の工員については、縫製経験と縫製技術水準、そして賃金査定はほとんど対応しておらず、前パンツ、後パンツと同じ問題を抱えている。例えば、工程14を担当する27歳の既婚女性は、17年の縫製経験にも関わらず、技術水準の高度な工程に配置されることはなく、月収は4500Tkである。

さて、前述した7人の熟練縫製工員は、縫製工員の中で月収額が高いと指

第8章　日系縫製企業の第二次移転としてのバングラデシュ　257

表8-7　縫製部門・合わせレーン労働過程とその特徴　縫製技術水準…（無印）普通、（☆）やや高度、（☆☆）高度

| | 工程 | 職位 | 性別 | 年齢 | 教育 | 婚姻 | 現工場経歴 | 縫製経験 | 月収 |
|---|---|---|---|---|---|---|---|---|---|
| 1 | ベルト脇ステッチ | 縫製工員 | 女 | 23 | 前期中等 | 既婚 | 2年 | 5年 | 4500Tk |
| 2 | ベルト脇ステッチ二枚重ね | 補助工員 | 女 | 20 | 中期中等（クラス9） | 既婚 | 4ヶ月 | 初職 | 2000Tk |
| 3 | ベルト印付け | アイロン | 男 | 25 | 前期中等 | 既婚 | 1ヶ月未満 | 9年 | × |
| 4 | ベルトアイロン① | 縫製工員 | 女 | 28 | 中期中等 | 既婚 | 1年 | 4年 | 5000Tk |
| 5 | ベルトステッチ | アイロン | 男 | 24 | 初等教育 | 既婚 | 2ヶ月 | 2年 | 3500Tk |
| 6 | ベルトアイロン②芯貼り | アイロン | 男 | 21 | 前期中等 | 既婚 | 1年 | 3年 | 4500Tk |
| 7 | ループ | 縫製工員 | 女 | 20 | 前期中等 | 未婚 | 4ヶ月 | 1年半 | 4000Tk |
| 8 | ベルト通し縫いつけ① | 縫製工員 | 女 | 28 | サインのみ | 既婚 | 1年11ヶ月 | 8年 | 4500Tk |
| 9 | ベルト角縫い合わせ | 縫製工員 | 女 | 28 | 初等教育 | 既婚 | 1年2ヶ月 | 3年 | 記憶なし |
| 10 | ベルトヒモ穴あけ | 補助工員 | 女 | 22 | 初等教育 | 既婚 | 1ヶ月未満 | 1年 | × |
| 11 | 腰印付け | 縫製工員 | 女 | 35 | 前期中等（クラス7） | 既婚 | 1年 | 7年 | 4900Tk |
| 12 | 同上（☆） | 縫製工員 | 女 | 30 | 中期中等（クラス7） | 既婚 | 1年 | 7年半 | 5000Tk |
| 13 | ベルト縫いつけ① | 補助工員 | 女 | 19 | サインのみ | 未婚 | 1ヶ月未満 | 1年 | × |
| 14 | ベルト合わせ印付け① | 縫製工員 | 女 | 27 | 中期中等（クラス9） | 既婚 | 2年 | 17年 | 4500Tk |
| 15 | ベルトゴム付け① | 縫製工員 | 男 | 18 | 初等教育 | 既婚 | 1年 | 2年 | 4000Tk |
| 16 | ベルトゴム付け② | 縫製工員 | 男 | 27 | 初等教育 | 既婚 | 10ヶ月 | 8年 | 5000Tk |
| | 同上（☆☆）監督兼任 | 縫製工員 | 女 | 27 | 初等教育 | 既婚 | 1年8ヶ月 | 8年 | 5200Tk |
| | 同上（☆☆） | 縫製工員 | 女 | 22 | 前期中等 | 既婚 | 7ヶ月 | 8年7ヶ月 | 5000Tk |
| | 同上（補佐） | 補助工員 | 女 | 20 | 前期中等 | 既婚 | 1ヶ月未満 | 初職 | × |
| 17 | ベルト縫いつけ②（☆） | 縫製工員 | 女 | 23 | 初等教育（クラス3） | 既婚 | 6ヶ月 | 6年 | 2500Tk |
| 18 | ベルト縫いつけ③（☆） | 縫製工員 | 男 | 21 | 前期中等 | 未婚 | 1年4ヶ月 | 5年 | 5500Tk |
| 19 | ベルト通し長さ揃え | 縫製工員 | 女 | 33 | 中期中等（クラス9） | 既婚 | 1年 | 3年 | 5000Tk |
| 20 | ベルト通し縫合わせ① | 縫製工員 | 女 | 18 | 初等教育 | 未婚 | 2年 | 7年 | 4000Tk |
| 21 | 同上 | 縫製工員 | 女 | 35 | 初等教育 | 未婚 | 7ヶ月 | 3年半 | 4150Tk |
| 22 | ライン検品 | 品質検査員 | 男 | 25 | 中期中等（クラス6） | 既婚 | 10ヶ月 | 6年 | 6500Tk |
| 23 | 股下・脇上ステッチ | 縫製工員 | 女 | 20 | 前期中等（クラス6） | 既婚 | 3ヶ月 | 4年 | 4500Tk |
| 24 | 裾ステッチ | 縫製工員 | 女 | 18 | 前期中等（クラス7） | 既婚 | 1年 | 3年 | 4000Tk |
| 25 | 糸くずとり | 補助工員 | 女 | 34 | 初等教育 | 既婚 | 5ヶ月 | 初職 | 2500Tk |

（出所）2010年2月調査に基づき、筆者作成。

摘した。しかし、表8-7によれば、合わせレーンの中で最も高い月収を得ているのは、工程22の男性品質検査員である。彼は、縫製経験年数がわずか3年半に過ぎないにも関わらず、月収6500Tkを得ている。

(iv) 低賃金化の淵源

以上、縫製部門の3つのレーンの労働過程をジェンダーの視点から分析した結果を、次の3点としてまとめておきたい。第1は、各レーンのライン検品係が全員バングラデシュ人男性であった点である。前述したように、各レーンのライン検品は、最も初期の不良品処理機能を兼ねており、極めて重要な工程である。しかし、3レーンの品質検査員は全員学歴は高いが、縫製工場での勤務年数は短く、何よりもミシンの操作経験が一切ない。本来ならば、彼らにはレーン上で縫製工員による縫製の善し悪しを適切に判断し、問題がある場合には、縫製工員に一体何が問題であるか、十分に説明する力が求められる[19]。しかし、現状のバングラデシュ工場では、縫製技術をほとんど持たない品質検査員による、マニュアル化された品質検査方法が採用されており、初期段階で不良箇所の発生を阻止することを難しくしている。同工場では、本来縫製部門で発見されなければならない不良箇所が、仕上げ部門の最終品質検査工程で、次々と指摘される事態が生じている。余計な時間ロスが発生し、生産予定表通りに仕上がらず、筆者の調査期間中にも、何度か空輸を使って日本に完成品を届けていた[20]。空輸は船便よりも輸送コストがはるかに高い。

第2は、難度の高い工程に配置される工員の月収は、男女を問わず高いという点である。この難度の高い工程への配置を男女別に見れば、そこに配置されるのは、女性の方が男性と比較して多かった。つまり難度の高い縫製工程には、男性のみならず女性も配置されており、その工程に配置された女性の月収は、その工程に要求される縫製経験年数、そして技術水準に見合った形で高い。前述したように、労働過程上の人事や賃金査定は、全てバングラデシュ人男性であるフロアー責任者とラインチーフが行っている。彼らによる技術に見合った評価は、「高度な縫製技術を有する工員」として、彼らが

判断した一部のバングラデシュ人女性に対してのみ行われている。彼女たちの中には、未婚者も既婚者も、また初等教育までしか学校教育を受けていないものも含まれる。

だが、同時にバングラデシュ人男性による技術に見合った評価は、その一部の高度な技術を有するバングラデシュ人女性のみに限定されており、残りの膨大な数の女性に対しては、その評価が極めて曖昧である。それは、長期間縫製工場で勤めた経験のある女性が、全く技術を必要としない補助業務に張り付けられている事例が示すように、その女性個人がこれまでに獲得してきた経験と工場内の労働過程上の配置との間に断絶が生じている。この男性による女性工員の査定評価は、膨大な数の女性工員の「熟練」を「熟練」として評価しないシステムとして機能し、このシステムこそがバングラデシュ工場における女性工員の低賃金化の淵源である[21]。

本章は、マツオカコーポレーションを対象として、日本本社、中国工場、バングラデシュ工場における調査に基づき、バングラデシュへの資本移転の実態をジェンダーの視点から考察した。以上を踏まえ、次節では結論を述べる。

## むすびにかえて

本章は、新国際分業論を援用しながら、金融危機後の日系縫製企業のバングラデシュへの移転の実態を企業組織、生産・労働過程をジェンダーの視点から分析し、明らかにした。本章の結論として、第一次移転と第二次移転の差異について検討するとともに、日系縫製企業による国際分業の中で、バングラデシュが第二次移転先として位置づけられることの意味について考える。

マツオカコーポレーションの事例に即せば、第二次移転によって開設されたバングラデシュ工場の企業組織はジェンダー分離的、非対称の特徴を有する。工場長を筆頭とした全ての生産幹部職には、男性が従事しており、ここに女性が従事することはない。全労働者の7割を占める女性は、縫製工員、

補助工具をはじめとする一般工具でしかなく、たとえ熟練工であったとしても、昇進の可能性は存在しない。このような状況は、第一次移転に伴って開設された中国工場の企業組織が、総経理以下、全ての生産技術職を中国人女性が集団で形成していることと比較すれば、違いは明白である。中国工場の企業組織は女性幹部、女性技術者の登用が進み、フェミニスト・フレンドリーであるといえる。

そもそも両工場は同じマツオカコーポレーションの海外工場であるにも関わらず、第一次移転と第二次移転の間にこのような企業組織上の差異が生じるのはなぜであろうか。日系縫製企業（日本本社）の投資行動、経営戦略に照らせば、日本国内工場に代わるマザー工場の機能を持つ中国工場と中国工場のリスク対策としてのバングラデシュ工場との間には、日本側の対応に差を生じさせている。すなわち中国工場への技術移転とそれによる企業組織は、日本国内工場を閉鎖せざるをえない状況下において、日本から中国への技術移転を早急に進めなければならないという、日本側の状況と日本から移転される技術を欲望する中国側の状況によって、可能になったと考えられる。他方、バングラデシュ工場の日本人男性駐在員が日本本社の経営戦略を、「中国から移転しそうで移転しない」という言葉で表現したように、中国からの完全撤退は今のところ想定されていない。すなわち、バングラデシュ工場が中国工場の代替機能を果たす日は、まだ先のことと言えよう。このように日本側がバングラデシュへの技術移転の必要性を明確に認識していない点に、日本側がバングラデシュ工場の人事労務管理、企業組織経営に十分に取り組んでこなかった理由があると考える。

さらに重要なのは、第二次移転先のバングラデシュ工場にとって、事実上の親会社は中国工場だということである。日本本社の企業戦略として開設されたバングラデシュ工場だが、親会社である中国側がその企業戦略を正確に理解していない場合、中国からバングラデシュへの技術移転を阻む要素として機能するだろう。すなわち中国工場がバングラデシュ工場を「ライバル」として判断した途端、日本本社が意図する中国からバングラデシュへの技術

移転は途絶えてしまう。日系縫製企業がバングラデシュへの技術移転（第二次技術移転）を考えるならば、中国工場とバングラデシュ工場の関係を重視することから始めなければならないだろう。現状のマツオカコーポレーションの場合を見ても、以上の2点を理由として、中国工場との関係が人事労務管理や企業組織経営に強い影響を与えていると考える。

本章は、バングラデシュ工場で生産される1枚の低価格帯ショートパンツの生産・労働過程をジェンダーの視点から分析することにより、バングラデシュ工場のジェンダー分離的かつ非対称な企業組織が、膨大な数の女性工員の「熟練」を「熟練」として評価しないシステムとして機能し、女性工員を低賃金のままにとどめ置いている点を指摘した。このようにして第二次移転先のバングラデシュ工場の中では、企業組織、労働過程を通じて基幹労働力としての女性工員が、資本蓄積の核として機能しているのである。

金融危機直後、進んだ日系縫製企業のバングラデシュへの移転は現在、転換点にあると言えるだろう。すなわち、低賃金だけを競争力の源泉とした低価格の衣料品を大量に生産するこれまでのシステムから、縫製工員の熟練度を競争力の源泉とし、高価格の衣料品生産に対応可能なシステムへの転換が求められる[22]。今後、他の周辺アジア諸国との競争がより一層激化することが予想される中で、ジェンダーに敏感な企業組織に基づく女性工員の熟練形成が、その鍵を握っていると言えよう。本章の議論に即せば、バングラデシュ工場に企業内派遣されている中国人女性とバングラデシュ人女性の連携に、その可能性を見出すことができると考える。

　　付記　*本章は、マツオカコーポレーションの日本本社、中国工場、バングラデシュ工場での調査に基づいている。日本本社社長をはじめとする関係各位のご協力に感謝する。なお、社名及び社史等の詳細を公表することについては、日本本社社長の承諾を得ている。**本章の調査は、平成21年度及び22年度の日本学術振興会特別研究員科学研究費補助金によって遂行した。***本章は、『南アジア研究』第24号に掲載された「日系縫製企業の第二次移転先としてのバングラデシュ―国際資本移転のジェンダー分析―」を一部改稿して転載している。

## 注

1) 2007年度以降の日本の直接投資件数は（合弁のみ）、次の通りである。2007年度は12件、2008年度は7件、2009年度は15件、2010年度は8件である（Ministry of Finance [2008、2009、2010、2011]）。なお、日本の縫製分野の投資額、件数については、公式統計上に表記されず明らかでない。
2) プッシュ要因については、近年の中国における急速な労働環境の変化が挙げられる。労働環境の変化とは、賃金上昇、労働力不足、権利意識の高まりに伴う労働争議の多発などがある。中国の労働環境の変化に関する論稿は苑［2010］を参照。
3) Paul-Majumder and Begum［2006］の1990年と1999年の調査によれば、わずか7年の間に、女性工員の学歴が、格段に改善されたことが指摘される。
4) マツオカコーポレーションを選択した理由は、次の4点である。①同社が金融危機以降、日系縫製企業の中で、最も早くバングラデシュで製造工場を稼働したこと、②同社の所有する海外自社工場の中で、バングラデシュ工場が唯一中国からの第二次移転という形態をとっていること、③バングラデシュ工場で日本向け輸出商品を製造していること、④対バングラデシュの投資規模が、他の日系企業と比較して大きいことである。
5) 海外工場の中で、2008年にフィリピン工場を閉鎖している。フィリピンには、マニラ市内に事務所機能のみ残している。
6) 調査言語は、中国調査では日本語を、バングラデシュ調査ではベンガル語を用いている。中国工場では、中国語が堪能な日本人駐在員、若しくは日本語を話すことができる中国人幹部を介し、中国人労働者に対してインタビュー調査を実施した。バングラデシュ工場では、通訳を介さずに筆者自らが全ての調査を実施した。
7) 本章では中国人、バングラデシュ人の名前は、アルファベット表記とする。
8) 2009年10月1日ダッカ事務所で行った、R氏本人へのインタビュー調査に基づいている。
9) 2009年9月フィリピン子会社からフィリピン人男性機械工2人、2010年2月には同じくフィリピン人女性技術者1人が派遣されているが、紙幅の都合上フィリピン工場との関係については詳しく論じない。
10) バングラデシュ工場の人事労務管理はバングラデシュ人男性幹部に委ねられており、日本本社、中国工場はほとんど関与していない。2012年8月の補足調査によれば、バングラデシュ人生産幹部の一人は、生産幹部職が男性のみで構成される理由を、男性の方が女性よりも長時間勤務が可能である点を指摘した。日本人男性駐在員は、同じ質問に対して、バングラデシュの宗教的慣習を指摘し、「女性が男性よりも上の立場に就いて指揮することは（この国では）困難である」と話した。「バングラデシュの女性も昇進する意欲がないはず」として、女性の幹部職への昇進の可能性を否定した。
11) 補足調査は、主としてバングラデシュ工場の男性幹部（生産部長・品質検査部長、フロアー責任者）、日本人駐在員、バングラデシュ人女性工員に対し、人事、初任給の査定、昇進昇格に関する聞き取り調査を行った。
12) 学歴を重視する理由として、寸法測定、レポートの作成、バイヤーからの仕様書を読むなど、作業場における計算、読解、若干の英語力を必要とする点があげられる。最低でも、中期中等教育（SSC）を卒業していることが望ましいと考えられている。
13) 工場では、不良箇所を出した工員を簡単に特定することができるよう様々な工夫がな

されている。
14) 大半の工員は、毎日担当工程と座席が決まっている。ただし、各ラインには1から2名の欠席者の代役を務める欠席者穴埋め役の女性工員がいる。彼女たちには決まった座席は与えられず、フロアー責任者やラインチーフが指定する工程を担当する。
15) 労働力の特徴は職位、ジェンダー、年齢、教育、婚姻、現工場の勤務年数、縫製工場勤務年数の総計として表記した。いずれも工員自らに直接聞き取り調査を行い、工員による回答をそのまま記述している。月収は先月の手取り額を指す。
16) バングラデシュの学校制度は、初等教育5年（1～5年生）、中等教育（6～12年生）、高等教育となっている（日下部・斎藤［2009］：272）。
17) 「サインのみ」とは、「自分の名前をベンガル文字で書ける」ことを指す。毎月給料は手渡しされるが、その際に、必ず労働者本人が自分の名前を書くことが必要とされる。そのため工場で働くための要件として、最低でも自分の名前をサイン出来ることが求められる。
18) バングラデシュにおける縫製産業部門の最低賃金額（月額基本給＋諸手当）は、次の通りである。調査を実施した2010年2月は最低賃金の改定（2010年10月31日）以前であるため、ここでは改訂前の最低賃金額を明記する。熟練工は3840～5140Tk、準熟練工は2046～2499Tk、非熟練工は1662.5～1851Tkである（ARC国別情勢研究会［2010］：108）。
19) 中国人技術者Yさんは、筆者に日本語で、不良品率を落とすことが出来ない問題点を、品質検査員の縫製技術水準の低さに起因すると話した。中国工場では、一定期間縫製工員として働いた工員が初めて品質検査を担当するといい、バングラデシュ工場との違いを説明した。しかしYさんは、この重要な問題点を筆者に話すが、工場長を始めとするバングラデシュ人男性生産幹部や日本人社員には伝えない。工場全体の問題点を指摘するだけの権限を、Yさんが有していない点が原因として考えられる。
20) あくまでも2010年5月の調査時点までの事実である。その後、日本人駐在員をはじめ不良品の問題については重視するようになった。2012年8月現在、総人員の1割を検査員として充当できるよう、検査員の数を増やした。また半年間の作業状況を見て、失敗を繰り返す検査員には、退職を命じているという。失敗をすぐ改善しなければ、解雇されるという脅迫観念を労働者に与えながら、不良品処理対応を行っている。
21) 男性による女性工員の査定評価システムは、熟練女性工員の発見はおろか、女性が就労する上で生じる日々の不満や問題なども汲み取ることが出来ず、問題が残る。
22) バングラデシュに進出している日系縫製企業の中には、既にブラックフォーマルウェアやジャケットやコートなどの重衣料を、バングラデシュ工場で製造している企業が存在する。

**参考文献**
ARC国別情勢研究会［2010］、『ARCレポート：バングラデシュ2010／11』。
苑志佳［2010］、「中国経済発展の最近の特徴と日本経済に与える影響について」 横川信治・板垣博編 『中国とインドの経済発展の衝撃』 御茶の水書房。
日下部達哉・斎藤英介［2009］、「機会拡大と学校の多様化：教育の現状と高まる教育熱」 大橋正明・村山真弓編 『バングラデシュを知るための60章（第2版）』 明石書店。

日本貿易振興機構［2008、2009］、『世界貿易投資報告』 ジェトロ。
原忠彦［1989］、「バングラデシュの女性―被扶養者として債権者として」『遡河』 第2号。
村山真弓［1997］、「女性の就労と社会関係：バングラデシュ縫製労働者の実態調査から」 押川文子編 『南アジアの社会変容と女性』 アジア経済研究所。
矢野経済研究所［2011］、『平成22年度経済連携促進のための産業高度化推進事業』。
山形辰史編［2011］、『グローバル競争に打ち勝つ低所得国：新時代の輸出指向開発戦略』 アジア経済研究所。
Ahmed, Nazneen [2009], "Sustaining Ready-made Garment Exports from Bangladesh," *Journal of Contemporary Asia*, Vol.39, No.4.
Bangladesh Bureau of Statistics [2011], *Report on the Labour Force Survey 2010*, Ministry of Planning, Government of the People's Republic of Bangladesh.
Bangladesh Garment Manufacturers and Exporters Association (BGMEA) [2013], *BGMEA's Members' Directory 2013-2014*, BGMEA.
Frobel, Folker, Heinrichs, Jurgen and Kreye, Otto [1980], *The New International Division of Labour: Structural Unemployment in Industrialised Countries and Industrialisation in Developing Countries*, Cambridge University Press.
GED (General Economic Division) Bangladesh Planning Commission [2014], *Millennium Development Goals: Bangladesh Country Report 2013*.
Kabeer, Naila [2000], *The Power to Choose: Bangladeshi Women and Labour Market Decisions in London and Dhaka*, Verso.
Kabeer, Nila and Mahmud, Simeem [2004], "Globalization, Gender and Poverty: Bangladeshi Women Workers in Export and Local Markets," *Journal of International Development*, Vol.16.
Mies, Maria [1986], *Patriarchy and Accumulation on a World Scale: Women in the International Division of Labour*, Zed Books（奥田暁子訳『国際分業と女性―進化する主婦化』、日本経済評論社、1997年。）
Ministry of Finance [2008, 2009, 2010, 2011, 2012], *Bangladesh Economic Review*, Bangladesh Government Press.
Paul-Majumder, Pratima and Begum, Anwara [2006], *Engendering Garment Industry: The Bangladesh Context*, The University Press Limited.
Quddus, Munir and Rashid Salim [2000], *Entrepreneurs and Economic Development: The Remarkable Story of Garment Exports from Bangladesh*, The University Press Limited.
Rhee, Yung Whee [1990], "The Catalyst Model of Development: Lessons from Bangladesh's Success with Garment Exports," *World Development*, Vol.18, No.2.
Rock, Marilyn [2001], "Globalization and Bangladesh: The Case of Export-Oriented Garment Manufacture," *South Asia*, Vol. 14, No. 1.
Yang, Yongzehng and Mlachila, Montfort [2007], "The End of Textile Quotas: A Case Study of the Impact on Bangladesh," *Journal of Development Studies*, Vol.43, No.4.

## 第9章
# ベトナムの経済発展と情報技術政策
──ベトナムにおけるIT化の意味──

土肥　誠
佐藤公俊
NGUYEN, Hai（グエン　ハイ）
DOAN, Tien Duc（ドァン　ティエン　ドゥック）

## はじめに

　ベトナムは、ドイモイ政策以降目覚しい経済発展を遂げ、日越間の経済的結びつきも親密になってきている。ベトナムは世界的に進行する情報化に対応するべく官民で情報化を促進し、電子商取引や携帯電話の市場が形成されて発展しつつある。ベトナム政府もハイテクパーク政策や電子政府の構築等を強力に推進しており、官民あげての情報化に取り組んでいる。我々は、現代のベトナムの情報化の動向と意義を把握するための序説として、ベトナムのハイテクパーク政策や電子取引や各種情報通信産業、電子政府政策を取り上げて分析することで、ベトナムの情報化の現段階とその意義を考察する。

　ベトナムのドイモイ政策以降、日本でもベトナムに関する紹介は増えてきてはいるが、ベトナムの情報技術政策に関しての先行研究は、管見する限りでは（中野［2004］）や（三浦［2008］）等、数少ない調査報告があるばかりで、まだ緒についたばかりという印象をまぬがれない。我々は、2008年と2012年に実施したベトナムでの現地調査をもとにして、個々の執筆者の調査と分析でより立ちいった検討を行って、現代のベトナムの社会発展に資する情報化の意義を把握することにしたい[1]。

## 1 グローバリゼーションとベトナム
### ──経済、政策、対日関係を中心に──

　本節では、各節で分析される情報化政策、および、情報通信産業／市場の背景となっていて、冷戦体制終結後の20年間のグローバリゼーションの下での情報技術（information technology：IT）革命の進展に大きく影響されつつある、ベトナム経済の動向と日越関係について概観する。その際、IT革命などによる技術革新を創発させて促進する体制であるナショナル・イノベーションシステムやグローバル・シティ形成策、ベトナムの経済発展の動向、日本の対越ODAの動向、および日越関係の諸指標の動向などを検討する。

　新興国や途上国のグローバル・シティ形成策は、サスキア・サッセンが『グローバル・シティ』で示した先進国のグローバル・シティ形成とはやや異なる。彼女は、情報通信技術の発達により、世界の経済を統治し、世界の文化をリードする重要な機能がニューヨーク・ロンドン・東京などに集積し、グローバル・シティが形成されたとする（Sassen［2001］）。このグローバル・シティでは、世界中の経済活動を支配・管理しているグローバル大企業が集積し、それに金融・法律・会計・経営など高度な専門サービスを提供する企業が集中しており、移民や移入労働力及び技術者がそれを支えているのである。これに加えて、河村哲二は、先進地域のグローバル・シティを中心とした世界的資金循環、グローバル世界連関という資本蓄積様式を提案している（SGCIME編［2013］）。

　こうした、先進国タイプのグローバル・シティに対して、我々は、新興途上国のグローバルキャッチ・アップ政策の一環として、グローバル・シティ形成策を指摘したい。いわば、途上国タイプのグローバル・シティである。多くの新興途上国は、グローバル・シティ形成策として、サイエンスパークやサイエンスシティを含むナショナル・イノベーションシステム、ファイナンシャルセンター、英語化を三つの柱としているのである。

## （1） ナショナル・イノベーションシステムとグローバル・シティ形成策

　1990年代以降、東アジア諸国では、とくに中国やベトナムなどの社会主義諸国においては情報化を軸とした社会開発や世界経済への参入とキャッチ・アップ政策が、市場経済移行政策とともに、採用されている。そのためには、「東アジアでは各国の経済力の著しい格差が残存しているものの、情報技術に基づいた知識基盤型経済を築こうとする政策はほぼ一致して」（平川他［2007］）いるのである。情報化のための外資導入を目的とした輸出加工区を発展させた経済特区や、さらにそれを発展させてハイテク産業を導入し、知識基盤型経済を具体化するためのサイエンスパークやサイエンスシティ、また、金融を含めた総合的な機能を有するグローバル・シティ、これらを形成するための政策が各国で選好されている（佐藤［2008］）。

　ベトナム政府の基本方針も例外ではない。ベトナム共産党政治局は2000年12月7日の方針 No. 58/CT－TW で「1996年－2000年の情報技術についての国家計画」で、「人材とインフラストラクチュアの開発を規定するこの計画は、ベトナムの情報通信技術によって、この分野の計画を成功裏に実施できること、及びこの国の社会的経済的運動に相対的に新しい技術の利益をもたらすことができることを目標としている。この計画はまたIT産業の発展を必要とする」という目標を掲げている（Communist party of Vietnam [2000]）。ここでは「人材とインフラストラクチュアの開発」のためには、外資による技術の導入、定着および習得が主であるという認識と共に、「IT産業の発展を必要とする」として自前のIT技術の発展やイノベーションが主要な手段として提案された。ベトナムでもこの十数年東アジア各国と同じく、イノベーション創発体制のほかにベンチャー企業形成のインキュベーションセンター制度や人材養成の大学等の教育制度の形成が政策的に指向されてきた。それは、科学・知識・技術、組織、人材養成などを結合し、知の交流と革新的結合を目指す体制である、ナショナル・イノベーションシステムなのである。

　先行するアメリカのシリコンバレーを理念型とし、日本の筑波研究学園都

市や半導体開発の産官学連携のような先進国型ナショナル・イノベーションシステムに対し、アジアに多く見られるキャッチ・アップや社会開発、および市場経済移行を目的とする、IT開発の組織的導入と促進の政策体系は、途上国型ナショナル・イノベーションシステムと分類できる。そうしたナショナル・イノベーションシステムの形成に加え、国際金融センターの形成、および、ソフト／サービス／サポート産業の英語化による国際関係拡大を特徴としたグローバル・シティも、東京やシンガポールを先発都市として、香港−広州大都市圏、北京大都市圏、上海大都市圏、クアラルンプール都市圏など新興国の各地で現れつつある（佐藤［2007］）。このようなグローバリゼーションとグローバル・シティ指向のIT化促進政策により、アジア各国のIT産業とIT市場は著しい発展を見せているのである。こうしたグローバルな状況下、多くの新興国や途上国は産業発展のために、特にIT産業を軸とした発展を目指し先進国や先行都市をモデルにグローバル・シティ形成政策をとっている。以下に見るように、社会開発と市場経済移行を目的としたベトナム政府の政策や方針も、IT開発のナショナル・イノベーションシステムやグローバル・シティ形成策の採用の点で、例外ではないのである。

### （2）ベトナムの経済発展と日本からのODA

1986年のドイモイ政策採用後、ベトナム経済の成長は、上述のベトナム政府のIT重点化方針による、IT開発・革新と外部からの導入促進のためのナショナル・イノベーションシステムやグローバル・シティ形成策により、大きく主導されてきたといえる。ただし、それはグローバル・シティと表現されるように、国内の資本蓄積とイノベーションに基礎を置く内発的発展ではなく、公的私的な外資と外来技術、および、世界市場への輸出に基礎を置く経済成長なのである。

ベトナム経済の動向は以下の表9−1から表9−4、図9−1、図9−2に示すとおりであるが、数値にはGDPや一人当たりGDPの動向のように急激な成長が目立つものが多い。この急成長の要因の一つとして海外からの直接投資

表9-1 日越主要経済指標（1990～2006年）

| 指標 | 国 | 1990年 日本 | 1990年 ベトナム | 2005年 日本 | 2005年 ベトナム | 2006年 日本 | 2006年 ベトナム |
|---|---|---|---|---|---|---|---|
| 人口（百万人） | | 123.5 | 66.2 | 127.8 | 83.1 | 127.8 | 84.1 |
| 出生時平均余命（年） | | 79 | 65 | 82 | 71 | 82 | 71 |
| GNI* | 総額（百万ドル） | 3,024,881.45 | 6,059.73 | 4,641,468.19 | 51,142.57 | 4,490,958.21 | 59,673.64 |
| | 1人当たり（ドル） | 26,660 | 130 | 38,950 | 620 | 38,630 | 700 |
| 経済成長率（％） | | 5.2 | 5.1 | 2.6 | 8.4 | 2.2 | 8.2 |
| 経常収支（百万ドル） | | 44,078.23 | — | 165,783.40 | 216.8 | 170,517.43 | — |
| 対外債務残高（百万ドル） | | — | 23,270.06 | — | 19,286.65 | — | 20,202.48 |
| 債務（対GNI比、％） | | — | — | — | 38.0 | — | 32.7 |
| 債務返済比率(DSR)**（対GNI比、％） | | — | 2.9 | — | 1.9 | — | 1.5 |
| 軍事支出割合（対GDP比、％） | | 0.9 | 7.9 | 1.0 | — | 0.9 | — |
| 援助受取総額（支出純額百万ドル） | | — | 180.55 | — | 1,904.87 | — | 1,846.39 |

出典：〔外務省［2007a］、［2008］〕より土肥作成、掲載。
*GNI : Gross National Income（国民総所得）
**DSR:Debt Service Ratio（債務返済比率）：年間の商品やサービスの総輸出額に対する年間の債務返済額の比率。
対外債務の返済能力を示す指標の一つ。（外務省［2008］：ⅲ）を参照。

の増大をあげることができる。その流入の増大には、主にハードウェア製造関係の外国からの投資の誘導をねらったサイエンスパーク政策の効果が大きいと推測される。ベトナムのグローバル化の側面として、こうした投資の目指す市場は、後に見るように国内的なものでは少なく、大部分が海外市場なのである。

　日本とベトナムの大まかな国力は、表9-1からおおよそのことがわかるであろう。

　まず、国民総所得（GNI）の総額であるが、90年の時点で日越の格差はおよそ500倍弱の開きがある。それが高い成長率を背景に2005年には約100倍

270　Ⅲ　アジアの周辺新興経済の諸相

**図9-1　ベトナムの経済発展（GDP の推移）（単位 10 億ドン）**

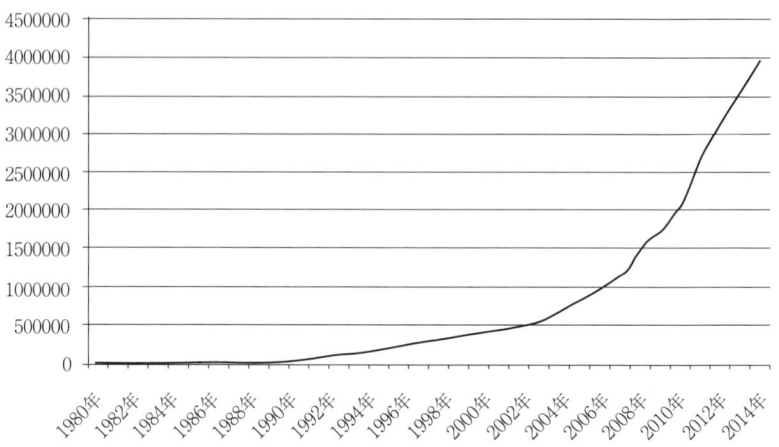

IMF［annual］より佐藤掲載

**図9-2　ベトナムの経済発展（経済成長率）**

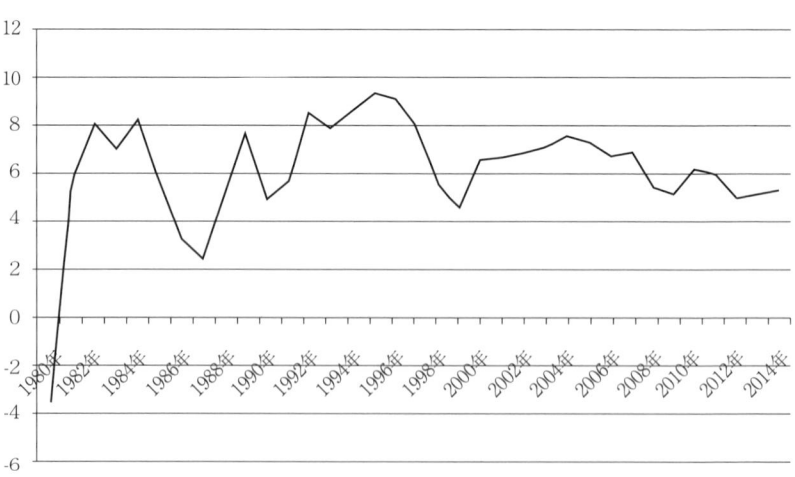

IMF［annual］より佐藤掲載

表9-2　ASEAN主要国のDSRの状況

GNI 総額：百万ドル　DSR：％

| 国 | 1990年 | | 2005年 | | 2006年 | |
|---|---|---|---|---|---|---|
| | GNI 総額 | DSR | GNI 総額 | DSR | GNI 総額 | DSR |
| ベトナム | 6,059.73 | 2.9 | 51,142.57 | 1.9 | 59,673.64 | 1.5 |
| インドネシア | 109,208.76 | 9.1 | 278,235.87 | 6.5 | 349,032.35 | 5.9 |
| カンボジア | 1,114.71 | 2.7 | 5,940.90 | 0.5 | 6,967.64 | 0.4 |
| タイ | 84,272.31 | 6.3 | 172,435.64 | 11.3 | 202,121.97 | 7.3 |
| フィリピン | 44,072.85 | 8.1 | 107,389.43 | 9.2 | 128,040.54 | 10.7 |
| マレーシア | 42,152.02 | 10.3 | 124,034.47 | 7.6 | 146,105.01 | 5.9 |
| ラオス | 865.56 | 1.0 | 2,603.18 | 6.6 | 3,028.13 | 5.6 |

出典：(外務省 [2007a]、[2008]) より土肥作成、掲載
＊ DSRについては [表9-1] 注を参照。

に、2006年には約75倍に縮小していることがわかる。同様に1人当たりのGNIは、約205倍から63倍、55倍へと縮小してきている。経済成長率では、日本は1990年で5.2％あったものの、2005年には2.6％翌年は2.2％に落ち込んでいる。これに対してベトナムは90年では5.1％だったものが2005年には8.4％、翌年は8.2％と8％台の成長率を実現している。

対外債務はいちがいに比較はできないのであるが、表9-2を見る限り、GNI総額の増加にも関わらずDSRは低下していることから、ベトナムに関しては債務に苦しんでいるということはないようである。その他のASEAN諸国にしても、DSRの多いインドネシアでも同様の傾向が見られ、タイは2005年にDSRは上がるものの翌年には低下している。

ベトナムは、カンボジア、ラオス、ミャンマーと同様「後発のASEAN諸国」であるが、新興国として「力強い経済発展の可能性を持つ国」であり、日本にとって「製造拠点、将来性ある輸出市場、エネルギー供給拠点としての意味」を持ち、対ベトナム援助は「投資・貿易・ビジネス環境の改善を通じて日ベトナム間、日・ASEAN間の経済面での好循環につながることが期待される」(外務省 [2008]：81)。このため、「知的リーダーシップをも

ってベトナムで実践」（同上）することが日本のODAの考え方であるとしている。

2014年時点での日本政府のベトナム工業化戦略への協力構想は「日越の産官学が一体となり、ベトナムの工業化に向けた産業政策立案を目指」すものである。それは、「2020年までのベトナム工業国化」のために、「ベトナムが引き続き、投資家にとって魅力的な国であり続けることができるよう、我が国の産業政策の経験を踏まえて協力していくこととし」、「労働集約型産業中心」の経済成長を転換して、電子産業など「2020年までのベトナム工業化に向けた戦略戦略産業を選定…し、これら戦略産業の行動計画（アクションプラン）を策定し、日越の産官学が一体となり、ベトナムの工業化に向けた産業政策立案を目指していく協力枠組み」なのである。（外務省［2014］）

次に、日本の対ベトナムのODA実績であるが、表9-3のごとくである。年度を追うごとに円借款は増加傾向であることがわかる。対して、無償資金協力は一貫して減少傾向にあり、技術協力はほぼ横ばいであるにも関わらず合計が増加しているのは、円借款の増加が顕著であるからである。表9-1の経済成長率と表9-2のDSRを比較しながら見てみると、ベトナムの高い経

表9-3　日本の対越経済協力

単位：億円

| 年度 | 円借款 | 無償資金協力 | 技術協力 | 合計 |
|---|---|---|---|---|
| 2001 | 743.14 | 83.65 | 79.09 | 905.88 |
| 2002 | 793.30 | 52.37 | 67.08 | 912.75 |
| 2003 | 793.30 | 56.50 | 55.77 | 905.57 |
| 2004 | 820.00 | 49.14 | 57.11 | 926.25 |
| 2005 | 908.20 | 44.65 | 56.51 | 1009.36 |
| 2006 | 950.78 | 30.97 | 52.75 | 1034.50 |
| 2007 | 978.53 | 21.18 | 51.98 | 1051.69 |

出典：外務省HP
（http://www.mofa.go.jp/mofaj/area/vietnam/data.html）
「経済協力」より土肥作成、掲載。

済成長率を背景に円借款が増加して行き、しかも同時にDSR低下傾向のため円借款によりベトナムの各種事業は順調に進み、返済等もスムースに行われているものと推測できよう。

日越の経済関係においては、日本からベトナムへのODAの大きなウェイトと社会発展への意義に示されるように、日本政府の積極的な支援策が実施されて来た。その直接の外交目的としてはEPA（Economic Partnership Agreement：経済連携協定）締結やSPA（Strategic Partnership Agreement：戦略的パートナーシップ）形成ということがある。2008年12月25日に署名され、2009年10月1日に発効した日越経済連携協定（EPA）は次のようである。まず、「自然人の移動（ベトナム人看護師・介護福祉士の将来における受入れの可能性）について…協議」を「行って、2012年4月、受入れのための基本的枠組みを定める書簡」が交換された。ついで、具体的実施策としては、「ベトナム人看護師・介護福祉士候補者が円滑に看護・介護の

図9-3　日本の対ベトナムODAの推移

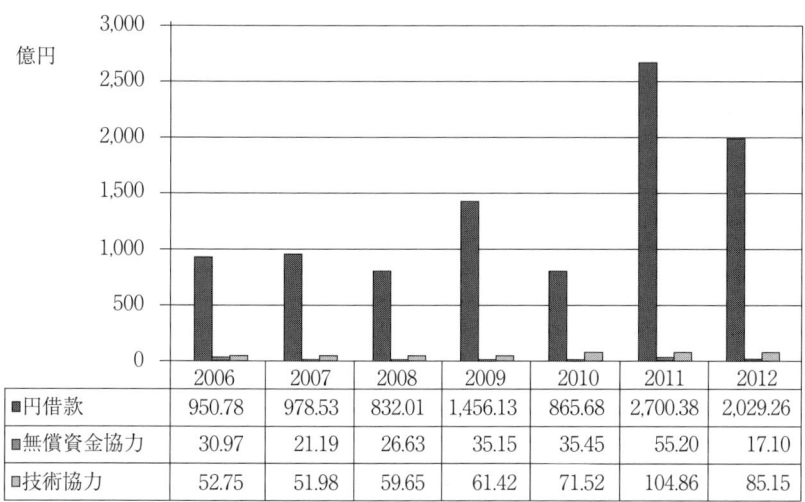

| | 2006 | 2007 | 2008 | 2009 | 2010 | 2011 | 2012 |
|---|---|---|---|---|---|---|---|
| ■円借款 | 950.78 | 978.53 | 832.01 | 1,456.13 | 865.68 | 2,700.38 | 2,029.26 |
| ■無償資金協力 | 30.97 | 21.19 | 26.63 | 35.15 | 35.45 | 55.20 | 17.10 |
| □技術協力 | 52.75 | 51.98 | 59.65 | 61.42 | 71.52 | 104.86 | 85.15 |

出典：外務省［2014］より佐藤掲載

現場で就労するためには、十分な日本語能力の習得が不可欠であることから、訪日前に現地で日本語研修を実施し、一定の語学能力を候補者の訪日の条件としている。第1陣の12か月のベトナムにおける日本語研修が2013年12月に修了し、日本語能力試験で3級以上を取得した者が、今後日本での受け入れ病院・機関とのマッチングプロセスに進み、2014年半ばに訪日をすることになる」予定である。(外務省［2014］)

　ベトナムから日本への長期的かつ制度的なサービス労働力や高度技術者の導入策として、日越経済連携協定などで「日越同盟」的関係の形成も意図されているようである。人口構成では、日本の人口が1億2500万人、ベトナムの人口は8700万人で平均年齢は25歳である。日本の人口構成は中央がへこんだベル型である。ベトナムはベトナム戦争や戦後の飢餓の時代の影響で、上部の小さいピラミッド型が下部で崩れ始めたものである。通常の男女別年齢別形式では15歳から64歳までの生産年齢人口が豊かで相互補完的な変形ピラミッドである。両国の男女の人口を一緒に合わせると図9-4のように20歳代

図9-4　日本とベトナムを合わせた人口構成（2008年）

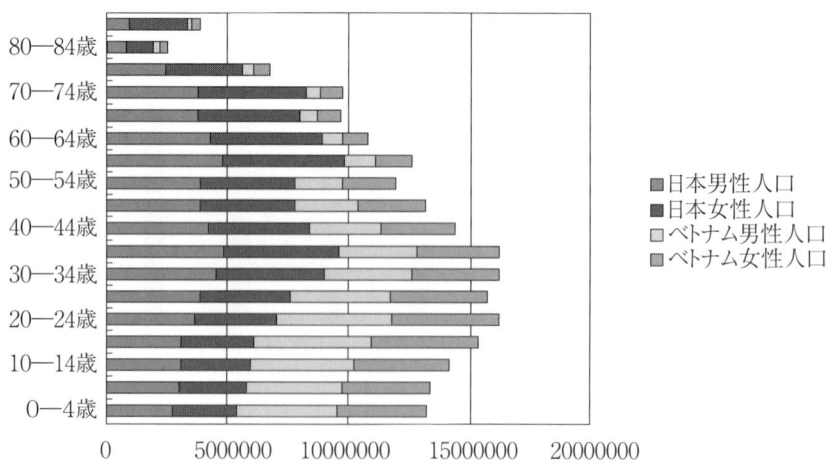

出典：［統計センターHP］の各データより佐藤作成、掲載。

から減り始めるベル型を縦に半分に割った形となる。これは、日越政府の「戦略的パートナー」関係が含意し、一部の政治家が主張する「日越同盟」の一端として、数百万人を移動させる緊密な人的交流関係を形成してゆくためのパートナーとして最適な人口構成という事になる。それは日本社会の少子高齢化を現在のベトナムの平均年齢が25歳という豊富な若年労働人口によって補うことを意味するが、ベトナムにとっては日本からの人材・技術・企業・資金流入がメリットとなる。しかしながら、日本の経済のグローバル化と少子高齢化から見ると、特にこうした資金のウェイトや持続性が無条件に将来において維持される根拠は薄いと思われる。こうした移動ないし移住政策において長期の Win-Win 関係を構築するには、将来的にベトナムの人材教育・企業育成、市場・金融制度形成への日本からの全面的協力態勢を制度化して、両国民間の交流からのイノベーション創発をめざすこと、また、優れたベトナム人や企業が日本で活躍できる制度を確立する事、および日本におけるケア労働市場へのベトナム人の同権的な参入の保証や長期雇用の確保を制度化して、少子高齢化社会に対応するなど、各方面に配慮の行きとどいた制度デザインが必要である。

　日本のODAの支援の成果ともいうべき両国の市場経済関係の発展は、図9-5の日越間の貿易動向で示される。そこでは、往復の貿易額で2008年前後の170億ドル弱から2013年に250億ドル超と順調に拡大する日越間の貿易動向が続いているのを見て取れる。また民間直接投資の増加動向に見られるように、日越間の市場経済関係は日本政府のODAによる支援から自立しつつあるように見える。しかしながら、両国の首脳会談で「南北鉄道、南北高速道路、ホアラックハイテクパークの３大案件」とたびたび重点化されたように、日本政府のODAはベトナムの社会資本の形成とIT化の発展に決定的な重要性を持つものとみなされている。ベトナムの国内経済に即してみると、日本政府のODAはベトナムの経済近代化や社会資本形成とハイテクパーク政策支援や「草の根支援」を通して、経済成長とIT化、さらには社会開発促進、これらによるベトナム社会の発展にとって大きな意義を持つもの

**図9-5 対ベトナム貿易動向**

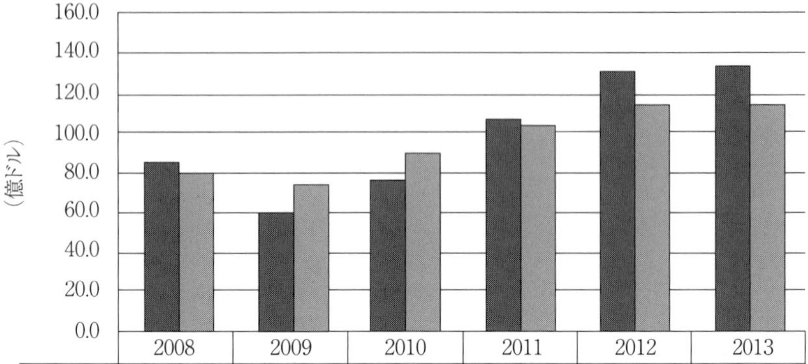

| | 2008 | 2009 | 2010 | 2011 | 2012 | 2013 |
|---|---|---|---|---|---|---|
| ■ 越→日 | 85.4 | 62.9 | 77.3 | 107.8 | 130.6 | 136.5 |
| ■ 日→越 | 82.4 | 74.7 | 90.2 | 104.0 | 116.0 | 116.1 |

(億ドル)

出典：外務省［2014］より佐藤掲載

なのである。

　日越の取引・貿易関係で目立つのは、ベトナム側の日本の下請け化である。特に比較的に競争力のあるソフトウェア産業に多くみられるが、それはプログラマーなどベトナム人の人件費コストが安いためである。しかしこれは単なる下請けとばかりはいえない。日本に進出ないし日本で設立されたベトナム企業に対する聞き取り調査によると、ベトナム側は経済的にはWin-Win関係とみており、特にソフトウェア産業で下請け的地位に甘んじているばかりではなく、ベトナム側のそれなりの資本と技術との蓄積と成長を意図している。また、現地での聞き取りによると、対日関係強化は南シナ海における南沙諸島の領有と石油資源をめぐる中国との緊張関係への対応の意味合いがあるとのことであり、日越関係の強化や拡大は中国にたいする日越両国の保険も意味していると推測できる。日本の企業側でもチャイナ＋1にベトナムを選択するケースが多いのである。

　この数千年のうちにベトナムは何度も中国側から侵略されてきた上、何よ

りも中越戦争と国境紛争終結からまだ20～30年ほどしかたっておらず、戦争の記憶や傷跡が残っていることもベトナム人の対中国意識に影響すると思われる。最近では南沙諸島問題で中越関係は緊張して経済交流は停滞しかねない状況であるが、対立する余裕の無いベトナム政府は関係改善に歩み寄っており、ここ10年の越中間の経済取引の金額や通貨流通領域の拡大は目覚ましいものがある。

### (3) ベトナムの物価と金融の動向

先に述べたように、ベトナム政府は国際金融センターを含むグローバル・シティ体制を追求していると言ってよいのであるが、その資金調達力や資金形成力は市場や産業の必要額から見ると弱く、金融制度の整備も遅れている。また、開放的状態ではベトナム経済は世界経済における価格変動や資金移動に強く影響され、過敏に反応せざるを得ない。

2008年7月ベトナムはあやうく世界金融危機の引き金を引く寸前で、政府の引き締めで危機を回避できたといわれているが、その前段となる2007年のインフレとバブルについて世界銀行のレポートで報告されている。（世界銀行 b、HP）

世界銀行の報告は過熱の基盤が、一般的には石油や中間財の国際価格高騰からの輸入インフレによると説明しているが、2007年の政府財政支出の総体的拡大にもあると示唆している。2008年の金融危機は、ベトナム政府の引き締め策によって鎮静化されたと現地の情報筋は解説しているが、不動産価格への規制も行われたと見てよいであろう。ここで金融危機について立ち入る余裕はないが、ベトナムの社会体制における金融制度の不備と脆弱性、および政府規制の有効性は、ベトナムの社会主義的市場経済社会体制の現在の特徴であり、それを理解する際に留意しておくべきことであろう。

## 2 ベトナムの情報通信技術産業——その市場の発展——

本節ではベトナムの情報通信技術産業とその市場の発展を促進する政策的背景、IT産業、IT市場、ITインフラ、ITの応用、および、課題と促進策の焦点等を概観する[2]。

### (1) 政策的背景

ベトナム政府のITの利活用に関する活用する表明は、「1993年の政府決定49/CP」及び「2000年までの情報技術の発展についてのマスタープラン」でITのインフラストラクチャーの確実な基盤を建設すると同時に、情報産業を経済の主導部門に育てるという概要が示されている。さらに、1996年－2000年の情報技術についての国家計画では、多くの組織へのITの導入に焦点を当てている。人材とインフラストラクチャーの開発を規定するこの計画は、IT化を推進する計画の実施と社会・経済の発展にともなう新しい技術からの利益の享受を目標としており、IT産業の発展を必要不可欠な要因としている。

IT戦略の主な基盤は、Communist party of Vietnam [2000] に示されている。「ITは開発の最も重要な動機のひとつ」であり、ベトナムはITの活用で国民全体の物質的、知的、また精神的成長の強化と共に「改革過程」の促進、「経済部門の発展と近代化の速度を上げ、ビジネスの競争力を強化する」ことでグローバル経済への「動的統合過程を効果的に支援」し、「国民の防衛と安全保障を確保しつつ、われわれの人民の生活の質を改善」する。それは、「産業化と近代化の目標」を実現する「可能性を創り出す」のである（Communist party of Vietnam [2000]）。

この方針は、2000年－2010年にITを軸とした産業化を促進することを目的とし、これに連動して一連の政府決定、「2000-2005年の期間にわたる政策方針実現のための行動計画を承認する首相決定81/2001/TTg」、「国家的ITマスタープラン（2001-2005）を開発するための省庁間IT運営委員会の設

置についての首相決定」が出される。これらの主要内容は、(i) 国家的な情報インフラストラクチュアの拡大、(ii) ベトナムのIT関連の人材能力の形成、(iii) より多くの海外投資の誘発動とIT部門の成長に資するような法及び規制の環境の改善である。マスタープランの目的として、全てのIT関連部門の成長を可能にする環境を創り出すとともにIT産業の育成に焦点を置いており、IT産業がその他産業の工業化の需要を満たすための外貨の主な稼ぎ手となることが期待されている。

電子産業と情報技術とは戦略的重点産業とされ、それらへの投資と開発との両方には財政的優先権が与えられている。GDPに対する比率として、ベトナムのIT支出は他の多くのアジア諸国と肩を並べ、ベトナムはGDPの7.3%をITに支出し、日本は7.4%、香港は8.4%、韓国は6.7%を支出している。シンガポールの10.5%は別格として、香港、日本、ベトナムはその他のアジア諸国よりも多くの割合のGDPを技術につぎ込んでいるといえよう（World Bank & WITSA, [2004]）。

民間部門では、国家IT運営委員会事務局によって行われた調査（ILO/JIL & National Institute for Labour Studies [2004]：20）によると、企業のIT活用のための平均的投資は全収入の0.05%から0.08%であるが、多くの企業では資金のおよそ70%以上がハードウェアに費やされ、残りがソフトウェア、訓練、コンサルタント業務に振り向けられるという投資構造となっている。このことは、ソフトウェア導入の不十分さとあいまって、システム面での熟練スタッフ不足、ハード中心のIT投資構造とならざるを得ず、バランスの取れた産業構造とはなっていないことを意味する。

公共部門では2000年以降、ベトナム政府はe-Governmentの基礎として「国家行政運営のコンピューター化」計画を実行してきた。ここでは112のプロジェクトを策定し、第一期として2億5000万ドルの予算をあて、そのうち4500万ドルは、訓練（行動計画4）と国家の近代化（行動計画7）とを支援するためのアジア開発銀行からのローンである（Wescott [2005]：18）。近代化に焦点を絞ったこの計画は、国家投資の主な部分がハードウェアの調達

とスタッフの訓練にあてられている。

## （2） 情報技術産業（Information Technology Industry）

2002年-2006年のIT産業の平均成長率は比較的高く、年当たり28.16％である。とりわけ、2005年は2004年比で50.54％増加して14億ドルに達しているものの、それは2006年には19.56％に急降下している。ベトナムのIT産業の典型的な特徴は、ハードウェア産業の産出額が常にIT産業の生産額の主力をなしており、総額の80％以上を占めるということである。

### (2-A) ハードウェア産業

2005年、ハードウェア産業の生産は初めて10億ドルを越えた。そのうち、輸出額と国内販売額はそれぞれ10.42億ドルと1億800万ドルであり、IT産業は10億ドルを越える輸出額を有する7大産業の一つとなっている。2006年には13.8億ドルであった。しかしながら、その最も大きな要因は海外からの投資で設立された会社によるものであり、2005年に富士通が5億1500万ドル、キャノンが4億5000万ドル（Hochiminh City Information Technology Association、HP）と抜きん出ている。2006年にはキャノンが6億5000万ドルを輸出して、5億ドルの富士通の首位を奪った。残りの輸出収入を海外企

表9-4　2002年-2006年のIT生産（単位：100万ドル）

| 年 | ソフトウェア-サービス | | | | | | ハードウェア | | 総計 | |
|---|---|---|---|---|---|---|---|---|---|---|
| | 国内向(1) | 成長率% | 輸出(2) | 成長率% | 小計(1+2) | 成長率% | 小計 | 成長率% | 合計 | 成長率% |
| 2002 | 65 | | 20 | | 85 | | 550 | | 635 | |
| 2003 | 90 | 38.4 | 30 | 50.00 | 120 | 41.18 | 700 | 27.27 | 820 | 29.13 |
| 2004 | 125 | 38.8 | 45 | 50.00 | 170 | 41.67 | 760 | 8.57 | 930 | 13.41 |
| 2005 | 180 | 44.0 | 70 | 55.56 | 250 | 47.06 | 1,150 | 51.32 | 1,400 | 50.54 |
| 2006 | 255 | 29.41 | 105 | 33.33 | 360 | 30.56 | 1,380 | 16.67 | 1,740 | 19.56 |
| 平均 | | 37.65 | | 47.22 | | 40.12 | | 29.05 | | 28.16 |

出典：Hochiminh Computer Association ［2001］、［2002］、［2003］、［2004］、［2005］、［2006］、［2007］よりハイ作成、掲載。

業と比べて中小規模で組み立て方式をとるベトナム国内の企業で分け合っており、このことは国内企業の産出総額の割合が小さく限界があることを意味しているのである。

### (2-B) ソフトウェア産業

ソフトウェア産業は、ベトナムの知的潜在力と人的資源を長所とする主力部門であり、他方で情報化時代における経済発展を担うと考えられている。このような認識は、2005年までに売上高を5億ドルに上昇させることを目標とした支援策に見ることができる。事実、2004年度にソフトウェア産業は40.12％の年平均成長率であった。これは、ハードウェア産業の28.16％よりも高い。2005年にはこれらの部分の収入は47.06％成長して2億5000万ドルに達したが、そのうち1億8000万ドルは国内市場からで61.1％を数え、7000万ドルは海外の会社とのソフトウェアのアウトソーシング契約からのものである（38.90％）。2006年には、総額3億6000万ドルの内、2億5500万ドルは国内市場からで70.1％を占め、1億500万ドルはアウトソーシングからで29.9％を占める。このことは明らかに、ベトナムソフトウェア産業が国内市場で大きな役割を担うようになってきたこと示している。しかしながら、国内市場の成長率（37.65％）はサービスのアウトソーシング向けの成長率（47.22％）よりも低い。同時に、ハードウェア産業も海外市場が戦略的市場であることを示すのである。

表9-5は2005年半ばまでに、ソフトウェアサービスで働く約1万5000人の熟練プログラマーの数であり、一社当たり平均25人である。つまり、ベトナ

表9-5 サービス企業とソフトウェア企業の数（2000-2005）

|  | 2000 | 2001 | 2002 | 2003 | 2004 | 2005 |
|---|---|---|---|---|---|---|
| 会社数（年末まで） | 229 | 304 | 328 | 370 | 470 | 600 |
| その期に増加した会社数 | 59 | 75 | 24 | 71 | 100 | 130 |
| プログラマーの人数 | 4,580 | 6,080 | 6,560 | 7,400 | 12,000 | 15,000 |

出典：Hochiminh Computer Association ［2004］よりハイ作成、掲載。

ムのソフトウェア企業はまだ若く、少人数での労働が特徴であるという状況を示す。それゆえ、ソフトウェア企業の数が爆発的に増加したものの、ITの総売り上げを見る限り、それは目標としてのソフトウェアの増加には直ちに結びついてはいない。

### (3) IT市場

2000年から2006年にかけて、IT国内市場は年率21.92%で徐々に拡大した。この成長率は2004年の24.82%をピークに、2005年には17.27%となり、2006年には19%を下まわったものの、次第に回復基調に転じている。しかしながら、グローバルなIT支出は6%前後に過ぎず、またアジア／太平洋のそれが10%程度であるという状況では、ベトナムの国内市場の成長は相対的に低いといえよう。機器の急激な価格低下のためハードウェア支出額が減少する一方で、ソフトウェア支出額が増えるという傾向がある。112のプロジェクトの中止、および新たなプロジェクト設定がなかなか進まないことによる政府需要の縮小は、2006年のソフトウェア市場にも影響を与えた。それに代わり、デジタルコンテンツサービスの増加が国内ソフトウェア市場の成長に寄与している。

表9-6　2000-2005のベトナム市場におけるITへの支出（単位：100万ドル）

| 年 | ソフトウェア市場 | ソフトウェア／合計（％） | ハードウェア市場 | ハードウェア／合計（％） | 合計 | 成長率（％） |
|---|---|---|---|---|---|---|
| 2000 | 50 | 16.67 | 250 | 83.35 | 300 |  |
| 2001 | 60 | 17.65 | 280 | 82.35 | 340 | 11.76 |
| 2002 | 75 | 18.75 | 325 | 81.25 | 400 | 15.00 |
| 2003 | 105 | 20.39 | 410 | 79.61 | 515 | 22.33 |
| 2004 | 140 | 20.44 | 545 | 79.56 | 685 | 24.82 |
| 2005 | 198 | 23.91 | 630 | 76.09 | 828 | 17.27 |
| 2006 | 285 | 28.08 | 730 | 71.92 | 1015 | 18.42 |

出典：Hochiminh Computer Association [2001]、[2002]、[2003]、[2004]、[2005]、[2006]、[2007] よりハイ作成、掲載。

### (3-A) ハードウェア市場

　ハードウェア市場は、2000年の２億5000万ドルから2006年の７億3000万ドルへとおよそ2.5倍に膨らんでいる。関税当局によると、2005年に６億3000万ドルの販売収入のうち５億2200万ドル、86.57％に達するハードウェアは主に日本から輸入されている。それゆえ、ベトナム市場で販売されるハードウェアの大部分は外国からのもので、国内企業は国内需要のわずか15％しか供給していない。言い換えれば、国内企業が生産する予備交換品と部品とは、海外企業との競争でわずかな市場シェアを占めているのにすぎないのである。

### (3-B) ソフトウェア市場

　2006年のソフトウェア市場での支出額が2000年の６倍になるという顕著な変化があるが、その割合（28.08％）はハードウェアに比べて相対的に小さい。表9－6を見ると、ハードウェアへの支出は2000年の83.35％から2006年の71.92％へと減少傾向であるが、一方ソフトウェアへの支出は16.67％から28.08％へと増加している。ハードウェア市場とは対照的に、ソフトウェア市場では国内製品がおよそ90％のシェアを持つが、これらのソフトウェアへの支出額は、2005年のベトナムにおけるソフトウェア著作権侵害がおよそ90％もあるために、適切なソフトウェアの価格を反映したものではなかった（GST［2006］）。2006年には著作権侵害をなくすという政府の方針のもと輸入されたソフトウェアの価額は、2005年の1800万ドルから2006年の3000万ドルと急増した。この数字は、翌年以降引き続き増大していくと予想される。

### （４）　ITインフラ（電話通信とインターネット）

　インターネットの加入率は2003年の2.4％から2005年のおよそ16.0％に増加した。これは国際的な平均水準（15.7％）である。インターネットの加入者数は、2006年の５月までにそれぞれ86％と80％増加して、計1,290万人となった。しかしながら、2006年５月から2007年５月の１年間では、インターネット加入者の増加率は27％、インターネットユーザーのそれは25％であ

る。インターネットユーザー数は1,600万人以上で、ベトナムは世界で第17位にランクされ、アジアでは中国、インド、日本、韓国、インドネシアに次ぎ第6位である。

アドレスに「.vn」のつくウェブサイトの総数は2003年の2,907から2005年の11,032に増えた。そのうち「gov.vn」がついている政府のサイトは306サイトにすぎない。2006年2月末までに、ベトナムには1,654万の回線があり（58％が携帯電話）、加入率は19.92％で。2005年の回線の数の20倍に増えた。そして、ベトナムの電話市場が次の時期にはより力強く発展するであろうと予測されている（Do［2006］）。

しかしながら、現在のインターネットユーザー数は人口に比べて相対的に小さい。ベトナム情報センターによると、当期に454万人の加入者があり、この国の人口（8,600万人）の15％に当たる1,600万人が恒常的にインターネットを利用している。この数字によれば、ベトナムの順位は世界で93位、アジアで9位である。

ベトナムのインターネットと電話通信計画の目標は、2010年までに人口の25％がインターネットを利用し、家計の60％以上が電話機を有し、インターネットサービスが全国の研究機関や大学、中等学校、病院で利用できるよう

図9-6 2000年-2005年インターネット利用者数（千台）

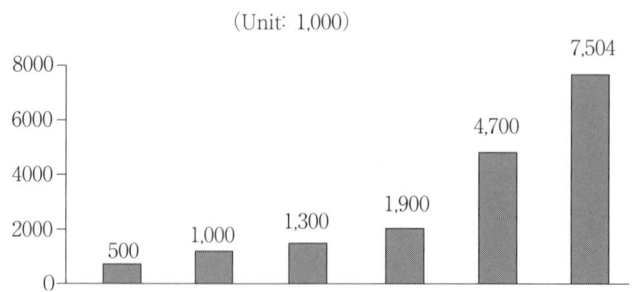

出典：Hochiminh Computer Associate［2005］よりハイ作成、掲載。

になるというものである。もし現在の成長率が維持されれば、これらの目標は計画よりも2年早く2008年に達成できる。2005年に、ブロードバンド加入者数は2004年比300％増えて227,000件となった。この成長率はその後も顕著であり、2006年に250％増えて577,000件であり、2007年には30％増えて753,000件となっている。現時点での一つの重要な点は、インターネットの発展が、価格の引き下げによるばかりでなく、通信速度やセキュリティーのようなインターネットサービスの品質の向上によるユーザー数の増加にあるということである。

### (4-A)　民間部門のITインフラ

MPDF［1999］は、ベトナムの395の国営企業の調査を基礎にベトナムの民間企業の情報技術の能力を評価して、コンピューター、e-メール、インターネット、コンピューター利用の訓練等、国営企業のIT利用増加を指摘している。コンピューターネットワークを備えた企業の比率は相対的に高く85％であり、そのうち14％の企業は、電話通信ないし銀行金融企業に見られる特殊なオペレーションシステムの運営のために広域ネットワーク（WAN）を備えていた。しかしながら、MPDF［1999］はまた、1社あたりのコンピューターの数はまだ少なく、コンピューターの大部分もネットワーク化されておらず、ビジネス目的のインターネット利用は少ないということも指摘している。言い換えれば、民間企業の従業員の情報リテラシーの改善とウェブ利用の促進により、これらを解決できることを意味しているのである。

### (4-B)　公的部門のITインフラ

1997年より、政府のイントラネット（CPNET）という最初の国家規模のネットワークが、情報提供と交換を目的として省人民委員会の本部、省庁、中央政府を結ぶ目的で設立された。この計画の第1段階では、102の省庁と115の政府機関にIT部門が設置され、各政府機関の115のIT部門に、e-メール、ファイアウォール、9つの共通ソフトを供給するための5つのサーバーでデータを統合するセンターが設置された（Cuong［2005］）。ベトナム政

府は、インターネットがほとんどすべての機関の職員への情報提供や行政手続きの能率化に用いられることを想定しつつ、いくつかの計画を実行している。

### (5) ITの利用

生産と生活へのITの利用は、2000年から2005年、ベトナムにおいて徐々に達成されてきている。しかしながら、非効率な利用による資金の浪費と、そこから生じるIT化の遅れが同時に存在し、業務の効率等を妨げる要因ともなっている。我々は、私的部門と公的部門という二つの主要経済部門におけるIT利用を考察する。

#### (5-A) 私的部門（企業）での利用

#### (5-A-1) 企業内部の経営活動

企業のほぼ50％がビジネス活動にITアプリケーションを利用している。ほとんど全ての企業は、文書作成、エクセル、パワーポイント、およびe-メール通信等、限られたオフィスアプリケーションのみを使ってきた。企業で最も多く、また広く使われているアプリケーションは、金融管理と会計のためのソフトウェアである（約88％）。その他ソフトウェアは、ほとんど配置されてこなかったし、企業の8％以下しかこうしたアプリケーションを有していない。事実、現在のソフトウェアプログラム全てに満足している企業は多くない。というのもそれらのプログラムは、導入後のアップグレード、またはより大きなシステムへの統合を想定せず、限られた用途のために設計されているからである。

#### (5-A-2) 商取引（e-コマース）

商取引に関して、ウェブサイトで企業やその製品の紹介・宣伝は、主にインターネットからの情報の検索やe-メールを使うことで可能となっている。2001年末まではベトナムでウェブサイトを持つ企業は約1,000社にすぎなかったが、しかし現在ではこの数字は10倍となり11,000社が自社のウェブサイトを所有している。これは企業の10％近くが自社のウェブサイトを持っ

ていることになるが、オンライン取引、製品注文、オンライン支払いサービス等は、セキュリティー等インフラ整備の問題があり、まだほとんど存在しない。

### (5-B) 公的部門での利用

ほとんどの政府行政組織は日常業務に何らかのITアプリケーションを用いている。省庁の半分近く、そして、省・市政府の4分の3が自前のウェブサイトを持っている。64の省・市のうちおよそ52省・市が2006年には自前のウェブサイトを持つに至った。しかしながら、Ho Chi Minh City、および、Dong Nai、Da Nang、Hanoi、Bac Ninh を除いて双方向のコミュニケーションが可能な都市や省はほとんどない。全国の地域6,776の郵便局の内300近くがオンラインで結ばれている。2010年までに全ての政府機関がポータルサイトを有するという目的を達成するため、いくつかの計画が策定されている。政府のITネットワークは今後、2,500のサブサーバー、180のサーバー、50の共有アプリケーションプログラムで61の都市と省、40近くの政府の主要省庁と機関を結ぶことが予定されている。今後e-ガバメントネットワークは、地方政府が地方住民にサービスと情報を提供する事が課題となる。

### (6) IT発展の制約

ITは、ベトナム経済を加速しつつ国民の生活水準を改善するため、産業化及び近代化計画の中で装備されてきた（Government of Vietnam [2003]：20）。ミレニアム開発目標（UNDP HP）、ならびに福祉問題における格差の解消等は、貧困層にITネットワークを通じて金融上の適切な情報、政府サービス、企業と非企業との生産、雇用、在庫、市場へのアクセス等々を提供することである。ITは新しいイノベーティブな産業の役割を果たしつつ、他の経済部門への波及効果を通じて、ベトナムの持続可能な発展を可能とするであろう。

過去20年の間、ベトナムが目覚ましい進歩を遂げ、またそれにより知識経済指標の国際ランキングでの順位（World Bank）が上昇したとはいえ、0

から10の評価で3.17のベトナムは、2008年で140国中96位である（2007年は99位）。世界経済フォーラムのネットワーク装備指標において、ベトナムは2007年の82位から2008年の73位と上昇しており、2008年の Economist Intelligence Unit ではベトナムは70カ国中65位で、これは昨年と変化はない。これらのランキングから、ベトナムのIT部門はなお低い発展水準であるといえよう。特に南東アジア諸国10カ国のグループにおいて、ベトナムは常に、ラオス、カンボジア、ミャンマーのエマージング経済とともに、最も低いカテゴリーに位置づけられている。

Doanh 他 [2002] は、ベトナムがIT産業において他のASEAN諸国に追いつけるかどうかを検討している。そこではベトナムと他のASEAN先進諸国とのデジタル格差が示され、またベトナムにおいて多くの経済活動へのITの応用が制限されていることや、高度な熟練を要するIT専門家の欠如、ITインフラの未発達、制約の多い法的制度的枠組み、ITの生産物とサービスに対する国内市場がなお狭いことが指摘されている。

Elmer [2002] は、ベトナムのグローバルデジタル経済への参入能力を検討して、政府のリーダーシップと政治的意思が強力で最近のネットワークの整備が約束されている一方で、なお制約があるとして以下のことを指摘している。

i) 適切な競争の欠如と電信部門への海外投資を制約する統制的規制。
ii) 全ての部門の発展を可能にするようにITを利用する政策における戦略目標の欠如。
iii) 政府の優遇政策と企業ニーズの齟齬。
iv) 独立した規制枠組み、透明なルール作成手続きの欠如。
v) ITアクセスの地方と都市との間の格差、e-コマースのための法的枠組みとe‐ペイメントシステムの欠如。
vi) 司法制度への支援の弱さ、IT使用に対する不適切な制度設計。
vii) 政府、民間等のITの持続可能な発展の可能性に対する認識の欠如、等を挙げている。

## （7） IT発展の可能性の検討

　以下の検討はITの二つの主要分野、すなわちハードウェアとソフトウェアのみに焦点を当てる。ハードウェアに関しては上述の分析では、輸出内需共に外国企業によって多くを占められていた。事実、巨大な資本と先進技術が必要なため、ハードウェア産業はこの時期におけるベトナムの経済発展にとって苦手な分野であったといえる。逆に、ソフトウェア産業は少ない投資ファンドでの設立が可能な上、若年労働の調達も容易であった。さらに世界で主導的なソフトウェア輸出国のひとつとして発展するための支援政策を受けてきた。しかしながら、国際的な需要についての現在の見通しは以前ほど強固なものではなく、ベトナムのような後発国はインド等、他の国々とのより激しい競争に直面せざるを得ない。Porter［1990］によると、一国の競争条件の水準は、国際的に国内需要の条件に影響されてきたのである。それゆえ、ベトナムもまた、国内ソフトウェア市場の発展にあわせてソフトウェア産業自身が競争力を形成し、維持することが必要であろう。

　とはいえ、解決方法が明確に提示されているというわけではない。国内需要は急速に増大したが、その潜在力は世界の他の市場と比べそれほど大きくはなかった。こうした状況は、経済の主要部門でのソフトウェアの利用の少なさから説明できよう。上述のように、ビジネス活動へのITの利用はまだなお統一性を欠き、公的部門ではアプリケーションソフトウェアを装備するというよりも、現代化のためのハードウェアの基礎を形成することに集中されている（投資の約80％）。Hochiminh Association of Informatics［2004］が行った調査では、ソフトウェア市場は30.83％が企業向けに分類され、国家向けが21.42％、科学と教育の割合が5.43％であり、最後に42.32％が残る分野に利用されていると推計している。市場全体の4分の1を占める国家のITの活用を促進することが必須であろう。

## 3 ベトナムのハイテクパーク政策とソフトウェア産業の集積
──Hoa Lac Hi-Tech Park と My Dinh Valley──

### (1) はじめに

グローバリゼーションのもとで、アジアの新興国がIT化を基軸として経済発展を遂げる中、ベトナム政府も社会開発と経済発展、市場経済移行を実現する手段として、とりわけIT産業とIT市場におけるハイテク技術振興、つまりイノベーションの実現による経済発展を志向しており、イノベーションをもたらす外資を導入する政策や外資を誘致する手段の一つとしてハイテクパークを設定している。これはナショナル・イノベーションシステム（NIS）やグローバル・シティの形成策を採用していると評価できるのである。

第1節で述べたように、ベトナム政府にとっては、国内での資金形成の不十分さを背景に不足している経済資源として、まず資金の導入（ODAやFDI）をはかってきた。政策全体としても経済資源重視で、経済成長と社会発展のイノベーション促進の目的の下、資金の他に人材、技術、知識、組織、市場経済制度など、産業と制度の早急かつ効率的な導入促進策が前面に出ており、ハイテクパーク政策はその有力なものなのである。

ベトナムのハイテクパークについての研究は、本章「1 グローバリゼーションとベトナム―経済、政策、対日関係を中心に―」で紹介した先行研究の他、ベトナムの社会発展と経済成長に及ぼすハイテクパーク政策の影響についての調査報告として、国際協力機構（JICA）による現地の情勢の調査とそれに対応した支援策である、ホアラックハイテクパーク（HHTP）に対する事業調査と勧告（JICA［2007］）、および、経済産業省の調査報告書（2002）や、これも支援の一環といえるJETROの南部ハイテクパークの現地調査報告（中野［2004］）等がある。

本節では特に、ベトナムのIT政策の内で、ハードウェア産業と通信産業への海外からの直接投資の流入促進策として設定されたハイテクパーク政策

と、現地資本のソフトウェア企業の現状に焦点を当てて検討する。本節は、共著者たちによるベトナムにおける現地企業調査ならびに、HHTP の経営委員会や FPT 大学からの聞き取り調査や提供資料に基づいて構成されている。さらに各種資料もあわせてナショナル・イノベーションシステムの一側面としてのハイテクパーク政策を評価し、現状におけるハノイ市の My Dinh Valley におけるソフトウェア企業の集積の状況を報告する。

## （2） ベトナム政府の近年のハイテク政策

既述のようにベトナム政府は、1986年のドイモイ政策以来、経済改革と市場経済化を押し進めてきており、開放面でも2007年1月には世界貿易機構（WTO）に加盟して世界経済への積極的参加と市場開放の姿勢を示している。JICA によると同政府は、2001年に策定した「2001年〜2010年社会経済開発戦略」において、2020年までに工業国への転換を遂げるとのビジョンを掲げた。社会経済開発のための工業国への転換という国家政策の下、科学技術の振興に力を入れる同政府は、科学技術振興策の重要な一環として、IT 分野の外資を誘致する環境を整え、科学技術分野の研究と事業の連関・連携を強化し、IT 分野での人材の育成を進めることを目的としたハイテクパーク政策を決定しているのである（JICA［2008］）（中野［2004］）。こうしたハイテクパーク政策は NIS の重要な一環を構成するのである。

以下、最近10年間のベトナム政府のハイテク促進・導入政策の傾向を概観しよう。

ベトナムでは、国会制定の法律に基づく首相の「決定」：「国家の方針」に従って、大臣はそれを管理するため「指示」を作成する。2007年7月7日発せられたベトナムの郵政通信省の「指示」では、2011年から2020年までのベトナムの IT 業とメディアの発展対策方針として、"Chiến lược Cất cánh"「飛行機を飛ばせる」方針を掲げている。政府は IT 業とメディアを「飛行機を飛ばせる」すなわち＜離陸＞：自立させることを打ち出したのである。（注2007：ベトナム政府の法律と指示に関する注は、「法律と指示」としてこの

章の章末注にまとめてある。)

　2008年11月13日国会で先端技術法（ハイテク法）が成立した（注2008）。そこではハイテク活動に対する政府の政策は以下のように示されている（JETRO［2010］）。

　同法第4条によると、「政府は、経済・社会開発、国防・安寧確保、環境保護、ベトナム人の生活の向上のための重要な役割がある科学・技術を開発するには、投資を誘致し、制度・奨励方法を統一的に適用し、土地・税関及びその他の面に最大限の優遇を与え」、また、「ハイテクの任務・計画・プロジェクトを実現するため、そして経済・社会開発・国防・安寧に重要なハイテクを輸入するために、国家予算及び特殊な財政制度を与える」のである。

「第4条．ハイテク活動に対する政府の政策
1．政府は、経済・社会開発、国防・安寧確保、環境保護、ベトナム人の生活の向上のための重要な役割がある科学・技術を開発するには、投資を誘致し、制度・奨励方法を統一的に適用し、土地・税関及びその他の面に最大限の優遇を与える。
2．ハイテク・ハイテク製品の応用・研究・生み出しは、急いで行い；ハイテク産業を生み出し・発展させ；製品の競争力を向上させながらグローバル供給システムの付加価値が高い工程に参加させる。
3．地域・国際レベルに達するハイテク人材開発に投資を集中し；ハイテク育成・ハイテク企業育成・研究及びその他のハイテク活動には、国内外のハイテク人材・若くて才能ある人材を有効的に誘致・利用するために特別な優遇政策を適用する。
4．ハイテク応用能力の向上、ハイテク開発への投資を企業に激励し；中小企業がハイテク産業の裾野製品・サービスを提供するシステムを作り出すために良い条件を与える。
5．ハイテクの任務・計画・プロジェクトを実現するため、そして経済・社会開発・国防・安寧に重要なハイテクを輸入するために、国家予算及び特

殊な財政制度を与える。」

ハイテクを促進するための同法のハイテク地区についての規定は以下の第31条に示される。

「第31条．ハイテク地区
1．ハイテク地区は、ハイテク研究・開発・応用の活動を集中・連携させ；ハイテク育成・ハイテク企業育成をし；ハイテク人材育成をし；ハイテク製品の生産・経営、又はハイテクサービスを提供する地区である。
2．ハイテク地区は、以下の任務を有する。
a) ハイテクの研究・応用・開発；ハイテク育成・ハイテク企業育成；ハイテク製品の生産・ハイテクサービスの提供をする；
b) ハイテク活動・応用、ハイテク人材育成、ハイテク製品の生産の各活動を連携させる；
c) ハイテク人材を育成する；
d) ハイテクの研究・応用の成果であるハイテク製品の展示会を行う；
e) ハイテク活動を促進するために、国内外の力・ソースを誘致する。
3．ハイテク地区の設立条件は、以下のようである。
a) ハイテク・ハイテク産業開発に関する政府政策及び本条2項に規定される任務に適切なこと；
b) 面積・規模が適切で、交通に便利な場所に位置し、高いレベルの研究・訓練施設と連携する；
c) ハイテク開発・応用・研究の要求に対応できる技術インフラ・サービスを提供し、ハイテク育成・ハイテク企業育成をし；ハイテク製品を試用生産し、ハイテクサービスを提供する。
d) ハイテクの人材及びプロ的な管理者がいる。
4．科学・技術省は、主催で、各省庁、省庁レベルの各機関、中央に直属の市・省の人民委員会と協力して、ハイテク地区の設立決定、活動規制を規

定して、政府に提出する。」

　このハイテク法にもとづき、2010年7月19日、ベトナム政府は投資・開発を優先するハイテク技術とハイテク製品のリストを承認した（注2010）。そこでは以下のように、開発を優先するハイテク技術のリストの冒頭の11件がIT技術である。また、投資・開発を優先するハイテク製品76品目中30品目がIT製品である。

　開発を優先するハイテク技術のリストの冒頭部分
（2010年7月19日付、政府首相の決定49/2010/QD-Ttg）
　「1）マイクロプロセッサー・大容量コンピューターメモリーの設計・構築技術
　2）組込みシステム技術
　3）テキスト・音声・画像の認識技術
　4）高精細ディスプレイの技術
　5）次世代ネットワーク技術
　6）分散処理技術及び高性能計算技術
　7）仮想化とクラウドコンピューティング技術
　8）次世代インターネット技術（IPv6）
　10）ネットワークセキュリティー技術
　11）地上デジタルテレビ技術、第2世代衛星デジタルテレビ技術…」

　投資・開発を優先するハイテク製品76品目のリストの前半
（2010年7月19日付、政府首相の決定49/2010/QD-Ttg号）
　「1）マイクロプロセッサー・集積回路・コンピュータメモリー（ROM／RAM）
　2）微小電気機械システム（MEMS）、ナノ電気機械システム（NEMS）、微小電気機械・ナノ電気機械を使用する機器

3）情報通信機器用高品質なアキュムレータ・電池
4）スクリプト・音声・ジェスチャー・行動・思考識別装置
5）高精細ディスプレイ
6）次世代の機器・ネットワーク
7）自動切り戻し動作のための光スイッチ回路
8）レーザーでデータ伝送装置
9）第3世代（3G）端末・次世代ネットワークの設備
10）VDSL2 +; SHDSL；ADSL2 + （非対称デジタル加入者線の高速・長距離対応規格）などのモデム設備
11）衛星設備及び衛星
12）衛星の端末の中継局・装置
13）スーパーコンピューター・パラレル（並列）コンピューター・高能率コンピューター
14）インターネットプロトコルバージョン6（インターネットで情報を交換する際の通信規約の一つ）の設備・ネットワーク機器
15）高レベルのネットワークのセキュリティ及び情報セキュリティを保証する装置
16）スマート監視装置
17）スマートカード（半導体を組み込んだカード）およびスマートカードリーダー
18）無線周波数識別カード（RFID）プリンタやリーダー
19）モバイル機器用・特殊用途のコンピューター用オペレーションシステム
20）国家の通信インフラの通信ネットワークシステムの設計・最適化
21）ベトナム語を使用するインターフェイのあるスコンピューター・モバイル機器。
22）高レベルのネットワークのセキュリティ及び情報セキュリティを保証するソフトウェア
23）第3世代（3G）端末・次世代ネットワークを制御するソフトウェア

24）RFID を適用したシステム用のソフトウェア。バイオ医療情報を処理するソフトウェア
25）多言語の訳文自動翻訳システム
26）スクリプト、画像、請求書、ジェスチャー、行動、思考を識別するソフトウェア・機器
27）新世代のウェブ・モバイルインターネット・インターネットの IPv6 を適用するシステムの設計と統合サービス
28）クラウドコンピューティング・システムの設計と統合サービス
29）管理に GPS／GIS 技術を適用したサービス
30）地上デジタルテレビジョン放送で使用するためのレシーバ、トランスミッタ、インバータ、第2世代の衛星デジタル放送を適用するレシーバ・トランスミッタ」

また2011年8月26日には、投資促進裾野産業商品のリストが首相によって決定された（注2011）。

政府首相の決定1483/Ttg 号で、投資促進裾野産業商品の中の「電子工学 – 情報技術」関係の商品は以下の通り。

「III 電子工学 – 情報技術

- 電子部品：トランジスター、集積回路、レジスター、コンデンサー、ダイオード、アンテナ、サイリスタ；
- 石英部品；
- 電子集積回路部品．（IC）；

1.2. - 電子部品材料：半導体、硬磁性材料、軟磁性材料、絶縁器；

1.3. - 電子製品を組み合わせるための部品：プラスチック部品、ゴム部品、機械加工品、ガラス部品

1.4. - パソコンと携帯電話の電池；」

上に概観したように、ベトナム政府は、ハイテク経済の促進・発展政策と

して、IT産業とメディア産業を「離陸」：自立させる方針を定めている。そのため「ハイテク地区」を設定し、「投資・開発を優先するハイテク技術とハイテク製品」と「裾野産業商品」を指定したのである。このようにして、ベトナム政府は、先端技術への国内資源の集中のために「投資・開発を優先するハイテク技術とハイテク製品」のリストを具体的に定め、「ハイテク地区」指定の具体策として、日本のJICAの支援やアドバイスもあって、海外の資金や資本導入のためにもハイテクパーク政策を推進しているのである。それはIT主導のナショナル・イノベーションシステムによるIT産業のキャッチ・アップ政策の重要な柱なのである。

### (3) ホアラックハイテクパーク (HHTP) への日本政府の関わり

　ホアラックハイテクパーク建設によるイノベーション促進策は、「ハードウェア産業の開発策」の一環である。その主な内容は、「国家はIT産業の調査及び実現にかなりの予算を支出し、IT開発の為の援助基金を設立し、大学・大学院・研究所と製造メーカー及びハイテク団地との協力を緊密にする」（中野［2004］）ことである。HHTP建設を含む、こうした政府・企業・研究機関・大学の連携は、Freemanによる「新しい技術の開発、導入、普及に関連する私的・公的セクターのネットワーク」であり（Freeman［1987］)、多様な主体のコミュニケーションからの知的新結合を生み出すイノベーションの制度であるので、政府が政策的・制度的に促進するナショナルイノベーションシステム（NIS）として定義されるのである（永田、HPも参照）。

　日本からのODAによって、IT産業のインフラを建設してゆく外資導入政策の一環として、ホアラックハイテクパークは、南北縦貫高速鉄道、南北縦貫高速道路とともに、日本からの支援のODAの「三大案件」といわれて、第1次安倍内閣時から重視されてきた。

　ホアラックハイテクパークへの日本政府の関わりとして、すでにJICAが開発調査によりホアラックハイテクパークのマスタープランを作成し、その

数年前にはJETROもFeasibility Studyを作成している。日本政府はホアラックハイテクパークの開発に、この二十年近く指導的に協力してきたのである。三井物産も次のように協力姿勢を示している。

「ベトナム政府はハイテク産業の育成を目標の一つに掲げており、その目的に資するべくハノイ市近郊の西30Kmのハテイ省ホアラック地区に北部で唯一のハイテクパークを建設中です。マスタープランに於いては、全体面積は、約1,650ヘクタールにおよんでおり、R&D&E（研究開発教育）ゾーン、ハイテク工業団地ゾーン、ソフトウエアパークゾーン、付帯設備（住居、管理棟、銀行、学校、税関分室、郵便局、ゴルフ場等レクリエーション施設等計画済み）などに分けられます。ハノイ市西方は、高層アパートが林立し、APEC首脳会議の会場ともなった国際コンベンションセンター、国際競技場等が建設されており、新都市部として発展が期待される地域となっております。ホアラックハイテクパークはこの地域の延長線上にあり、140メートル道路も建設中で、近い将来の近代的ハイテク衛星都市となる可能性が高まっております」(Mitsui & CO.〔2006〕)。

JICAの『修正調査最終報告書』(JICA〔2007〕)では、「HHTPの開発目的を、①ベトナムの科学技術の振興、②技術革新の実現と国内への還流、③ハイテク産業の活性化による社会経済の発展、の3項目に設定する」とした上で、その開発ミッションを「6項目に設定」している。すなわち、「1）研究所、教育訓練機関及びハイテク産業間のシナジー効果の創出、2）研究所の誘致と研究開発活動の活性化（研究開発）、3）国際的ハイテク企業の誘致（ハイテク産業）、4）将来のベトナムを支える人材の育成（人材育成）、5）科学技術の国民への普及、6）都市機能（住環境）の整備」である（JICA〔2007〕)。そこでは以下のようなホアラックハイテクパークのマスタープランとは位置図が描かれている。（図3-1）

第9章　ベトナムの経済発展と情報技術政策　299

図9-7　HHTPのマスタープランと配置図

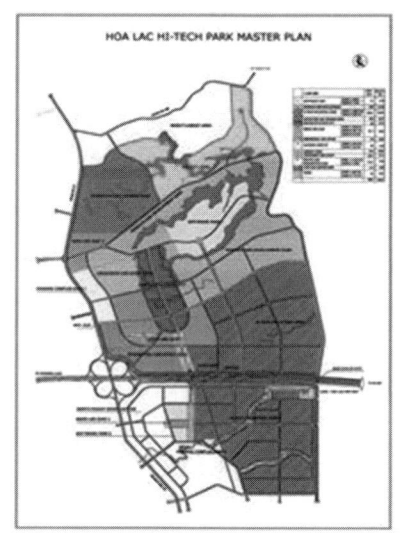

佐藤掲載

　こうした目的やミッションを総合するハイテクパークは、「研究所、教育訓練機関及びハイテク産業」の各知識主体間の「情報交換、人材交流、相互依存関係」による協調関係をなし、国家政策主導による知的交流による知識の新結合、すなわちナショナル・イノベーションシステムと評価することができよう。

### （4）　ハノイ市西方ハイテク回廊

　ベトナム政府にとって、ハイテク企業や人材の育成も当然大きな目的であって、ホアラックビジネスインキュベーションセンター（HBI）の設置、FPT大学のHHTP内における大規模キャンパスの設置、ハノイ国立大学の

### 図9-8 ハノイ市西方ニュータウン

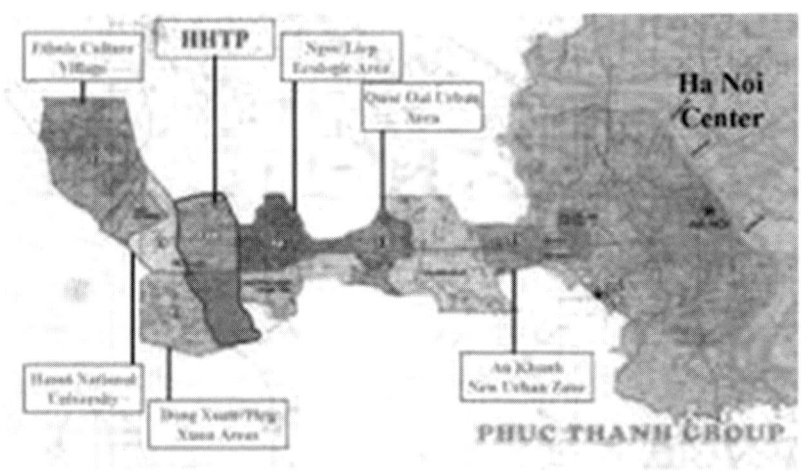

佐藤掲載

移転とラン―ホアラック高速道路の建設も合わせて、ハノイ市西方開発が進められている。

　ラン―ホアラック両地区の間には、ハノイ西方ニュータウン計画や高速道路建設と将来の新交通システム建設計画、ホアラック地区へのハノイ国家大学移転の計画を始めとするハノイ都市再開発計画における市内大学の西部移転があり、これをまとめた政府の「グリーンサイバーシティ」といわれる計画は、ハノイ市西部をハイテクシティコリドー（回廊）化するものなのである（図9-8）。こうしたハノイ市西部開発の動きは、ハノイ市の再開発を意味するばかりでなく、中央政府とハノイ市政府によって、ナショナル・イノベーションシステム（NIS）の一環としても意図されていると評価できよう。

## (5) ホアラックハイテクパークの完成予想図と現状の機関・企業

　ホアラックハイテクパークは、ハノイ市内で市街の西30kmに位置し、ラン―ホアラック高速道路が結んでいる（図9-9）。ハノイ市から20kmほど北にノイバイ国際空港があり、ハノイの東120kmの南シナ海沿岸にハイフォン港がある。

　現状ではベトナム北部に進出する日本企業は、キャノン、パナソニック、ヤマハなど、交通の便のよいハノイ市街近接地域に進出している。しかし、ホアラックハイテクパークでは、設置決定以来15年以上たつが、2012年現在、入居企業数はあまり多くなく、また、入居企業専有面積は20%とまだ少ない状態である。入居企業と機関数は次のような状態である。

**図9-9　ホアラックハイテクパークの位置**

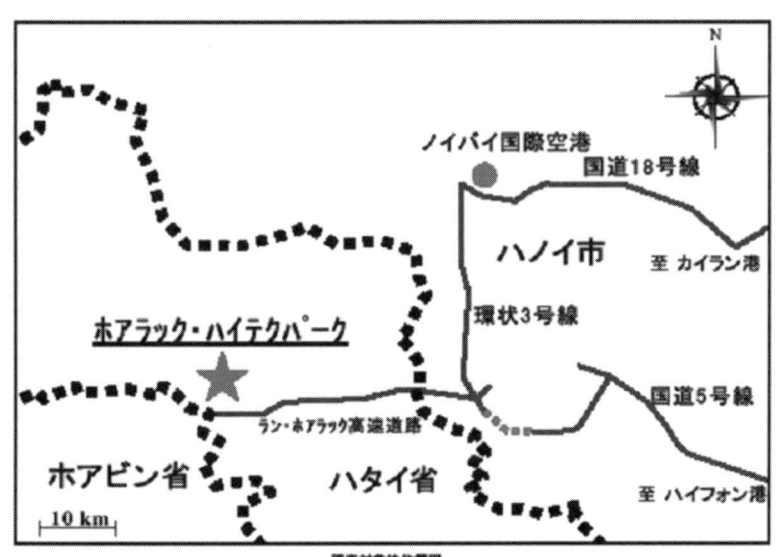

佐藤掲載

> Biotechnology：3社、
> Hi-tech Service：2社、Electronic‑Communication：20社、Research and Development（R&D）：6社、
> New Material：8社、
> E-Banking：1社、Hi-Tech Medical Equipment：1社、
> Developer infrastructure：10社、Education‑Training：4社、Pharmaceutical product：5社、Precision Machinery：5社、Craft：3社、

　Industrial Zone, Software Park, Research & Development, Education & Training, Mixed Use Zone のうち Industrial Zone について見ると以下のようである。

| | |
|---|---|
| TOTAL AREA | 549.5（ha）：100％ |
| Used Space | 108.6（ha）：20％ |
| Free Space | 440.9（ha）：80％ |

### ＊FPT コーポレーション

　The Corporation for Financing and Promoting Technology（FPT：技術への金融と技術の促進のための会社）は、その規模と業績から見てホアラックハイテクパークの推進・建設主体のひとつとして大きな影響力を持つと考えられる。同社のウェブサイトによると、「FPT コーポレーションは、現在ベトナム最大の IT 企業」で「多くのグループ子会社を抱え、常に業界のリーダー的存在」（FPT：HP）である。

　キャピタル・パートナーズ証券株式会社（2008/06/02）によると、FPT コーポレーションの特色は「東南アジアの最大級の IT・テレコム企業のひとつ」で「有力顧客多数」を抱え、HHTP において「大学の運営、技術開発などで中心的な役割を担う」ものである。さらに、「今後の成長が大きいと思われるテレコム部門・ソフトウェア部門・SI（システム・インテグレーション）部門が現在の利益の44％を占めるが、2013年には更に強化され利益

の大半を生み出すコア事業となろう」と説明されている(キャピタル・パートナーズ証券:HP)。

　以上のように、FPT コーポレーションは「『ホアラックハイテクパーク』における大学の運営、技術開発などで中心的な役割を担う」と期待されている。HHTP は「ベトナム政府と日本の ODA が資金を供給」、「産官学一体となって最先端の産業技術の普及・開発などを目的とした研究・開発・学園都市」で「最先端の研究施設だけではなく、人材育成のための大学なども整備される」(同上) という NIS と把握できるものであって、FPT はその中心的役割を担うと期待されているのである。

\* FPT Hoa Lac High Tech Park 開発会社 (FHDC)
　FPT コーポレーションは、HHTP を機能別地区、十全なハイテクサービスと技術を有する科学技術開発地区として、投資して開発、および建設するために FPT ホアラックハイテク産業パーク開発会社を設立した (FPT Hoa Lac High Tech Park 開発会社:FHDC)。FHDC は、HHTP が、生産、および研究、そして訓練と技術移転における世界とベトナムの主導的技術の企業の目的地の一つとなる、と位置づけている。

\* FPT 大学
　FPT コーポレーションは、2008年からニュータウン地区の同社施設に隣接して、FPT 大学を開校した[3]。FPT 大学の新キャンパスは、数年後に HHTP 内の教育訓練地区に設立された。これは、NIS の一環として人材養成の要請に対応するものである。

　FPT 大学の説明によると、この大学は「外国語(日本語・英語)の堪能なソフトウェア技術者を輩出するため」の「ベトナム初の企業による大学」という特色を持ち、文部省傘下の大学のような制約が無く、自由なカリキュラムにより「業界の求める人材の育成を目指して」いる。ハノイ校では「日本語教育は2008年1月から必修の第2外国語として新しくスタートしたばか

り」で、「ホーチミン校では、2009年1月から日本語教育がスタート」する予定である。このように日本との関係を重視した大学である。

また、FPT大学はグローバリゼーションへの参加とキャッチアップのための人材を養成してゆく事を目的としており、ハノイ市ニュータウン地区校はHHTPキャンパス校とともにNISの一環として機能するはずである。

日本政府は、JICAのプロジェクトを通して支援しており、また民間でもFPT大学の日本語教育などの人材養成プログラムの支援をはじめとして、ベトナムのNIS形成策全体を支援することを通して、日越の様々なレベルの関係を強化してゆくべきである。

### ＊ホアラック・ビジネス・インキュベーションセンター（HBI）

NISにおける企業形成や育成の基盤システムとして、起業促進と企業孵化の役割を果たすのはホアラック・ビジネス・インキュベーションセンター（HBI）である。

HBIの役割、目的、目標、使命、見解についてまとめると以下のようにいえよう（HBI、HP）。

1．HHTPにおけるHBIの役割は、事業の孵化と起業の促進である。
2．HHTPの中核としての役割を担うと期待されている。
3．インキュベーションセンターとしてばかりでなく、イノベーションの創発と促進のためのセンターとして機能する事も目指している。

現状からすると、企業孵化はまだ活発ではないようである。

### （6） My Dinh Valleyへのソフトウェア企業の集積

ベトナムのIT企業は現状では、ソフトウェア企業はHHTPよりミリバレーを選択している。ソフトウェア企業がホアラックハイテクパークを敬遠する理由は、以下の理由があるとされている。

・IT企業の集積がない（通信系や製造系の大企業はいくつかある）
・ハノイから遠い・インフラ、オフィス、生活施設の未整備

・情報交換するためのうまいレストランやしゃれたカフェがない
・現地のFPT大学を卒業する優秀な人材はFPT社にゆく
・ベトナム経済は不況でホアラックハイテクパークに行く余裕がない

　ホアラックハイテクパークでは、以上からわかるように、ソフトウェア企業集積のインセンティブが低い状態である。ソフトウェア企業は、ハノイ市の西部の新都心Cau Giay DistrictのMy Dinh地区に集積している現状がある。My Dinh地区+Valley＝ミリバレー、または、Duy Tan Street +Valley＝ダイタンバレーと現地の企業家は呼んでいる。この地区には、国際会議場など政府機関が移転しており、ランドマークタワーが文字通りこの地区のランドマークである。オフィスやスタッフ向けの生活施設は整っており、小規模なソフトウェア企業はアパートの1室をオフィスにしている。個々のIT企業には集積の利益がある、つまり、相談や連携が容易な状況である。また、ミリバレーでは、ランドマークタワーと周辺ビル街の商店街・レストラン、カフェ、映画館、スーパーが立地し、この地区は、ハノイ市中心部からの交通の便がよく、外国人も暮らしやすいと感じられる地域である。

　ミリバレーのソフトウェア企業の業務分野は聞き取り調査の結果、以下の業務が確認された。

1．日系企業のアウトソーシング・ホスティングサービス
2．ベトナムデータセンターのサーバーのレンタル・モバイルアプリ製作・グーグル広告製作・Webデザイン・SEO:Search Engine Optimaization
3．日系企業のベトナム進出のコンサルティング（ブリッジング）
4．日系企業との関係：不動産仲介、オフィス仲介・内装、サービス紹介（ワンストップサービス）

　調査するなかから日本語BSE（Bridge System Enginia）ないし、BP（Bridge Person）の必要性が浮かび上がってきた。日本から指導のため現地企業に出張中の方へのインタビューによると、プロジェクトは日本語で製作するので日本語、日本の事情をわかるプログラマーBSEないし仲介者BPが必要である。日本から直接ベトナムにBSEやBPを介さずに伝えるとき、

コミュニケーションが不足する部分やメールや skype では伝わらない部分がある。ビジネス文化や業務手順が日本とベトナムで異なり、例えば、ベトナムと異なる日本の履歴書や領収書のフォーマットをベトナムの製作現場において、直接伝えることのできる存在が必要なのである。

こうして日本語・日本文化を伝達できる BSE や BP の必要性がクローズアップされるのである。

## ＊ミリバレーの IT 企業への聞き取り調査結果の概要

1　cis corporation

| |
|---|
| 業務：システムインテグレーション |
| 社員数　100人　プログラマ20人 |
| ベトナムの IT 企業1200社のうち　中位グループの上位 |
| 海外企業相手のプログラミングの仕事は安定 |
| 国内向けの仕事は不安定、マーケティングが必要 |
| 自社ビルを所有 |
| 業務 |
| 政府のシステム、ソフトウェア開発、公安、軍のセキュリティ開発 |
| Web 関係、サーバー管理、メール、インフラ、ソフトウェア開発、経営、人事管理の開発 |

2　VTM グループ

VTM グループ持ち株会社（本部）

| |
|---|
| IT 会社：社員200名、内プログラマ40名 |
| 不動産会社：社員30名 |
| サービス会社：社員25名 |
| 日系企業のアウトソーシング |
| ホスティングサービス：ベトナムデータセンターのサーバーのレンタル、モバイルアプリ製作、グーグル広告製作、Web デザイン、SEO：Search |

| Engine Optimaization |
|---|

VIET TIEN MANH 不動産株式会社

| VTM グループの不動産会社 |
| 代表取締役社長：DOAN DUC TIEN 氏（長岡高専 OB） |
| 業務：不動産投資、賃貸情報、オフィス情報提供、サービス |
| 日系企業との関係：不動産仲介、オフィス仲介・内装、サービス紹介 |

3　ANS ASIA

| 日本の ANS 社のベトナムでの100％子会社 |
| 業務：本社から依頼のプロジェクト開発 |
| 2012年8月設立 |
| 社員：12名、プログラマ8名（内日本語 BSE：Bridge System Engineer 4名） |
| 日本から指導のため出張中の社員が指導している。現地の体制が整えば帰国するとのこと。 |

### （7）まとめ

　ベトナムの経済成長は、グローバル化の中で、外国の市場・資本・技術依存型で、IT 産業も例外でなく対外依存の部分が大きい。また、ベトナムの IT 政策と産業・市場の成長について見ると、ベトナムの IT 政策はグローバル・シティ形成策の1類型であり、ベトナムの IT 産業と IT 市場の成長は非自立的で、政策・ODA・外資に主導されたものである。

　ハイテクパーク政策のうちホアラックハイテクパーク形成策は JICA の協力による雄大な構想であるが、現状での発展はスローペースである。それに代わり、現時点でハノイではミリバレーにソフトウェアの企業が集積する傾向がある。ソフトウェア産業の発展のためには、BSE と BP の養成、ワンストップ受け入れサービス体制、プログラマー養成が、対外的に特に対日関係

でも必要である。

　ホアラックハイテクパークでは、市民社会的ネットワークが欠如している点はNISとしては大きな課題を抱えていることになる。市民のネットワークや技術者のネットワーク（シチズン・エンジニアのネットワーク）の本格的発展はこれからであろう。

　成長著しいIT産業に優秀な人材や資源を集中させる政策とIT産業の発展はベトナムの光の部分といえる。しかし、光には影が伴う。影はベトナムの辺境の少数民族や低開発地域の人々を覆っている。地方の政府や自治体には資金がなく、教育や社会保障のインフラの整備が追いつかない。これらの人々の福祉は現地のNPOや外国のNGOの活動やODAの支援に頼る状況であることを忘れてはならない。

　今後の展望として、ベトナムのNIS形成策やグローバル・シティ体制化の進展により知識経済化が進み、順調な経済成長と社会の安定から健全な中産市民階級が育ち社会的責任を果たすことが望まれる。こうした市民のリーダーシップにより人々の民主主義的、市民的、自律的、討議的創発性が発揮され、社会権の保障体制が整備されることで、社会的発展／開発が達成される持続可能な社会体制の形成が望まれるのである。そうした社会体制の構成には、こうした市民と政府との適正な関係のビジョンを現在のベトナム社会体制の指導部と共有できる分厚い市民層を形成されること、および、健全な市民が主導し、政府がバックアップする社会と言う体制観と、国際的な市民の自律・協働と連帯の理念が、世界でもベトナムでも分厚い自律的市民層と政府の指導層の共通理解になることが必要なのである。

## 4　ベトナムのE-commerce market──特徴と課題──

　近年ベトナムではインターネットユーザー数が急増し、社会でひろくインターネットが使われるようになってきた。ベトナム国民の間でもインターネットの重要性に対する認識が高まりつつあるが、その利用目的はチャットや

ニュース、ゲームなどが圧倒的に多い。日本などの先進国ではE-commerce（以下、ECと略す）が急速な広がりを見せ、商取引の手段として一般化しつつある。ベトナム国内では今後EC市場も激的に変化するという予想があるが、EC市場の分析に関する研究者の投入係数は圧倒的に小さく、先行研究や発表されている資料もあまり多くないのが現状である。

そのため、本節ではまず、ベトナムのインターネット市場とEC市場の状況を説明し、次にベトナムのEC市場の特徴を把握し、課題を確認する。

### （1） ベトナムのインターネット市場の状況

1975年のベトナム戦争終結の後、経済・社会的発展が伸び悩んだ時期があった。戦後の社会主義体制形成時における困難や、計画経済体制における、特に農業分野での生産流通の困難などによる経済の低迷である。しかし、1986年のドイモイ政策の実施により、経済と社会に激的な変化が表われた。

表9-7　世界インターネット利用人数トップ20ヶ国

| No | 国 | 人数(万人) | 人口(％) | 計(％) | No | 国 | 人数(万人) | 人口(％) | 計(％) |
|---|---|---|---|---|---|---|---|---|---|
| 1 | アメリカ | 21111 | 69.9 | 18.9 | 12 | カナダ | 2200 | 67.8 | 2.1 |
| 2 | 中国 | 13700 | 10.4 | 12.3 | 13 | メキシコ | 2020 | 19 | 1.8 |
| 3 | 日本 | 8630 | 67.1 | 7.7 | 14 | スペイン | 1977 | 43.9 | 1.8 |
| 4 | ドイツ | 5047 | 61.2 | 3.6 | 15 | インドネシア | 1800 | 8 | 1.6 |
| 5 | インド | 4000 | 3.5 | 3.6 | 16 | トルコ | 1600 | 21.1 | 1.4 |
| 6 | イギリス | 3760 | 62.3 | 3.4 | 17 | ベトナム | 1491 | 17.5 | 1.3 |
| 7 | 韓国 | 3412 | 66.5 | 3.1 | 18 | オーストラリア | 1473 | 70.2 | 1.3 |
| 8 | ブラジル | 3213 | 17.2 | 2.9 | 19 | 台湾 | 1450 | 63 | 1.3 |
| 9 | フランス | 3084 | 50.3 | 2.8 | 20 | アルゼンチン | 1300 | 34 | 1.2 |
| 10 | イタリア | 3076 | 51.7 | 2.8 | Top 20ヶ国 | | 86714 | 20.8 | 77.8 |
| 11 | ロシア | 2370 | 16.5 | 2.1 | その他 | | 24714 | 10.3 | 22.2 |
| 世界利用者計 | | | | | | | 111427 | 16.9 | 100 |

出典：（Internet World Stats、［2007］3月）よりティエン掲載。

**図9-10 ベトナムのインターネットの Users と Subscribers**

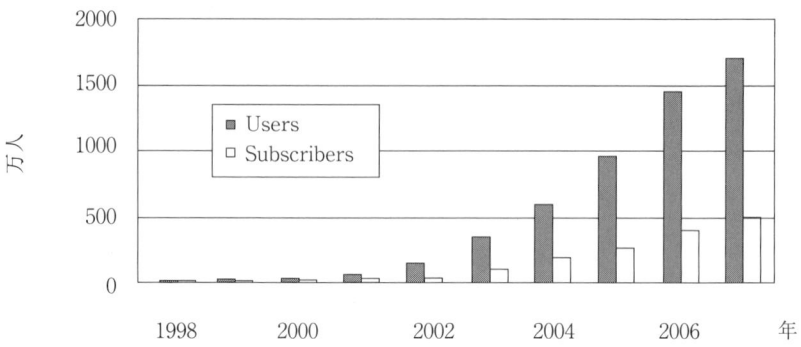

出典：(Paul Bubble Cominication Pty Ltd [2008]) よりティエン掲載。

**図9-11 ベトナムのインターネット接続ブロードバンド**

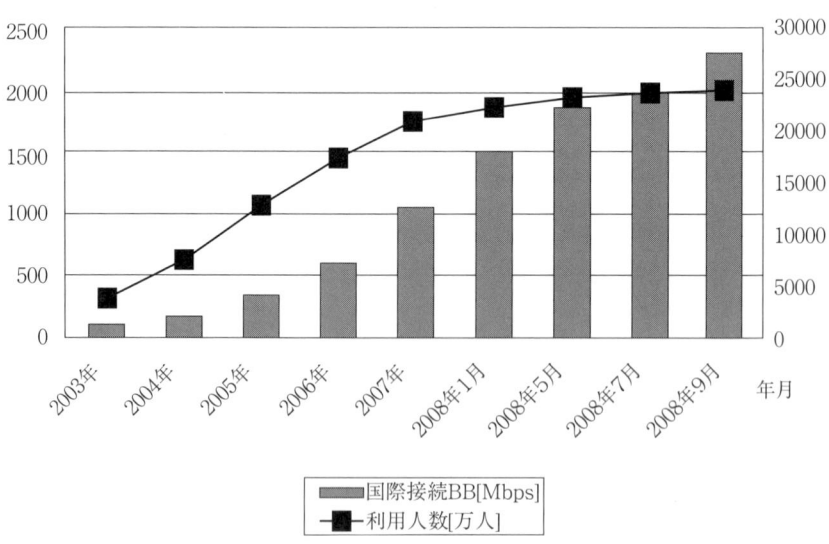

出典：(情報通信省ベトナムインターネットセンター、HP) よりティエン掲載。

ベトナム初のインターネット導入が1988年と先進諸国に比べ遅かったものの、(Internet World Stats, HP) のデータによると、ベトナムのインターネットユーザー数は世界ランキングの17位に位置している（表9-7）。

　ベトナムの人口は約8600万人で、毎年インターネットユーザー数とサブスクライバー数が増加している。図9-10にある（Paul Buddle Communication Pty Ltd [2008]）の Vietnam Internet Market のデータは、ベトナムのユーザー数とサブスクライバー数を示したものである。図9-11に示されて

**表9-8　ベトナムのサイトのアクセス数**
（2008年11月20日）

| No | URL | 内容 |
|---|---|---|
| 1 | google.com.vn | グーグルベトナム |
| 2 | yahoo.com | ヤフー |
| 3 | zing.vn | 電子新聞サイト、音楽、サーチエンジン |
| 4 | vnexpress.net | 電子新聞サイト |
| 5 | dantri.com.vn | 電子新聞サイト |
| 6 | google.com | グーグル |
| 7 | ngoisao.net | 電子新聞サイト |
| 8 | 24h.com.vn | 電子新聞サイト |
| 9 | vietnamnet.vn | 電子新聞サイト |
| 10 | tuoitre.com.vn | 電子新聞サイト |
| 11 | msn.com | マイクロソフト |
| 12 | youtube.com | ユーチューブ |
| 13 | adultworld.com | アダルトサイト |
| 14 | nhaccuatui.com | 音楽サイト |
| 15 | vietbao.vn | 電子新聞サイト |
| 16 | vui.vn | 音楽サイト |
| 17 | kenh14.vn | 若者向け情報サイト |
| 18 | clip.vn | 動画サイト |
| 19 | vatgia.com | ECサイト |
| 20 | mediafire.com | ファイル保存、交換 |

出典：(Alexa、HP) よりティエン掲載。

いるように、情報通信省ベトナムインターネットセンター（VNNIC）ホームページのデータによると2008年6月のインターネットユーザ数は2000万人で、人口の23.6％となっている。また、2010年には3000万人で人口の35％になると予想されている。

インターネットユーザーの増加と共に、今後は電子広告、情報掲載ポータルサイト、SNS、ECなどのインターネット関連の事業が発展すると期待されている。

表9-8に示されているように、Alexa.comの調査によると、ベトナムではアクセス数が多いサイトのトップ10がほとんど電子新聞サイトであり、他の分野のサイトに対して興味を持っている人たちが少ないことが分かった。特にEC市場関係のサイトについては100位に入るサイトはたった3社だけである（2008年12月10日現在、Vatgia.com-19位、123mua.vn-62位、5 giay.

表9-9　ベトナムのインターネット利用者の特性

a　インターネット利用目的

| Activity | 18-30歳 | 41-50歳 |
|---|---|---|
| Chatrooms | 72% | 43% |
| News | 63% | 81% |
| Play games | 57% | 14% |
| Email | 38% | 34% |
| Watching movies | 33% | 0% |
| Study/homework | 15% | 3% |
| Work | 14% | 27% |
| Dating online | 11% | 0% |
| Job search | 5% | 0% |
| Listening to music | 3% | 0% |
| Shopping online | 3% | 3% |
| Checking the weather | 2% | 2% |

b　利用者の割合

| Characteristics | % |
|---|---|
| Male | 41% |
| Female | 24% |
| 18-30歳 | 53% |
| 31-40歳 | 23% |
| 42-50歳 | 10% |
| Access Point At Internet café | 3% |
| At work | 15% |
| At home | 31% |
| Internet service | 50% |

出典：(A.D.M.A [2007]、[2008]) よりティエン作成、掲載。

com-33位)。ちなみに、19位である Vatgia.com 社は2007年7月に創立されるとともに、急成長を遂げ、一年でトップ20まで入ることができた。そのほかにもいくつかの EC サイトがあるがベトナムのトップ20に入ったことはない。

### (2) ベトナムの EC 市場の状況

ベトナムではオンラインショッピングで購入すると自分の個人のデータやクレジットカードの番号などが盗み取られる、注文したものと異なる商品が届くという不安、購入先のお店や事業者が信用できないという不信感などから、オンラインショッピングを信用しない人が多いと思われる。そのため、表9-9a、9-9bのように、オンラインショッピングをする人たちはわずか3％であった。それに対して、チャットを利用する人は72％（18-30歳）、43

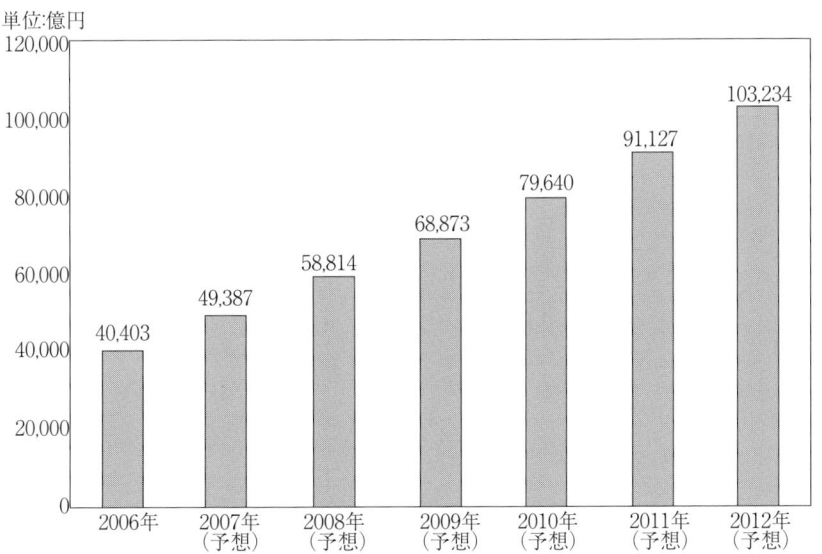

図9-12a　日本の EC 市場

出典：(野村総合研究所、HP)よりティエン掲載。

**図9-12b　ベトナムのEC市場**

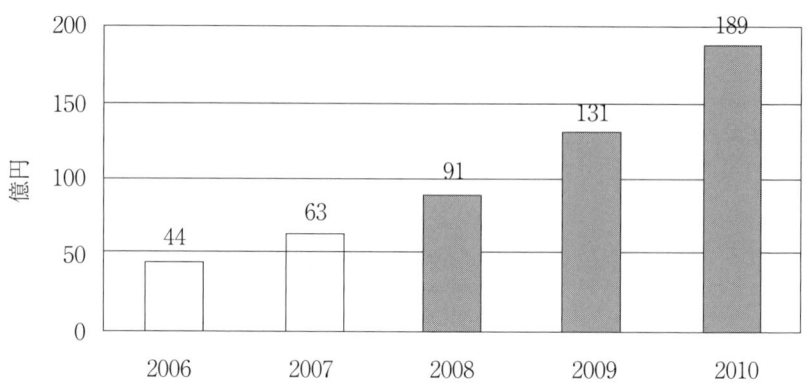

出典：(A.D.M.A [2008]) よりティエン掲載。

％（41-50歳）、ニュースを読んだり、ゲームをしたりする人たちが半数以上いる。勿論、ベトナムではオンラインショッピングに対する国民の注目度が高くはないという事実はあるものの、近年ではECサイトも次々と誕生してきており、現在は合計で50サイト以上となっている。

さらに、ベトナムのインターネットユーザーには若者が多く、18-30歳はインターネットユーザーの53％を占める。また、ベトナムのEC市場は2006年からスタートしたと言われ、まだ市場全体が100億円以下であるが、インターネットユーザーの急激な増加を理由に決済のインフラが整備されるにともない、図9-12a、bに示されているように日本のEC市場とは比較にならないものの、今後は大幅に拡大すると期待されている。

図9-13に示されているようにベトナムのEC市場は右肩上がりに成長していくことが予想される（現在は毎年44％の成長率）。また、ベトナムのGDPの成長もIndex Mundiの調査で、図9-12に示されているように、2003年にはベトナム人一人当たりのGDPはわずか1780ドルであったが、1986年以来のドイモイ政策の効果により毎年高い成長率で経済が拡大してい

第9章 ベトナムの経済発展と情報技術政策 315

図9-13 ベトナムの1人当たりGDPと成長率

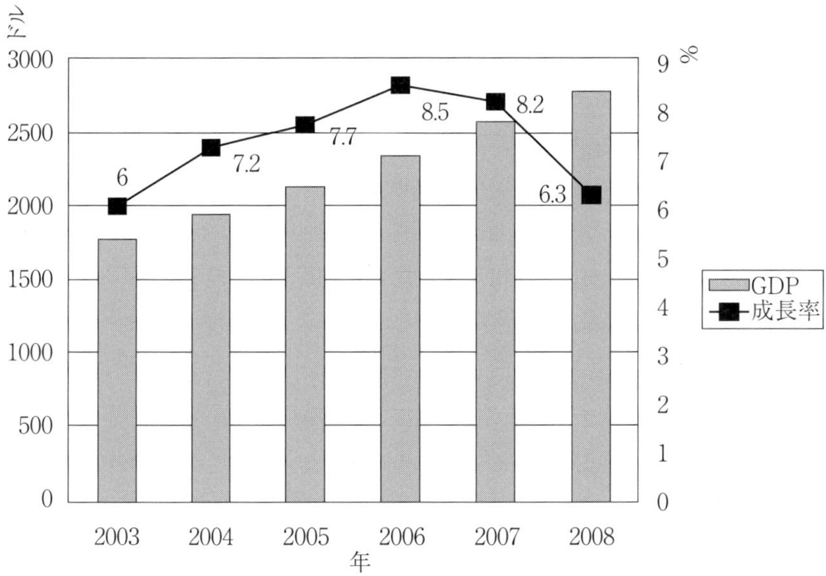

出典：(Index Mundi、HP) よりティエン掲載。

る。具体的に2003年は7.3％で、2004年〜2007年まで8％前後であったことから、世界から注目されている。特に日本からはトヨタ、ホンダ、ヤマハ、ソニー、キャノン等、アメリカからはIntel、UPS、FedEx等、ヨーロッパからはPhillips、BPなどの世界の大手企業がベトナムで子会社を設立しているのが目立つ。しかし、2008年には世界金融危機でベトナムも多大な影響を受け、GDP成長率は6.3％に下がった。とはいうものの、今後もベトナムの経済は大きく拡大することが予想され、平均年収の増加にともない、以前は高価であった電気製品や海外旅行のチケットが簡単に購入できるようになると思われる。また、2008年にベトナムでは携帯電話利用の契約者が5800万人となり、ADSLの利用契約が2004年には5万世帯であったのが、2008年5月には30倍の150万世帯に拡大した。オンラインショッピングだけではな

く、モバイルショッピングも発展すると考えられる。

　にもかかわらず、EC市場はまだ小さく、オンラインショッピングをする人たちはまだ少ないのが現状である。原因としてはECサイトが少ない、インターネットユーザーが少ない、まだインターネットで買い物をする習慣がベトナム人にはない、ECサイトにはまだ信用がない等の理由が挙げられている。これに呼応して、ベトナム政府はようやくEC市場発展のための様々な法律や制度の改善を行い始めた。まず、2005年4月にはベトナムの政府が電子取引の規定を定め、貿易に関する法律である民法と電子貿易議定を改正した。また、2005年9月15日に「2006-2010年の電子貿易の発展プラン」を発表した。2006年6月9日にさらに電子貿易に対する「議定57/2006/ND-CP号」を決定した。この議定は取引を行なうときに、電子的証拠を認めるというもので、これによりオンラインショッピングやモバイルショッピング、テレビショッピングが初めて認められたのである。

### (3)　ベトナムのEC市場の特徴

　ベトナムのEC市場に関する報告書（ベトナム商工省［2005］、［2006］、［2007］）によると、ベトナムのEC市場は2005年までに各種政策や法的整備の期間が終了した。多くの企業と政府機関の努力により、第2のステップである2006年からはEC市場が大きく発展すると期待されている。

### (3-A)　企業のEC利用

　各企業ではECを応用することにより、効果が見え始め、今後はますます利用されると答えた。2007年の調査では、1700企業の中で1/3の企業が売上の15％以上をインターネットを利用して取引をしていた（2005年には8％）。このことにより、各企業はインターネット取引のメリットを認識し、普段の業務に利用している。また、63％の企業が今後はインターネットの利用による取引が爆発的に増えると考えている。

　2007年に調査を実施した企業の中で、97％の企業がADSLを利用しており、82％が社内LANを用いている。

(3−B) 電子決済が急成長

従来からの課題であった電子決済は、2006年12月29日にベトナム首相が2006-2010年に限り、現金を使わない決済を容認する決定を下した（291/2006/QD-TTg号）。これにより、15の銀行は4300台のATMと24000のPOS（Point of Sales―販売時点管理）を設置した。29の銀行が8400万枚の電子決済カードを発行し、そのうち90％はSmart linkとBanknetvnとの連携銀行である。20行の銀行はInternet BankingとSMS（Simple Message Service）Bankingのサービスを展開している。そして、2007年にはPacific Airlines（航空会社）、123mua（ECサイト）、Viettravel（トラベル会社）、Chodientu（商品比較サイト）がベトナム初のインターネット決済システムを展開した。

(3−C) EC（電子貿易）に対する活動

EC（電子貿易）に対する教育、宣伝と普及の活動が引き続き重視される。

EC市場の成長とビジネスとの関連を重視している企業は2007年の半ばにVecomというベトナムEC（電子貿易）協会を設立した。Vebiz（ベトナム電子貿易フォーラム）のようにたくさんのECに対するコンファレンスが開催された。そして、ベトナムIT協会（VAIP）とベトナムIT企業協会（VINASA）が「ベトナムの信用ECサイトの評価のプログラム（TrustVn）」や「大学生とEC（電子貿易）プログラム」を実施し、全国的に注目された。

(3−D) EC（電子貿易）に対する法律

EC（電子貿易）に対する法律が基本的に制定された。IT業界の成長に対して、2007年にはインターネット上の取引や電子サイン、電子サインの証明サービスの法律が遅まきながら完備された。金融業等ではすでにインターネット上での取引が開始されている。特に航空業界では電子チケットが認定され、チケット販売サービスが展開されている。2007年にはたくさんの議定が決定され、今後のEC（電子貿易）市場がますます発展すると期待されている。

### (3-E) EC（電子貿易）システム構築計画

多くの地域では、EC（電子貿易）システムの構築と拡充を計画している。ハノイとホーチミンなどの大都市にある貿易振興会や旅行促進協会がECのメリットを認識し、業界の発展のための計画を立てている。また、ベトナムは2007年1月に世界貿易機関（WTO）に加盟し、今後は世界のルールに従った形での取引等が要求されるため、ベトナムのEC市場でも各企業の発展が見込まれている。

EC市場の成長に対してはサービスを展開している企業側や政府機関だけではなく、消費者、顧客などからの意見も不可欠である。しかし、残念ながらこの内容を本論では扱うことはできなかった。今後の課題としたい。そのほかに、EC市場を発展させるために、以下の活動が行われていることを指摘しておく。

・2007年からベトナム工商省は、各ECサイトがきちんとルールを守ってビジネスを展開していることを保証する「TrustVN」という認証シールを発行している。「TrustVN」という認証シールがあることで、消費者はある程度安心してそのサイトで取引をすることができる。
・しかしながら、2008年8月にベトナム工商省はベトナムのECサイト（50サイト程度）の98％は国が定めた電子貿易ルールに違反していると発表した。

さらに、毎年電子貿易フォーラムを開催されていて、研究者や経営者が意見や経験等を交換している。

### （4） ベトナムのEC市場の課題

最後に、今後のEC市場の課題を指摘する。ベトナムにおいて、今後EC市場を発展させるには、問題点を発掘して、発展の対策を提案するために、まずEC市場の現状調査が必要となる。そのために、今後は多くの研究者がこの分野について研究を行なわなければならない。まず、EC市場の発展策を検討するために、ECサイトユーザの動向の調査を行ない、特に、ベトナ

ムのインターネットユーザの購入行動に影響を及ぼすと思われる EC サイトの要素を把握するため、ユーザーが要素の中のどれを重視するかについて調査する必要があるのである。

## 5 情報と日越関係──「e-Japan 戦略」の視点から──

日本とベトナム両国の交流は、年々深まりを見せている。2009年に日本政府は、政府開発援助（ODA）の中核事業として位置づけている円借款について、資金協力の形や事業期間等を見直すことを表明した（2009年5月4日付、日本経済新聞1面記事「円借款　事業期間を半減」）[4]。主な内容は、相手国や受注企業から審査の煩雑さに対する不満が出ていることを踏まえ、手続きの簡略化と事業期間の短縮を行うことで、民間資金との組み合わせを柔軟にできる効果を期待するというものである。北部の「ハイフォン国際ゲートウェイ港」の建設事業で、円借款で防波堤・埋め立て等の基礎インフラ整

表9-10　2007年度日本政府の主な円借款供与先

単位：百万ドル

| | 国　名 | 金　額 |
|---|---|---|
| 1位 | ベトナム | 547.71 |
| 2位 | マレーシア | 196.98 |
| 3位 | フィリピン | 164.39 |
| 4位 | 中国 | 156.56 |
| 5位 | アルメニア | 83.68 |
| 6位 | トルコ | 78.66 |
| 7位 | インド | 68.07 |
| 8位 | モロッコ | 49.71 |
| 9位 | ウズベキスタン | 41.32 |
| 10位 | カザフスタン | 35.05 |

（支出純額ベース、債務救済は除く）
出典：日本経済新聞（2009年5月4日付）より土肥掲載。

備を行い、民間資本でコンテナターミナルを、無償資金協力で周辺に病院等を建設する等のことが盛り込まれている。この他、案件ごとに基金を創設し、民間金融機関の資金を投入できるようにする案件としてハノイ市の水道整備事業が挙がっているようである。また、2009年5月4日付の日経新聞によると、「2007年度の主な円借款供与先」は、ベトナムが1位で約5億4800万ドルであった（表9-10）。

　日本政府は情報分野に関してもベトナムに相当の資金援助や技術援助を行うようである。2001（平成13）年1月、「高度情報通信ネットワーク社会推進戦略本部（IT戦略本部）」が設置され、同時に『e-Japan戦略』が発表された。ここでは、「我が国が5年以内に世界最先端のIT国家となる」（IT戦略本部［2001］：1）として国家を挙げて電子化に取り組むことが明記されている。同時に「国際インターネット網の整備」で「我が国が、国際インターネット網のハブとして機能できるための必要な措置を講ずる」（IT戦略本部［2001］：7）としている。

　政府の方針は、e-Japan戦略の中で「アジア共通の戦略」である「e-Asia戦略」を日本のIT国際戦略との整合性を保ちながらアジア各国のIT戦略を踏まえ、「アジア各国の理解を得つつ、検討する」というものである。本論では、日本のe-Asia構想とベトナムの支援を中心に分析する[5]と同時に、日本政府の推進する「国際インターネット網の整備」が、ベトナムの情報化にどのような意味を持ったのかということもあわせて考察してみたい。

## （1）　e-Japan戦略の対アジア政策

　IT戦略本部が「国際的な協調及び貢献」の一環としてのブロードバンド整備を明確に打ち出したのが『e-Japan重点計画-2002』であった。ここでは総務省を中心に各省庁の協力のもと、「アジア・ブロードバンド計画」が『e-Japan重点計画-2002』の中で出され、「アジア地域における次世代インターネット網構築に向けたアクションプランを策定する」（IT戦略本部［2002］：28）と明記している。これに先立ち、2002（平成14）年に"アジ

ア・ブロードバンド計画研究会"が立ち上げられ、『アジア・ブロードバンド計画研究会報告書』が出された。この報告書の内容をかいつまんでいうと、21世紀になりアジアにおいてもブロードバンドが普及しつつあるもののいまだ地域格差が大きいため、アジアにブロードバンド網を構築すると共に使いやすいコンテンツ等を導入する必要がある。日本は、国連等が実施する情報に関する諸政策に留意しつつODA等を有効に活用し、情報に関する国際貢献を行うとともに、アジアでの日本のプレゼンスを高めるべきとする[6]。この報告を受ける形で2003（平成15）年に総務省が中心となり『アジア・ブロードバンド計画』という文書が作成された[7]。本論に関係するところだけをかいつまんでみると、「基本的考え方」で、まずアジア各国間の緊密強化が必要であるが、アジア諸国間、あるいはアジア国内での都市と地方（ルーラル地域）間で情報格差（デジタル・デバイド）が存在する[8]。これらを踏まえ、「アジアのすべての人々が情報通信技術の恩恵を享受」し「社会・経済・文化の更なる発展等を図っていく」ためには「アジアの多様性にも考慮」し、「民間主導の下」政府が民間の「補完的役割」を果たしつつ「政府、民間企業、NPO、国際機関などが相互に連携して主体的に取り組んでいくことが必要」（総務省他［2006］:1-3）であり、政府は各種機関と協力し目標実現に取り組むとしている。目標としては2010年を目標年次と定め、①アジアのすべての人のブロードバンド特性を生かしたコンテンツやアプリケーションの利用、②情報流通量の北米、欧米と同等レベルの実現、③IPv6の採用[9]、④アジアの人が安心し安全に利用できるITの整備、⑤アジア固有の文化財等遺産のアーカイブの共有と世界への発信、⑥アジア言語の翻訳技術の開発と実用化、⑦アジアにおける技術者、研究者の増加といったことを通じて、「アジアが世界の情報拠点となることを目指す」（総務省他［2006］:3）としている。この中でベトナム関連の施策は、「情報通信技術に係る人材育成」と「開発途上国に対する支援」であろう。すなわち、ソフトを企画、開発、運用できる人材を育成するため、アジア各国から人材の受け入れや専門家の派遣、資金援助等を行うためにODA等を積極的に活用

し、ドナー（対象）国との間にプロジェクトを形成し、国際機関とも協調を図りながら効果的に支援を行うとしている。

『アジア・ブロードバンド計画』初版が出た翌年の2004年にはIT戦略本部から『アジアを中心としたIT国際政策の基本的考え方』（IT戦略本部［2004］）が出ている。基本認識としては、アジアではIT分野で欧米との格差が大きいものの、高い経済成長率や購買力の増加等の「高い潜在力」があり、これが新たなIT技術やビジネスを生み出すことにつながる。この中で日本は、「世界最先端のIT国家としての実力」を持ちつつあってアジア諸国からの期待も高まっており、アジアにおいて「IT社会構築への戦略的取り組みを進める条件」（IT戦略本部［2004］：1）が成熟しつつある。そこで、基本方針として対象国の状況を踏まえた重点プロジェクトを策定し、アジアのIT先進国とは最先端技術における協力を二国間で行い、アジア全域では多国間協力を推進することでIT化を促進する。その際の国際政策の推進にあたっては、「民間事業者等の参加が重要」であり、ODA等の資金を活用しながら「民間との資金的・技術的協力体制の充実を図る」（IT戦略本部［2004］：2）としている。そのための整備として、毎年策定される『e-Japan重点計画』で達成目標や期間を具体的に定め、「PDCAサイクル」[10]によりIT戦略本部への報告を義務付け、産官学が参加する国際フォーラムを活用しながら「相手国との政策的対話等を通じ」公的資金等を活用し、「IT国際政策の最大化」を図り、日本として「アジアのIT化に積極的、総合的に貢献する姿勢を明確にする」（IT戦略本部［2004］：2）としている。そのための具体的な政策として、重点プロジェクトの推進や対話を重視しつつODA要請から実施までの期間の短縮と運用の明確化と透明化を図り、これらを「途上国政府、援助機関、IT産業界等に広く周知」させ、「EPA/FTAとの調和を図る」（IT戦略本部［2004］：4）。その上で、「アジア共通の戦略」である「e-Asia戦略」を日本のIT国際戦略との整合性を保ちながら「アジア各国の理解を得つつ、検討する」（IT戦略本部［2004］：4）と締めくくる。

e-Japan 戦略のかなり初期の段階から考えられていた日本の e-Asia 構想で、日本はアジア地域、とりわけベトナムにおいて具体的にどのようにこの構想を具体化しようとしたのであろうか。

### （2） e-Asia 構想とベトナム支援

日本の e-Asia 構想は、2000年の九州・沖縄サミットで出された"Okinawa Charter on Global Information Society"（MOFA [2000a]）がその端緒となり、その流れで2002年の『e-Japan重点計画-2002』につながる。この「沖縄憲章」は、「国内及び国家間の情報格差」（外務省 [2000]：5）の解消を目的とする。特に IT は「新興市場諸国及び開発途上国にとって非常に大きな機会を提供する」（外務省 [2000]：6）ため、開発途上国の IT の恩恵を享受できるよう先進国はグローバルな情報社会を構築すべきであるという[11]。「情報格差を縮小させるのに役立つすべての利害関係者から利用可能な資金を動員するために一層の国際的な対話と協力が必要」（外務省 [2000]：7）であり、G8は国際機関や世界の民間企業、NGO等との協力を推進する中で金融、技術、政策等々の面で貢献できるよう努力する。これら協力を国際的なものとするため、「デジタル・オポチュニティ作業部会（ドット・フォース）」（外務省 [2000]：8）を設立し、各種政策を実施するとしている[12]。

日本政府はベトナムに対しどのような情報関係の政策を採ろうとしていたのであろうか。具体的な対ベトナムの ODA としては、IT 政策に関係のあるものを取り上げれば以下のようなものがある。（外務省 [2008]：89）
A. 円借款により実施するもの
・南北海底ケーブル整備計画（全国対象）…ハード面での社会資本整備
・IT セクターにおける高等教育支援計画（ハノイ）…人材育成
・地方部インターネット利用拡充計画…ハード面での社会資本整備
B. 無償資金援助により実施するもの
・ダニム―サイゴン間送電線敷設（ホーチミン）…ハード面での社会資

本整備
C. ODAプロジェクト（技術協力）により実施するもの
　・デジタル電気通信網の保守運用技術に関する第三国研修…人材育成
　・知的財産権情報活用プロジェクト…人材育成
　・情報処理研修計画プロジェクト…人材育成
　・電気通信訓練向上計画プロジェクト…人材育成
　・ハノイ工科大学ITSS教育能力強化プロジェクト[13]
D. IT関連社会資本整備にかかる周辺事業（主なもの）
　・ハノイ市都市鉄道建設計画（円借款）…ハード面での社会資本整備
　・ハノイ市交通網整備事業（円借款）…ハード面での社会資本整備
　・ホーチミン市都市鉄道建設計画（円借款）…ハード面での社会資本整備
　・ベトナム日本人材協力センタープロジェクト（技術協力）…人材育成
おおまかに、社会資本整備等ハード面は円借款で大規模公共事業を実施

表9-11　日本からベトナムへの民間直接投資

|  | 2003年 | | | 2004年 | | |
|---|---|---|---|---|---|---|
|  | 件　数 | 投資額 | 1件当たり投資額 | 件　数 | 投資額 | 1件当たり投資額 |
| 北部 | 25 | 101 | 4.0 | 28 | 141 | 5.1 |
| 中部 | 1 | 2 | 1.5 | 5 | 7 | 1.4 |
| 南部 | 26 | 20 | 0.8 | 30 | 105 | 3.5 |
| 全体 | 52 | 123 | 2.4 | 63 | 253 | 4.0 |
|  | 2005年 | | | 2006年 | | |
|  | 件　数 | 投資額 | 1件当たり投資額 | 件　数 | 投資額 | 1件当たり投資額 |
| 北部 | 52 | 294 | 5.7 | 70 | 812 | 11.6 |
| 中部 | 5 | 58 | 11.5 | 10 | 17 | 1.7 |
| 南部 | 50 | 99 | 2.0 | 66 | 227 | 3.4 |
| 全体 | 107 | 451 | 4.2 | 146 | 1,056 | 7.2 |

出典：(JBIC [2008]：27) より土肥作成、掲載。
（投資額、1件あたりの投資額：百万ドル）

し、人事育成に関してはODAプロジェクトによって実施されているようである。また、人材育成の一環としての「ベトナム日本人材協力センター」に関して、ハノイとホーチミンにセンターを建設する資金として、無償協力の形で合計7億7700万円が2001年に計上されている（外務省［2001b］：註（9））。また、同年政策対話ミッション派遣の際、「包括的協力策の主旨の説明」と「重点課題の聴取」（外務省［2001e］：註（1））を行っている。プロジェクトは国際協力機構（JICA）を通じて行われ、現在上のODA関係プロジェクトのうちIT政策に関わるものとして、ハノイのITセクターにおける高等教育支援計画、ハノイ工科大学ITSS教育能力強化プロジェクト等がJICAによって取り組まれている。

　2003年〜2006年の民間ベースでの直接投資は表9-11に示してある。投資件数で見ると、北部の伸びが高いことがわかる。投資件数の増加に比例するように投資額も順調に伸びている。ODAの伸びもさることながら、民間投資の面でも順調な伸びを示しているということは、日本にとってベトナムは魅力のある投資対象ということを意味し、これからも投資の拡大が期待できると見てよいであろう。その意味で、日本政府が推進するe-Asia戦略にとってもベトナムは大きな意味を持つ地域なのである。

### （3）　ベトナムのIT戦略──受入国の実態

　日本側の資料を見る限り、ベトナムへのe-Asia戦略は成功裏に進んでいるように見えるが、ベトナム側から見てe-Asia戦略はどのようなものだったのであろうか。ベトナム政府から1995年に「IT2000計画」が出され、2000年までに世界から技術を移転し、ベトナムの情報化を推進することで隣国とのギャップを埋めることが目指された。2001年には「IT利用と開発のための2005年計画」（Decision No. 95/2002/QD-TTg）が出され、「2005年までにベトナムの情報化を世界標準に合わせる」（B.I.C.C［2007］：91）とし、ベトナム全土へのIT普及、IT産業の成長率の向上、人材育成等の目標が示された。さらに2005年には首相決定による「2010年までのベトナム情報通

信技術開発戦略と2020年までの方針」(Decision No. 246/2005/QD-TTg) が出され、より具体的な目標が定められた。ここでは、情報通信技術を国家発展の「最も有効なツール」(B.I.C.C［2007］:85) という認識の下、情報技術の活用の推進、産業育成、インフラ整備、人材育成等を行う。そして2010年までにASEAN諸国の平均水準にまでベトナムの情報技術を高め、2020年までにASEAN諸国で最も高い水準にまで高めるというものである。これに呼応するように2006年に「情報技術法」(Law No. 67/2006/QH11) が施行され、「ITの技術開発や利活用において政府、組織、個人が有する権利と負うべき責務」が明確にされた。

「全米情報基盤（NII）」の〝ベトナム版NII〟といえる本格的な情報技術政策を、ベトナム政府は1995年以降積極的に推進しているものの、ベトナムではNIIを享受する民間資本が十分に発達していなかった。例えば、日本のような先進国であればe-Japan戦略のような〝日本版NII〟の導入は「民間が主導的役割を担うことを原則」としながら、政府は「民間の活力が十分に発揮される環境を整備する」(IT戦略本部［2001］:5) ことでその導入は可能であるが、ベトナムでは国家が〝ベトナム版NII〟を享受できる民間資本を育成しなくてはならなかったのである。ベトナムは、積極的に外国資本を呼び込みながら人材育成を図っていく。「政令No. 58-CT/Tw（2002〜2005年の国の工業化・近代化事業の為のIT開発・運用を押し進める政令）」は、ソフト産業は「他の産業の安定的な発展に貢献する要素の一つ」（中野［2004］:17）と捉えられ、ソフト企業は利益発生後4年間企業所得税の免除、外国投資法により活動するする企業の所得税の減額、ソフト関係の労働者の個人取得税の優遇等を行っている。日本は、人材育成を図る目的で2002年にハノイとホーチミンに「ベトナム日本人材協力センター」を設置し、日本語教育、コンピューター教育等を行っている（ベトナム日本人材協力センター、HP）。2007年にはベトナムの最大手のIT技術企業FPTコーポレーションがソフトウェアエンジニアの育成を目的とした4年制の「FPT大学」をハノイに設立した。ここは300人定員で年2回入学のチャンスがある

表9-12　ベトナムのIT市場　単位：百万ドル

| 年 | ソフトウェア・サービス市場 | ハードウェア市場 | 合計 |
|---|---|---|---|
| 2000 | 50 | 250 | 300 |
| 2001 | 60 | 280 | 340 |
| 2002 | 75 | 325 | 400 |
| 2003 | 105 | 410 | 515 |
| 2004 | 140 | 545 | 685 |
| 2005 | 198 | 630 | 828 |

出典：(C.I.C.C［2007］：93図表6-4）より土肥掲載。

（FPT大学、グェン・チ・ホン・リェン氏より聞き取り、本論3　ベトナムのハイテクパーク政策とソフトウェア産業の集積の（5）も参照されたい）。また、この大学は日本語が必修とのことであり、IT技術と日本語の即戦力を養うことを目的としているようである（前出グェン氏聞き取り）。その他、ハノイとホーチミンにハイテクパークを建設し、同時に周辺の道路整備や都市鉄道建設等を行う等、様々な政策を採っている。

　ベトナムの人材育成を中心とする情報技術政策により、ソフト、ハードともに国内のIT市場は順調に伸び、特に2002年から2003年にかけて表5-3のように大幅な伸びを示している[14]。国連による世界のe-ガバメントの調査でも2008年にベトナムは世界で91位であった（United Nations［2008］：34）。

　一方で、公的部門は2001年に電子政府推進のため行政運営のコンピューター化計画を盛り込んだ「Decision No. 112/2001/QD-TTg」を発表したものの2007年には推進計画の中止が決定、2007年に新たに「Decree No. 64/ND-CP」の発効に基づき、再び推進の意向を示した（C.I.C.C［2007］：97）。また、郵電省が中心となり、地域の郵便局にパソコン端末を設置して市民が使いやすいように配慮しているとのことである（「ベトナムの電子政府計画とデジタル・デバイド解消プログラム」：デジタル・ガバメント、HP）。

図9-14 世界腐敗認識マップ

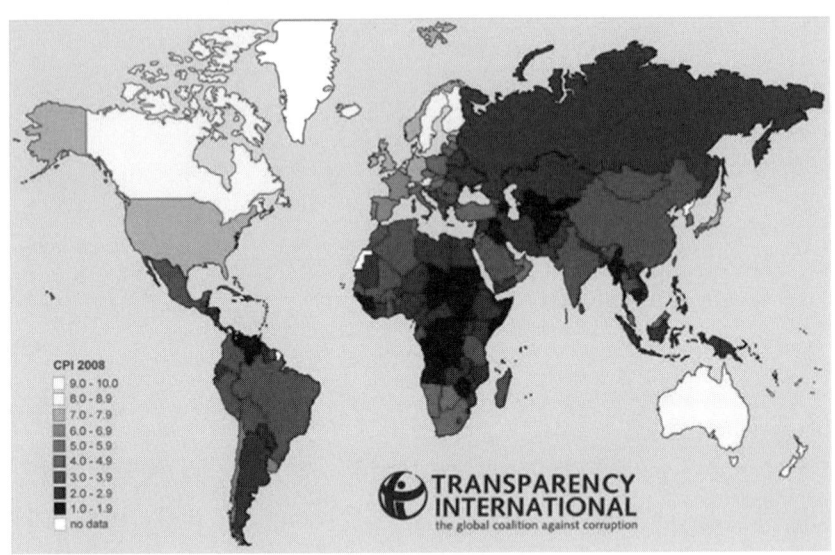

出典：Transparency International HP より土肥掲載。
腐敗認識指数（CPI）の詳しい解説は、(トランスペアレンシージャパン[2006]、[2013])を参照。

　さらに、ベトナムでは公務員を中心とする汚職が後を絶たない。また、ベトナムの公務員は民間企業に比べて賃金水準が低く、公務員の汚職は「商慣行の一種」という土壌があり、公務員のサイドビジネスも認められている（2008年8月5日付、毎日新聞29面記事「CPI事件の舞台ベトナム　わいろは「商習慣」」)[15]。90年代半ばより、中央政府は「反汚職キャンペーン」を展開し、各種法整備や制度の改善を推進しているものの、〝袖の下〟で物事が決まるという風習は、外国資本の公正な投資活動を妨げる大きな要因となっている。事実、ベトナム国会常任委員会は、「全国で蔓延っている汚職、無駄遣い、不正流用はベトナムのGDP比で1～2％に達する」(Ernst & Young Vietnam [2008]：4) ことを明らかにしている。ベトナム政府は2009年5月に汚職防止に関する国家戦略を打ち出し、「政府決議21／2009／

NQ—CP号」を公布した。汚職防止を3期に分け、第1期（2009～11年）で国民の怒りが向いている汚職の発見と処理に務め、第2期（20011～16年）で公務員の資産等を調査しながら「汚職防止施行法」を改正、第3期（2016～20年）で汚職防止策を引き続き実行するとしている（NNA.Asia誌HP、2009年5月19日付記事）。参考程度ということで考えたいのであるが、図9－14は、政府の不正を告発する活動を世界的に展開する「トランスペアレンシー・インターナショナル」というNGOが発表した「世界腐敗認識マップ」であるが、数値が高いほうが腐敗は少なく、数値が下がり地図の色が濃くなるほど腐敗が激しいことを意味している。2013年の数値であるが、ベトナムの腐敗は調査した177カ国中116位であった。

対ベトナム投資であるが、韓国の投資の増加が近年顕著である。表9－13

**表9-13 諸外国・地域からベトナムへの投資**

| 順位 | 国・地域 | 累計 件数 | 累計 金額 | 集中度（%） 件数 | 集中度（%） 金額 |
|---|---|---|---|---|---|
| 1 | 韓国 | 1,655 | 11,546 | 43.8 | 46.9 |
| 2 | シンガポール | 361 | 2,652 | 41.6 | 44.3 |
| 3 | 台湾 | 323 | 5,161 | 28.5 | 41.8 |
| 4 | 日本 | 432 | 5,685 | 23.8 | 29.7 |
| 5 | 香港 | 903 | 8,772 | 40.1 | 23.2 |
| 6 | バージン諸島 | 529 | 9,695 | 35.7 | 19.2 |
| 7 | アメリカ | 1,739 | 9,655 | 24.7 | 15.9 |
| 8 | オランダ | 232 | 1,854 | 28.4 | 15.8 |
| 9 | フランス | 81 | 2,582 | 35.8 | 10.7 |
| 10 | マレーシア | 191 | 2,396 | 29.3 | 8.2 |
|  | 合計／平均＊ | 6,446 | 59,998 | 33.17 | 25.57 |

累計は1998年～2007年10月までのもの。
累計の金額は百万ドル。
集中度＝（2005年＋2006年＋2007年10月）／累計
＊累計は合計、集中度は平均。
出典：（三浦［2008］：111、図表4）より土肥作成、掲載。

は諸外国・地域からのベトナムへの投資状況であるが、投資の第1位は韓国である。累計においては、韓国が他国・地域を抜きんでていることがわかる。累計の件数ではアメリカにわずかの差をつけられているものの、金額ベースではアメリカを凌駕している。集中度では、金額ベースで他国・地域に比べ約半分の投資をベトナムに行っていることになる。ちなみに、日本は4位である。韓国の投資意欲は、安価な人件費もさることながら、ベトナムのWTO加盟に従い投資環境が改善されたことが大きい。すなわち、WTO加盟によりベトナムは自由貿易の推進を要求されることなり、「関税の引き下げ」や「非関税障壁の撤廃を履行」（三浦［2008］：113）しなくてはならない。かかる要因が新興投資国である韓国の投資意欲を刺激しているものと思われる。

　対する日本のe-Asia戦略は、情報技術の分野で日本がアジアのハブになることでアジア地域の経済、文化等を強化していこうというものであった。しかし、2007年以降新たな構築を模索しつつはあるものの、〝ベトナム版NII〟はうまく機能したとはいえなかった。IT市場が十分でないベトナムで官民協力によりアジアにブロードバンドを構築するという壮大な計画の実態は、いまだ人材育成を中心とするODAプロジェクトが主流であるし、今後大幅な見直し等々は少なくとも両国からは聞こえてはこない。国際協力銀行（JBIC）が実施した企業へのアンケートによると、ベトナムが有望な投資先である理由として、安価な労働力、今後の市場成長力、優秀な人材等が挙がっている。逆に不安要因としてインフラの未整備、不透明な法制の運用等が挙がっている（牛田、宮口［2008］：52）。日本政府がe-Asia戦略で打ち出したことは、少なくとも今のベトナムに関しては理想的に進んでいるとはいえない状況であろう。ただし、人材育成の面ではFPT大学への支援等、ある程度の成果は出ているといえよう。

　「日刊ベトナムニュース」のHPによると、「ノイバイ（ハノイ）～ラオカイ間の高速道路建設」を韓国ポスコ建設が約130億円で締結（09年3月26日付）。北部ニェンフォン工業団地でサムスン電子の携帯電話工場がまもなく

稼働（09年4月16日付）という記事が並び、韓国はベトナムに着々とその基盤を築いていることがみてとれよう。日本は南北高速鉄道建設の受注の他は、本節で見た若干のODAプロジェクトが成功例である。日本は、官民を挙げてベトナムに進出してくる韓国におされ気味ということは否めないであろう。

### （4） e-Asia 戦略の日越関係

　情報技術でアジアを世界のハブにするという日本のe-Asia構想は、必ずしも理想どおりに進行しているわけではない。理由は、ベトナムのIT市場の狭隘をなくすための援助政策がうまく機能しなかったということが挙げられよう。これは多分にベトナム政府の問題が大きいのであるが、〝ベトナム版NII〟を構築するには、ベトナムの官僚主義の弊害が大きい。世界的なIT化のうねりがASEAN諸国にも押し寄せたにも関わらず、1995年「IT2000計画」が失敗に終わったということは当時のベトナム政府のITに関する無理解を窺わせるに十分であるし、JBICの企業アンケートでの不安材料に「不透明な法制の運用」が挙げられていたことにも見られるように、いわゆる「人治主義」の弊害が強くあったものと思われる。

　それに加え、ベトナムのIT市場の規模は、ベトナム、ラオス、カンボジア、ミャンマーというASEAN新加盟国の中では「民間部門のIT利活用が進んでいる」（B.I.C.C［2007］：99）とはいうものの、シンガポール、タイ、マレーシア等と比較すると遅れているといわざるを得ない。その中でもベトナムのIT技術の浸透は完全に民間主導であり、国家と民間との格差の広がりが懸念されよう。日本の〝e-Asia政策〟もベトナムに対して根本的な影響を与えているとはいえず、根本的な見直しが必要となろう。例えば人材開発分野を戦略的事項と捉え、ここを突破口にしていくという戦略的見直しが必要なように思われる。ベトナムのIT政策が新たな局面を迎える中、日本もベトナムの実情にあった戦略を立てることが望まれているのである。

## むすび

　ベトナムは〝ドイモイ〟という形で国際社会に登場して以来、着実な経済発展を遂げてきた。ベトナムはドイモイ以後、社会開発を目的とする体制形成策としてハノイやホーチミンにハイテクパークの建設を行い、外資の呼び込みを行ってきた。その結果、ベトナムはASEAN後発国のなかでも目覚しい経済発展を遂げつつあり、政策は一定度成功したといってよい。

　事実、ベトナムの情報技術の発展は政府のIT政策により、紆余曲折はあったもののソフト面でもハード面でも市場は拡大しつつあるし、公的部門と民間部門のインフラ等もある程度整ってきた。その意味で、世界的なランクはいまだ高くはないとはいえ、国際連合のe-Governmentランキングで91位にランクされ、ミャンマーの144位、ラオスの156位に大きく差をつけている（United Nations [2008]）。この意味で、ベトナムは確実にIT化の道を歩んでいるといってよい。例えば、ベトナムのe-Commerceは、ベトナム国民にインターネットでの買い物を、その比率はまだ低いものの現実のものとし、サイトの数も飛躍的に増加した。今やベトナムのe-Commerceは、若年層を中心に広く受け入れられつつあるといってよい。公的部門も独自のサイトを立ち上げるようになってきており、郵便局にパソコンの端末を設置し、庶民がインターネットに直接触れる機会も多くなってきている。

　とはいえ、その発展には課題がないわけではない。官の非効率に加え公務員の汚職は外国からの投資を見合わせる要因であり、早急な対策が望まれる。日本のベトナムへの支援のあり方にも改善の余地はあろう。ベトナム国内の官民の情報格差を解消するため、日本はベトナム政府の情報化の構築を強力に支援する必要があろう。また、日本政府のベトナムへの支援は、韓国との競合を意識しつつ進めることを余儀なくされるであろう。今のところ、日本は人材育成を柱としつつ、ハイテクパーク政策やFPT大学等に対して粘り強い支援を行っていくことが必要ではないだろうか。

　我々は、ハイテクパークや人材教育の進捗をこれからも注意深く観察しな

がら、今後もベトナム経済の発展を考察し、機会を設けて続編を発表してゆきたいと考えている。

**注**
1）本論は、（ベトナム社会構造研究会［2009］）という調査報告をもとに書き改めたものである。本論を書くにあたり社会理論学会の月例研究会、SGCIMEの2008年夏季研究会で多くの有益なコメントをいただいた。記して感謝する次第である。なお、本論での誤り等は、すべて執筆者の責任である。
2）ここでは、IT産業と情報技術産業は同じ意味である。
3）FPT大学は、ベトナム初の民間立大学である。
4）経済協力開発機構（OECD）の定義であるが、ODAとは、①政府又は政府の機関によって供与される、②開発途上国の経済開発や福祉の向上等を目的とする、③資金協力は供与条件に関するグラント・エレメントが25％以上である、という3点を備えた政府間援助を言う。

グラント・エレメントとは、借款条件の緩さを示す指数である。100％は贈与となる。JAICAの当該ページ（http://www.jica.go.jp/about/jica/oda.html）を参照されたい。
5）e-Japan戦略やこれに関連する対アジア政策に関する政府文書は多数存在するのであるが、本論では紙幅の関係もあり、e-Japan戦略の対アジア政策を考察する範囲内で必要最小限の政府文書の引用にとどめる。
6）ビジネスの側面からアジアのブロードバンドを考察したものとして（JTEC［2003］）がある。
7）この文書は、（総務省［2002］）を受ける形で出されたと思われるが、同時に「世界情報社会サミット」の提言を尊重する形で出されたことも書き加えておく。「世界情報社会サミット」とは、世界的なデジタル・デバイドの解消を目的とする会議で、国連の専門機関のひとつであり周波数帯の発行や通信接続等の国際電話等の接続調整をその役割とする「国際電気通信連合（International Telecommunication Union：ITU）が取りまとめ役となって出されたものである。「世界情報社会サミット」は第1フェーズが2003年に、第2フェーズが2005年に開催され、その際第1フェーズに合わせる形で『アジア・ブロードバンド計画』が出され、第2フェーズ終了後2006（平成18）年に改訂版が出されている。本論では、改訂版を中心に考察する。『アジア・ブロードバンド計画』の取りまとめには初版、改訂版ともに総務省の他、公正取引委員会、法務省、外務省、文部科学省、厚生労働省、経済産業省が名を連ねている。なお、『アジア・ブロードバンド計画』の初版と改訂版とを比べた場合、改訂版のほうが施策の面でより具体的であり、本論では改訂版を引用するが、紙幅の関係もあり初版と改訂版の詳しい比較はしない。（総務省他［2003］、［2006］）を直接参照されたい。

「世界情報社会サミット」に関しては、世界情報サミットが作成するホームページ（http://www.unic.or.jp/new/wsis_2003.htm）に簡便にまとめられている。
8）政府文書の特徴であろうか。例えば対ベトナム援助は「知的リーダーシップをもってベトナムで実践」することが日本のODAの考え方であるとするのであるが、それがなぜそう考えられるのか、どのような条件でこのようなことが言えるのか、理由が書かれ

ていない。総じて、政府文書には結論に対する理由がかかれていないことが多いのであるが、書かれていない理由に関しては本論のテーマではないため、学術論文の検討を含めた分析に関しては、別の機会にゆずりたい。

9）「IPv6」とは、'Internet Protocol Version 6' という通信プロトコルの一種であり、割りあてることができるアドレスの数を大幅に増やせるほか、セキュリティーの面でも改善が見込まれる。現在の国際的に主流である IPv4 に発生しつつある「IP アドレス枯渇問題」、特にアジア諸国のインターネット利用の増加の対応するため、早期の導入が検討されている。（総務省他［2006］：3（注2））も参照されたい。

10）PDCA サイクルとは、plan（計画）-do（実行）-check（評価）-act（改善）を実行することで継続的な改善を行う経営管理の一つの考え方である。

11）原文は（MOFA［2000］）。ただし、引用は（外務省［2000］）より行う。なお、用語の問題であるが、文書によって「デジタル・オポチュニティ」「デジタル・オポチュニティー」という表記をしていて統一性がないのであるが、引用は原文のとおりに引用する。

12）「ドット・フォース」については、（外務省［2000］：8-10）のほか、（外務省［2001d］）を参照されたい。

13）ITSS とは、経済産業省が2002（平成14）年に発表した国家的指標であり、各分野で必要とされる IT の標準を定めた指標である。詳しくは（e ビジネス推進機構［2002］）を参照。

14）ベトナムの情報技術や IT 市場が伸びた理由の分析は紙幅の関係もあり、今回は事実を指摘するにとどめる。ただ、本章で縷々考察してきたように、民間の IT 投資は高い伸びを示しており、国家の情報技術戦略もハイテクパーク政策等で、ベトナム国民は IT に触れる機会が多くなりつつあることは想像できよう。その意味で、情報技術政策が IT 市場を伸ばす契機になっていると考えてよいと思われる。

15）ベトナムの公務員制度の概略については、（貴志［2000］）、（古田［2000］）を参照されたい。（白石編［2000］）は、ベトナムの司法、立法、行政に関する概略が簡便に記述されている良書である。

## 章末注：〈法律と指示〉

注2007：2011年から2020年までのベトナムの IT 業とメディアの発展対策方針（飛行機を飛ばせる：離陸対策）（2007年7月7日郵政・テレコム省　指示　07/CT-BBCVT）

注2008：ハイテク法抜粋（法律番号：21/2008/QH12）

注2011：投資促進裾野産業商品のリスト（2011年8月26日付、政府首相の決定1483/Ttg 号）

注2010付録：付録Ⅰ　開発を優先するハイテク技術のリスト
　　　　　　　　（2010年7月19日付、政府首相の決定49/2010/QD-Ttg 号）
　　　　　　付録Ⅱ　投資・開発を優先するハイテク製品76品目のリスト
　　　　　　　　（2010年7月19日付、政府首相の決定49/2010/QD-Ttg 号）

## 参考文献

IT 戦略本部［2001］、『e-Japan 戦略』（高度情報通信ネットワーク社会推進戦略本部）、http://www.kantei.go.jp/jp/it/network/dai1/pdfs/s5_2.pdf

――――――［2002］、『e-Japan 戦略重点計画−2002』（高度情報通信ネットワーク社会推進戦略本部）、http://www.kantei.go.jp/jp/singi/it2/kettei/020618honbun.pdf
――――――［2004］、『アジアを中心とした IT 国際政策の基本的考え方』（IT 戦略本部決定）（高度情報通信ネットワーク社会推進戦略本部）、
http://www.kantei.go.jp/jp/singi/it2/kettei/040910honbun.pdf
e ビジネス推進機構［2002］、『経済産業省の IT スキル標準』、
http://www.ebc20.com/news/v017_1.html
SGCIME 編［2013］、"現代経済の解読 - グローバル資本主義と日本経済 - "増補新版、The Study Group on Contemporary Issues and Marxian Economics（マルクス経済学の現代的課題研究会）、御茶の水書房
牛田晋、宮口知之［2009or8］、「我が国製造業企業の海外事業展開に関する調査報告―2008年度　海外直接投資アンケート調査結果（第20回）―」『JBIC 国際調査室報』第1号（国際協力銀行）
外務省［2000］、『グローバルな情報社会に関する沖縄憲章（仮約）』、
http://www.mofa.go.jp/mofaj/gaiko/summit/ko_2000/documents/pdfs/it1.pdf
―――［2001a］、『IT（情報通信技術）に関する国際協力・強調』、
http://www.mofa.go.jp/mofaj/gaiko/it/kyoryoku.html
―――［2001b］、『IT 分野における日本とアジアとの協力』、
http://www.mofa.go.jp/mofaj/gaiko/it/asia.html
―――［2001c］、『デジタル・オポチュニティ作業部会の現状と見直し』、
http://www.mofa.go.jp/mofaj/gaiko/summit/ko_2000/genoa/it4.html
―――［2001d］、『デジタル・オポチュニティー作業部会（ドット・フォース）ジェノヴァ行動計画案（仮約）』、
http://www.mofa.go.jp/Mofaj/gaiko/summit/ko_2000/genoa/it5.html
―――［2001e］、『我が国の IT に関する国際協力（国際的な情報格差問題に対する我が国の包括的協力策実施状況を中心として）』、
http://www.mofa.go.jp/Mofaj/gaiko/summit/ko_2000/genoa/it5.html
―――［2007a］、『政府開発援助（ODA）国別データブック　2007』、
http://www.mofa.go.jp/mofaj/gaiko/oda/shiryo/kuni/07_databook/index.html
―――［2007b］、『日本・ベトナム間の戦略的パートナーシップに向けたアジェンダ』、
http://www.mofa.go.jp/mofaj/area/vietnam/visit/0711_ag.html
―――［2008］、『政府開発援助（ODA）国別データブック　2008』、
http://www.mofa.go.jp/mofaj/gaiko/oda/shiryo/kuni/08_databook/index.html
―――［2014］、"最近のベトナム情勢と日ベトナム関係（概要）"、
http://www.mofa.go.jp/mofaj/area/vietnam/kankei.html
貴志功［2000］、「公務員制度」、（白石昌也編［2000］：第Ⅴ章）所収。
経済産業省［2002］、「ベトナム国 IT 人材育成及びホアラックハイテクパーク開発計画に係る F/S 調査」報告書、経済産業省
佐藤公俊［2007］、「中国のシリコンバレー中関村―北京中関村を中心とした中国の National Innovation System―」『長岡工業高等専門学校研究紀要』、第43巻第2号、2007
――――――［2008］、「ホアラックハイテクパークのマスタープラン修正と日本政府と JICA

の支援」、『長岡工業高等専門学校研究紀要』、第44巻第1号、2008
JBIC［2008］、『ベトナムの投資環境』（Japan Bank for International Cooperation：国際協力銀行　中堅・中小企業支援室）、
　http://www.jbic.go.jp/ja/investment/report/2008-001/jbic_RIJ_2008001.pdf
JETRO［2010］、「ハイテク法」
　http://www.jetro.go.jp/ext_images/world/asia/vn/business/pdf/vn.20081113.pdf
JICA［2007］、『ベトナム国ホアラックハイテクパーク計画マスタープラン修正調査最終報告書　和文要約』2007.11、独立行政法人国際協力機構（Japan International Cooperation Agency）、ホアラックハイテクパーク管理委員会、日本工営株式会社、株式会社パシフィックコンサルタンツインターナショナル、株式会社アルメック、
　http://lvzopac.jica.go.jp/external/library
─────［2008］、JICA、公示、2008年6月（国際協力機構）
JTEC［2003］、『アジア・ブロードバンド実践化検討報告』（「アジア・ブロードバンド計画」実践化検討会）、(財)海外通信・放送コンサルティング協会（Japan Telecommunications Engineering and Consulting Service）が取りまとめ事務局となった。http://www.jtec.or.jp/asiabd.pdf
総務省［2002］、『アジア・ブロードバンド計画研究会報告書』、
　http://www.dosite.go.jp/asia-bb/jp/pdf/abp007.pdf
総務省他［2003］、『アジア・ブロードバンド計画』（総務省、公正取引委員会、法務省、外務省、文部科学省、厚生労働省、経済産業省）、
　http://www.dosite.go.jp/asia-bb/jp/about/about.html
─────［2006］、『アジア・ブロードバンド計画』（平成18年8月31日改定）、（総務省、公正取引委員会、法務省、外務省、文部科学省、厚生労働省、経済産業省）、
　http://www.soumu.go.jp/menu_news/s-news/2006/pdf/060831_4_02.pdf
白石昌也編［2000］、『ベトナムの国家機構』、明石書店（明石ライブラリー22）
中野節［2004］、「ベトナムの産業技術開発政策の動向」、『Jetro technology bulletin-2004/7 No.460』、日本貿易振興機構
日本経団連［2004］、『IT分野におけるODAの活用に関する提言』（(社)日本経済団体連合会）、http://www.keidanren.or.jp/japanese/policy/2004/066.html
平川均他［2007］、平川　均、石川　幸一、小原　篤次、小林　尚朗東アジアのグローバル化と地域統合―新・東アジア経済論、ミネルヴァ書房（2007/05）
古田元夫［2000］、「行政改革」、（白石昌也編［2000］：第Ⅵ章）所収。
ベトナム社会構造研究会［2009］、「ベトナムのIT産業―政策と問題点」『社会理論研究』第10号（社会理論学会）
ベトナム工商省［2005］、『2005年ベトナムEC（電子貿易）報告書』
ベトナム工商省［2006］、『2006年ベトナムEC（電子貿易）報告書』
ベトナム工商省［2007］、『2007年ベトナムEC（電子貿易）報告書』
三浦有史［2008］、「対ベトナム直接投資の課題と展望」、『環太平洋ビジネス情報』（日本総合研究所）、Vol 8 No.28
Mitsui & CO.［2006］、"ベトナム　ホアラックハイテクパークに係わるベトナム政府科学技術省との協力覚書締結"、三井物産株式会社　株式会社三井住友銀行　三井住友海上

火災保険株式会社、http://www.mitsui.com/jp/ja/release/2006/1188942_1496.html

A.D.M.A [2007], "Asia Pacific Digital Marketing Yearbook 2007", Asia digital marketing Association, http://www.scribd.com/doc/81331/ADMA-Asia-Pacific-Digital-Marketing-Yearbook-2007

―――― [2008], "Asia Pacific Digital Marketing Yearbook 2008", Asia digital marketing Association

C.I.C.C [2007]、『平成19年度 アジア地域における情報技術利用実態調査報告書』(Center for the International Cooperation Computerization)、http://www.cicc.or.jp/japanese/modules/system/modules/menu/main.php?page_id=163&op=change_page

Communist Party of Vietnam [2000], Chi thi so 58-CT/TW ve viec Đay manh ung dung và phat trien công nghe thông tin phuc vu su nghiep công nghiep hóa, hien đai hóa [Directive No 58-CT/TW on accelerating the use and development of IT for the cause of industrialization and modernization]. October 17, 2000. Hanoi. Retrieved August 31, 2006, http://mpt.gov.vn/details.asp?Object=281033263&news_ID=26456014

Do Trung Ta [2006], 'Prospect of ICT Development in Vietnam and opportunities for investors'," Vietnam Investment Forum", March

Doanh Le Dang ,et al [2002],'Catching up ICT in the Transitional Economies in ASEAN: the Case of Vietnam',"Working Paper Series No. 3 /2002. Central Institute for Economic Management", Hanoi

Ernst & Young Vietnam [2008]、『ベトナム・インサイト』5月号、http://www.shinnihon.or.jp/static/upload_file/knowledge/global/newsletter/Vietnam_Insight_May_2008.pdf

Elmer, Laurel [2002], 'Vietnam's ICT Enabling Environment: Policy, Infrastructure and Applications', "Working Paper prepared for U.S. Agency for International Development", Hanoi.

Freeman [1987], "Technology policy and economic performance; lessons from Japan: Christopher Freeman", (Frances Printer Publishers, London, New York, 1987)

Government of Vietnam [2003], "The comprehensive poverty reduction and growth strategy" Hanoi" Retrieved August 31, http://siteresources.worldbank.org/INTVIETNAM/Overview/20270134/cprgs_finalreport_Nov03.pdf, p.20

Hochiminh Computer Association [annual], "the Outlook of the Vietnam IT market"

ILO/JIL & National Institute for Labour Studies [2004]

IMF [annual], "World Economic Outlook Databases", International Monetary Fund, http://www.imf.org/external/ns/cs.aspx?id=28

Mekong Project Development Facility - MPDF [1999], "*Information Technology Capacity in Vietnamese Private Firms*", Hanoi

Ministry of Science and Technology [2006], "Hoalac Hi-Tech Park Management Boad,

2006 presentation", Vietnam
MOFA [2000a], "*Okinawa Charter on Global Information Society*" (Ministry of Forging Affaires)、(邦訳:「グローバルな情報社会に関する沖縄憲章」)、http://unpan1.un.org/intradoc/groups/public/documents/apcity/unpan002263.pdf 邦訳は(外務省[2000])を参照。
―――― [2000b], "*The Current State and Perspective of the Digital Opportunity Taskforce Part Three - The way forward : proposed Genoa Plan of Action*" (Ministry of Forging Affaires)、http://www.mofa.go.jp/policy/economy/it/df0106-p3.html、邦訳は(外務省[2001c])を参照。
―――― [2001], "*The Current State and Perspective of the Digital Opportunity Taskforce*" (Ministry of Forging Affaires)、http://www.mofa.go.jp/policy/economy/it/df0106.html
―――― [2007], "*Agenda Toward a Strategic Partnership between Japan and Vietnam*" (Ministry of Forging Affaires)、http://www.mofa.go.jp/region/asia-paci/vietnam/agenda0711.html、邦訳は(外務省[2007b])を参照。
Paul Buddle Communication Pty Ltd [2008], "Vietnam Internet Market 2008"
Porter, Michael E. [1990]、"The Competitive Advantage of Nations," The Free Press
Sassen, Saskia [2001] "*The Global City: New York, London, Tokyo $2^{nd}$ ed.*", Princeton Univ. Pr.、(邦訳:『グローバル・シティ―ニューヨーク・ロンドン・東京から世界を見る―』、サスキア・サッセン著、伊豫谷登志翁、大井由紀、髙橋華生子訳、2008年、筑摩書房)
Transparency International [2006], "*Corruption Percsptions Index 2006.*"、http://www.ti-j.org/corrupt/06/CPI2006DescripJapan.pdf
―――――――――――――――― [2013], "*Corruption Percsptions Index 2013.*"、
United Nations [2008], "*UNITED NATIONS E-GOVERNMENT SURVEY 2008―From E-Government to Connected Governance*", United Nations Publication
Wescott, Clay G., [2005], "*E-Government and the application of technology to government services*", United Nations Economic Social Commission for Asia and the Pacific, http://www.unapcict.org/ecohub/resources/e-government-and-the-applications-of-technoloy-to-government-services
World Bank [2004], "*Development Indicator, 2004 : WITSA Digital Planet*", Page 20, "Determining the impact of ICT on Decent work in the Asian and Pacific Region", Vietnam Report. Page 18,

**ホームページ**
外務省、http://www.mofa.go.jp
キャピタル・パートナーズ証券、http://capital.jp/invest/FPT_Research.pdf
情報通信省ベトナムインターネットセンターHP、
http://www.thongkeinternet.vn/jsp/trangchu/index.jsp

世界銀行 a、http://siteresources.worldbank.org/INTEAPHALFYEARLYUPDATE/Resources/
世界銀行 b、http://siteresources.worldbank.org/INTEAPHALFYEARLYUPDATE/Resources/550192-1207007015255/VN_update_apr08.pdf
世界情報サミット、http://www.vnic.or.jp/new/wsis-2003.html
統計センター、http://www.e-stat.go.jp/SG1/toukeidb/GH07010201Forward.do（独立行政法人）
デジタル・ガバメント、
　　http://e-public.nttdata.co.jp/f/repo/138_asia200304/asia200304.aspx：「ベトナムの電子政府計画とデジタル・デバイド解消プログラム」
永田晃也、http//:www.kousakusha.com:「ナショナルイノベーションシステム」、http//:www.kousakusha.com/ks/ks-t/ks-t-5-51.html/
日刊ベトナムニュース、http://www.viet-jo.com/
野村総合研究所、http://www.nri.co.jp/products/jsite.html
ベトナム日本人材協力センター、http://www.vjcc.org.vn/index_jp.php
Alexa, http://www.alexa.com/site/ds/top_sites?cc=VN&ts_mode=country&lang=none, (2008/12/12)「Business Incubation Favorable Business Environment for Innovative SMEs at HoaLac Hitech Park」, http://www.hbi.org.vn/en.pdf
FTP, http://capital.jp/invest/FPT_Research.pdf
FPT 大学 , http://www.fpt.edu.vn/
Hoa Lac Business Incubation Center、http://www.hbi.org.vn/en.pdf
HOA LAC HI-TECH PARK, http://www.hhtp.gov.vn/
HOA LAC HI-TECH PARK THE DESTINATION FOR HI-TECH INVESTMENT, http://www.hhtp.gov.vn/,
Hoa Lac continues to attract investors,
　　http://www.fpt.com.vn/en/about_us/affiliated_companies/real_estates/fpt_hoalac_high_tech_park_development/2007/06/21/64/, Update at: 21/06/2007 00:00
Hochiminh City Information Technology Association,
　　http://www.hca.org.vn/?set_language=en&cl=en
Index, Mundi, http://www.indexmundi.com/vietnam/gdp_per_capita_（ppp).html（2008/12/12）
Internet World Stats、
　　http://www.internetworldstats.com/asia/vn.htm,PaulBuddle Communication Pty Ltd, "Vietnam Internet Market 2008"
JETRO had a working session with FPT Hoa Lac Company,
　　(http://www.fpt.com.vn/en/about_us/affiliated_companies/real_estates/fpt_hoalac_high_tech_park_development/2007/11/16/517/) Update at: 16/11/2007 00:00
JICA http://www.jica.go.jp/about/jica/oda.html
NAA. Asia, http://nna.jp/free/news/20090519icn001A.html
Paul Buddle Communication Pty, http://www.budde.com.au/
Transparency International, http://www.transparency.org

トランスペアレンシーインターナショナル（ジャパン）、http://www.ti-j.org/
United Nations, http://www.un.org/millenniumgoals/
United Nations Development Program http://www.undp.org/
U.S Census Bureau, http://www.census.gov/ipc/www/idb/country.php

## あとがき

　本書は、SGCIME（The Study Group on Contemporary Issues and Marxian Economics——マルクス経済学の現代的課題研究会）による新たな刊行シリーズである『グローバル資本主義の現局面』Ⅰ、Ⅱの第2冊である。本書は、グローバル資本主義の展開とその変容の問題との関連で、中心部経済（アメリカ、EU、日本）を論じるⅠ「グローバル資本主義の変容と中心部経済」に対し、この間、グローバル資本主義の展開のもとで大きな変容を遂げてきた新興経済の特徴的な諸相を論じるものである。

　すでに第1冊の「あとがき」でも述べたように、本シリーズの2冊は、第Ⅱ集第2巻『グローバル資本主義と段階論』をもって完結したこれまでのSGCIME刊行シリーズ9巻10冊と一体のものとして、SGCIMEによる「グローバル資本主義」の十数年にわたる実証的・理論的解明の成果である。1970年代を境に大きく進行してきた戦後現代資本主義の変貌は、企業・金融・情報のグローバル化、新自由主義の隆盛、新興経済の発展、ソ連崩壊と冷戦の終結・世界的政治軍事フレームワークの転換など、「グローバル資本主義」の様相を強めながら、非常に広範で多岐、多面にわたる現象をともなって進行してきた。その影響は、社会経済・政治面のみならず、広く、文化、思想にも及んでいる。

　なかでも、BRICsやNIEs、ASEANなどの「成長するアジア」諸国は、この間のグローバル資本主義の展開のなかで、著しい工業化と経済成長を達成し、「新興経済」諸国・地域として登場した。資本主義の長期の歴史からみても、かつての植民地と開発途上地域が、これまでの先進資本主義を凌駕し、資本主義世界の変容の中心を占めて新たな主要プレーヤーとして登場し、グローバル資本主義における「パワーシフト」の焦点として注目される

にいたった。しかし、2008年秋からとみに深刻化したアメリカ発のグローバル金融危機・経済危機は、それまでの新興経済の著しい工業化・経済成長のグローバルなフレームワークそのものの危機として現れ、中国やその他アジア諸国、ブラジル・中南米、ロシアなど、新興経済全体にさまざまに大きな影響を与え、今や新興経済そのものが、大きな転機を迎えているといってよい。

　本書は、そうした新興経済諸国・地域のこれまでの展開と変容の解明を試みたものであるが、むろん、第1冊における「中心部経済」の解明と同様、本書だけで、問題の全容を解明し尽くすことはできないのは当然である。あくまでも、主な諸国・地域の特徴的な諸相に焦点を絞って解明した、中間的な成果である。今や、アメリカ連邦準備制度の利上げと大規模な「量的緩和」(QE)からの「出口戦略」の発動が日程に上っている。すでにその影響は、広く新興経済諸国・地域にもさまざまに及んでいる。ECB（ヨーロッパ中央銀行）や日銀の「異次元金融緩和」からの脱却は今後の課題として残されているが、それはさらに、新興経済諸国・地域のグローバル金融危機後のさまざまな動向や戦略にも大きな影響を与えることは確実である。その意味でも、とうてい本シリーズのみで「グローバル資本主義」の現局面を解明し尽くすことはできない。これまでのSGCIMEによる「グローバル資本主義」の実証的・理論的解明の成果とともに、本書の「新興経済」および第1冊の「中心部経済」の分析とを合わせて、まずはその解明の第一歩と位置づけたい。多くの諸氏の本シリーズに対する忌憚のないご批判とご意見を期待したい。また、かつて、1930年代の資本主義の深刻な危機の時代に、社会科学的「知」の衰退が、世界大戦という世界的破局を招く大きな原因となった歴史的教訓に立って、これからも続くSGCIMEによる現代資本主義の変貌の実証的・理論的な総合的解明と、オールタナティブの探求に是非ともご参集いただけることを、再度切に希望するゆえんである。

　最後になってしまったが、出版事情が厳しさを増すなか、本書シリーズの出版を快くお引き受けいただいた日本経済評論社社長の栗原哲也氏と、煩瑣

な編集の労をとっていただいた鴇田祐一氏、ならびに同社のスタッフの方々に、執筆者はもとより、SGCIME メンバー全員から、心よりの謝意を表したい。

2015年12月7日

　　　　　　　　　　　　　　　　　　　　　刊行世話人代表　河村哲二

# 索 引

## 【数字】

「2020年までのロシアの発展戦略」　197

## 【ア行】

IMF（国際通貨基金）　150, 153
IT
　――インフラ　278, 283, 285, 288
　――国際戦略　320, 322
　――支出　279, 282
　――戦略　278, 320, 325
　――戦略本部　320, 322
　――2000計画　325, 331
アジアNIEs　8
アジアブロードバンド計画　320-322, 333
アベノミクス　14, 20
アメリカ・モデル　75, 80
アルバニア人　199
e-Asia戦略　320, 322, 325, 330-331
e-Government　279, 332
E-commerce　308-309, 332
EC（電子貿易）システム　318
e-Japan戦略　319-320, 323, 326, 333
EPA　18, 211, 224-225
域外送電売電　109
移行経済　184
　――型市場　71, 79, 82, 84
一時帰休者　40
一般政府　125
イノベーション　267-268, 275, 290, 297, 304
　――促進策　297
インフレ・ターゲティング　128-129
ウィン・ウィンの関係（WINWIN）　113
ウクライナ政変　179, 183, 199
失われた10年　220
H株（香港上場の中国企業株）　66, 77
SGCIME　1, 3, 5, 17, 21

FPTコーポレーション　302-303, 326
FPT大学
　291, 299, 303-305, 326-327, 330, 332-333
MFA　234
M字型カーブ　227
エリート層　184
エリツィン　184
ODAの「三大案件」　297
沖縄憲章　323
汚職防止施行法　329
お針子　246
オフショア生産戦略　160-161
オリガルヒ（寡占資本）　79
オンラインショッピング　313-316

## 【カ行】

海外雇用庁（POEA）　221
海外送金　221-222
海外労働者送金　240
改革開放　97
　――政策　57, 67-68, 73-74, 82
外貨準備高　122, 127
外国資本　135
　――差別条項　135
外国人看護師　225-227
外資導入政策　297
外出農民工　33, 37
階層分化　179, 184
解体力・変造力　215
開発独裁モデル　83
科学技術振興策　291
家族共同体　210, 215, 228
華南地域　107
株式会社化　64, 67, 70-71, 79, 81-84
株式会社制度　57-59, 64, 70-71, 77, 81
株式所有構造　79, 84
株式売却　133
看護労働市場　226-227

| | | | |
|---|---|---|---|
| 間接投資 | 122 | 契約工 | 39 |
| 機関投資家 | 67, 75-76 | 結合資本 | 84 |
| 基幹労働力 | 233, 261 | 原始的蓄積 | 206 |
| 企業・金融・情報グローバル化 | 4 | 現状分析 | 209 |
| 企業組織 | 233, 247 | 建設銀行 | 111 |
| 企業内 | | 現代企業制度 | 59, 70-71 |
| ——技術移転 | 244 | 「黔電入粤」 | 107, 111 |
| ——研修生制度 | 244 | 憲法補足法 | 136 |
| ——国際分業 | 235 | 原油価格 | 183, 185, 197, 200 |
| 貴州省 | 95 | 原理論 | 207, 209, 211-217 |
| 貴州省電力網・四川電力網・雲南電力網 | 102-103 | 後期資本主義 | 214 |
| 規制緩和 | 28-29, 37, 50 | 工業化 | 233 |
| 既製服 | 237-238 | 合計特殊出生率 | 240 |
| キャッチアップ | 96-97 | 工商銀行 | 111 |
| ——型の発展 | 96-97 | 構造調整 | 134 |
| CAD | 250 | ——政策 | 150 |
| QFII（適格海外機関投資家） | 66, 78 | 高度情報通信ネットワーク社会推進戦略本部 | 320 |
| 急進的な改革 | 78, 82 | 紅廟子市場 | 58 |
| QDII（適格国内機関投資家） | 78 | 合理的経済人 | 209 |
| 教育水準 | 182 | 国際価値 | 229 |
| 恐慌論 | 205, 207 | 国際資本移転 | 233 |
| 銀行預金凍結措置 | 127 | 国際収支 | 121-122, 124 |
| 緊縮財政路線 | 129 | 国務院国有資産監督管理委員会 | 70 |
| グリーンサイバーシティ | 300 | 国有 | |
| クリミア | 179-180, 183, 193 | ——株 | 64, 66, 79, 84 |
| クレジットカード | 189, 191 | ——企業 | 29, 31, 33, 35, 39, 41, 47, 51 |
| グローバリゼーション | 57, 67, 80-81 | ——資産の分配型民営化 | 79 |
| グローバル・インバランス | 9 | ——支配株式会社 | 84 |
| グローバル化（Globalization） | 3 | 個人投資家 | 66-67, 71-73, 75-76, 82 |
| グローバル・ガバナンス | 4, 19, 22 | 個人向け融資 | 138, 140 |
| グローバル金融危機 | 1-2, 9-11, 13-14, 16-17, 19-21, 233 | 戸籍制度 | 37 |
| グローバル経済 | 278 | コソヴォ自治州 | 199-200 |
| グローバル・サプライチェーン | 6-7, 19 | 国家開発銀行 | 106, 111 |
| グローバル・シティ | 6, 7, 8, 19 | 国家計画委員会 | 105 |
| グローバル成長連関 | 3, 5-15, 18-20 | 国家承認 | 200 |
| クローリング・ペッグ | 127-128 | 国家通貨審議会 | 121, 126 |
| 経営請負制 | 57, 69-71, 84 | 国家的ITマスタープラン | 278 |
| 経営自主権 | 57, 69, 71, 84 | 国家電力, 国電, 国網 | 97, 111 |
| 景気循環（論） | 189, 191, 194, 206-207, 213-214 | 国家民営化審議会 | 135 |
| 経済安定化政策 | 150, 153 | 固定工 | 29, 39-40 |
| 経済格差 | 42, 50 | 雇用 | |
| | | ——関係 | 39-40, 43-44 |
| | | ——規制 | 36, 38, 43 |

| | | | |
|---|---|---|---|
| ――調整 | 33, 39, 41 | 自由化政策 | 119 |
| 雇用・分配条件 | 38, 52 | 従業員代表大会 | 43-44 |
| ゴルバチョフ | 199 | 就業優先 | 28, 47, 49, 53 |
| コロール | 135 | 重工業依存 | 99 |
| コンディショナリティ | 128 | 「集資弁電、多種電価」 | 105 |
| | | 自由主義(段階) | 212, 214 |
| 【サ行】 | | 重商主義(段階) | 212, 214, 216 |
| | | 熟練度 | 261 |
| サービス(業) | 214, 224, 226, 228 | 主婦化 | 235 |
| サイエンスパーク | 266-267, 269 | 純粋資本主義 | 212, 214-216 |
| 財政金融政策 | 120, 124-125 | 証券化メカニズム | 10, 20 |
| 再生産労働 | 210, 214-215, 227 | 証券民主化運動 | 76 |
| 財政責任法 | 128, 136-137 | 消費 | |
| 在地農民工 | 33 | ――行動 | 189, 191, 200 |
| 最低賃金 | 242 | ――主導の成長構造 | 197 |
| 債務者利得 | 137 | ――性向 | 196-197, 199 |
| サインのみ | 252 | 商品経済 | 206, 208, 210-211, 215-216 |
| 作業機械 | 247 | 情報化 | 265-267, 281, 320, 325, 332 |
| サブプライム・ローン危機 | 10-11, 20 | 情報技術 | 266-267, 278-279, 285, 296, 326, |
| サポーティング・インダストリー | 157 | 330-332, 334 | |
| 三線建設期 | 101 | ――産業 | 280, 333 |
| サンパウロ州工業連盟 | 130 | ――政策 | 265, 326-327, 334 |
| GNI | 269, 271 | ――法 | 326 |
| Cクラス | 138 | ショートパンツ | 236, 250, 252 |
| JETRO | 290, 298 | 職務契約 | 39-41 |
| ジェンダー | 233, 235 | 女性 | 234, 240-241 |
| 資源依存型経済 | 179 | ショック療法 | 78-80, 83, 184 |
| 資源賦存 | 96 | 所得分配制度 | 38, 51 |
| 市場化 | 29-31 | 人件費コスト | 276 |
| 市場経済移行 | 267-268, 290 | 新興経済 | 1-5, 7-11, 14-20 |
| 市場経済化 | 57-58, 67-68, 71, 79, 81-82 | 新国際分業 | 233, 235 |
| 下請け化 | 276 | 新自由主義 | 4-5, 12 |
| 自治共和国 | 200 | 新人民軍 | 219 |
| 自治州 | 200 | 新帝国循環 | 6, 9 |
| 支柱産業 | 113 | 人民資本主義(people's capitalism) | 75 |
| 資本蓄積 | 235, 261 | 垂直取引 | 247 |
| JICA | 290-291, 297-298, 304, 307, 325, 333 | スタンドバイプログラム融資 | 128-129 |
| 社会主義市場経済 | | スラム | 219 |
| | 58, 64, 67, 70-71, 79, 81, 83, 85 | 政策金利 | 121, 130, 140-141 |
| 社会的労働編成 | 207 | 生産過程 | 250 |
| 社会保険法 | 27-28, 31, 44-45 | 成長するアジア | 3, 8, 16, 18-19 |
| 社会保障制度 | 41, 44, 50 | 「西電東送」 | 95, 97, 109 |
| シャドウ・バンキング | 9-10, 15 | 政府機能の新自由主義的転換 | 4 |
| 上海証券取引所 | 244 | 政府債務 | 131 |

| | |
|---|---|
| 西部大開発 | 109 |
| 西部地域（12省・区） | 97 |
| 世界資本主義 | 208-209, 212-213 |
| 世界性と国民性 | 208 |
| 世界の成長センター | 1, 8 |
| 石油・ガス収入 | 183 |
| 浙江省 | 244 |
| セルビア | 199-200 |
| 前期資本主義 | 214 |
| 1998年夏の金融危機 | 184-185 |
| 戦後パックス・アメリカーナ | 3, 5, 8, 17, 21 |
| 漸進主義モデル | 83 |
| 漸進的な改革 | 78, 80, 83 |
| 先端技術法 | 292 |
| 戦略的パートナー（シップ） | 273, 275 |
| 総括原価主義 | 105 |
| 創業ボード | 59 |
| 総経理 | 246 |
| 総固定資本形成 | 124 |
| 相対的過剰人口 | 207 |
| ソフトウェア産業 | 276, 281, 289-290, 307, 327 |
| ソブリン危機 | 13 |
| ソ連 | 183-184 |

**【タ行】**

| | |
|---|---|
| 第一次移転 | 233, 243 |
| 耐久消費財の消費 | 196 |
| 大地主制度 | 219 |
| 大衆基盤型市場 | 73 |
| 大衆的民営化（mass privatization） | 79 |
| 大衆投資家 | 73, 75, 80, 82 |
| 大衆民主主義 | 75, 80 |
| 第二次移転 | 233, 243 |
| 太平洋トライアングル構造 | 8, 19 |
| 対ベトナム援助 | 271, 333 |
| 多元投資 | 104, 106 |
| 多国籍企業 | 235 |
| 多重制電力価格 | 105, 107 |
| ダッカ | 247 |
| 単位社会 | 69 |
| 段階式水力発電所 | 98 |
| 段階論 | 2, 17, 20-21, 209, 211-217 |

| | |
|---|---|
| 地域開発 | 107 |
| 地域経済統合 | 4, 16 |
| 地域大国 | 16, 18-19 |
| 知識経済指標 | 287 |
| 地方政府 | 101, 104 |
| 中央政府 | 101, 107 |
| 中間層 | 180-181, 183-187, 189, 191-194, 196-197, 199, 200 |
| ——の行動様式 | 196-197 |
| 中期資本主義 | 214 |
| 中国 | |
| ——株式市場 | 58, 64, 66-67, 71, 74, 81 |
| ——証券監督管理委員会 | 77 |
| ——南方4省（区）広域電力ネットワーク | 108 |
| ——モデル | 58, 83-84 |
| 中小企業ボード | 59 |
| 中心部経済 | 1, 2, 7, 10-11, 17, 19, 21 |
| 直接投資 | 122, 236-237 |
| 著作権 | 283 |
| 貯蓄性向 | 196 |
| DSR | 271-273 |
| 帝国主義（段階） | 212, 214, 216 |
| 定住制限 | 37-38 |
| 出稼ぎ労働者 | 33, 37-38 |
| 出口戦略 | 15 |
| デジタルコンテンツサービス | 282 |
| 鉄道から航空機へのシフト | 186 |
| デノミネーション | 127 |
| デフォルト | 134 |
| デフレスパイラル | 205 |
| 電価 | 107, 109 |
| 展開動力 | 209-210, 217, 229 |
| 電源開発 | 101, 106 |
| 天生橋水力発電所 | 106, 108 |
| 電力 | |
| ——産業 | 113 |
| ——消費型産業 | 101 |
| ——先行 | 99 |
| ——体制改革 | 105, 109, 111 |
| ドイツ統一 | 199 |
| ドイモイ | 265, 268, 291, 309, 314, 332 |
| 同一価値労働同一賃金 | 228 |
| 投資性向 | 196 |

都市圏 268
都市部 180
ドッド゠フランク法 15

## 【ナ行】

内需拡大 47, 49
ナショナリズム 199
ナショナル・イノベーションシステム
　　　　　266-268, 290-291, 297, 299-300
NATOの東方拡大 199
七集団競争 113
NAFTA（北米自由貿易協定） 152
南方電網 113
NIEs 211, 223
日越関係 266, 276, 319, 331
日越経済連携協定 273-274
日越同盟 274-275
日系縫製企業 233, 239
ニット製品 237-238
農業銀行 111
農地所有制度 37
農電・農網 97-98
農民工 31, 33, 35-37, 41, 45-46
ノックダウン生産 147, 149

## 【ハ行】

ハードウェア産業　280-281, 289-290, 297
ハイテク
　——回廊 299
　——地区 293, 297
　——パーク　265, 275, 290-291, 297-298,
　299, 307, 327, 332, 334
ハイパーインフレーション
　　　　　　　　　　　119, 125, 137-138
バウチャー制度 79
派遣労働者 43
発送配電体制 100
発展途上国型市場 64
パルダ 234
パワーシフト 1, 5, 16, 18-19
反汚職キャンペーン 328
バングラデシュ 233, 242

バングラデシュ縫製品産業・輸出業者協会
　（BGMEA） 242
反政府集会 180
B株（外国投資家向け株式）　66, 77-78
非正規雇用 38, 43
非流通株改革 62
貧困
　——状態 185
　——層 184, 196
　——地域 95
品質検査 249-250
ファイナンシャライゼーション 10, 20
フィリピン
　——型資本主義類型 224
　——共産党 219
　——通商法（ベル通商法） 218
　——復興法 218
プーチン 179-181, 183, 197, 199
フェミニスト・フレンドリー 260
物価水準 127
不法就労 228
プライマリーバランス　121, 131, 133, 136
ブラジル経済社会開発銀行 127, 133
ブラジル中央銀行 121, 125
ブラジル中央銀行通貨委員会 126
BRICs　　　　　1, 3, 5, 8, 19, 23, 120-121
不良品率 251
ブレイディ案 134
ベスト・ミックス 98
ヘッジファンド 10
ベトナム
　——共産党政治局 267
　——経済　266, 268, 277, 287, 305, 333
　——工業化戦略 272
　——政府　265, 267-268, 277-279, 290-291,
　294, 296-299, 303, 316, 325-326, 328,
　331-332
　——日本人材協力センター 324-326
　——版NII 326, 330-331
ホアラック
　——ハイテクパーク
　　275, 290, 297-298, 301-305, 307-308
　——ビジネスインキュベーションセン
　ター 299, 304

| | |
|---|---|
| 貿易収支 | 121-122 |
| 「放権譲利」 | 104 |
| 縫製産業 | 233-234 |
| 縫製ライン | 247 |
| 法的独立性 | 125 |
| ボルカールール | 15 |

### 【マ行】

| | |
|---|---|
| マクロ経済の成長要因 | 196 |
| マザー工場 | 242, 244, 260 |
| マスタープラン | 278-279, 297-298 |
| マツオカコーポレーション | 236, 242 |
| マリア・ミース | 235 |
| マルコス・クローニー | 219 |
| 民営化 | 67, 70, 78-79, 83-84 |
| ──計画 | 133 |
| 民間最終消費 | 124, 138, 140-141 |
| メドヴェージェフ | 179 |
| メルコスール | 16, 155, 171-172 |
| モノカルチャー経済 | 218 |

### 【ヤ行】

| | |
|---|---|
| ユーゴスラヴィア | 199 |
| ユーロゾーン | 11, 13 |
| 輸出指向型工業化 | 28-29, 31, 33, 36, 50, 53, 234 |
| 輸入代替化政策 | 218 |
| 予備基金 | 183 |

### 【ラ行】

| | |
|---|---|
| リーマン・ショック | 12, 20, 158, 168, 173, 175, 183, 189, 191, 194 |
| リストラ | 31, 33, 39, 41, 50 |
| 流動性の罠 | 15 |
| 量的緩和 | 12-15, 20 |
| 隣人効果 | 77 |
| 類型（論） | 206, 211-212, 215-216, 217 |
| 類似品法 | 148, 154 |
| ルイス転換点 | 19 |
| 累積債務危機 | 145, 151, 154 |
| 累積債務問題 | 121, 134 |
| ルーラ | 120, 129-130, 135, 141 |
| レアル計画 | 137, 165 |
| レヴァダ・センター | 181-182, 189 |
| 連邦貯蓄銀行 | 127 |
| 労使関係 | 41-42, 44, 47 |
| 労働（力）移動 | 29-31, 33, 35-37, 39, 41, 46, 206-207, 209-211, 222, 226-228 |
| 労働過程 | 252-253, 256 |
| 労働基準 | 27, 29, 38-39, 44 |
| 労働組合 | 41, 46 |
| 労働契約 | 39-41, 43 |
| ──法 | 27-28, 31, 38, 42-44, 47, 51 |
| 労働市場 | 27, 30, 33, 38-39, 49 |
| 労働者党 | 120-121, 124 |
| 労働者保護政策 | 44 |
| 労働集約型輸出産業 | 31, 38 |
| 労働争議 | 40, 42, 47 |
| 労働力 | 205-211, 226-228 |
| ──商品化 | 206, 209 |
| ロシア対グルジア戦争 | 183 |

### 【ワ行】

| | |
|---|---|
| ワシントン・コンセンサス | 78, 83, 119, 184 |

## 執筆者紹介 (執筆順、＊は刊行世話人)

**＊河村哲二**（かわむら・てつじ）　序章
1951年群馬県に生まれる。1975年東京大学経済学部卒業。1980年東京大学大学院経済学研究科博士課程単位取得。博士（経済学・東京大学）。帝京大学経済学部教授、武蔵大学経済学部教授を経て、現在、法政大学経済学部教授。2013-2015年、Visiting Professor, University of Massachusetts, USA 兼任。
【主要業績】*Hybrid Factories in the United States under the Global Economy*（編著、Oxford University Press, 2011）、『現代アメリカ経済』（有斐閣、2003年）、『パックス・アメリカーナの形成』（東洋経済新報社、1995年）。その他多数。

**李捷生**（り・しょうせい）　第1章
1957年中国北京に生まれる。1993年東京大学大学院経済学研究科博士課程単位取得。博士（経済学・東京大学）。国士舘大学政経学部講師・助教授、大阪市立大学経済研究所助教授等を経て、現在、大阪市立大学大学院創造都市研究科教授。
【主要業績】『中国の現場からみる日系企業の人事労務管理』（編著、白桃書房、2015年）、『中国社会主義市場経済の現在』（共著、御茶の水書房、2011年）、『中国「国有企業」の経営と労使関係』（御茶の水書房、2000年）等。

**王東明**（おう・とうめい）　第2章
1963年中国福建省に生まれる。1984年厦門大学経済学部卒業。1997年東京大学大学院経済学研究科博士課程単位取得。経済学修士（東京大学）。日本証券経済研究所主任研究員、摂南大学国際言語文化学部准教授等を経て、現在、大阪市立大学大学院創造都市研究科准教授。
【主要業績】：『中国社会主義市場経済の現在』（共著、お茶の水書房、2011年）、『アメリカ型企業ガバナンス』（共著、東京大学出版会、2002年）、『アジアの金融・資本市場』（共著、慶応義塾大学出版会、2000年）等。

**呉暁林**（ご・ぎょうりん）　第3章
1961年中国貴州省に生まれる。1982年遼寧大学外国語学部卒業。2000年東京大学大学院総合文化研究科博士課程単位取得。博士（学術・東京大学）。現在、法政大学理工学部教授。
【主要業績】『中国セメント産業の発展──産業組織と産業構造』（共著、御茶の水書房、2010年）、『毛沢東時代の工業化戦略──三線建設の政治経済学』（御茶の水書房、2002年）等。

**水上啓吾**（みずかみ・けいご）　第4章
1980年茨城県に生まれる。2003年横浜国立大学経済学部卒業。2010年東京大学大学院経済学研究科博士課程単位取得。博士（学術・横浜国立大学）。とっとり地域連携・総合研究センター研究員、鳥取環境大学地域イノベーション研究センター講師を経て、現在、大阪市立大学大学院創造都市研究科准教授。

【主要業績】『日本財政の現代史２——バブルとその崩壊　1986～2000年』（共著、有斐閣、2014年）、『危機と再建の比較財政史』（共著、ミネルヴァ書房、2013年）、『交響する社会』（共著、ナカニシヤ出版、2011年）等。

＊芹田浩司（せりた・こうじ）　第5章
1969年兵庫県に生まれる。2000年東京大学大学院総合文化研究科博士課程単位取得。共同通信社記者、釧路公立大学経済学部准教授等を経て、現在、立正大学経済学部教授。
【主要業績】*Hybrid Factories in the United States under the Global Economy*（共著、Oxford University Press, 2011）、『地域経済はよみがえるか－ラテン・アメリカの産業クラスターに学ぶ』（共著、新評論、2010年）等。

＊日臺健雄（ひだい・たけお）　第6章
1973年神奈川県に生まれる。1998年東京大学経済学部卒業。2009年東京大学大学院経済学研究科博士課程単位取得。経済学修士（東京大学）。外務省専門調査員（在ロシア連邦（モスクワ）日本国大使館経済部）、一橋大学経済研究所研究機関研究員等を経て、現在、埼玉学園大学経済経営学部准教授・北海道大学スラブ・ユーラシア研究センター客員准教授。
【主要業績】『現代社会における経済・経営のダイナミズム』（共著、社会評論社、2014年）、『貨幣と金融』（共著、社会評論社、2013年）、『20世紀ロシアの農民世界』（共著、日本経済評論社、2012年）等。

梶川誠（かじかわ・まこと）　第7章
1959年広島市に生まれる。1984年法政大学経済学部卒業。2006年広島大学大学院社会科学研究科経済学専攻博士課程単位取得。経済学修士（広島大学）。広島銀行、呉工業高等専門学校（呉高専）特任准教授を経て、現在、県立広島大学経営企画室勤務。
【主要業績】「経済学方法論に関する研究—宇野学派における初期論争課題—」（広島大学大学院社会科学研究科経済学専攻修士論文、2003年）等。

長田華子（ながた・はなこ）　第8章
1982年東京都に生まれる。2008年お茶の水女子大学大学院人間文化研究科博士前期課程修了。2012年お茶の水女子大学大学院人間文化創成科学研究科博士後期課程修了。博士（社会科学・お茶の水女子大学）。日本学術振興会特別研究員（PD・東京大学社会科学研究所）等を経て、現在、茨城大学人文学部准教授。
【主要業績】「低価格の洋服と平和—バングラデシュの縫製工場で働く女性たち」（堀芳枝編著『学生のためのピース・ノート２』コモンズ、2015年、所収）、『バングラデシュの工業化とジェンダー』（御茶の水書房、2014年）等。

土肥誠（どひ・まこと）　第9章
1959年京都府に生まれる。筑波大学大学院博士課程社会科学研究科経済学専攻単位取得。国会議員政策担当秘書等を経て、現在、中国・東莞理工学院大学外聘講師。
【主要業績】『危機の時代を観る』（共著、社会評論社、2010年）、『情報技術革命の射程』

(共著、御茶の水書房、2007年）等。

**佐藤公俊**（さとう・きみとし）　第9章
1951年埼玉県に生まれる。1977年慶応義塾大学経済学部卒業。1984年筑波大学大学院博士課程社会科学研究科経済学専攻単位取得。長岡工業高等専門学校一般教育科教授を経て、現在、長岡工業高等専門学校一般教育科特任教授。
【主要業績】『ヴィクトリア時代のフェミニズムの勃興と経済学』（共著、御茶の水書房、2012年）、『危機の時代を観る』（共著、社会評論社、2010年）、『情報技術革命の射程』（共著、御茶の水書房、2007年）等。

**NGUYEN, Hai**（グエン・ハイ）　第9章
ベトナムに生まれる。2010年早稲田大学大学院国際情報通信研究科博士課程修了。博士（国際情報通信学、早稲田大学）。Lecturer at Posts and Telecommunication Institute of Technology in Vietnam を経て、現在、Post doctoral researcher at University of Eastern Finland、フィンランド在住。
【主要業績】"Research on critical factors of an e-government project : a case study of the state administrative management computerization project in Vietnam"（早稲田大学大学院国際情報通信研究科博士学位論文、2010年）、「ベトナムのIT産業―政策と問題点」（共著、社会理論学会編『社会理論研究』第10号、2009年）等。

**DOAN, Tien Duc**（ドァン・ティエン・ドゥック）　第9章
1981年ベトナムに生まれる。2005年長岡工業高等専門学校卒業。2007年大分大学工学部卒業。2009年東京工業大学大学院イノベーションマネジメント研究科修士課程修了。サイバー・エージェント株式会社を経て、現在、Viet Tien Manh Group 株式会社執行役員。
【主要業績】「ベトナムのIT産業―政策と問題点」（共著、社会理論学会編『社会理論研究』第10号、2009年）等。

グローバル資本主義の現局面Ⅱ
## グローバル資本主義と新興経済

| 2015年12月25日 第1刷発行 定価（本体3800円＋税） |

編者　SGCIME（エス・ジー・シム）

発行者　栗原哲也

発行所　株式会社　日本経済評論社
〒101-0051　東京都千代田区神田神保町3-2
電話　03-3230-1661　FAX　03-3265-2993
E-mail: info8188@nikkeihyo.co.jp
URL: http://www.nikkeihyo.co.jp/
印刷＊藤原印刷・製本＊誠製本

装幀＊渡辺美知子

乱丁落丁本はお取替えいたします。　Printed in Japan
Ⓒ SGCIME 2015　ISBN978-4-8188-2403-4

・本書の複製権・翻訳権・上映権・譲渡権・公衆送信権（送信可能化権を含む）は、㈱日本経済評論社が保有します。
・JCOPY〈㈳出版者著作権管理機構　委託出版物〉
本書の無断複写は著作権法上での例外を除き禁じられています。複写される場合は、そのつど事前に、㈳出版者著作権管理機構（電話 03-3513-6969、FAX 03-3513-6979、e-mail: info@jcopy.or.jp）の許諾を得てください。

グローバル資本主義の現局面 I
# グローバル資本主義の変容と中心部経済

SGCIME 編　本体3500円

グローバル資本主義は、現在、どのような局面にあるのか。アメリカ、ヨーロッパ、日本という中心部経済にグローバル金融危機がもたらしたインパクトを中心に解明する。

序　章　グローバル資本主義の転換と中心部経済　河村哲二
I　グローバル金融危機・経済危機のインパクトとアメリカ経済
第1章　アメリカ発のグローバル金融危機・経済危機とグローバル資本主義の不安定性　河村哲二
第2章　グローバル金融危機と国際通貨体制　石橋貞男
第3章　オバマ政権による政策転換　池上岳彦
第4章　アメリカの金融システムにおける証券化の進展と意味　長谷部孝司
II　ヨーロッパおよび日本経済
第5章　ギリシャ危機・ユーロ危機とドイツのユーロ安定政策　藤澤利治
第6章　イギリス金融危機と長期経済成長　稲富信博
第7章　グローバル資本主義の変容と日本経済　宮嵜晃臣

日本経済評論社